本书为

国家社会科学基金项目"内蒙古非物质文化遗产的生态保护与传承研究"(14XMZ040)最终成果

历史学国家级一流本科专业建设成果

内蒙古自治区高校人文社科重点研究基地"阴山文化研究中心"建设成果

刘春玲　著

内蒙古非物质文化遗产的
生态保护与传承研究

中国社会科学出版社

图书在版编目（CIP）数据

内蒙古非物质文化遗产的生态保护与传承研究/刘春玲著. —北京：
中国社会科学出版社，2023.3
ISBN 978 - 7 - 5227 - 1232 - 1

Ⅰ.①内…　Ⅱ.①刘…　Ⅲ.①非物质文化遗产—研究—内蒙古
Ⅳ.①G127.26

中国国家版本馆 CIP 数据核字（2023）第 022272 号

出 版 人	赵剑英
责任编辑	李金涛
责任校对	臧志晗
责任印制	李寡寡

出　　　版	中国社会科学出版社
社　　　址	北京鼓楼西大街甲 158 号
邮　　　编	100720
网　　　址	http://www.csspw.cn
发 行 部	010 - 84083685
门 市 部	010 - 84029450
经　　　销	新华书店及其他书店

印　　　刷	北京明恒达印务有限公司
装　　　订	廊坊市广阳区广增装订厂
版　　　次	2023 年 3 月第 1 版
印　　　次	2023 年 3 月第 1 次印刷

开　　　本	710×1000　1/16
印　　　张	27.25
插　　　页	2
字　　　数	458 千字
定　　　价	168.00 元

目　　录

绪　　论

中国非物质文化遗产是中华民族通过口传身授的形式世代传承下来的原生态文化遗存，与物质文化遗产共同延续着中华文明的脉络。内蒙古自治区现拥有 55 个民族，富于激情和想象力的各民族在长期的生产、生活实践中创造了辉煌绚美的内蒙古民族文化，为中华文明的繁荣发展做出了积极的贡献。异彩纷呈的非物质文化遗产是内蒙古民族文化的重要组成部分，生动地展现了各民族超凡的文化智慧。这些文化遗产根植于内蒙古自治区的自然环境、经济环境和人文环境中，有着自己生存、发展的必要条件，是多元民族文化的生态统一。但随着当代文化生态的急剧变化，它们赖以生存的条件不断失去，面临着边缘化、甚至濒危的困境。非物质文化遗产的消亡不仅仅是一种文化形态的灭绝，更是寄寓其中的人类智慧和精神血脉的断流，这种损失是难以挽回、无法估量的。从这个意义上讲，对内蒙古非物质文化遗产有效保护与传承的研究，既是内蒙古历史文化延续传承、创新发展的需要，又是实现中华民族及人类文化多样性发展的必然选择。当然，这更是历史赋予我们义不容辞的责任。

第一节　内蒙古非物质文化遗产概念的阐释

非物质文化遗产是当代社会出现的一个新概念，是人类在对其认识深化的基础上提出的，现实地反映了它在人类文化遗产保护中的特殊地位。非物质文化遗产学作为一门新兴的学科，与其他学科有着交叉、共性的内容。但它的核心概念与内涵是其他学科无法替代的，是非物质文化遗产研究的前提，也是首先要了解的内容之一。

一 非物质文化遗产概念的界定

对非物质文化遗产概念进行明确界定，是认识内蒙古非物质文化遗产内涵的基础。在国际上，这一概念成为一个专业术语，经历了 30 年时间的探讨，国际文书就曾使用过"传统文化与民间传说""无形文化""口头和非物质文化遗产"等称谓。直至 2003 年，联合国教科文组织第 32 届大会通过《保护非物质文化遗产公约》，正式阐明了它的概念："指被各社区、群体，有时是个人，视为其文化遗产组成部分的各种社会实践、观念表述、表现形式、知识、技能以及相关的工具、实物、手工艺品和文化场所。这种非物质文化遗产世代相传，在各社区和群体适应周围环境以及与自然和历史的互动中，被不断地再创造，为这些社区和群体提供认同感和持续感，从而增强对文化多样性和人类创造力的尊重。"① 这个定义不仅明确了它的主体、对象，还指出其民间性、活态性和流变创新的特性。从此，非物质文化遗产作为一个科学概念进入人类文化遗产保护的视野，同时也成为国内外学者研究的新领域。不过，由于各国家和地区文化遗产具体状况存在着一定的差异性，各国对其概念的认识和界定也略有不同。

我国接受了国际《保护非物质文化遗产公约》的定义，同时又结合我国非物质文化遗产的独特性与实际现状，对其加以界定，使之成为一个有效的概念。2005 年 3 月 26 日，《国务院办公厅关于加强我国非物质文化遗产保护工作的意见》（国发〔2005〕18 号）附件《国家级非物质文化遗产代表作申报评定暂行办法》开始正式采用"非物质文化遗产"这一术语，指出："是各族人民世代相承、与群众生活密切相关的各种传统文化表现形式和文化空间（指定期举行传统文化活动或集中展现传统文化表现形式的场所）。"② 这一概念增加了"文化空间"内容，更具有涵盖性。同年 12 月，国务院下发《国务院关于加强文化遗产保护的通知》（国发〔2005〕42 号）进一步细化该定义，即"指各种以非物质形态存在的与群众生活密切相关、世代相承的传统文化表现形式，包括口头传统、传统表

---

① 联合国教科文组织：《保护非物质文化遗产公约》2003 年 12 月 8 日，中国非物质文化遗产网，http：//www.ihchina.cn/zhengce_ details/11668，2021 年 1 月 31 日。

② 国务院办公厅：《国务院办公厅关于加强我国非物质文化遗产保护工作的意见（国办发〔2005〕18 号）附件 1》2005 年 8 月 15 日，中国政府网，http：//www.gov.cn/zwgk/2005 – 08/15/content_ 21681.htm，2021 年 1 月 20 日。

演艺术、民俗活动和礼仪与节庆、有关自然界和宇宙的民间传统知识和实践、传统手工技能等以及与上述传统文化表现形式相关的文化空间"①。该定义更强调它的传统性，也更切合其本质。随着我国保护工作的开展和实践的总结，对非物质文化遗产的认识与界定更加清晰。2011 年 2 月 25 日，《中华人民共和国非物质文化遗产法》（中华人民共和国主席令〔第 42 号〕）明确其"指各族人民世代相传并视为其文化遗产组成部分的各种传统文化表现形式，以及与传统文化表现形式相关的实物和场所"②。这一阐述与国际《保护非物质文化遗产公约》的基本精神相契合，更具有包容性，并充分地体现了保护文化多样性、维护我国民族文化独特性的主旨。

目前，我国学术界对"非物质文化遗产"概念的界定有着不同理解，解析的侧重点也有一定差异。如苑利、顾军提出："所谓非物质文化遗产就是指人类在历史上创造，并以活态形式传承至今的，具有重要历史价值、艺术价值、文化价值、科学价值与社会价值，足以代表一方文化，并为当地社会所认可的，具有普世价值的知识类、技术类与技能类传统文化事项。"③ 宋俊华、王开桃认为"非物质文化遗产就是指人类社区、群体或个人所创造并通过自己身口示范或表演传承给后代的活态发展的精神财富"④。蔡靖泉主张"非物质文化遗产是在人类社会历史实践中创造的具有文化价值的精神财富遗存，由相关的实物载体、行为方式和文化场所（文化空间）所体现，包括传统文化的各种表现形式"⑤。乌丙安将非物质文化遗产定义为："在特定的民族或地区群体中世代传承的、有较大影响的、有突出价值的文化表现形态（或叫作文化表现形式，文化表现活动）。"⑥ 这说明非物质文化遗产作为一个全新的研究范畴，其学科体系还处在探索与构建阶段。

---

① 国务院：《国务院关于加强文化遗产保护的通知》2008 年 3 月 28 日，中国政府网，http://www.gov.cn/zhengce/content/2008 -03/28/content_ 5926. htm，2021 年 1 月 10 日。

② 《中华人民共和国非物质文化遗产法》2011 年 2 月 25 日，中国政府网，http://www.gov.cn/flfg/2011 -02/25/content_ 1857449. htm，2021 年 1 月 20 日。

③ 苑利、顾军：《非物质文化遗产学》，高等教育出版社 2009 年版，第 12 页。

④ 宋俊华、王开桃：《非物质文化遗产保护研究》，中山大学出版社 2013 年版，第 35 页。

⑤ 蔡靖泉：《文化遗产学》，华中师范大学出版社 2014 年版，第 69 页。

⑥ 乌丙安：《非物质文化遗产保护理论与方法》，文化艺术出版社 2016 年版，第 46 页。

二　内蒙古非物质文化遗产的基本含义

本书赞同我国政府文件和法律对"非物质文化遗产"概念的阐释。它们揭示了其动态传承性、文化属性、与物质文化遗产的关联性，符合我国非物质文化遗产的实际状况和整体、活态保护的要求。同时我们也认为作为一个学术课题，研究对象应与现实高度切合，才能保证研究的有效性和科学性。内蒙古非物质文化遗产强调非物质文化遗产的地域性，即以内蒙古特定区域内的非物质文化遗产为研究对象，探讨这一区域的历史传统、地理环境、经济发展与非物质文化遗产现状之间的关系。内蒙古自治区现设呼和浩特、包头、通辽、赤峰、鄂尔多斯、呼伦贝尔、乌海、巴彦淖尔、乌兰察布9个市与阿拉善、兴安、锡林郭勒3个盟，共12个地级盟市。区域内居住着蒙古族、汉族、达斡尔族、满族、鄂温克族、回族、鄂伦春族、俄罗斯族、朝鲜族、壮族、锡伯族、藏族、维吾尔族、彝族、布依族等55个民族。所以，本书所指"内蒙古非物质文化遗产"是内蒙古自治区行政区域内居住的各个民族创造的、世代传承的具有文化价值的精神形态成果和表现形式，以及与其密切相关的实物载体和文化空间。

内蒙古非物质文化遗产是集体的文化创造，其创造主体是内蒙古各族人民，包括现居住的55个民族。在这里应注意，内蒙古现有的一些民族存在着跨境、跨区分布。如蒙古族不仅聚居在内蒙古自治区，在青海、新疆、西藏、云南等地，蒙古国境内也多有聚居；达斡尔族除了主要居住在内蒙古自治区莫力达瓦达斡尔族自治旗等地外，也分散在黑龙江省齐齐哈尔市和新疆维吾尔自治区伊犁哈萨克自治州、塔城地区等地。这些跨境、跨区的民族在内蒙古之外的地区世代相传的非物质文化遗产，与内蒙古各民族创造并延续的"非物质文化遗产"存在着密切的联系，在研究的过程中会有所关注，但不是重点。本书所研究对象主要指各民族在内蒙古自治区地域上创造并世代传承的、与各民族生活生产方式密切相连的非物质文化遗产。

第一，内蒙古非物质文化遗产是内蒙古民族文化重要的组成部分，而且代表民族文化中最活跃的部分。它以身口相传为文化链，在各民族自身认同的基础上代代相传，是各民族文化的自然积淀和民族智慧的见证，生动地展现着各民族在不同时期取得的文化成就与科学认知。这些活态文化多以实践、表演形式、知识和技能等非物质文化之方式存在，是以蒙古族为代表的各少数民族文化主要的传承载体，体现了中华民族文化的多样性，也为各民族文化创新与可持续发展提供了不竭的内在动力。从这个角度讲，内蒙古非物质文化遗产凝聚着各民族的创造力和想象力，体现了中华文明的科学性与先进性，具有突出的保护价值。

第二，内蒙古非物质文化遗产偏重于以非物质形态存在的各民族精神领域的创造活动，即指内蒙古各族人民创造的精神文化遗存，也称"无形文化遗产"。正如《国务院办公厅关于加强我国非物质文化遗产保护工作的意见》指出："我国非物质文化遗产所蕴含的中华民族特有的精神价值、思维方式、想象力和文化意识，是维护我国文化身份和文化主权的基本依据。"内蒙古非物质文化遗产与物质文化遗产存在着关联性，一些文化事项需要通过实物、工艺品、文化场所等物质载体来体现，并不是与物质文化绝缘。但从内涵上看，它主要反映了各民族想象力、思维方式、审美情趣、社会观念、文化心理和文化意识等主体因素的精神价值。

第三，内蒙古非物质文化遗产蕴藏着各民族最原始、最纯粹的文化基因，主要指民族民间文化。但它们是在各民族间互相交流的状态下存在的、在世代相继的过程中传承的，是符合时代要求的民族传统文化。也就是说这些文化遗产是确定每一个民族文化特性和各民族人民自我确认的方式，使各民族具有认同感和历史感。同时随着历史的演进、社会不断变化，它们必然也要发生相应变迁，在动态传承中不断创新、演进甚至消亡，兼具传统性与流变性。我们保护这些文化遗产时要注意其本质属性，充分认识它们是各民族的根文化及生活方式不可分割的一部分，又是不断发展的文化生态系统的组成部分。

总之，内蒙古非物质文化遗产是世代生活这片土地上的各个民族共同创造的精神文化遗产，是属于内蒙古各民族共同拥有的文化财富。它包含着内蒙古55个民族世代沉积下来的创造智慧、思想情感、价值理念，保留着形成该民族文化的原生形态与独特的文化基因，活态展现了内蒙古各民族的历史，在中华文明及世界文化发展史上占有不可忽视的地位。

第二节　研究成果回顾

非物质文化遗产保护与传承的研究是一个世界性的课题，各国都非常重视。自2003年国际《保护非物质文化遗产公约》通过后，我国正式启动了"中国民族民间文化保护工程",保护实践和研究工作也随之全面展开。十几年来,中国非物质文化遗产保护事业经过不断探索,已进入生态保护的实践和研究阶段,虽然仍处于实验时期,也体现了保护工作的不断发展与创新。中国非物质文化遗产的生态保护指借鉴西方的文化生态学理论,旨在通过改善和优化非物质文化遗产生存、发展的自然与社会、经济等生态环境,实现对其动态、整体保护,以保持原生态文化遗产的生命力和文化的多样性。这是非物质文化遗产保护与传承的有效路径,也是一个具有挑战性的研究课题。当前,我国学术界相关研究起步虽晚于国外,但对这一课题越来越重视。学者们对区域文化生态保护与传承也日渐关注,研究成果不断推出。

一　非物质文化遗产生态保护研究

文化生态理论的创始人是美国人类学家朱利安·斯图尔特。1955年,他在《文化变迁理论》专著中开创性地将文化与其生存、发展的周围环境视为一个互相制约的文化生态系统,提出用生态学的方法与原理研究文化的存在状态、变迁和发展,极具前瞻性。20世纪90年代以后,文化生态理论传入我国。中国学者开始关注,并将其引申至探究文化与社会关系的层面。他们结合自己的研究,对文化生态学提出了自己的理解,不仅拓展了它的内涵,还形成了新的理论取向。如冯天瑜认为文化生态主要指"相互交往的文化群体凭以从事文化创造、文化传播及其他文化活动的背景和条件,文化生态本身又构成一种文化成分"[1]。这一见解对文化生态学在我国的实践运用具有引领作用。文化生态学作为一种集文化学、人类学、生态学、地理学等多维交叉衍生的横断学科,经历了半个世纪的发展。它不断汲取相关学科的理论营养而又独辟蹊径,为认识、研究非物质文化遗产提供了新视角和理论支持。21世纪初以来,随着世界和我国文化遗产保护工作的迅速发展,国内学者们认识到文化生态保护的必要性,关于非物质文化遗产生态保护的研究逐渐成为学术界研究的热点。

（一）相关著作

唐家路的《民间艺术的文化生态论》论述了自然、社会等环境因素对

---

[1]　冯天瑜、何晓明、周积明:《中华文化史》(上),上海人民出版社2006年版,第8页。

民间艺术的产生、发展及传承的影响，是较早系统地研究文化生态保护问题的成果。① 丁永祥的《怀梆文化生态研究》从文化生态的视角揭示国家级非物质文化遗产怀梆衰败的关键原因，即自然生态、社会生态的变化，提出有效地保护怀梆必须从文化生态的特点出发，通过优化环境对文化进行全面保护。② 刘登翰、陈耕的《论文化生态保护——以厦门市闽南文化生态保护实验区为中心》以厦门闽南文化生态保护工作为中心，结合几年来实际工作的观察、体验、感受和思考，认为作为实践问题的文化生态保护同时也是理论问题。理论源于实践并受实践的检验，而实践由于有了正确理论的指导，将变得更加有力。在此基础上，明确文化生态保护的实践性、探索性和理论性，是做好这项工作互相关联的"一体三面"。③ 隋丽娜的《关中非物质文化遗产研究：文化生态学视角》在文献与理论研究的基础上进行了关中非物质文化遗产的文化生态系统分析，并从文化生态位角度探究其面临困境的原因，总结得出文化生态保护可促使多样化的文化共生，使文化与其所处的文化空间达到文化协调，从而获得文化再生。④ 周建明、刘畅的《文化生态保护区理论与实践》以文化生态学理论为依据，认为"一个良好的文化生态能为其中的文化传统提供优越的传承环境。划定文化生态保护区，将民族民间文化遗产健康地保存在其所属的区域及环境中，使之成为'活文化'，是文化生态保护区设立的主要目的，也是这种方式的最大优势"⑤。钱永平的《晋中国家级文化生态保护实验区非遗传承与保护实践》从人类学整体文化观出发，倡导"构成文化生态的要素是动态且系统性、整体性连接在一起的"，文化生态保护区"以非遗为核心的保护实践与人们日常行为实践也有密切关系，包括我们察觉不到的人之潜意识及非理性的经验、情感之间的关系"⑥，是非物质文化遗产的整体性保护和传承模式。

---

① 唐家路：《民间艺术的文化生态论》，清华大学出版社 2006 年版，第 75 页。
② 丁永祥：《怀梆文化生态研究》，中国社会科学出版社 2011 年版，第 260—274 页。
③ 刘登翰、陈耕：《论文化生态保护——以厦门市闽南文化生态保护实验区为中心》，福建人民出版社 2014 年版，第 2 页。
④ 隋丽娜：《关中非物质文化遗产研究：文化生态学视角》，南开大学出版社 2014 年版，第 112 页。
⑤ 周建明、刘畅：《文化生态保护区理论与实践》，中国建筑工业出版社 2016 年版，第 158 页。
⑥ 钱永平：《晋中国家级文化生态保护实验区非遗传承与保护实践》，中山大学出版社 2019 年版，第 26 页。

另外，一些综合研究文化遗产的著作也有关于文化生态保护的论述。苑利、顾军著《非物质文化遗产学》指出实施整体保护是指对文化遗产以及生存环境所实施的整体保护。这种环境有时可理解为自然环境，有时可理解为人文环境。要想实现有效保护，就必须从保护环境做起，为其传承创造出一个更为适宜的空间。① 王文章主编的《非物质文化遗产概论》作为我国非物质文化遗产这一新兴学科的核心基础教材，在学理上探讨非物质文化遗产及其保护基本问题的同时，也十分关注其系统性。该书认为非物质文化遗产不仅与其"物质的"手段、载体相联系，又与其"活态的"技艺相联系，还与其存在、传承、延续、发展所必需的生态环境相联系。这些环境包括自然环境、人文环境、经济生态环境。文化遗产的系统性就是实施文化生态保护的主要依据。② 麻国庆、朱伟的《文化人类学与非物质文化遗产》将非物质文化遗产作为一个整体性概念进行系统探讨，认同"'区域性整体保护'的理念是建立文化整体观之上的。非物质文化遗产作为传统社会文化的重要表现形式，它的产生与发展并非是无根无源的，而是深深植根于社会传统文化的积淀中，与族群的生存环境、历史发展脉络、经济生活方式、社会关系等有着密不可分的关系。因而对非物质文化遗产进行保护时不能将其从社会文化背景中抽离出来"③。可以说，正是文化生态的理论、现状及保护问题的提出，开启了学界对文化生态保护的探索，也促使政府进行文化生态保护实践方面的尝试。④

（二）相关论文

自方李莉在《文化生态失衡问题的提出》呼吁关注 21 世纪文化生态平衡的问题后，研究成果不断涌现。⑤ 刘守华的《论文化生态与非物质文化遗产的保护》阐述了相关文化生态的保护、修护和重建问题，建议对非物质文化遗产的科学保护要从把握和保护文化生态入手。⑥ 刘魁立的《文化生态保护区问题刍议》肯定文化生态保护区有利于创造文化健康发展的

① 苑利、顾军：《非物质文化遗产学》，高等教育出版社 2009 年版，第 59 页。
② 王文章主编：《非物质文化遗产概论》，教育科学出版社 2013 年版，第 59 页。
③ 麻国庆、朱伟：《文化人类学与非物质文化遗产》，生活·读书·新知三联书店 2018 年版，第 104 页。
④ 李晓松：《文化生态保护区建设的时间性和空间性研究》，《民俗研究》2020 年第 3 期。
⑤ 方李莉：《文化生态失衡问题的提出》，《北京大学学报》2001 年第 3 期。
⑥ 刘守华：《论文化生态与非物质文化遗产的保护》，《华中师范大学学报》2006 年第 5 期。

生态环境的意义，也指出其建设初期存在的偏离传统价值观、保护主体认识模糊等问题，主张建设过程中应把握开放、发展、主体性等原则。① 陈勤建的《非物质文化遗产的保护：生态场的恢复、整合和重建》提出非物质文化遗产生存的首要条件与实施文化遗产保护的前奏，是改善、形成其适应的自然环境、生产方式、特有的文化人格等整体场景，即"生态场"。② 黄永林的《"文化生态"视野下的非物质文化遗产保护》重点进行了"文化生态保护"的理论探讨，深入阐发了整体保护的本质与内涵，科学地论证文化生态保护区实践的逻辑合理性。③ 陈华文的《特色呈现：文化生态保护区实践的核心场域》指出确认并体现保护区的文化特色并使之成为区域内民众认同和自觉保护、传承的核心文化动力，是实现非物质文化遗产之传承有序、创新发展的重要问题。④ 林秀琴的《整体性保护：价值、理念、实践及挑战——关于文化遗产保护创新的若干思考》以"整体性保护"为切入点，结合我国文化遗产整体性保护制度建设和文化生态保护区实践，深入分析在现代性语境下文化遗产保护的困难与挑战。⑤ 除此，《桂滇黔少数民族特色村寨体育非物质文化遗产活态传承模式——基于文化生态空间保护的视角》⑥《少数民族非物质文化遗产与文化生态的共生——以苗族蜡染工艺为例》⑦等都以具体的非物质文化遗产事项为研究对象，探究文化生态保护的现实意义。其中缜密的研究方法对文化生态保护个案研究具有借鉴价值。

二　内蒙古非物质文化遗产保护研究

内蒙古非物质文化遗产包括主体民族蒙古族，还有三少民族（达斡尔族、鄂伦春族、鄂温克族）、汉族、满族等各民族传统文化。它们样式繁

---

① 刘魁立：《文化生态保护区问题刍议》，《浙江师范大学学报》2007 年第 3 期。

② 陈勤建：《非物质文化遗产的保护：生态场的恢复、整合和重建》，《湖南文理学院学报》（社会科学版）2009 年第 2 期。

③ 黄永林：《"文化生态"视野下的非物质文化遗产保护》，《文化遗产》2013 年第 5 期。

④ 陈华文：《特色呈现：文化生态保护区实践的核心场域》，《浙江师范大学学报》2017 年第 5 期。

⑤ 林秀琴：《整体性保护：价值、理念、实践及挑战——关于文化遗产保护创新的若干思考》，《福建论坛》2020 年第 12 期。

⑥ 杨珊珊：《桂滇黔少数民族特色村寨体育非物质文化遗产活态传承模式——基于文化生态空间保护的视角》，《社会科学家》2019 年第 10 期。

⑦ 沈叶：《少数民族非物质文化遗产与文化生态的共生——以苗族蜡染工艺为例》，《四川戏剧》2020 年第 4 期。

多、特色鲜明，是内蒙古历史文化和中华民族文化不可或缺的组成部分。十几年来，国家非常重视对内蒙古非物质文化遗产的保护与研究。2012年，国家社会科学基金重大项目"内蒙古蒙古族非物质文化遗产跨学科调查研究"（12&ZD131）正式启动，由中国社会科学院民族学与人类学研究所色音教授任首席专家。2013年，"胡仁乌力格尔（300部）整理与研究"（13&ZD139）被批准立项，为2013年国家社会科学基金重大项目。该项目是内蒙古自治区及内蒙古大学承担的首项国家社会科学基金重大项目，由内蒙古大学全福教授任首席专家。同年，内蒙古大学博特乐图（杨玉成）教授负责的"蒙古族传统音乐的保护与传承研究"（13JJD760001）获批立项，为教育部人文社会科学重点研究基地重大项目。2018年，内蒙古师范大学敖其教授负责的"中国蒙古族民俗研究百年史文献研究与数据库建设"（18AZW028）获准立项，为2018年国家社会科学基金重点项目。这些代表性科研项目的实施，有力地推动了内蒙古非物质文化遗产的理论研究与保护实践工作。随着国家及自治区政府的大力支持，许多学者从不同角度对内蒙古非物质文化遗产保护与传承进行研究，取得了丰硕的成果。

（一）相关论文

1. 从生存现状角度研究。韩淑云的《鄂伦春非物质文化遗产现状及保护对策》主张鉴于传统生产生活方式的转变和经济全球化、现代化的冲击，采取加大财力投入、整理保护项目、营造保护氛围等举措，做好鄂伦春非物质文化遗产保护工作。① 博特乐图的《蒙古族长调的传承与保护》指出长调保护工作中缺乏严谨的科学研究与忽视长调本身多维的表现形式与地域特点，是目前保护工作的两个误区。② 张天彤的《非物质文化遗产视角下的达斡尔族传统音乐舞蹈保护与传承》基于对内蒙古、黑龙江、新疆达斡尔族聚集地的实地调研，对达斡尔族传统音乐舞蹈保护与传承工作进行了梳理，肯定了不同层面传承主体参与保护等措施。同时这些问题也引发作者对保护工作中强化民间文化与持有者主体地位、坚持艺术原生性原则、注重现代科技手段运用、发挥传承人的核心载体作用等一系列问题的再思考。③ 黄金的《蒙古族传统音乐文化的传承保护现状——以国家级

---

① 韩淑云：《鄂伦春非物质文化遗产现状及保护对策》，《理论研究》2009年第6期。
② 博特乐图：《蒙古族长调的传承与保护》，《内蒙古大学艺术学院学报》2011年第2期。
③ 张天彤：《非物质文化遗产视角下的达斡尔族传统音乐舞蹈保护与传承》，《中国音乐》2013年第4期。

非物质文化遗产名录中入选的蒙古族音乐为例》鉴于当代传统音乐传承方式的多样化、传承平台的多元化以及国家级传承人缺少的现状，支持并认可已开展的国际交流合作、政府扶持、高校人才培养等保护措施。① 刘卓、刘浩的《内蒙古武川县爬山调的现状调查与传承保护研究》在实地调研的基础上，指出武川爬山调这一民间艺术形式面临"失传"和"断层"的挑战，强调保护与传承的迫切性。②

2. 从教育角度研究。白红梅的《文化传承与教育视野中的蒙古族那达慕》从文化传承与教育的视角审视那达慕，认为那达慕传承与学校教育、家庭教育、社会教育具有密不可分的关系，是实现那达慕教育功能的内在基础和现实条件。③ 苗金海的《内蒙古鄂温克族民间音乐文化保护与学校教育传承》指出传统的鄂温克族民间音乐流失现象十分严重，认为学校教育传承是今后一个时期内蒙古鄂温克族民间音乐文化传承的主要渠道。④ 宝乐日的《阿拉善非物质文化遗产保护与蒙古族乡土知识传承探究》强调蒙古族乡土知识传承的当代途径是社会教育与学校教育，论证了文化保护与教育传承之间的必然联系。⑤ 代钦的《传承民族地区手工艺实施非物质文化遗产教育》针对民族手工艺教育中存在的问题，提出树立正确认识、给中小学投入专项资金、制定系统的教育制度、实施师资培训、构建科学的评价体系等策略。⑥ 赵元飞的《儿童家庭音乐教育中蒙古族长调传承的个案研究》以呼伦贝尔市新巴尔虎左旗为研究场域，通过实地调研分析儿童家庭音乐教育中传承蒙古族长调存在的问题与原因，从家长及家庭、学校、社区和政府 3 个方面提出扶持蒙古族长调传承的合理化建议。⑦

---

① 黄金：《蒙古族传统音乐文化的传承保护现状——以国家级非物质文化遗产名录中入选的蒙古族音乐为例》，《内蒙古民族大学学报》2017 年第 2 期。

② 刘卓、刘浩：《内蒙古武川县爬山调的现状调查与传承保护研究》，《内蒙古艺术学院学报》2020 年第 1 期。

③ 白红梅：《文化传承与教育视野中的蒙古族那达慕》，博士学位论文，中央民族大学，2008 年。

④ 苗金海：《内蒙古鄂温克族民间音乐文化保护与学校教育传承》，《中国音乐》2013 年第 2 期。

⑤ 宝乐日：《阿拉善非物质文化遗产保护与蒙古族乡土知识传承探究》，《民族教育研究》2016 年第 3 期。

⑥ 代钦：《传承民族地区手工艺实施非物质文化遗产教育》，《内蒙古师范大学学报》（教育科学版）2019 年第 2 期。

⑦ 赵元飞：《儿童家庭音乐教育中蒙古族长调传承的个案研究》，硕士学位论文，上海师范大学，2020 年。

3. 从法律角度研究。唐小冬的《少数民族非物质文化遗产的立法保护——以内蒙古自治区为例》提议应通过立法确立少数民族非物质文化遗产的保护主体，倡导运用知识产权模式进行文化遗产保护。① 黄志杰的《蒙古族非物质文化遗产知识产权保护研究》深入探析了蒙古族非物质文化遗产与知识产权的相关性，根据保护的现状提出了完善著作权、专利权等知识产权制度及以《非物质文化遗产法》为中心的立法保护体系等建议。② 罗宗奎的《内蒙古"非遗"资源的商标保护例析》以那达慕商标保护方案的设计为实例，形成内蒙古非物质文化遗产商标保护的模式和思路。③ 彭凯的《蒙古族音乐类非物质文化遗产的地方立法保护——以〈通辽市蒙古族音乐类非物质文化遗产保护条例〉为切入点》，具体分析了《通辽市蒙古族音乐类非物质文化遗产保护条例》核心概念界定明晰、行政主体职责清楚、保护方式手段多元的 3 大特点，肯定这一地方立法实践的积极意义。④

4. 从开发利用角度研究。吕华鲜、杜鹃的《生态文明视野下的旅游开发与非物质文化遗产保护——以蒙古族马头琴音乐文化为例》通过论述非物质文化遗产与其生存的人文、历史环境的能动关系，指出马头琴音乐文化的良性发展需要构建可持续发展的、生态文明的旅游观。⑤ 王雪、杨存栋的《内蒙古非物质文化遗产旅游开发探究》本着促进内蒙古非物质文化遗产可持续发展的目的，提出保护文化原真、分类适度开发、加强政府引导等旅游开发措施。⑥ 肖志艳、熊少波的《我国节庆体育发展研究——以内蒙古那达慕为例》倡导科学性的旅游开发，主张旅游开发与生态保护的协调发展，以达到促进当地经济发展与自身传承的目的。⑦ 罗栋、李飞

---

① 唐小冬：《少数民族非物质文化遗产的立法保护——以内蒙古自治区为例》，《内蒙古大学学报》2008 年第 5 期。

② 黄志杰：《蒙古族非物质文化遗产知识产权保护研究》，硕士学位论文，重庆大学，2012 年。

③ 罗宗奎：《内蒙古"非遗"资源的商标保护例析》，《广西政法管理干部学院学报》2016年第 6 期。

④ 彭凯：《蒙古族音乐类非物质文化遗产的地方立法保护——以〈通辽市蒙古族音乐类非物质文化遗产保护条例〉为切入点》，《内蒙古民族大学学报》2020 年第 5 期。

⑤ 吕华鲜、杜鹃：《生态文明视野下的旅游开发与非物质文化遗产保护——以蒙古族马头琴音乐文化为例》，《黑龙江民族丛刊》2009 年第 1 期。

⑥ 王雪、杨存栋：《内蒙古非物质文化遗产旅游开发探究》，《干旱区资源与环境》2011 年第 12 期。

⑦ 肖志艳、熊少波：《我国节庆体育发展研究——以内蒙古那达慕为例》，《体育文化导刊》2016 年第 2 期。

的《鄂尔多斯非物质文化遗产的保护性旅游开发研究》深入分析了鄂尔多斯非物质文化遗产保护性旅游开发的必要性及可行性，提出模式多样化、开发适度性、建立文化生态保护区等可持续发展的具体建议。① 贺志远的《内蒙古乌审旗蒙古族民俗文化旅游开发研究》立足于乌审旗蒙古族民俗文化资源以及其旅游开发现状，从开发思路、开发模式以及开发保障方面提出了乌审旗蒙古族民俗文化旅游创新发展的对策。②

5. 从文化生态角度研究。张曙光的《文化生态视域下那达慕的传承与保护》明确提出那达慕依存于草原特定的生态环境，是复合的符号体系和文化生态链，对那达慕的保护其实就是对其生存和延续的文化整体空间的保护。③ 唐孝辉的《科尔沁非物质文化遗产文化生态环境保护研究》认为保护文化生态环境是科尔沁非物质文化遗产保护工程的基础，提出建立科尔沁文化生态保护区、确立科尔沁非物质文化遗产教育普及机制、完善立法等具体建议。④ 哈正利的《草原文化生态保护区建设的构想》肯定草原文化生态保护区建设是新时期非物质文化遗产保护中的一项开拓性工作，主张根据草原文化的生态特征，推出原有社区文化、组合型、重建、跨区共建等保护模式。⑤ 马威、邱泽媛的《文化生态保护区的"空间生产"——以东乌珠穆沁旗"那达慕"节日为例》从空间理论视角指出文化生态保护区的建设应该避免急功近利的商业化，要落实到对人主体性的尊重，以实现文化传承的价值理性，形成多样性的文化空间。⑥ 孟荣涛的《内蒙古文化生态保护区建设研究》以敖鲁古雅鄂温克使鹿文化生态保护区为例，提出以人为本、政府主导、文化与生态并重等合理化建议。⑦ 赵志红的《文化生态视野下科尔沁马鞍技艺的传承与保护》从文化生态学角

① 罗栋、李飞：《鄂尔多斯非物质文化遗产的保护性旅游开发研究》，《广西师范学院学报》2016年第4期。
② 贺志远：《内蒙古乌审旗蒙古族民俗文化旅游开发研究》，硕士学位论文，内蒙古师范大学，2020年。
③ 张曙光：《文化生态视域下那达慕的传承与保护》，《内蒙古大学艺术学院学报》2010年第3期。
④ 唐孝辉：《科尔沁非物质文化遗产文化生态环境保护研究》，《内蒙古民族大学学报》2011年第6期。
⑤ 哈正利：《草原文化生态保护区建设的构想》，《北京林业大学学报》（社会科学版）2011年第2期。
⑥ 马威、邱泽媛：《文化生态保护区的"空间生产"——以东乌珠穆沁旗"那达慕"节日为例》，《中南民族大学学报》2013年第4期。
⑦ 孟荣涛：《内蒙古文化生态保护区建设研究》，《实践》2016年第6期。

度分析造成科尔沁马鞍制作技艺生存困境的原因，如传统文化内涵演变、传播主体萎缩、受众客体漠视等，探讨了营造传承环境、数字化保护、结合学校教育和节庆旅游等整体保护的对策。① 董小健的《建设内蒙古文化生态保护区》肯定文化生态保护区对于非物质文化遗产整体性保护的积极意义，从总体规划、非物质文化遗产名录项目保护和教育传承，以及文化生态保护区理论研究、代表性传承人保护等 8 个方面，介绍了内蒙古 13 个自治区级文化生态保护区的建设成就。② 黄志强的《达斡尔族文化旅游开发的思考——基于文化生态保护视野》借鉴国内外文化旅游开发的经验，主张对达斡尔族文化（包括内蒙古呼伦贝尔市、黑龙江齐齐哈尔市、新疆塔城地区 3 地的达斡尔族）进行整体性、活态保护，以促成文化生态保护与地方经济建设和旅游发展的良性互动。③

（二）相关著作

内蒙古非物质文化遗产是内蒙古历史文化的活态展现，国内学者对其十分重视，近年来首先从历史文化角度开展相关的研究工作。这方面主要有内蒙古社会科学院承担的国家社会科学基金特别重大委托项目"草原文化研究工程"第一期、第二期重要成果：包斯钦、金海主编《草原精神文化研究》④；朋·乌恩著《蒙古族文化研究》⑤；毅松、涂建军、白兰著《达斡尔族 鄂温克族 鄂伦春族文化研究》⑥ 等。此外，包·赛吉拉夫著《哈撒儿研究》⑦ 对成吉思汗的胞弟哈撒儿生平、传说及事业、思想进行全面梳理。郝建平等著《内蒙古历史文化遗产的保护与利用研究》⑧ 从分析内蒙古历史文化遗产所具有的重要价值入手，通过对内蒙古历史文化遗产保护工作已取得的成效和存在的问题、保护应采取的措施，以及如何在有效保护的前提下合理利用和可持续发展、保护与利用的良性互动关系等，进行了深入、系

---

① 赵志红：《文化生态视野下科尔沁马鞍技艺的传承与保护》，《西南民族大学学报》2017 年第 8 期。

② 董小健：《建设内蒙古文化生态保护区》，《实践》2019 年第 5 期。

③ 黄志强：《达斡尔族文化旅游开发的思考——基于文化生态保护视野》，《社会科学家》2020 年第 6 期。

④ 包斯钦、金海主编：《草原精神文化研究》，内蒙古教育出版社 2007 年版。

⑤ 朋·乌恩：《蒙古族文化研究》，内蒙古教育出版社 2007 年版。

⑥ 毅松、涂建军、白兰：《达斡尔族 鄂温克族 鄂伦春族文化研究》，内蒙古教育出版社 2007 年版。

⑦ 包·赛吉拉夫：《哈撒儿研究》，辽宁民族出版社 2008 年版。

⑧ 郝建平等：《内蒙古历史文化遗产的保护与利用研究》，中国社会科学出版社 2013 年版。

统、明晰的探讨。另外，还有苏日娜著《成吉思汗祭祀历史文化研究——以查干苏鲁克大典为个案》①，塔亚著《"江格尔"说唱艺人研究》② 等。

其次，从民族学、音乐学、民俗学、人类学角度进行研究。赛因吉日嘎拉著《蒙古族祭祀》系统地介绍了蒙古族祭祀文化的发展，综合考虑了传统与现状的联系，也尝试还原传统祭祀的最初面貌。③ 陈永春的《科尔沁萨满神歌审美研究》以美学视角来审视古老而神秘的科尔沁民族文化，深入探讨了科尔沁萨满神歌的文学性。④ 博特乐图、哈斯巴特尔的《蒙古族英雄史诗音乐研究》运用音乐学与其他学科结合的跨学科方法，对蒙古族英雄史诗音乐的历史、现状以及故事、文本、表演、语境、传承等进行了系统研究，探讨其与历史、社会、文化和民俗生活之间的互动关系。⑤ 乌云格日勒的《信仰的薪火相传：成吉思汗祭奠的人类学研究》主要研究了祭奠成吉思汗的习俗，展示了祭典现状，探寻历史变迁缘由，揭示内部变迁机理；同时，借鉴宗教人类学的新研究成果，解读了成吉思汗祭典的神秘符号象征和文化内涵。⑥ 包·达尔汗、乌云陶丽的《蒙古族长调民歌》从文化传承的角度，全面展现了蒙古族长调的歌唱礼俗与歌种、形态、内容以及蒙古族长调流派等内容。⑦ 那仁毕力格的《蒙古民族敖包祭祀文化认同研究》认为鄂尔多斯市鄂托克前旗蒙古族敖包祭祀礼仪活动，表达了他们对敖包祭祀的认知意识，进而剖析敖包祭祀与民族文化习俗传承与变迁的紧密联系，阐释敖包祭祀的宗教信仰特征和社会功能。⑧ 额灯套格套的《成吉思汗祭奠仪式及其文化功能研究》（蒙古文版）运用大量翔实的历史资料和田野调查，对成吉思汗的祭奠仪式作了比较严密的分析和论证，诠释成吉思汗祭奠仪式的文化功能、传承方式和现代价值。⑨

---

① 苏日娜：《成吉思汗祭祀历史文化研究——以查干苏鲁克大典为个案》，内蒙古文化出版社 2013 年版。
② 塔亚：《"江格尔"说唱艺人研究》，内蒙古人民出版社 2015 年版。
③ 赛因吉日嘎拉：《蒙古族祭祀》，赵文工译，内蒙古大学出版社 2008 年版。
④ 陈永春：《科尔沁萨满神歌审美研究》，民族出版社 2010 年版。
⑤ 博特乐图、哈斯巴特尔：《蒙古族英雄史诗音乐研究》，中国社会科学出版社 2012 年版。
⑥ 乌云格日勒：《信仰的薪火相传——成吉思汗祭奠的人类学研究》，北京大学出版社 2013 年版。
⑦ 包·达尔汗、乌云陶丽：《蒙古族长调民歌》，文化艺术出版社 2013 年版。
⑧ 那仁毕力格：《蒙古民族敖包祭祀文化认同研究》，辽宁民族出版社 2014 年版。
⑨ 额灯套格套：《成吉思汗祭奠仪式及其文化功能研究》（蒙古文版），辽宁民族出版社 2017 年版。

再次，从非物质文化遗产角度进行研究。包桂荣等著《民族自治地方少数民族非物质文化遗产的法律保护研究：以蒙古族为例》在田野调查的基础上，对以蒙古族为代表的少数民族非物质文化遗产保护的立法依据及法律保护原则、体系、机制进行系统的探讨。[①] 罗宗奎著《非物质文化遗产的知识产权保护——以内蒙古自治区为例》以非物质文化遗产知识产权保护和开发为中心内容，结合内蒙古自治区非物质文化遗产资源，提出非物质文化遗产与知识产权法保护的对接机制。[②] 王伟平主编《中国体育非物质文化遗产·内蒙古卷》收录了内蒙古自治区体育类非物质文化遗产项目，并详细地介绍了项目所处的自然地理和人文环境及项目的起源、文化内涵和流变等。[③] 这些著作成果对系统研究内蒙古非物质文化遗产奠定了良好的学术基础。

通过回溯可知，当今"非物质文化遗产生态保护与传承"的研究已成为一个新的学术领域。学者们从不同的视域、不同的程度对"内蒙古非物质文化遗产保护与传承"进行探究，拓宽、提升了本书的研究视野和理论层次。尤其多学科间融合的综合研究的新趋向，对本书的研究具有积极的启示作用。不过，通过上述学术史回顾，也不难发现内蒙古非物质文化遗产研究存在着以下问题。

第一，由于文化生态保护是一个新兴的研究课题，从文化生态角度研究内蒙古非物质文化遗产的论文数量有限。学者们对"内蒙古非物质文化遗产生态保护与传承"的研究还集中在当前文化生态所面临的问题上，对如何构建良性文化生态的探讨还处于起步阶段，而且研究成果较为孤立、分散。这说明对非物质文化遗产生态保护的研究，是当今内蒙古自治区学术界面临的一个紧要任务。

第二，研究成果对内蒙古非物质文化遗产本身蕴含的文化价值和精神内涵探讨的深度有限，也缺乏对其空间分布及影响因素进行深层次的探究，还需要从更广泛的角度对文化生态保护开展研究。

第三，个案研究多，但分布不平衡。对达斡尔族、鄂伦春族、鄂温克

---

① 包桂荣等：《民族自治地方少数民族非物质文化遗产的法律保护研究：以蒙古族为例》，民族出版社 2010 年版。

② 罗宗奎：《非物质文化遗产的知识产权保护——以内蒙古自治区为例》，中国政法大学出版社 2015 年版。

③ 王伟平主编：《中国体育非物质文化遗产·内蒙古卷》，甘肃教育出版社 2019 年版。

族非物质文化遗产研究较薄弱，口述史研究成果尤为缺乏。

　　第四，缺少专门研究内蒙古非物质文化遗产的学术专著。这与非物质文化遗产大区的现实形成较大反差，相关理论研究尚需加强。

　　内蒙古非物质文化遗产既是宝贵的文化财富，又具有自身的特殊性，对其保护与传承是一个艰巨又要注重科学的文化建设工程。这不仅需要从不同角度、以不同方法探索有效路径，还要进行系统的、深层次的理论研究。文化生态学理论转变了传统的文化保护思维方式，为非物质文化遗产研究提供了学理支持，近年来，"少数民族非物质文化遗产与文化生态共生关系的构建及其整体性保护已然成为学界研究热点"①。不过，目前，从学术角度全面系统研究"内蒙古非物质文化遗产生态保护与传承"的著作还不多见，反映了相关的科学研究还未很好地培育和发展起来，有需要充实的空间。本书一方面将该领域相对分散的研究整合为系统的学术项目，以推动内蒙古非物质文化遗产研究的发展与创新，起着抛砖引玉的作用。另一方面，在文化生态学理论指导下，本书还将对内蒙古非物质文化遗产保护现状、面临的问题进行调查、总结和反思，探索其生态保护与传承的路径。所以，本书可以为自治区非物质文化遗产保护工作提供较为完善的理论指导与借鉴，具有较高的学术价值。

第三节　研究的意义

　　内蒙古非物质文化遗产是稀缺的传统文化，也是极为脆弱的无形文化遗产。随着市场化、城市化、工业化进程的加快，原有的生态环境不断变化，非物质文化遗产生存面临着严重的挑战。如何有效地保护它们，成为当前迫在眉睫的问题。"内蒙古非物质文化遗产的生态保护与传承研究"的选题就是基于有效保护内蒙古非物质文化遗产的迫切需要，具有较突出的现实意义。

一　有助于提高内蒙古非物质文化遗产认知度，培育民众自觉的保护意识

　　内蒙古自治区从古至今就是一个多元民族的汇聚区，共同居住着蒙古

_____

①　沈叶：《少数民族非物质文化遗产与文化生态的共生——以苗族蜡染工艺为例》，《四川戏剧》2020 年第 4 期。

族、汉族、满族、回族及"三少民族"等 55 个民族。长期以来，各民族在这片土地上繁衍、生息，共同创造了内蒙古历史文化。其中，大量的非物质文化遗产弥足珍贵，汇成了光彩夺目的民族民间文化长廊。这些文化遗产作为内蒙古各民族悠久历史的活态记忆，是民族认同的象征性符号与文化创新发展的根源。但因表现形式的非物质性及传承过程的特殊性，它们又是一种亟需保护的文化遗产，特别在当代全球经济一体化和外来强势文化的冲击下，人们对民间文化的认知度不高，使其日益陷入濒危的生存困境。因此，保护与传承文化遗产是每一个人不可回避的责任，要保证其世代相传，自治区民众的文化认知至关重要。只有明确的文化认知并达到认同，才能产生责任意识。

文化认知是民众对本民族及其他民族文化的形成、历史地位、价值作用等有一个较为全面的认识，以形成相应的态度和情感体验的过程。这是保护传承的前提。我们认为内蒙古非物质文化遗产的保护与传承是一项系统工程，应遵循整体性原则，既要从政策上、制度上支持，又要深入挖掘它们本身的文化内涵，提升其认知度及生存与传承的文化空间。由此，才能实现真正意义上的保护与传承。基于以上认识，本书研究以内蒙古非物质文化遗产以及所依存的生态环境为出发点，明确文化生态系统内各要素之间休戚与共、相互制约的辩证关系。在此基础上，本书通过具体展示各民族非物质文化遗产的独特风采与论述其价值，促进各族群众对自治区民族文化遗产以及与其密切相关的生态环境的认知，激发他们热爱自己民族文化遗产的情感。这显然有助于增进民族文化遗产共享者的文化价值认同，进而产生自觉的生态保护意识。

二　有益于促进内蒙古自治区各民族团结，推动和谐社会的构建

内蒙古自治区是中国五个少数民族自治区之一，非物质文化遗产百花竞妍，体现了各个民族特殊的文化创造力。在内蒙古自治区民族大家庭中生活的蒙古、汉、满、回、达斡尔、鄂伦春、鄂温克、朝鲜等各民族，因处于不同的历史环境、自然地理条件下，都有自己光辉的历史与灿烂的文化。加之，各民族语言、宗教信仰、风俗习惯以及生产劳动、生活方式也各不相同，因而造就了独特的民族民间文化。蒙古族长调、安代舞，蒙汉结合的爬山调、漫瀚调，达斡尔族传统曲棍球竞技、扎恩达勒，鄂温克族抢枢、桦树皮制作技艺，鄂伦春族斜仁柱制作技艺、狍皮制作技艺等是其

中的代表。这些文化遗产都是值得尊重和保护的文化财富，也是促使各民族彼此认同、增进情感的文化媒介。

内蒙古是我国多民族的边疆地区，民族团结、稳定和谐是社会发展的必要保障。活态民间文化遗产作为各民族的本源文化，是各民族文化身份的标识，起着连接各民族间情感的纽带作用，能够促进各民族由文化认同至相互尊重、和谐共处。本书研究的创新之处在于研讨在当今日益恶化的生态环境下如何保证内蒙古非物质文化遗产可持续发展，并依据"文化自觉论"进一步探索其有效传承的文化空间，论证人类文化"多元一体"和"美美与共"① 发展格局的进步意义。这可以使民众在对本民族文化认知的基础上，进一步领悟到各个民族文化都是多元共容、独立而完整的中华文化系统中的一种表现形式。"只有在一个多元文化和平共处的共同秩序中，才能谋求自身文化与其他文化的共同发展。"② 所以，本书的研究有利于广大民众认可民族文化多样性是维护各民族文化共同发展的根本途径，帮助大家通过理解不同的民族文化传统，自觉认同其可贵价值，热心建设和睦团结、共同发展的和谐社会，进而增强内蒙古各民族间的凝聚力。

三　推动学术界对内蒙古非物质文化遗产的理论研究，提升内蒙古文化的整体实力

内蒙古自治区有着深厚的历史文化积淀，个性鲜明的草原文化使其成为一个特色突出的民族文化大区。非物质文化遗产展现了 55 个民族的生存智慧、文化传统和先进的文化理念，彰显了草原文明的神奇魅力，是自治区民族文化建设的优势资源。这些出色的民族文化是内蒙古文化创新与可持续发展的动力源泉，自治区政府非常重视文化建设，近年来取得了显著成果。不过，在这些成果中不难看到，有关非物质文化遗产的学术研究项目在内蒙古学术界还未得到应有的关注，其潜在的优势与独特价值尚未得到充分的重视。这也与其他非物质文化遗产大省和自治区（如云南、贵州、新疆、西藏等）存在一定差距，说明内蒙古自治区非物质文化遗产的学术研究和理论创新落后于实际保护需要。

---

① 费孝通：《反思·对话·文化自觉》，《北京大学学报》1997 年第 3 期。
② 王文兵：《文化自觉与社会秩序变革》，中央文献出版社 2007 年版，第 71 页。

　　内蒙古历史文化在一定意义上就是草原文化，属于区域文化范畴，包括物质和非物质文化遗产两大部分。内蒙古非物质文化遗产不仅是内蒙古民族文化的精华，其数量之多、品位之高、特色之鲜明，在中华民族乃至世界文化史上都具有一定影响。这是内蒙古提升文化软实力得天独厚的优势。充分研究、合理保护传承它们，将会提升自治区民众的文化自信心，促进各民族文化创新，增强内蒙古民族文化的影响力。本书既重视内蒙古非物质文化遗产的基本价值，也关注其时代价值，通过深入挖掘有益于提升内蒙古文化软实力的积极因素，促使优秀的民族文化资源转化为文化生产力，在内蒙古经济文化建设中发挥应有的作用。不仅如此，本书研究的明显特征是系统性，主要从文化遗产学和文化生态学的视角，将内蒙古非物质文化遗产视为一个整体进行研究，从历史、现状、未来趋向，进行全面梳理和专业论述。本书是较早的一部从文化生态学视域下研究内蒙古自治区非物质文化遗产的著作，可以在一定程度上弥补相关研究的不足，有利于增强内蒙古民族文化的整体实力。

四　有利于探索科学、有效的保护路径，为内蒙古非物质文化遗产生态保护提供理论指导与方法借鉴

　　内蒙古是我国北方草原分布的典型区域。脆弱的自然生态环境和多样性的人文环境，使内蒙古非物质文化具有明显的地域性，也推动了特色鲜明的民族文化生态环境的生成与发展。这种密切的关联性决定了对民族文化遗产保护的着力点应放在保护文化生态上。文化生态学关注文化整体诸因素、重视文化生态属性。本书正是在遵循非物质文化遗产内在传承规律的基础上，依据文化生态理论对内蒙古非物质文化遗产保护进行的有益探索。本书重点是在现有研究成果的基础上，深入调查、了解内蒙古非物质文化遗产的生存现状及保护面临的问题，利用文化生态保护的新理念，构建其科学合理的保护与传承体系。本书研究目的是通过对优化文化生态环境措施的探索，进一步发挥文化遗产本身自我延续、自我生存的功能，促使其更好地传承、创新和发展。

　　内蒙古非物质文化遗产作为草原文明的鲜活载体，是各民族创造能力、认知能力、思想观念的集中体现，是民族文化兴盛的基石。科学、有效地保护它们是我们共同的目标。本书还借鉴文化生态保护成果较显著的省、自治区的建设经验，对如何有效地保护内蒙古非物质文化遗产，如何更好地建设文化生态保护区，以及实施更有针对性的传承发展措施等问题进行思考。这就为内蒙古非物质文化遗产保护提供了理论指导和方法借鉴，有利于提高自治区保护工作的有效性和文化生态保护区的建设成效。这既是对内蒙古非物质文化遗产保护工作的理论总结，也是对保护实践的深入和发展。

总体上，本书较全面地对内蒙古非物质文化遗产进行理论研究和实践总结，意在不断提高社会民众自觉参与保护的意识，推动自治区形成健全的非物质文化遗产传承体系和有效的保护机制。我们期望本书的研究成果能从舆论和实际工作中支持自治区保护工作的开展，从而使具有珍奇价值却又面临严重生存危机的内蒙古非物质文化遗产得到有效保护和发展。尤其在文化生态理念指导下，本书对非物质文化遗产保护路径的探索，我们希望能够推动自治区保护工作在尊重文化发展传承规律的基础上，进一步走上整体性、系统性保护的阶段，形成"在保护中稳步发展，在发展中积极保护"① 的崭新格局。

第四节　研究思路、内容与方法

从学术角度对内蒙古非物质文化遗产进行生态保护与传承的专门研究是一个新的课题，也是一次有意义的探索。在这个过程中，既需要借助前沿理论的支持，又要在实践中运用科学的方法。除此，我们还要从自治区文化遗产的实际情况出发，统筹规划、合理构架，以便建立较全面、系统的研究体系，较好地完成研究任务。

一　研究思路和内容

本书主要从文化生态学的视角研究内蒙古非物质文化遗产保护问题，以内蒙古非物质文化遗产的生态环境和保护价值作为研究基础，以探讨如何在现代全球经济一体化背景下促进其有效传承和可持续发展为核心内容。其次，本书通过分析文化遗产与其生态环境间的关系及当前面临的生态环境失衡问题，揭示实践中保护主体文化自觉的重要性以及整体性、动态性保护的必要性。最后，本书从基础理论与实践保护两大方面探索自治

---

① 王文章：《非物质文化遗产保护研究》，文化艺术出版社 2009 年版，第 111 页。

区文化生态保护和传承的路径。研究共分为 6 部分。

绪论：内蒙古非物质文化遗产概念阐释，内蒙古非物质文化遗产生态保护与传承的研究现状；研究的学术价值与现实意义，研究思路、内容和方法。

第一章，内蒙古非物质文化遗产的文化生态系统分析：从自然、人文、经济三方面分析自治区非物质文化遗产所依存的生态环境，根据国际和我国相关文件的分类方法，确定其种类构成及特点。并从结构研究的角度，以数量地理方法对自治区 3 大文化圈、12 盟市国家级和自治区级非物质文化遗产（主要数据以 2020 年 12 月 31 日前公布的名录为准）进行量化统计，了解其空间分布实情、生长优势和文化特征。

第二章，内蒙古非物质文化遗产的保护价值：分析内蒙古非物质文化遗产历史、科学、艺术、社会、经济、教育等多元价值，印证内蒙古非物质文化遗产对于增强中华文明影响力的特殊贡献，阐明其生态保护意义。

第三章，内蒙古非物质文化遗产保护现状与理性思考：实事求是地肯定自治区保护工作成就；并针对内蒙古非物质文化遗产面临的文化生态困境，客观地总结过去保护工作中存在的问题；思考自治区非物质文化遗产保护工作的重点和方向。

第四章，内蒙古非物质文化遗产的生态保护：根据内蒙古自治区实际，从理论上探讨文化生态保护的目标、原则，并对目前自治区生态保护和自治区级文化生态保护区建设提出具体建议。

第五章，内蒙古非物质文化遗产的传承发展：通过正确认识传承与发展的辩证关系，探求适宜于内蒙古区情的传承路径。从文化生态学倡导的整体性保护与活态传承的角度，提出有益于内蒙古非物质文化遗产产业化开发的对策，促进其创新发展，达到有效保护的目的。

二　研究方法

非物质文化遗产学是一门相对独立的新兴学科，也是一门综合性很强的人文学科，与历史学、民族学、人类学、语言学、表演学、民俗学、生态学、宗教学等传统学科有着密切的联系。由于它本身具有跨学科的性质，本书借用历史学、社会学、文化生态学、地理学等学科的研究成果和方法，探讨内蒙古非物质文化遗产生态保护的理论依据与实践对策。

（一）文献研究法

内蒙古自治区历史上就是一个多民族的聚集区，有着源远流长的文明历史和优秀的民族文化传统。为了真实地认识和了解非物质文化遗产的源头、内涵，本书依据历史唯物主义观点，通过记载内蒙古历史文化变迁的传统文献，充分认识自治区非物质文化遗产文化生态的发展脉络；并借助现代网络等新型资源平台，查找相关的学术信息。在全面掌握资料的基础上，我们客观地论证它独特的生态环境和多元的价值体系，总结其区域特征和群体属性，进而对其传承、保护与发展等理论和实践问题进行分析与研究。

（二）实地调查法

为使研究建立在科学调查的基础上，超越研究者文化价值观念的主观影响，我们坚持实地调查的方法，从主观感受、客观尊重和认知水平上增强研究结论的准确性。为此，笔者多次前往内蒙古非物质文化遗产保护中心、内蒙古自治区文化和旅游厅（原内蒙古自治区文化厅）及内蒙古12个盟市非物质文化遗产保护机构，进行数据的追踪、收集与核实；并走访了一些国家级和自治区级代表性传承人；前往国家级与自治区级非物质文化遗产项目集中的文化生态保护区开展调研，了解其生存的实际状况；还通过对全区1052个样本进行纸质问卷调查，采集了第一手数据资料。这就使研究扎根于内蒙古历史文化土壤中，能够切实为内蒙古非物质文化遗产的可持续发展提供具有一定借鉴价值的保护对策。

（三）文化生态学方法

当今融合多学科新理论、新方法的问题研究日益受到学界重视。文化生态学"是文化人类学的重要理论和研究方法，是自然生态和文化人类学相互渗透结合的产物"①。它具有系统地探讨自然、社会以及经济发展与文化间关系的理论视角和研究方法，有利于当今非物质文化遗产的整体性保护研究。虽然目前国内学者对文化生态学理论和方法体系尚未达成一致认识，但其系统的、动态的研究方法对非物质文化遗产研究具有方法论意义。本书借用文化生态学理论方法，从内蒙古非物质文化遗产的生态环境入手，既注重探究适宜文化遗产生存的自然、社会和经济环境的生成、发展，动态、系统地解读其文脉与地脉，又要充分揭示它与所依存生态环境间相互制约、相互作用的辩证统一关系。在此基础上，我们厘清保护的关键问题，在更广阔的层面对其发展空间进行分析，从而探索出改善与优化

---

① 汪欣：《非物质文化遗产保护的文化生态论》，《民间文化论坛》2011年第1期。

内蒙古非物质文化遗产生态环境的对策。

除此，内蒙古非物质文化遗产是我国优秀的民族文化成果，许多具有突出文化价值的项目在我国甚至国际上都产生了较大的影响，引起广泛关注。对它的研究，还应将其放在中华文化史的大背景下，采用比较研究法，从时空双向维度全面、真实地认识和判断其品质特征和对中华文明的贡献。加之，内蒙古非物质文化遗产的生态保护研究及实践探索处于起步阶段，本书研究也需要借鉴国内其他省、自治区先进的经验，还需要通过国际视野中科学的保护理论来审视。这样，才能获得一个有益的比较性视角和可靠的理论指导。

第一章　内蒙古非物质文化遗产的
文化生态系统分析

中华文明博大精深、底蕴深厚，各民族文化艳丽多彩、千姿百态，在世界文明史上占有重要的地位。内蒙古自治区地域辽阔、民族聚集，是草原文化的主要生成地，也是中华文明的发祥地之一。千百年来，生活在这片土地上的各族人民因其所处自然和社会环境的不同，保持着特殊的生产、生活和感情表达方式，延续着独特的文化传统，在共生共处的过程中创造了大量的非物质文化遗产。这些原生态民族文化保存着本民族最浓郁的民族情结，发展了我国民族文化的多样性，为多元一体的中华民族文化注入了活力。内蒙古非物质文化遗产是我国民族文化百花园中别具风采的部分，在特殊的生态环境中生成、发展，形成了自己鲜明的文化特征和深邃的精神内涵。

第一节　内蒙古非物质文化遗产的文化生态环境

每一种文化的产生与传承都有其特定的环境，非物质文化遗产作为文化的一种特殊形式也是如此。从文化生态的角度看，这种环境不仅包括自然环境，还包括经济环境和人文环境，是其生存的土壤和传承的基础，同时也影响和制约了它的创造和发展。内蒙古自然环境差异性明显、人文环境丰富多彩、经济环境复杂而脆弱，各民族在对不同环境的适应、改造过程中，创造出各具风格的民族文化。内蒙古非物质文化遗产作为生态环境的产物，当然也离不开它生成发展的自然环境、经济环境和人文环境，并与之共同形成一个相互依存、相互作用的文化生态系统。因此，对其认识和研究应从了解它相依相赖的生态环境入手。

一 内蒙古非物质文化遗产的自然生态环境

自然环境是指"被人类改造、利用，为人类提供文化生活的物质资源和活动场所的自然系统"①。它包括地理位置、地貌、气候、河流、湖泊、矿藏以及动植物资源等，是人类进行社会实践和文化创造活动的自然基础。非物质文化遗产就是特定民族在特定社会时空中与自然互动的产物。它的产生和发展与该地域的自然环境密切相连，体现了特定民族的生活智慧。客观地看，在文化生态系统中，自然环境不是决定因素，但自然环境的差别是文化多元性的基础，深深影响着文化的表现形式和特定风格。内蒙古非物质文化遗产多样性的形成，也必然与其特殊的自然环境有着直接的关系。

（一）重要的地理位置

内蒙古自治区位于中国北部边疆，经纬度介于东经 97°12′—126°04′、北纬 37°24′—53°23′之间，是中国跨经度最大的省级行政区。它深处欧亚内陆，东西绵延 2400 多千米，南北直线距离 1700 多千米，也是国家北部生态安全的天然屏障。

辽阔的疆域使内蒙古地跨"三北"（中国东北、西北、华北）8 个省区，呈狭长形状，由东北向西南斜伸。其中北部、东北部分别与蒙古国、俄罗斯接壤，国界线长达 4200 多千米，具有突出的战略地位。内蒙古全区总面积 118.3 万平方千米，占全国面积的 12.3%，为中国第四大省级行政区。这里邻近北京、天津，又是古老的北方草原丝绸之路的核心地带，现已成为中国全方位对外开放的前哨之一。如此，内蒙古作为中国北方的边陲要地和生态系统的前沿阵地，对于维护国家生态安全和边防稳定具有特殊意义。

（二）高原为主、复杂多样的地貌类型

内蒙古地处亚洲腹地，区域轮廓东西狭长，为地理环境的形成和演化提供了特定的地域空间。经过大地构造的演变和造山运动，在地壳内营力和外营力相互的作用下，地貌具有以高原为主体，且高原与山地、平原呈带状分布的特点。这就造成内蒙古不同的地貌地区在自然景观、自然资源上具有较大的差异性。

---

① 冯天瑜、何晓明、周积明：《中华文化史》上册，上海人民出版社 2006 年版，第 9 页。

　　内蒙古高原地貌特征显著。这主要表现为高原面积大、分布广，从东部大兴安岭西麓向西南延伸，北至蒙古人民共和国边境、南到阴山山脉北坡，连亘3000多千米。内蒙古高原由呼伦贝尔高原、锡林郭勒高原、乌兰察布高原、阴北高原，巴彦淖尔高原、阿拉善高原组成，加上阴山以南的鄂尔多斯高原，占全区土地总面积的51.18%①，成为中国四大高原中的第二大高原。由于长期风力剥蚀的作用，它有别于黄土高原、云贵高原和青藏高原，风成地貌分布广泛。其海拔大都在1000—1500米之间，地面宽阔平坦、起伏和缓，呈现出草原辽阔、沙漠广布的特征。如高原的西北部有额济纳、阿拉善、巴音等戈壁；东部、南部形成呼伦贝尔、科尔沁、锡林郭勒浑善达克、鄂尔多斯毛乌素等沙地，阿拉善巴丹吉林、腾格里、乌兰布、巴音温都尔沙漠和鄂尔多斯北部库布其沙漠等。在高原的东面、南面、西南面，东北走向的大兴安岭与东西走向的阴山（狼山、色尔腾山、乌拉山、大青山、卓资山、灰腾梁、蛮汉山）及南北走向的贺兰山形成一条山带。山带海拔一般1500—2000米，最高点贺兰山主峰3556米，构成内蒙古高原地貌的脊梁，占全区土地总面积的20.8%②。这里森林资源、草原植物最富饶，属于农牧林业交错的地带。山地是内蒙古天然生态屏障和自然环境的分界线，其东面、南面分布着占全区土地总面积的8.5%的土默川等平原，是内蒙古主要的农业生产基地。其间过渡地带还分布着占全区土地总面积18.25%的丘陵。这样，高原、山地、平原呈带状分布，戈壁、沙漠、丘陵相间，反映了内蒙古地理环境结构复杂、类型多样的特征。

　　（三）干旱寒冷、四季分明的大陆性气候

　　内蒙古自治区大部分处于中温带范围，纬度较高，接受太阳辐射热量较少。而且这里深居内陆，又靠近蒙古高压中心，属西风带控制区，易受来自西北或北方干冷气流的影响。内蒙古高原还是一个向北渐降的碟形高原，边缘地带最高，从而阻隔大部分来自东南海洋的湿润气流。加上，内蒙古降雨量小，无流区面积占全区总面积的38.8%③，内陆河流较少。这些地理因素和环流因素相互作用，形成干旱、寒冷的温带大陆性季风气候。

---

① 孙金铸：《内蒙古地理文集》，内蒙古大学出版社2003年版，第166—169页。
② 孙金铸：《内蒙古地理文集》，内蒙古大学出版社2003年版，第152页。
③ 孙金涛：《内蒙古地理文集》，内蒙古大学出版社2003年版，第140页。

内蒙古气候主要特征表现为：第一，春季风大、干旱。全年大风日数70%发生在春季。风力常达6—8级，伴有沙尘且持续时间较长，容易造成土地侵蚀和严重春旱。第二，夏季短促、降水集中。内蒙古全区夏天平均为62天。贺兰山以西地区为3个月，西辽河和河套平原地区为2个月，大兴安岭山地、锡林郭勒盟南部和大青山北麓则长冬无夏、春秋相连。内蒙古全年降水主要集中在6—8月，大部分地区夏季降水量占年降水量的65%—75%。此时空气对流旺盛、增温速度快，雷雨和冰雹频次较高，但水热同期有利于农作物和牧草的生长。第三，秋季气温骤降、霜冻早来。内蒙古入秋以后，气温下降明显，每年9月底至10月初全区大部分地区开始结冰，霜冻危害明显。第四，冬季漫长寒冷。内蒙古冬季深受极地大陆寒潮影响，冬季平均温度在 −3.5℃至 −15℃之间，从西向东冬季平均温度相差约12℃，极端最低气温 −26℃至 −50℃之间。大部分地区冬季长达5个月以上，呼伦贝尔市冬季长达7个月，比同纬度的东北和西北地区都长。内蒙古气候四季分明、年温差大，有着明显的温带大陆性气候特征，不同程度制约着植物生长与畜牧业和农业生产。

（四）得天独厚的草原、森林植被

内蒙古地域呈东北至西南向的狭长形状，东西经跨度28°52′，处于夏季风的边缘地带。因受地理位置的影响，区域内降水量由东北向西南递减，蒸发量逐渐加大。内蒙古依次形成湿润、半湿润、半干旱、干旱和极干旱5个区，自然景观随之呈现出森林、草原、荒漠的格局。其中，草原属于半干旱到干旱区，面积最辽阔，达79万平方千米，占全区土地总面积的66.7%，占全国草原面积的22%[1]，是中国最大的天然草原牧场。

内蒙古草原属中温带草原，东西宽达1200千米，主要有呼伦贝尔、锡林郭勒、乌拉特、鄂尔多斯、科尔沁、乌兰察布6大草原。这些草原多分布于高原地区，草原类型主要有草甸草原、干草原、荒漠草原，其中以干草原、荒漠草原类型为主。干草原也称典型草原，是最基本、分布最广泛的草原类型，占全区草地总面积的35.1%[2]，多见于锡林郭勒草原、呼

---

①　刘瑞国、王美珍、郭淑晶、刘磊、李雪松：《内蒙古自治区草地资源的基况介绍》，《内蒙古草业》2012年第3期。

②　刘瑞国、王美珍、郭淑晶、刘磊、李雪松：《内蒙古自治区草地资源的基况介绍》，《内蒙古草业》2012年第3期。

伦贝尔草原西部、鄂尔多斯草原东部等。这里草原植被覆盖度40%—65%，草层高度15—45厘米，以丛生禾草为主，是最典型的草原区域。荒漠草原是草原向荒漠过渡的旱生性最强的草原类型，分布于内蒙古高原中西部、阴山山脉以北、鄂尔多斯高原西部，如乌兰察布草原、鄂尔多斯草原西部、乌拉特草原和阿拉善盟地区，占全区草地总面积的10.7%①。这类草原地处生态环境的脆弱带，草群稀疏低矮，植物种类不多，但地方特有种类的优势作用十分显著。另外，内蒙古高原东北部，大兴安岭的西麓高原和东南部丘陵、西辽河平原地区，如呼伦贝尔草原东部、科尔沁草原、锡林郭勒草原东部等还分布着草甸草原。其中温带草甸草原即森林草原，草层高度可达到20—65厘米，覆盖度达50%—80%，是温带草原中产量最高的一种类型。这类草原植物种类组成最复杂，茂密的草群常伴有针叶或落叶阔叶森林植被，也是草地景观最华丽、自然条件最为优越的草原类型。

内蒙古富有森林植被，全区现森林总面积约26.15万平方千米，森林覆盖率达23%。②大兴安岭北部山地是自治区森林最集中的地区。这里主要树种为兴安落叶松，伴有樟子松、蒙古栎、白桦、黑桦、山杨等，形成我国北部天然的绿色宝库。其他山地还生长着以白桦林、山杨林和栎树为主的天然次生林。内蒙古森林集中在山区，森林具有涵养水源和保持水土的生态功能。而农牧生产基地缺少林树，正是农业、草原生态系统脆弱的主要原因。

不同地域有着不同的自然环境，进而形成不同的种族或民族，也使不同民族、不同地域的文化创造具有分明的个性。"自然环境在很大程度上影响着人们的生产与生活方式，因而在民族文化的形成与发展过程中起着很大的作用"③。内蒙古区域自然环境有着明显的地域分异现象，形成东西演替、南北排列有序的独特格局。④这种自然环境生成了不同的地形地貌、植被水文与气候条件，直接影响了当地的生产、生活方式。具体表现

① 刘瑞国、王美珍、郭淑晶、刘磊、李雪松：《内蒙古自治区草地资源的基况介绍》，《内蒙古草业》2012年第3期。
② 内蒙古自治区统计局：《内蒙古自治区2020年国民经济和社会发展统计公报》2021年3月1日，内蒙古自治区政府网，http://www.nmg.gov.cn/tjsj/sjfb/tjsj/tjgb/202103/t20210301_984896.html，2021年5月17日。
③ 施正一：《施正一文集》，中国社会科学出版社2001年版，第804页。
④ 包晓岚：《内蒙古地理环境的结构及其地域分异规律》，《内蒙古民族师院学报》（自然科学版）1997年第1期。

为：自然环境制约着区域人类的活动，对人们的思想行为、风俗习惯、社会心理等诸方面产生了潜移默化的作用，从而为内蒙古非物质文化遗产打上了特定的自然生态的烙印。蒙古族祭火就是出于对赖以生存的森林草原、动植物免遭火灾的期望，以及对火引导光明、祛除邪恶威力的崇拜而形成的民俗。每年腊月二十三举行隆重的祭祀仪式，并且"当他们聚会畅饮时……三次向南方撒酒，每次都下跪，那是向火献祭"①。平时也不能玷污火，"严禁跨火"②，体现了蒙古族先民敬畏自然的情感。其次，自然环境也赋予内蒙古民族文化浓郁的地域特色。这从风格上可以看出，高原地区非物质文化遗产展现了以蒙古族为代表的游牧文化的精神特质；大兴安岭山区的非物质文化遗产反映了"三少民族"达斡尔族、鄂温克族、鄂伦春族等森林民族的风情风貌和独特的创造力；平原地区的非物质文化遗产则反映了农耕文化的生命智慧以及农牧文明交融的别样性。自然环境对文化遗产形成和发展的基础作用，决定了非物质文化遗产保护既包括文化遗产本身，也应重视相关自然环境，以使其真正获得生命之源。同时，健康的自然环境还是适宜的经济环境、良好的人文环境建立和发展的物质基础和承载平台。

二　内蒙古非物质文化遗产的经济环境

经济环境指"人类加工、改造自然以创造物质财富所形成的一套生产条件，包括工具、技术、生产方式等"③，与自然环境同为文化赖以存在的根基，决定着文化的性质和特征。从本源上讲，任何一种文化必然根植于一定的经济形态和生产方式之中，反映着不同历史时期的生产力发展水平，是人类经济活动的历史记忆和科学总结。非物质文化遗产作为其特殊表现形式，是从各民族生活生产实践中直接创造出来的，与人类社会的经济生产自然有着无法割裂的关联。所以，内蒙古非物质文化遗产既是内蒙古自然环境的产物，也与各民族在改造自然、适应自然的过程中所选择的生产方式密不可分。它深深植根于游牧、农耕、农牧交错、狩猎等不同类型的经济生活中，形成了自身的基本特征和精神。

---

① ［意］柏朗嘉宾、［法］鲁布鲁克：《柏朗嘉宾蒙古行纪·鲁布鲁克东行纪》，耿昇、何高济译，中华书局2002年版，第211页。

② ［瑞典］多桑：《多桑蒙古史》上册，冯承钧译，商务印书馆2015年版，第183页。

③ 冯天瑜、何晓明、周积明：《中华文化史》上册，上海人民出版社2006年版，第9页。

（一）以游牧为主的经济生产方式

一定的地域空间是民族经济产生和存在的基础和载体，民族的经济活动寓于一定的自然生态系统中。正如马克思所论："不同的共同体在各自的自然环境中，找到不同的生产资料和不同的生活资料。因此，他们的生产方式、生活方式和产品，也就各不相同。"[①] 人类总是在改造自然、适应自然的过程中寻找最适合于自己所处的自然条件的生存方式，选择符合自然生态要求和自身生存需要的经济类型。游牧生产方式与草原资源特性直接相关，是历史上生活于草原地区的人们为适应草原特定的生态环境而创造出的一套生存技能和行之有效的文化适应方式[②]，是内蒙古非物质文化遗产产生和发展的经济基础。

不同经济类型与生产方式取决于不同的自然资源和生态环境。草地资源是发展畜牧业必要的经济资源，是牧区、半牧区人们赖以生存的基础。内蒙古草原分布广泛，是自治区土地利用类型中面积最大的一种，也是我国最大的天然牧场，具备发展畜牧业所需的经济资源。如典型草原土壤为栗钙土，生长着羊草、羊茅、冰草等 1000 多种饲用植物；草甸草原土壤为黑钙土，肥力较高，是适于发展大牲畜的畜牧业基地。另外，内蒙古草原所处纬度较高，主要位于北纬 40°至 45°之间。充足的日照有利于发展自然的植被食物链，尤其有利于饲草饲料营养的储蓄。加上内蒙古草原自然条件特点是水资源缺乏，土层薄且沙性大。夏季雨水集中，能满足这里草原植被生长要求，但雨量不敷农业生产的需求。这样，草原特定的生态环境使种植业受到明显限制，草原民族只能选择以畜牧业为主，兼有狩猎业的经济生产方式。于是，有规律的游牧迁徙也就随之成为这一特殊自然环境中最好的生活方式，体现了游牧族群在多变的生态条件下灵活应对的能力。这是一种适应草原特定自然环境而创造的生存技能，从而使游牧经济具有更高的生产效率和更佳的生态适应性，这也是内蒙古草原游牧经济兴起与长期存在达数千年的合理性和必然性所在。[③]

内蒙古草原游牧经济是在一定历史时期形成的，与草原生态的资源特

① ［德］卡尔·马克思：《资本论》第 1 卷，人民出版社 2018 年版，第 407 页。

② 刘瑞俊：《内蒙古草原地带游牧生计方式起源探索》，博士学位论文，中央民族大学，2010 年，第 15 页。

③ 包斯钦、金海主编：《草原精神文化研究》，内蒙古教育出版社 2007 年版，第 13 页。

性密切相关，也是最适合于维持草原生态平衡的生产方式。① 内蒙古草原旧石器时代人类遗存是锡林郭勒盟东乌珠穆沁旗金斯太洞穴遗址，洞穴宽16米，共分3层。以植物孢粉分析，3层草本植物花粉占绝对优势，显示出草原植被特征。根据出土的细石器和动物骨骼逐渐增多、禾本科花粉含量高的特点，反映出草原先民狩猎水平不断提高、与采集业同时存在的实情。经 ^{14}C 测定，距今约3.6万年，说明至少在1万年以前，内蒙古草原腹地就有人类居住。新石器时代晚期至青铜时代早期，由于游牧生产方式很难留下直接的考古学证据，据内蒙古中南部鄂尔多斯市朱开沟文化（距今约4200—3500年）中期（夏代早期）出土的大量农业工具以及猪、牛、羊骨骼等考古资料显示，北方民族已经处于以原始农业为主，兼营畜牧业、狩猎业的混和型经济时期。至晚期（商代早期）进入青铜器时代，畜牧业经济渐趋发展，经济形态以农业为主，向半农半牧发展。② 草原地区开始了农牧混合型经济向游牧经济过渡的过程。

"农耕、畜牧混合型经济通常是游牧民族形成前的文化特征"③，畜牧业成为草原地区主要的经济生活来源，是游牧经济形成的标志。据《史记》和《汉书》记载：西汉名将卫青两次大败匈奴，分别俘获"牛羊百余万"④，"畜数千百万"⑤；东汉大将窦宪攻破北匈奴私渠比鞮海，获"牲口马牛羊橐驼百余万头"⑥。几次局部战争，汉朝从匈奴虏获的牛羊数量就以百万、千万计，不难看出当时匈奴畜牧业之发达。这说明秦汉之际，游牧经济已成为草原民族主要的生产生活方式。这样，"以匈奴帝国的建立为标志，游牧经济和游牧文化已经完全发育成熟，正式揭开了它持续2000多年的历史"⑦。每一种文化的产生与发展都基于一定的经济基础，"复杂的生态环境与不同的生产类型，决定了多元民族文化的形成与发展"⑧。不同的生产方式必然引起生活方式与社会经济发展水平的差异化，

① 刘瑞俊：《内蒙古草原地带游牧生计方式起源探索》，博士学位论文，中央民族大学，2010年，第25页。
② 田广金、郭素新：《北方文化与匈奴文明》，凤凰出版社2004年版，第252—263页。
③ 牛森主编：《草原文化研究资料选编》第2辑，内蒙古教育出版社2005年版，第314页。
④ （西汉）司马迁：《史记》卷110《匈奴列传》，中华书局1982年版，第2906页。
⑤ （西汉）司马迁：《史记》卷111《卫将军骠骑列传》，中华书局1982年版，第2925页。
⑥ （南朝宋）范晔：《后汉书》卷23《窦宪传》，中华书局1987年版，第814页。
⑦ 包斯钦、金海主编：《草原精神文化研究》，内蒙古教育出版社2007年版，第16页。
⑧ 施正一：《施正一文集》，中国社会科学出版社2001年版，第801页。

以至形成人类不同的思维方式、生活观念、价值取向，产生不同的社会实践行为和文化模式。

自古以来，内蒙古草原上居住着不同的民族，语言、风俗也存在着一定差异。但在同样自然环境的影响下，他们也有着相似的生活、生产方式，即游牧生活。这种生产方式是在一定地域范围内，通过人与畜群有规律的迁徙移动，有效地保持了对环境的高度适应与草地资源的生态保护，从而维持了游牧经济的持续发展①，成为内蒙古土地利用最重要的特征。也正是在游牧生产的基础上，这里产生了与其相适应的社会组织、典章制度、生产技术以及意识形态领域的宗教信仰、民族意识、传统习俗、伦理观念等民族文化。这些文化充实了内蒙古历史文化遗产的内容，使内蒙古非物质文化遗产具有深厚的游牧文化底蕴。如伴随游牧经济的形成与发展，"其马体小，外观虽不美，然便于驰骋，能耐劳，不畏气候不适"②，为蒙古族所倚重，成为主要的游牧生产和交通工具，因此奠定了"马文化"形成的基础。蒙古族不仅创造了马鞍、马鞭、套马杆、马奶酒等物质文化，还将对马的热爱熔铸于民间音乐舞蹈、口传文学和民间手工技艺中。他们以马头琴音乐、祝赞词、成吉思汗的两匹骏马、马头琴传说、马具制作技艺、策格（酸马奶）酿制技艺等非物质文化遗产，传递着他们感恩万物、与自然同生共处的生态意识。游牧民族在长期的社会实践中还积累了专业的游牧经验和牧业技术，在不同的时间、不同的地点，针对不同牧畜的习性和种类进行分类放牧。羊的春季营地一般选在地势稍高、挡风雪之处，羊吃了生长在石缝中的酸性、辣性草，有利于杀菌、长秋膘。夏季营地，牧民则选在离河水稍远的地方，羊群不燥，可以增强体质。冬季营地选在地势较高、挡风朝阳之所，以保暖保膘。在四季牧场的迁徙之中，包含着轮休、休牧、禁牧的科学内涵。③

可见，以草原畜牧业为主体的经济形态，是内蒙古非物质文化遗产和物质文化遗产产生与存在的经济基础。它赋予非物质文化遗产鲜明的草原文化特质，决定其基本内涵与基本精神，使非物质文化遗产沉淀着草原民族对自然哲学独特的思考，闪烁着各民族生存智慧之光。当然，内蒙古经

---

① 刘瑞俊：《内蒙古草原地带游牧生计方式起源探索》，博士学位论文，中央民族大学，2010年，第25页。
② ［瑞典］多桑：《多桑蒙古史》上册，冯承钧译，商务印书馆2015年版，第36页。
③ 牛锐：《正确认识游牧文明科学治理草原》，《中国民族报》2006年3月17日。

济基础也包括狩猎、农耕等经济形态，它们虽然不占主导地位，也使内蒙古非物质文化遗产成为一种以多种生产方式为基础的多元文化集合体。如达斡尔族昆米勒采食习俗就是在其农牧业经济生活中产生的饮食习俗。17世纪后半叶，达斡尔族人民迁居嫩江流域。随着农业比重的增加，粮食成为他们的主食，嫩江两岸生长的"昆米勒"（达斡尔语，意为"柳蒿芽"）富有营养，也成为其最仰赖的蔬菜，由此形成了达斡尔族人民喜食柳蒿芽的习俗。每年5月中旬，达斡尔族都举办具有纪念意义的昆米勒节，一直传承至今。这些民间习俗拓展了内蒙古非物质文化遗产的外延，也深化了草原文化内涵，体现了其包容的文化品质。

（二）农牧业交错带的形成及经济环境的脆弱性

内蒙古地区处于农业气候和沙漠气候区间的过渡地带，是冬季西伯利亚高压区的边缘、夏季吹来的东南风终止旅程的地方，降水自东向西递减。内蒙古东部、东南部、中南部即从大兴安岭西麓，经辽河上游、阴山山脉、鄂尔多斯高原，向西南延伸至陕甘宁交界地的狭长地带，是气候、生态、环境变化的敏感区。这一地带包括今呼伦贝尔市5旗、兴安盟4旗（县）、通辽市7旗（县）、赤峰市8旗（县）、锡林郭勒盟3旗（县）、乌兰察布市11旗（县）、呼和浩特市2县、鄂尔多斯市7旗（区），共47旗（区、县）①。这些地区为湿润向干旱、暖温带向中温带、东亚夏季风与大陆性气候的生态过渡带，沿400毫米降水等值线方向分布，属于我国北方农牧交错地带。农牧交错带是一个复杂的人地系统，表现在经济形态上，区域内并存着农业、草业、林业和畜牧业等多种生产方式，彼此相连组成农牧交错的经济地带。它的北部草原地区以游牧经济为主，基本属于大陆性干旱气候，年降水量在300毫米以下，不适宜大规模种植业的发展。因此，农牧交错带是不同自然生态环境的分界线，也是不同生产方式的交叉地带。内蒙古农牧交错区在人类未开垦之前为纯牧区，本质属性为草原生态系统，土地利用以牧草地为主。由于自然环境的变化和历史上人类经济活动的影响，它才逐步演变为半农半牧区和时农时牧区。

内蒙古农牧交错带的形成首先是自然的因素，即自然生态环境变化的原因，因为这里是气候冷暖干湿变化最强烈的地区。早在第四纪早更新世

---

① 赵哈林、赵学勇、张铜会、周瑞莲：《北方农牧交错带的地理界定及其生态问题》，《地球科学进展》2002年第5期。

即相当于旧石器时代早期，第一次冰期来临，气候变冷变干，内蒙古中南部阴山以北的森林草原转为干草原，阴山以南仍为森林草原。中更新世，气候再度干冷，阴山以北为寒冬荒漠，阴山以南为荒漠草原和荒漠。晚更新世第三次冰期之后曾一度温暖，植被恢复为干草原和荒漠草原。[①] 全新世即新石器时代以来，气候逐渐回暖，内蒙古东南部和鄂尔多斯高原东南部为森林草原景观。考古资料显示，内蒙古东南部赵宝沟文化（距今约7200—6400 年）已经发展到以农业为主兼营狩猎的阶段，内蒙古中南部庙子沟文化（距今约 5500—5000 年）也已经处于农业较为发达阶段。青铜器时代以来，随着大暖期结束、寒冷期到来，气候继续向干冷方向发展，生态环境逐渐接近干草原景观。内蒙古东南部夏家店上层文化建立起农牧并重的经济结构，中南部朱开沟发达的原始农业衰落，生产方式由以农业为主向半农半牧发展。[②] 这表明自然环境的变化是内蒙古地区农牧交错地带形成的自然基础。以后在农牧交错带界线不断变化中，自然因素仍起着相应的作用。

　　内蒙古农牧交错带生态环境特征是宜农宜牧，经济形态主要是半农半牧。由于农业生产具有较高的获得生活资料的经济效益，以及地理位置的战略意义，农牧边界不断北移。内蒙古农牧交错带的形成，也是人为经济活动的结果。战国时期，各游牧民族活动于内蒙古草原地区，过着逐水草游牧的生活，中原地区农耕业已成为主要生产方式，于是出现了农耕区和畜牧区之间的分界线。[③] 当时，大致从今青海东部经陕北、晋西北、冀北秦长城至辽宁境内，存在着一条农牧分界线[④]。分界线南北均有农牧业发展，只是北部以游牧为主，南部则以农耕为主。其中内蒙古东南部、阴山地区、河套地区都属于畜牧区。秦、汉时期，击败匈奴以后，政府为筹集军粮、巩固边防，开始在这里设置郡县、移民开荒。秦始皇时期农牧业北界便推移到河套西乌兰布和沙漠，北抵阴山山脉。汉武帝时农垦区达鄂尔多斯高原和河套平原，农牧交错区北部界限也越过阴山。唐朝为了加强对突厥的防御，实行奖励屯垦、充实边防的政策。大规模的砍伐森林、放火

---

①　孙金铸：《内蒙古地理文集》，内蒙古大学出版社 2003 年版，第 12 页。

②　田广金、郭素新：《北方文化与匈奴文明》，凤凰出版社 2004 年版，第 302—303 页。

③　邹逸麟：《中国历史地理概述》，上海教育出版社 2005 年版，第 233 页。

④　黄健英：《北方农牧交错带变迁对蒙古族经济文化类型的影响》，中央民族大学出版社 2009 年版，第 46 页。

烧荒，致使后套平原大面积草场变为农田，鄂尔多斯地区在此时出现了大风积沙现象。据史料记载："长庆二年（822）十月，夏州（即今鄂尔多斯市乌审旗）大风，飞沙为堆，高及城堞"[①]。这样，由于自然生态的人为破坏，农牧界限不断北移。

清代是内蒙古农牧交错带边界变化较大的时期。之前在交错带内的农业是作为游牧经济的补充形式出现的，在游牧民族处于强势时期，一定程度上又恢复和保持了游牧业的发展，整体上农牧业边界南北摆动。清朝尤其中期以后，基于人口压力，实行蒙旗放垦、移民实边政策，大规模放垦草原使得种植业突破原来的边界，大幅度推进到草原腹地。民国时期又加剧了这一态势，生态环境进一步恶化，农牧交错带边界继续向西向北扩展，形成农牧交错带的基本格局。因此，具有一定的地理空间和特殊经济地理特征的农牧交错地域，是在自然因素和人类活动共同作用下形成的。农牧交错带的南北摇摆，反映了区域内游牧业与农业两种土地利用方式的转变过程。

内蒙古农牧交错区是内蒙古土地利用上的显著特点，也是生态地质环境最脆弱或环境变化最敏感的地区。内蒙古农牧交错带土地类型多样，降水量的年际波动大，风蚀、水蚀并存。这种地带对于改变界面状态的外力抵抗能力低，因而整个生态系统不稳定性强，脆弱度高，易造成灾害。[②]正是由于各种生态因子和生态系统极易受到干扰而发生恶性循环，内蒙古农牧交错带水土流失、土地沙漠化、草原退化非常严重，成为干旱、风沙、霜冻等自然灾害高发与生产力低下的地区。环境变化势必对文化发展产生相应的影响，这些影响在农牧交错过渡带表现得较为明显。一方面，随着经济形态的转变，内蒙古农牧交错区域内中原农耕文化与北方游牧文化碰撞与融合交流。人们的生活习俗、意识形态、价值观念、审美情趣等也发生变化，民间文化遗产具有复合性与交融性的文化特征。如漫瀚调、脑阁、二人台、巴林左旗皮影戏等非物质文化遗产就是蒙汉文化结合的产物，反映了内蒙古农牧交错带是联系两种经济形态和文化形态的纽带。另一方面，内蒙古农牧业交错带的生态与农牧业经济条件密切相关，其失衡必然导致农牧业生产条件的破坏，也使得产生于此的文化尤其非物质文化

---

① （北宋）欧阳修、宋祁：《新唐书》卷35《五行二》，中华书局1987年版，第901页。

② 牛文元：《生态环境脆弱带ECOTONE的基础判定》，《生态学报》1989年第2期。

遗产的经济基础具有明显的脆弱性。这也决定了农牧交错带土地的合理利用，是改善和优化内蒙古非物质遗产生态环境的基本条件。

内蒙古有着独特的自然资源，辽阔的温带草原是古代北方游牧经济的发源地。各民族根据草原的地理条件和自然生态环境，经过长期的探索，确立了以游牧为主的经济生活方式。这是一种最利于维护草原生态持续发展的生产方式，是草原民族长期生产实践的智慧结晶。在游牧经济生活中，各民族以口传心授的方式创造了与其经济活动紧密相连的大量非物质文化遗产。这些文化遗产展现了游牧民族特有的思维方式和开放包容、天人和谐的文化理念，凸显了别具一格的草原文化特质，成为体现中华文明多元性的鲜活载体。所以，草原畜牧业是内蒙古草原文化产生、发展的经济基础，也是非物质文化遗产世代传承、发展创新的内在动力机制与文化根基，保护意义显而易见。因为"游牧业已不仅仅是一种生产方式，更是一种生存方式，一种文化载体，一种文化符号，是游牧民族独特的文化价值体系，其重要性不能仅仅以经济尺度来衡量，所承载的文化价值更应受到关注。对于整个国家来说，游牧业的民族与文化象征意义要大于其经济意义"①。尤其内蒙古农牧交错带作为我国不同自然环境与经济生产方式的过渡地区，是遏制北方荒漠化以及沙漠化南移的生态屏障，也是历史形成的两种文化类型交融整合的经济文化区。它本身具有的环境敏感性，不仅会导致自身自然属性的变化，也会影响到区域经济生活方式与文化形态、风俗习惯。基于此，维护这一地区自然生态的平衡，加强我国北方生态文明建设，有利于内蒙古畜牧业经济生产环境的改善，对于创造可持续发展的社会环境与文化生存基础也具有现实作用。

三　内蒙古非物质文化遗产的人文环境

人文环境是指由人类各种文化活动所形成的物质和精神境况，包括人们创造的物质文化和精神文化环境②，如历史文化传统、社会组织制度、宗教信仰、价值观念、科学技术等。相对于自然环境，人文环境是社会本体中隐藏的无形环境，是人力造成的，具有主观能动性。在文化生态环境中，它主要指影响非物质文化遗产生成的各种文化因素，是其发展和传承

① 葛根高娃：《工业化浪潮之下的蒙古民族及其草原游牧文化》，《中央民族大学学报》2008年第 6 期。

② 徐青民：《试论人文环境的建设和完善》，《社会科学战线》1997 年第 4 期。

的条件保证。内蒙古历史源远流长、各民族聚集共处、民族文化多元一体，铸就了非物质文化遗产突出的历史和人文价值，也充实了其深刻的精神内涵，促进其随着历史变迁不断地创新、发展。人文环境是厚重的，也是动态的、变化的。内蒙古非物质文化遗产就是在与其所依存的自然、经济和人文环境的相互影响和制衡中生成、发展的。

（一）悠久的历史传承

内蒙古是人类最早栖息和开发的地区之一。据考古发现，旧石器时代内蒙古地区就有人类繁衍生息，大窑文化和萨拉乌苏文化作为这一时期的代表，展示了内蒙古人类历史的最早足迹。大窑文化遗址位于呼和浩特市东郊保和少乡。考古学界认为其距今约50万年（也有认为距今70万年或35万年），相当于北京市周口店中国猿人的时代，属旧石器时代早期。生活在这里的人类祖先，以粗糙的石器猎取肿骨鹿、羚羊等动物，使用自然篝火蒸煮食物，在严酷的环境下开创了内蒙古远古的历史。萨拉乌苏文化发现于鄂尔多斯市南部萨拉乌苏河畔，属于旧石器时代晚期，距今约5万—3.7万年。这里出土的已接近现代人体质特征的河套人化石和大量细小石器，证明了这里也是人类最早活动的区域之一。

内蒙古历史久远，是中华文明的发祥地之一。进入新石器时代，内蒙古先民留下了更多、更稠密的生存踪迹。内蒙古东北部满洲里市扎赉诺尔人与海拉尔西山遗址；内蒙古东南部赤峰市敖汉旗兴隆洼文化（距今约8200—7400年）、巴林左旗北富河文化（距今约7000—6000年）、红山文化（距今约6700—5000年）[①]；内蒙古中南部乌兰察布市察右前旗庙子沟文化、凉城县老虎山文化（距今约4500—4300年）；内蒙古中西部包头市阿善文化（距今约5000—4500年）等新石器时代遗址，反映了大约1万年至4300年前内蒙古各地历史发展的概貌。红山文化体现了这一时期以原始农业为主的混合型经济特征，其出土的玉龙造型巧妙，通体呈"C"形，昂首扬眉、活力张扬，被考古界誉为"中华第一龙"。这是一种极富动感和形象变化的曲线，并且也是中国沿用了数千年的神龙变化发展的基线，显示了古代先民的原始宗教生活与原始艺术造型追求。红山玉龙应是中华民族的祖龙。[②]红山文化遗址还有距今大约5500年规模宏伟的女神

---

① 田广金、郭素新：《北方文化与匈奴文明》，凤凰出版社2004年版，第2—3页。
② 孙敬民：《中华文明多元一体构成的格局——从红山文化的积石遗存和玉器谈起》，《昭乌达蒙族师专学报》1990年第3期。

庙、祭坛、积石冢建筑，将远古时期的自然崇拜、祖先崇拜、神灵崇拜和祭祀的礼仪制度及规模推进到新的阶段。这说明在中华文明的起始阶段，以红山文化为代表的内蒙古草原地区社会发展曾处于领先地位。鄂尔多斯市南部朱开沟文化遗址（距今约 4200—3500 年）和赤峰市夏家店上层文化遗址（距今约 3000—2300 年）是内蒙古地区及北方草原青铜文明的组成部分。其中，出土的鄂尔多斯青铜短剑、铜刀、铜戈与"骑士追兔纹铜环""驾车狩猎纹骨饰牌"是这一时期代表性的成果。它们展现了青铜时代内蒙古草原民族高超的冶金技艺水平和崇尚力量、威猛、自然的审美观，也透射出当时游牧经济生活气息及内蒙古草原文化兼具游牧文化与农耕文化的复合型文化特征。

历史上内蒙古是北方各游牧民族活动的舞台，也是草原文化的核心承传地区。公元前 3 世纪至 6 世纪，匈奴、鲜卑、乌桓、丁零、月氏等民族在内蒙古草原上扮演着主要角色。匈奴"人食畜肉，饮其汁，衣其皮；畜食草饮水，随时转移"①。这一时期，他们主要活动在阴山北麓与大漠之间的高原地带，即今巴彦淖尔市、乌兰察布市的大草原，广泛占据今内蒙古中西部地区。公元前 209 年，匈奴在这里建立了历史上第一个草原游牧政权，促进了游牧文化的形成，迎来了内蒙古历史发展及游牧文明与农耕文明碰撞、交融的新时期。匈奴虽没有创制自己的文字，但在文化艺术方面堪称草原文化的开拓者。他们通过口头传唱的民歌"亡我祁连山，使我六畜不蕃息；亡我焉支山，使我嫁妇无颜色"②，表现了草原游牧文化色彩。内蒙古阴山地区发现的大量岩画，生动地再现了以匈奴为主的北方游猎民族原始舞蹈艺术造型。鄂尔多斯市杭锦旗阿鲁柴登匈奴古墓出土的金银器和金饰冠，则反映了匈奴工匠精湛的手工制作技艺和游牧民族的审美追求。2 世纪中叶，鲜卑尽占匈奴故地，置牙帐于弹汗山（今乌兰察布市兴和县东），组建了蒙古高原上强大的部落军事联盟。当时，"自云中、五原以东抵辽水，皆为鲜卑庭"③。鲜卑的势力影响达今巴彦淖尔市、鄂尔多斯市、乌兰察布市、呼和浩特市及包头市及锡林郭勒盟。386 年，鲜卑建立北魏政权。作为第一个进入中原北部地区的北方民族，鲜卑族将生机勃勃的草原文化带到中原，有力地促进了北方游牧文化与中原农耕文化的

① （西汉）司马迁：《史记》卷 110《匈奴列传》，中华书局 1982 年版，第 2900 页。
② 参见曹永年主编《内蒙古通史》卷 1，内蒙古大学出版社 2007 年版，第 209 页。
③ （西晋）陈寿：《三国志》卷 30《乌丸传》，中华书局 1982 年版，第 831 页。

交流。6 世纪，被迁至阴山地区的丁零人（又称敕勒）用鲜卑语创作《敕勒歌》："敕勒川，阴山下，天似穹庐，笼罩四野。天苍苍，野茫茫，风吹草低见牛羊。"① 牧歌形象地描写了当时阴山地区土默川一带草原的壮丽景色，为北方游牧民族文学注入了活力，成为中国文坛不朽之作。

7—12 世纪（隋唐至宋辽西夏金时期），突厥、回纥、契丹、党项、女真、蒙古等北方民族在内蒙古留下了深深足迹。突厥族其俗"畜牧为事，随逐水草，不恒厥处。穹庐毡帐，被发左衽，食肉饮酪，身衣裘褐"②。这是继匈奴、鲜卑之后驰骋于内蒙古高原上又一个强盛的游牧民族，552年建立突厥汗国，统治今内蒙古阴山以北的广大地区。6 世纪末，分裂后的东突厥政治中心转移到漠南的紫河镇（今呼和浩特市和林格尔县），活动区域主要在内蒙古中南部地区，政权延续 200 多年。突厥是中国北方少数民族中第一个有自己文字的民族，8 世纪建立的《阙特勤碑》《毗伽可汗碑》《磨延啜碑》《九姓回鹘可汗碑》等突厥碑铭以及锡林郭勒草原和乌兰察部草原上的突厥石雕人像，记载着突厥族此时的文化成就，充实了内蒙古草原文化的内涵。10 世纪，内蒙古成为契丹政权统治中心区域。契丹族于 916 年以临潢府（今赤峰市巴林左旗境内）为都城建立辽国。辽政权疆域"东至于海，西至金山，暨于流沙，北至胪朐河，南至白沟，幅员万里"③，覆盖了今内蒙古巴彦淖尔市乌梁素海以东的广大地区，成为漠北强大的势力。今内蒙古地区的辽代文化遗存，上京城、中京城、丰州城等遗址昭示着契丹人曾经辉煌的建筑成果。其中"辽墓壁画之乡"库伦县 8 座辽代墓葬壁画《出行图》《归来图》等真实地反映了辽朝中后期契丹族的社会生活和画境幽远、苍劲古朴的绘画风格。党项族兴起于 11 世纪，1038 年建立西夏政权，统治今鄂尔多斯市、巴彦淖尔市、阿拉善盟地区。在这里他们引黄河水开凿水渠，发展农业，使额济纳旗及乌审旗一带成为西夏的粮食生产基地。今鄂尔多斯市鄂托克前旗的阿尔寨石窟，反映了西夏时期内蒙古西部佛教文化的繁荣；阿拉善盟额济纳旗黑城遗址出土的西夏辞书《文海》与《音同》收录西夏文字约 5900 个，是研究西夏语言、文字珍贵的实物资料。1115 年，女真族崛起于东北地区，建立金王朝；1125 年灭辽后占据河套以东的内蒙古地区。为了防御北部蒙古族骑兵

---

① （北宋）郭茂倩：《乐府诗集》卷 86《杂歌谣辞四》，中华书局 1979 年版，第 1213 页。

② （唐）魏征、令狐德棻：《隋书》卷 84《北狄传》，中华书局 1982 年版，第 1864 页。

③ （元）脱脱等：《辽史》卷 37《地理志一》，中华书局 1987 年版，第 438 页。

南下，金3次修筑壕堑（即金界壕，也称金长城）。金界壕主要绵延于内蒙古中东部地区，是金代统治者抵御蒙古族骑兵攻掠而发明的一种类似"长城"的战略设施。它以沟带墙、间设堡垒以居住守卫士兵，是女真族的一大发明创造。

13世纪以后，蒙古族登上了蒙古高原的舞台，统一了各草原部落，作为一个游牧民族的共同体活跃于内蒙古地区。1206年，他们建立蒙古汗国，创制蒙古文字，成为内蒙古草原上唯一的游牧民族，此后历元明清500余年而不变。蒙古族是北方民族的核心成员，也是草原文化的集大成者，留下了令世人瞩目的文化遗产。产生于13世纪初期的《蒙古秘史》是记载蒙古族语言、文学、历史的第一部文献。它以极为纯熟的语言艺术成为蒙古族语言文学创作史上的里程碑，可视为北方游牧民族文学史上的第一部书面经典作品，现已被联合国确定为世界文化遗产。1271年，元朝"并西域，平西夏，灭女真，臣高丽，定南诏，遂下江南，而天下为一"。"其地北逾阴山，西极流沙，东尽辽左，南越海表"[1]，创造了民族文化交流、融合的新时代。在近百年的历史中，蒙古族文化得到快速发展、壮大。它以北方各民族物质与精神文化为基石，汲取其中优秀的文明成果，既具有鲜明的民族性，又极富时代性，是传统民族文化的历史性升华。蒙古族诗人萨都刺的《雁门集》、散曲家阿鲁威的《蟾宫曲》、营养学家忽思慧的《饮膳正要》，以极具草原生活气息的蒙古族文学、音乐舞蹈和特有的传统医疗方法与技术，显示了蒙古族在文学、艺术、科学领域里的卓越才华和创造能力，是中华民族文化宝库中不可多得的财富。16世纪，蒙古族土默特部"在大同边外大青山昭君墓丰州滩住牧"[2]，经过北征南讨成为当时蒙古族各部中最强盛的部落。土默特部领主俺答汗以丰州滩（今呼和浩特市中心地区）为根据地，利用大量迁入此地的汉族劳动人口发展农业。这一举措为游牧民族向农耕文明迈进树立了典范，促进蒙汉文化交流，对于土默特地区形成新型区域性文化起了奠基作用。不仅如此，他还主持、修建了塞外名城库库和屯（今呼和浩特市旧城区），使之成为漠南地区政治、经济、文化和宗教中心，对内蒙古经济、文化的发展和城市建设也产生了直接的影响。

---

① （明）宋濂等：《元史》卷58《地理一》，中华书局1987年版，第1345页。

② 薄音湖、王雄编辑点校：《明代蒙古汉籍史料汇编》第2辑，内蒙古大学出版社2006年版，第255页。

　　17 世纪后，满族入主中原，建立清朝，内蒙古地区各民族间文化联系进一步加深。尤其随着走西口移民活动，大量汉族人口进入内蒙古草原地区。1712 年"山东民人往来口外垦地者多至十万余"①；1760 年"古北口外，内外民人前往耕种者不下数十万户"②，在长城以外的塞北从事农耕和行商活动。满族、达斡尔族、鄂温克族、鄂伦春族等也迁徙到内蒙古东北地区。他们与蒙古族、汉族等一道发展了内蒙古多种经济，共同拓展了内蒙古历史文化外延，为草原文化注入新的时代内涵，使草原文化成为具有鲜明地域文化色彩的复合型文化。

　　内蒙古历史就是各民族共同开发与创造的历史，也是北方游牧文化与中原农耕文化互相渗透的历史。各草原民族交相书写着内蒙古历史，在不断吸收农耕文明的基础上，与其他民族共同创造了特色鲜明、内涵丰盈、影响深远的草原文化，体现了各民族兼容并蓄、博采众长的开阔胸襟和超凡卓越的创造力量。草原文化是内蒙古文化的总概括③，也是内蒙古历史文化和民族文化的优势，与黄河文化、长江文化共同构筑了中华民族文化体系，成为中华文化发展的动力源泉之一。它凝聚着历史上内蒙古各族人民的智慧结晶和情感品质，奠定了内蒙古历史的文化根基，也生成了内蒙古历史宏丽的文化风貌，以深厚的文化积淀浸润着物质文化和精神文化遗产，使其长盛不衰。目前，内蒙古共有世界文化遗产 1 处，即元上都遗址；全国重点文物保护单位 141 处；自治区级文物保护单位 247 处。这些物质文化遗产体现了内蒙古历史文明的实力，与非物质文化遗产共同维护着内蒙古民族文化生态体系的平衡。

　　（二）统一行政区划的形成与民族区域自治制度的建立

　　内蒙古是中国第一个少数民族自治区，也是一个团结平等的大家庭。这个大家庭的建立是内蒙古各民族人民共同缔造的结果，也与历史上各政权对内蒙古有效管辖与治理有着密切的关系。历代中央政府在内蒙古地区设置行政建制，加强了中原汉族与各少数民族间政治、经济、文化的联系，促进彼此之间文化认同，使内蒙古成为中国重要的北部边疆。

────────────

　　① 《清圣祖实录》卷 250，康熙五十一年五月壬寅，中华书局 2012 年影印本，第 6 册，第 5422 页上栏。

　　② 《清高宗实录》卷 604，乾隆二十五年正月上庚申，中华书局 2012 年影印本，第 16 册，第 16480 页下栏。

　　③ 吴团英：《关于草原文化研究几个问题的思考》，《内蒙古社会科学》2013 年第 1 期。

今日的内蒙古基本上是历史上的漠南蒙古地区，早在战国时期，就有了最早的行政建制。当时，燕国"置上谷、渔阳、右北平、辽西、辽东郡以拒胡"①，其中上谷、渔阳、右北平、辽西4郡管理内蒙古东南部地区。魏国设置上郡，包括今鄂尔多斯市准格尔旗东部。赵国也在长城以南内蒙古中西部设置云中郡、雁门郡、代郡。② "郡"的设立标志着中原政权对内蒙古行政管理体制的初步确立，为以后历代所沿袭。

在秦的基础上，汉朝设立属右并州的辽西、右北平、上谷、代郡，属右凉州的雁门、上郡、定襄、云中、朔方、五原和属右益州的北地、张掖等诸郡③。这些建置将西拉木伦河、鄂尔多斯草原、河套平原、额济纳河流域地区置于中央政权的统一管辖之下，进一步密切中原王朝与边疆民族的关系。汉中央政府还适应时变，"乃分徙降者边五郡故塞外，而皆在河南，因其故俗，为属国"④。在云中、朔方、上郡、北地、陇西建属国制以安置内附的匈奴，设立乌桓校尉⑤等地方军政建制管理西迁的乌桓、鲜卑等少数民族，有利于边疆地区的社会安定和各民族间经济文化交流。北魏设置沃野、怀朔、武川、抚冥、柔玄、怀荒6镇⑥，恒州、朔州、晋州、肆州等地方建制⑦，统辖内蒙古绝大部分地区，使内蒙古与中原的政治联系不断加强。尤其北魏孝文帝改革鲜卑旧俗，仿效和推行中原的社会制度和经济政策，是游牧民族入主中原后一次成功的政治范式。

隋唐时期，对内蒙古的行政管辖进一步加强。隋设置五原、朔方、上郡、榆林等郡⑧治理内蒙古中南部地区，对降隋南迁内蒙古中北部的突厥部采取类似宗藩关系的统治和管理方式。唐朝统一大漠南北后，设置关内道⑨、陇右道⑩、河东道和河北道⑪，所属州县统辖内蒙古全境，在突厥、

① （西汉）司马迁：《史记》卷110《匈奴列传》，中华书局1982年版，第2886页。
② （西汉）司马迁：《史记》卷110《匈奴列传》，中华书局1982年版，第2885页。
③ （南朝宋）范晔：《后汉书》志第23《郡国五》，中华书局1987年版，第3505页。
④ （西汉）司马迁：《史记》卷111《卫将军骠骑列传》，中华书局1982年版，第2934页。
⑤ （南朝宋）范晔：《后汉书》卷90《乌桓鲜卑传》，中华书局1987年版，第2981页。
⑥ 严耕望：《中国古代地方行政制度史·魏晋南北朝地方行政制度》，上海古籍出版社2007年版，第692页。
⑦ （北齐）魏收：《魏书》卷106《地形志上》，中华书局1974年版，第2497—2500页。
⑧ （唐）魏征、令狐德棻：《隋书》卷29《地理志上》，中华书局1982年版，第810—813页。
⑨ （北宋）欧阳修、宋祁：《新唐书》卷37《地理一》，中华书局1987年版，第960—961页。
⑩ （北宋）欧阳修、宋祁：《新唐书》卷40《地理四》，中华书局1987年版，第1039页。
⑪ （北宋）欧阳修、宋祁：《新唐书》卷39《地理三》，中华书局1987年版，第999—1023页。

铁勒、契丹、奚等内附少数民族聚居地设立羁縻府州。同时中央政府还设有管理包括内蒙古地区民族事务在内的专门机构，有力地推动了统一的多民族国家的形成和发展。辽、金时期，除西夏据有鄂尔多斯和阿拉善地区外，辽在内蒙古地区设上京道①、中京道②、西京道③相关府、州、县，管理汉族、渤海国等农业人口，以部族建制治理契丹、奚、乌古、敌烈等游牧民族和其他少数民族，反映了因俗而治的统治特点。金王朝也以北京路临潢府、西京路大同府和德兴府等④有关州、县，治理统辖包头、托克托县以东的内蒙古地区。

随着全国统一，元、明、清都对内蒙古进行了有效管理。特别是元、清两代都在内蒙古全境设置了相应的地方行政机构，迎来了内蒙古行政区划发展的新时期。元代在内蒙古的行政建制分属中书省、行省两级。其中中书省直辖的上都、兴和、大同3路及分属弘吉剌部、汪古部等领地的应昌路、泰宁路、宁昌路、集宁路、净州路、德宁路、全宁路和砂井总管府等7路1府⑤，管理属于"腹里"的内蒙古大部地区。甘肃行省所辖兀剌海路、亦集乃路⑥，陕西行省所属的察罕脑儿宣慰使司⑦管领今鄂尔多斯市和阿拉善盟地区。元中央政府把内蒙古大部分地区置于中书省直辖范围，显示对内蒙古地区的重视；以具有独创性的行省进行管理，进一步发展和完善内蒙古地方行政建制；在原诸王、驸马封地增置了与中原同制的路、府、州、县，反映了蒙古族传统政治与中原政治制度的嵌合。

明朝前期，"洪武四年正月，州（东胜州）废，置卫……领千户所五"⑧。明政府在内蒙古阴山地区设立了东胜诸卫、宁夏诸卫等军事行政建置。明朝中后期，北元达延汗、俺答汗时期，对内蒙古地区实行的是以血缘纽带为基础的万户制行政建制，为清代盟旗制度的实施奠定了基础。清朝在内蒙古地区主要推行了独特的行政体系即盟旗制度。清朝盟旗制度

---

① （元）脱脱等：《辽史》卷37《地理志一》，中华书局1987年版，第438页。
② （元）脱脱等：《辽史》卷38《地理志三》，中华书局1987年版，第481页。
③ （元）脱脱等：《辽史》卷41《地理志五》，中华书局1987年版，第505页。
④ （元）脱脱等：《金史》卷24《地理志上》，中华书局1987年版，第561—567页。
⑤ （明）宋濂等：《元史》卷58《地理一》，中华书局1987年版，第1349—1354、1375页。
⑥ （明）宋濂等：《元史》卷60《地理三》，中华书局1987年版，第1451—1452页。
⑦ （明）宋濂等：《元史》卷91《百官志七》，中华书局1987年版，第2309页。
⑧ （清）张廷玉：《明史》卷41《地理志二》，中华书局1974年版，第973—974页。

包括伊克昭、乌兰察布、锡林郭勒、昭乌达、卓索图和哲理木6盟，下辖49个扎萨克旗①，及套西二旗、锡埒图库伦喇嘛旗和呼伦贝尔、察哈尔与归化城土默特都统旗。这种政治制度影响内蒙古行政体制近300年。

由此，自战国秦汉以来，历代中央政权基本都以相应的行政建制，使内蒙古归于中央政府的统一管理，而成为一个相对安定的边疆地区。这不仅巩固了内蒙古作为中央政府稳定的政治辖区的地位，也奠定了内蒙古自治区行政区划规模形成的基础。"这是一份珍贵遗产。正是这深厚的历史渊源，内蒙古今天成为我国不可分割的北部边疆。"② 除此，中原政权还采取"民族迁徙""通贡互市"等政策，加强与北方各民族间的政治经济联系。战国时期，燕赵魏在设置郡县同时，将大批中原人民迁入草原地区，促进华夏族与北方各民族的融合。与此同时，中原人民也带去了先进的中原经济文化，使内蒙古地区出现了赤峰宁城县黑城村古城（即战国燕右北平郡所在）、和林格尔土城子古城（属战国赵云中郡管辖）等第一批具有一定规模的城镇，带动了内蒙古地区经济的发展。明代后期，明蒙达成和平互市协议即"隆庆和议"。明政府在陕西三边原立场堡、大同左卫北堡边外、宣府万全右卫和张家口边外、山西水泉营边外③开辟了多处交易场所。双方通过马市、小市、朝贡等多种贸易形式，增进了游牧经济与农业、手工业等多种经济之间的联系，也体现了相互间密不可分的依赖性。正是这种内在互补性，使中原地区与内蒙古地区始终保持着无法割断的经济联系。在长期的统一、和平时期，内蒙古与中原地区及各民族间的经济文化交流更加畅通频繁，内蒙古社会发展程度更高、文化也越繁荣。当然，这期间中原王朝与北方各民族政权也时有战争，但总体上和平是主流。

在政治演变的相互兼并和包容中，中原政权与内蒙古构筑了休戚与共的亲密关系，各民族也形成了同源共生的政治认同。这是几千年历史发展所铸就的内在必然性，更是内蒙古地区建立新政权的政治、社会基础。经历长期探索，在中国共产党领导下，吸取了历史上内蒙古行政建制的经验，内蒙古自治政府于1947年5月1日成立。这是我国第一个省级的少数民族自治政府，1949年改称自治区人民政府，下设呼伦贝

① 周清澍主编：《内蒙古历史地理》，内蒙古大学出版社1994年版，第157—158页。
② 曹永年：《内蒙古历史溯源》，《内蒙古师范大学学报》1997年第3期。
③ （清）张廷玉：《明史》卷327《外国八》，中华书局1974年版，第8487页。

尔、纳文慕仁、兴安、锡林郭勒、察哈尔 5 个盟。中华人民共和国成立
后，逐渐恢复内蒙古地区的历史原貌，重新划归内蒙古行政区域，进一
步实施民族区域自治，为内蒙古经济文化发展创造了统一、稳定的社会
环境。如今内蒙古自治区共划分为 12 个地级行政区划单位，即设置呼
伦贝尔、赤峰、通辽、乌兰察布、呼和浩特、包头、鄂尔多斯、巴彦淖
尔、乌海 9 个地级市，兴安、锡林郭勒、阿拉善 3 个盟，合计 12 个地级
行政区划单位；23 个市辖区、11 个县级市、17 个县、52 个旗（其中有鄂
伦春族、鄂温克族、莫力达瓦达斡尔族 3 个少数民族自治旗），共计 103
个县级行政区划单位。

民族区域自治体现了中华民族的政治智慧，是内蒙古民族团结的政治
保障。内蒙古行政区划的形成有利于提高各民族自主意识，实现各民族和
谐共处，维护内蒙古民族文化的多样性，对于我国统一多民族国家的稳定
发展有着深远的影响。

（三）长期的民族融合与多民族杂居共处的新格局

民族融合是多民族国家与地区的普遍现象，是历史发展的必然趋势。
内蒙古有史以来就是一个多民族聚居地。早在夏商周时期，土方、鬼方、
獯鬻、猃狁、犬戎、山戎、北狄等古代民族就生活在内蒙古地区。土方在
今山西北部及包头市附近[1]，鬼方在今呼和浩特市及乌兰察布市一带[2]，
猃狁在今鄂尔多斯市杭锦旗地区，犬戎活动于鄂尔多斯市南部及陕北一
带。春秋战国前期，"晋北有林胡、楼烦之戎。燕北有东胡、山戎"[3]。其
中林胡居于今鄂尔多斯市东北，楼烦在今呼和浩特市、乌兰察布市一带。[4]
战国后期，内蒙古有了相对清晰的民族区域地图。东胡占据西拉木伦河流
域及以北地区，月氏游牧于今额济纳旗一带，楼烦居于鄂尔多斯地区，匈
奴以今阴山北部的乌兰察布草原为中心牧地，华夏族也进入阴山以南、内
蒙古东南部地区。

在长期历史发展过程中，北方各草原民族及中原汉族曾先后或同时在
这片沃土上繁衍生息，相互影响、彼此融合，形成交错杂居、多民族共处

---

[1] 郭沫若著，郭沫若著作编辑出版委员会编：《郭沫若全集》（考古编）第 1 卷，科学出版社
1982 年版，第 77—78 页。

[2] 谭其骧主编：《中国历史地图集》第 1 册，中国地图出版社 1996 年版，第 11—12 页。

[3] （西汉）司马迁：《史记》卷 110《匈奴列传》，中华书局 1982 年版，第 2883 页。

[4] 谭其骧主编：《中国历史地图集》第 1 册，中国地图出版社 1996 年版，第 20—21 页。

的局面，共同延续了内蒙古历史文明。秦汉时期，内蒙古中南部成为汉族、匈奴、乌桓、鲜卑共同生活的家园，各民族小聚居、大杂居及整体上和睦共处的格局逐步形成。公元前33年，匈奴呼韩邪单于亲自入汉朝，"自言愿婿汉氏以自亲"。汉元帝以"后宫良家子王嫱字昭君赐单于"①，出塞和亲。汉匈友好达60年之久，加强了汉匈文化的交流与渗透。魏晋南北朝时期，随着北方民族大规模移民内迁，内蒙古地区杂居着鲜卑、柔然、汉族、高车、库莫奚、契丹等民族，彼此之间融合不断深化。汉族多染鲜卑风俗，逐渐鲜卑化；鲜卑族也融于汉民族之中。如北齐建立者高欢，本为渤海蓚人（今河北景县）。"既累世北边，故习其俗，遂同鲜卑。"② 隋唐时期内蒙古民族构成与民族分布又有了新的格局。隋代，室韦、契丹、奚等居住在内蒙古东部地区，突厥族活跃于内蒙古中西部地区，已经汉化的鲜卑族与汉族及其他民族生活在内蒙古南部。唐代，铁勒诸部回纥、党项族等进入内蒙古地区。宋辽西夏金时期，内蒙古成为以契丹、女真族为主，同时还存在着汉族、渤海、党项、奚、沙陀族、回鹘等多民族聚居区。辽将征服的汉族、渤海国、党项族人口迁入辽本土，促使世代居住于草原的大量汉族融于契丹族，契丹族汉化也很明显。元明清时期，内蒙古地区民族融合空前发展，除蒙古族外，汉族、回族、满族、达斡尔族、鄂伦春族等民族也生活在这片辽阔的地域上，民族杂居成为不可逆转的趋势。内蒙古农牧交错地区，蒙汉、满蒙、满汉文化交融更为普遍。

　　史实可鉴，内蒙古历史上就是一个多民族聚合的家园。民族间的同化和融合是历史的必然，也成为内蒙古民族发展与民族关系鲜明的特点。这种融合是双向的、同化是相互的，形成了各民族间密切的亲缘关系，缔造了如今内蒙古多民族杂居的大家庭，也使内蒙古民族文化具有多元一体的清晰印记。正如曹永年所言："内蒙古各民族之间的相互融合，源远流长，规模壮阔；现今内蒙古各族人民，既含有历史上曾经存在过的所有民族的血统，相互之间也渗透融合。"③

　　民族众多是内蒙古自治区人文环境的显著特点。多种文明交融碰撞和多民族的历史传统，造就了内蒙古多民族共存共荣的现状，形成了以蒙古

---

① （东汉）班固：《汉书》卷94《匈奴传》，中华书局1987年版，第3803页。
② （唐）李百药：《北齐书》卷1《神武纪上》，中华书局1972年版，第1页。
③ 曹永年：《内蒙古历史溯源》，《内蒙古师范大学学报》1997年第3期。

族为主体，以汉族为多数，满族、回族、达斡尔族等 55 个民族共处的格局。其中蒙古族、汉族、达斡尔族、满族、回族、鄂温克族、朝鲜族、鄂伦春族等 8 个民族为世居民族。据 2010 年第六次全国人口普查统计（当时内蒙古有 49 个民族），内蒙古总人口 2470.6321 万，包括汉族 1965.0687 万人、蒙古族 422.6093 万人、满族 45.2765 万人、回族 22.1483 万人、达斡尔族 7.6255 万人、鄂温克族 2.6139 万人、朝鲜族 1.8464 万人，人口在 1 千人以上的有壮族、锡伯族、俄罗斯族、鄂伦春族，人口在 1 千人以下的有藏族、苗族、维吾尔族、赫哲族等民族。[①]

在这个大家庭中，汉族占内蒙古总人口的 79.5%，主要分布于呼和浩特市、包头市、赤峰市、乌海市、乌兰察布市、巴彦淖尔市等农牧交错地带。蒙古族占内蒙古总人口的 17.1%，集中聚居于通辽市、兴安盟、锡林郭勒盟、阿拉善盟等草原地区，其人口数量占我国蒙古族总人口的 70.6%，超过蒙古国人口总量。由此，内蒙古是蒙古族最大的世居地，也是世界上蒙古族聚居人口最多的地区。内蒙古还是我国达斡尔族与鄂温克族最为集中的世居地，自治区鄂伦春族人口 3632 人，仅次于其在黑龙江的人口数。这 3 个民族在内蒙古的人口分别占其全国本民族总人口的 57.7%、85.2%、41.9%，主要居住在呼伦贝尔市的莫力达瓦达斡尔族、鄂温克族、鄂伦春族 3 个少数民族自治旗等山林、草原地区。鄂温克族又分为"索伦"、"雅库特"（也称"使鹿鄂温克"）、"通古斯"鄂温克 3 个部族，是我国独具文化基因的古老民族。因人口数量小，鄂温克族与共同居住于内蒙古东北地区的达斡尔族、鄂伦春族合称为"三少民族"。满族是内蒙古第二大少数民族，主要分布于兴安盟和呼伦贝尔市。兴安盟科尔沁右翼前旗满族屯满族乡是全国唯一的经营畜牧业的满族乡。在漫长的历史发展中，生活在这里的满族与蒙古族历经 300 多年的相互融合，形成自身的文化特征。

显而易见，内蒙古自治区境内的各民族都是在长期民族融合的基础上形成的，在文化上有着一定的共通性。但他们又都有自己的民族历史和发明创造，在生产生活方式、文化艺术、风俗习惯和宗教信仰等方面也各有独特性。这就构成了内蒙古民族文化多样性的生存基础，也形成了多民族

---

① 国家统计局：《中国第六次人口普查数据》2011 年 7 月 23 日，国家统计局网，http://www.stats.gov.cn/tjsj/pcsj/rkpc/6rp/indexch.htm，2017 年 1 月 15 日。

杂居、相容共处的和睦大家庭。如自治区首府呼和浩特市就生活着蒙古族、汉族、满族、回族、鄂温克族、达斡尔族等41个民族。各民族分别信仰喇嘛教（藏传佛教）、汉传佛教、道教、萨满教、伊斯兰教、基督教等多种宗教。市内著名的喇嘛教寺庙有大召、席力图召，佛教与道教有观音庙、太清宫，伊斯兰教有清真大寺，基督教有天主教堂、基督教堂等，体现了民族文化多元共融的人文特性。

　　人文环境是人类文化在社会实践中长期积淀、孕育而成的，具有历史的继承性，又有鲜明的民族性和时代性。它是社会文化发展的结果，也是促进其前行的动力，还具有很强的生态功能和互补性。内蒙古多民族的生息繁衍、多元文化的相互影响与渗透，书写、生成、繁荣了内蒙古历史文化。内蒙古非物质文化遗产就是从恢宏的历史中传承延续下来，生动地保留并展现了一定时期特定民族的社会形态、生产习俗、宗教信仰、伦理观念等发展状况，是历史的产物、民族发展的印记。得天独厚的人文环境是它生存、发展的肥沃土壤，良好的人文环境可以推动其传承与发展。同样，这些精神文化遗产的世代延续也有利于提升内蒙古各民族文化自信心，促进民族团结，优化人文环境。

　　如上所述，非物质文化遗产都是在特定的生态环境下形成的，根植于不同的自然条件和民族特有的生产实践、经济生活。并且它还注入了该民族的情感与意愿、渗透着该民族的文化传统，是一个动态的有机整体。文化生态系统就是非物质文化遗产与自然生态、人文生态和经济生态的统一体，深深地影响着非物质文化遗产的静态结构特点和动态发展变迁。内蒙古地区非物质文化遗产生成、发展与内蒙古特定的生态环境密切相关，其静态结构、区域特点以及动态变迁无不体现出草原文化生态的影响和烙印。复杂多样的自然地理环境决定着其形式、种类和特征；浑厚的人文历史底蕴积淀了其深刻的文化内涵；以游牧业为主兼有农业、狩猎业的复合型经济赋予它特有的价值取向与文化品质，反映了内蒙古非物质文化遗产文化生态内在的丰富性和生命特点。

第二节　内蒙古非物质文化遗产的结构类型与空间分布

　　科学划分非物质文化遗产类型、定量分析其地理空间分布是保护工作开展的前提，也是理论研究的基本内容。非物质文化遗产起源于人类的生产实践活动，原生态地记录了各地域、各民族自身发展与演进的历程，属特定区域、特定民族的文化。由于每个民族族群活动的范围不同及地域的差异，所形成的生产方式、生活方式迥然有别，非物质文化遗产因之分布地域广泛、具体表现形式多样、内容繁博复杂。这就使得建立其合理的分类体系与进行准确数据统计的难度大于物质文化遗产。尽管这样，非物质文化遗产作为人类普遍的文化现象也具有一定的共性，可以按照一定的原则、标准划分为不同的类型进行量化统计，以开展更加系统的研究。内蒙古非物质文化遗产形态多、数量大，应合理区分其类型、客观分析其地理空间分布特征。这可以帮助我们具体了解自治区非物质文化遗产项目类别的特点和不同区域的存量，比较准确地掌握其生长、发展的环境需求，从而因类制宜地采取针对性的措施，进行有效管理和保护。

一 内蒙古非物质文化遗产的分类

必要的归类是认识非物质文化遗产分布特点、传承规律的第一步，国际组织和世界各国都非常重视这一工作。但由于认识过程的差异性，世界各国对其分类均存在着不同标准，没有一个共同认可的方法。目前，对内蒙古非物质文化遗产分类影响较大的主要有国际《保护非物质文化遗产公约》和我国政府相关文件中的方法。这些文件对非物质文化遗产的分类也不尽相同，但反映了对其分类认识的不断深化，使我们对其结构类型有一个指导性了解。

（一）国内外权威文件对非物质文化遗产的分类

《保护非物质文化遗产公约》是国际非物质文化遗产保护领域迄今为止最具权威且最具法律效力的文件。2003 年，它将非物质文化遗产划分为 5 种类别：第一，口头传统和表现形式，包括作为非物质文化遗产媒介的语言；第二，表演艺术；第三，社会实践、礼仪、节庆活动；第四，有关自然界和宇宙的知识和实践；第五，传统手工艺。这一分类具有普适性和指导性，广泛适用于世界各国。当今，各国多采取这一标准，根据各自具体情况和实践需要制定分类方法。

2005 年，《国家级非物质文化遗产代表作申报评定暂行办法》将非物质文化遗产分为 6 类："第一，口头传统，包括作为文化载体的语言；第二，传统表演艺术；第三，民俗活动、礼仪、节庆；第四，有关自然界和宇宙的民间传统知识和实践；第五，传统手工艺技能；第六，与上述表现形式相关的文化空间。"这一分类法充分考虑我国非物质文化遗产濒临灭绝和急需抢救的实际现状，更强调其传统性和民间性。

随着保护工作的发展与需要，2006 年，国务院批准、文化部公布了第一批《国家级非物质文化遗产名录》，具体将其划分为 10 种类型：第一，民间文学；第二，民间音乐；第三，民间舞蹈；第四，传统戏剧；第五，曲艺；第六，杂技与竞技；第七，民间美术；第八，传统手工技艺；第九，传统医药；第十，民俗。第二、第三、第四批国家级名录沿用了上述 10 大分类法，只是将民间音乐、民间舞蹈、民间美术分别修改为传统音乐、传统舞蹈、传统美术，将杂技与竞技调整为传统体育、游艺与杂技，将传统手工技艺改为传统技艺。由此，形成了具有指导性的国家级非物质文化遗产的分类方法与分类体系。这一分类方法借鉴了当前国内外相关研究成果，结合了我国保护的现实状况和迫切需要，体现了我国优秀传统文化多元的表现形式，具有鲜明的中国特色。这也是当今我国最具权威性的一种非物质文化遗产分类方法，有利于规范我国及各省代表性名录的登记、申报与等级评定。

2011 年，《中华人民共和国非物质文化遗产法》又进行整合，将其划分为 6 种类型：第一，传统口头文学以及作为其载体的语言；第二，传统美术、书法、音乐、舞蹈、戏剧、曲艺和杂技；第三，传统技艺、医药和历法；第四，传统礼仪、节庆等民俗；第五，传统体育和游艺；第六，其他非物质文化遗产。这一具体分类表述更加形象、明确，便于识别。首先，将"上述表现形式相关的文化空间"修改为"其他非物质文化遗产"。文化空间作为非物质文化遗产理论研究中一个重要概念，兼具空间性和时间性特点，但目前对其存在着不同的解读，至今未有一个共识的定义，厘清有一定难度。将它作为其中的独立类型，由于缺乏一个量化性的指标和明确的判断标准，容易造成与民俗类中的重要节庆、民间信仰、民俗崇拜等项目混淆。于是，此次分类进行了相应修改，以便于操作。其次，将传统体育和游艺单独划为一类，具体列出传统医药和历法，扩大了我国非物质文化遗产类别的涵盖面，突出了这些类别的文化遗产属性和文化价值。

除此，还有许多学者采取不同的分类方法。王文章在国家级名录所划分的 10 类基础上，增加语言、杂技和文化空间，扩充、调整为 13 分类法[①]；

[①]　王文章：《非物质文化遗产概论》（修订本），教育科学出版社 2013 年版，第 265 页。

宋俊华提出包括口述、身传、心授、综合性的"4 分法"①；苑利、顾军坚持"8 种分类法"②；黄永林也提出多层次分类的设想③；周耀林等建议采取逐级分类的方法，构建一整套通用、标准、规范的层级分类体系④。这说明对非物质文化遗产分类的研究还需要随着保护实践工作的开展而不断深入，分类体系还有待于逐步地完善；也体现了对其分类已由调查、申报层面转移至研究层面。

（二）本书对内蒙古非物质文化遗产的分类及概述

目前，内蒙古非物质文化遗产项目的各级名录都是依据《国家级非物质文化遗产名录》的分类方法进行申报与评定，并建立起相应的保护名录体系。不过，我国地域辽阔，非物质文化遗产的多样性与独特性，在世界上无与伦比，多民族聚居的边疆地区表现更为突出，这 10 类划分法也不可能囊括全部。如作为无形文化遗产媒介的语言并没有列入其中，特别是一些少数民族的濒危语言急需保护。另外，学术研究不同于具体的名录申报、评定，既需要微观地细化类目的特征，也需要宏观地把握其总体归向。这就要求分类能较清晰地表述项目的属性和表现形式，有层次地体现非物质文化遗产的文化内涵。为便于以后分类研究和分类管理，本书借鉴联合国《保护非物质文化遗产公约》的分类标准和我国相关文件的分类方法及当代学者的研究成果，结合内蒙古非物质文化遗产的呈现形态和保护实践，在层级划分的基础上，将其分为 5 大类与相应的亚类。其中，亚类主要参照《国家级非物质文化遗产名录》的划分类项，以便在数据统计和结果分析时具有可比性与统一性，使分类在具有包容性的同时兼具可操作性。划分如下：

1. 传统口头文学：指内蒙古各族人民在生活中创造、在民间传播的各种口头表述及作为其媒介的语言，主要指民间文学。

内蒙古民间文学形式多样，如神话传说、英雄史诗、叙事诗、民间故事、祝赞词、寓言、谚语以及民族语言等，是民族文化的宝库。内蒙古各民族是非物质文化遗产的缔造者，都有着特色鲜明的民间文学。如鄂温克

① 宋俊华、王开桃：《非物质文化遗产保护研究》，中山大学出版社 2013 年版，第 54 页。
② 苑利、顾军：《非物质文化遗产学》，高等教育出版社 2009 年版，第 17 页。
③ 黄永林、王伟杰：《数字化传承视域下我国非物质文化遗产分类体系的重构》，《西南民族大学学报》2013 年第 8 期。
④ 周耀林、王咏梅、戴旸：《论我国非物质文化遗产分类方法的重构》，《江汉大学学报》2012 年第 2 期。

族民间文学以口耳相传的活态形式，朴实地反映了这个民族的历史和社会生活。《伊达堪》《尼桑萨满》《来莫日根》和《鄂温克人的根子在撮罗子里》等神话传说，以优美绮丽的幻想，表现了他们对自然界的崇拜和征服自然、支配自然的强烈愿望；《西鄂勒吐和乌那格冬的故事》《那维猎熊》《机灵的小山羊》等民间故事，真切而又引人入胜地记述了古代鄂温克族人民在长期历史发展过程中的质朴观念和对理想未来的憧憬。达斡尔族民间文学是达斡尔族人民世代适应自然、向往美好生活的艺术成果。民间故事涉及面广、历史跨度大、主题鲜明，《图瓦钦脱险记》《阿尔塔莫日根》等都是脍炙人口的作品。鄂伦春族民间文学富有狩猎民族特有的淳朴而浪漫的气息。《英雄格帕欠》《毛考代汗》《波尔卡内莫日根》等民间故事，以及《嘎仙洞和窟窿山的传说》《鹿的传说》《阿依吉伦和伦吉善》等神话传说都带着长期狩猎生活所熔铸的民族特色，成为鄂伦春民族文化的珍宝。

蒙古族作为内蒙古地区的主体民族，其民间文学在内蒙古民间文学史上占有主导地位。神话传说是蒙古族文学艺术最早的土壤，大量的狼、鹿等图腾神话与《化铁出山》《冰天大战》等创世神话反映了蒙古族先民原始的万物有灵和天神观念，成为开辟千年民族文学艺术传统的先河。蒙古族英雄史诗卷帙浩繁、气势磅礴，广泛流传于卫拉特部、布里亚特部、巴尔虎部和科尔沁部、察哈尔部、鄂尔多斯部。蒙古族的《格斯尔》深受藏族的《格萨尔》的影响，是蒙藏文化交融的结晶。它与《江格尔》共同成为蒙古族长篇英雄史诗的典范，代表着古代蒙古族民间文化与口头叙事艺术的最高成就。另外，蒙古族还有《阿拉坦嘎鲁胡》《锡林嘎拉珠巴图尔》等大量的短篇史诗。蒙古族民间故事语言生动风趣，题材和风格多种多样，有诙谐幽默的《巴拉根仓的故事》《沙格德尔》等机智人物故事，也有寓意性的动物故事和富有幻想的浪漫故事。蒙古族民间叙事诗界于英雄史诗和蒙语说书（乌力格尔）之间，承袭着以韵律诗表情达意的民族风尚。《智勇王子喜热图》《成吉思汗的两匹骏马》《嘎达梅林》《陶克陶胡》等叙事诗富有抒情色彩，深受蒙古族民众喜爱。祝赞词是蒙古族传统的诗歌形式，源起于古代萨满教的祭祀歌，迄今仍在蒙古族民间传唱。诸如《昂根仓》《马鞍祝词》《祭火祝词》《新毡赞》《骏马赞》《勒勒车赞》等，以游牧民族特有的方式表达着对生活永远的祝福和对自然万物的赞美。

2. 传统表演艺术：是指各民族通过说唱、器乐演奏、肢体动作以及表情来塑造形象、传达情感,从而表现生活的综合艺术形式,主要分为以下几种。

传统音乐:包括民间歌曲、民间器乐、说唱音乐和其他民俗音乐形式。内蒙古传统音乐十分发达,民族区域风格独特。如蒙古族呼麦与流行于呼伦贝尔市、锡林郭勒盟、阿拉善盟等地区的蒙古族长调,以最具草原文化性格的歌声展示着蒙古族卓越的艺术创造力,是人类优秀的音乐文化。蒙古族民歌(科尔沁叙事民歌、乌拉特民歌)和鄂伦春族赞达仁、达斡尔族扎恩达勒、鄂温克族叙事民歌以及汉族二人台等,都具有不同的艺术特点与内涵,犹如颗颗璀璨的明珠镶嵌在内蒙古草原上。民间器乐主要有蒙古族马头琴音乐、雅托噶音乐和达斡尔族木库莲音乐,还有东部山林地带鄂温克族萨满音乐与遍及草原地区的藏传佛教音乐。它们寄托着不同民族的情思,也具有独特的美学价值,都是难得的精神文化遗产。

传统舞蹈:内蒙古传统歌舞如潮如涌,各个民族都喜欢以舞蹈的形式来表达对生活的热爱与感悟,进而创造了自己的民间舞蹈艺术形式。达斡尔族鲁日格勒舞、鄂伦春族黑熊搏斗舞、鄂温克族萨满舞、满族太平鼓舞、汉族双墙秧歌、俄罗斯族民间舞蹈,以及蒙古族的查玛舞、安代舞、呼图克沁、筷子舞、盅子舞等,汇聚成内蒙古传统舞蹈艺术的海洋。

传统戏剧:主要指戏曲,是综合音乐、舞蹈、文学等多种表演形式的传统艺术式样。内蒙古传统戏剧主要受汉族传统戏剧的影响,如二人台、晋剧、皮影戏、中路梆子等,都是蒙汉文化交流的成果。另外,还有以蒙古语创作的蒙古剧,虽形成晚于汉族戏曲,但独具草原风格。随着蒙古族传统艺术的发展,20世纪80年代,它成为独立剧种,与其他8个少数民族剧种跻身中国传统戏剧园地中。科尔沁地区《安代传奇》、鄂尔多斯地区《蒙根阿依嘎》、赤峰地区《沙格德尔》等蒙古剧是其中的代表。

曲艺:以说、唱为主要的艺术表现手段,讲述历史、传说故事及文学作品的艺术体裁。内蒙古曲艺虽然曲种不多,但有着自己的地方色彩和民族性。好来宝是蒙古族民间的说唱艺术,有着古老的传统。乌力格尔又被称作"蒙语说书",单人坐唱、坐说,无乐器伴奏的称为"雅巴干乌力格尔"或"胡瑞乌力格尔";使用潮尔和四胡伴奏说唱表演的,分别称为"潮仁乌力格尔"和"胡仁乌力格尔"。乌钦是达斡尔族民间古老的说唱艺术,用达斡尔语演唱,深受达斡尔族人民喜爱,世代流传于呼伦贝尔地区达斡尔族群众中。

3. 传统技能是指各族人民在日常生产、生活中创造并体现其不同审美情趣的制作技术与艺能。内蒙古传统技能分传统手工技艺、传统美术、传统体育与竞技 3 类。

传统技艺指内蒙古各民族民间手工制作技术，如民居、饮食、交通工具等制作技术，在各民族的生产生活中占据着显要的位置。敖鲁古雅鄂温克族撮罗子、鄂伦春斜仁柱制作技艺等，是森林狩猎民族生息智慧的记忆。汉族隆盛庄月饼制作技艺沉淀着阴山地区汉族淳厚的生活品质。蒙古族尤以民间手工艺见长，勒勒车制作技艺、铜银器制作技艺、察哈尔服饰制作技艺、烤全羊技艺等都是其精湛手工技艺的具体体现，是草原文明的主要象征。

传统美术是各族人民创造的各种视觉造型艺术，如剪纸、刺绣、图案、书法、绘画、雕塑等。内蒙古剪纸类的非物质文化遗产主要有和林格尔剪纸、包头剪纸、科尔沁蒙古族民间剪纸、鄂尔多斯剪纸、开鲁县剪纸等。蒙古族刺绣、达斡尔族刺绣、图什业图王府刺绣等是内蒙古刺绣类项目的组成部分，具有旷达、乐观的感情色彩。蒙古文书法、扎鲁特版画、计氏羊皮画也生动地闪烁着内蒙古传统美术的艺术创造力。

传统竞技包括体育竞技和智力竞技。内蒙古体育竞技类项目形式多样、极具民族特色，鄂温克抢枢、蒙古族搏克、达斡尔族传统曲棍球竞技等。这些活动不只是一种运动方式，还承载着各民族气质和精神品格。智能竞技类非物质文化遗产主要有鄂温克鹿棋、蒙古族象棋、蒙古康乐牌等，都是各民族智慧的象征。

4. 民间传统知识：指各民族在对自然、社会、自我认知过程中所形成的有关宇宙和自然界的知识，主要包括传统医疗学与药学。

内蒙古传统医药有蒙医药、科尔沁正骨术、中医正骨疗法、敖鲁古雅鄂温克族传统医药等，是各民族长期医疗实践的升华，在我国传统医药类项目中占有特殊地位。蒙医药学是蒙古族人民医学智慧的体现，它在传统蒙医疗法的基础上，吸收藏医、中医等理论精华，发展成为一种具有独到的诊疗经验和理论体系的民族医学。蒙医药的医疗方法及方药也具有实际疗效。赞巴拉道尔吉温针、火针疗法是蒙古族传统的针刺疗术，它通过烧燃的艾条为银针加热或用火烧红的针尖迅速刺入穴内以治疗疾病，具有温经散寒、通经活络作用，可以治疗风湿、类风湿关节炎等多种疾病。如今，此疗法已传承了千百年，仍为草原人民所沿用。还有科尔沁蒙医药浴疗法、蒙医色布苏疗术、蒙医乌拉灸术、阿拉善蒙医红柳灸疗法、"蒙奥神"膏药制作技艺等，都是蒙古族长期以来同疾病斗争的经验总结。

5. 传统礼俗：主要包括各民族服饰、饮食、婚礼、节庆、祭典、民间信仰等民俗内容，并因多民族呈现出多样性的特点。蒙古族服饰（巴尔虎、乌珠穆沁、科尔沁、鄂尔多斯服饰等）、满族服饰、达斡尔族服饰、鄂温克族服饰（敖鲁古雅鄂温克使鹿部落猎民服饰、通古斯鄂温克民族服饰等）各具风采。蒙古族婚礼（鄂尔多斯婚礼、土尔扈特婚礼、察哈尔婚礼等）、敖鲁古雅鄂温克族婚礼、满族婚礼都呈现出异样的民族风情。蒙古族那达慕、鄂伦春族篝火节、俄罗斯族巴斯克节和成吉思汗祭典、哈布图·哈撒儿祭祀、达斡尔族萨满斡包祭传递着各民族对生活的热望与理解。鄂温克族驯鹿习俗、科尔沁右翼前旗满族屯满族文化、达斡尔族昆米勒采食习俗、朝鲜族花甲礼等也展示了多民族不同的生活风貌。

内蒙古独特的人文环境和自然环境，孕育了具有鲜明特色的精神文化遗产。它们体现了各民族不同的生存方式、生活智慧和思维方式，是进一步了解各民族社会生产发展、文化交流的"活化石"，都是宝贵的精神财富。本书对内蒙古非物质文化遗产的分类也是以其基本特性进行划分，属单线式的分类方法，并不完善。并且其中许多项目具有复合性，是多种元素结合的有机整体，还需要进一步探索更具科学性、全面性、实用性的分类体系。所以，这里根据内蒙古非物质文化遗产特点初步划分了 5 大类型，并没有针对性地深入研究。书中主要依据《国家级非物质文化遗产名录》的分类标准划分项目类型，以便进行自治区非物质文化遗产结构类型和空间分布的分析，掌握其分布的基本现状。

二　内蒙古非物质文化遗产的结构类型

对内蒙古非物质文化遗产进行认定、登录、归类和层级划分是必要的管理和保护工作。现今，联合国教科文组织已设立"人类非物质遗产代表作名录"体系（2008 年以前称为"人类口头和非物质遗产代表作"）。我国根据非物质文化遗产本身的文化价值、濒危程度，也建立了国家级、省级、市级、县级四级保护名录体系。在此基础上，我们将内蒙古非物质文化遗产划分为世界级、国家级、省（自治区）级、市（盟）级、县（旗）

级非物质文化遗产五个等级。入选联合国教科文组织《人类非物质文化遗产代表作名录》的，属于世界级非物质文化遗产；列入国务院《国家级非物质文化遗产代表性项目名录》的，为国家级非物质文化遗产；列入省（自治区）、各市（盟）、县（旗）名录的，分别为省（自治区）级、市（盟）级、县（旗）级非物质文化遗产。

截至 2020 年 12 月，中国列入联合国教科文组织非物质文化遗产名录（名册）项目共 42 项，总数位居世界第一①，体现了中国日益提高的文化遗产保护水平。其中人类非物质文化遗产代表作 34 项，急需保护非物质文化遗产名录 7 项，优秀实践名册 1 项。目前，内蒙古拥有世界级非物质文化遗产 2 项，即蒙古族长调与呼麦。长调由内蒙古自治区和蒙古国合作申报，于 2005 年入选为第三批 "人类口头和非物质文化遗产代表作"，呼麦于 2009 年列入《人类非物质文化遗产代表作名录》，都属于传统音乐。世界级文化遗产都是经过几百年甚至几千年的锤炼，在同类遗产中具有较高品质。所以长调和呼麦作为内蒙古传统音乐类项目最出色的代表，也是蒙古族对世界艺术做出的卓越贡献。据官方公布数据统计，至 2020 年 12 月 31 日，内蒙古国家级非物质文化遗产 81 项，自治区级 487 项。国家级与自治区级项目都有正式名录及扩展名录，由于 12 个盟市及所辖 103 个旗县单位采取的保护措施力度不同，评定标准掌握的程度也存在一定差别，数据追踪和项目确定难度较大。本书研究的主要对象是内蒙古国家级与自治区级代表性项目。

（一）内蒙古国家级非物质文化遗产类型分析

内蒙古国家级非物质文化遗产是伴随着《国家级非物质文化遗产名录》的公布而确定的，即第一批国家级非物质文化遗产名录②（国发〔2006〕18号），内蒙古 17 项列入其中，涉及 8 个类别；第二批国家级非物质文化遗产名录和第一批扩展项目名录③（国发〔2008〕19 号），内蒙古分别列入

① 中国非物质文化遗产保护中心：《中国入选联合国教科文组织非物质文化遗产名录（名册）项目》，中国非物质文化遗产网，http：//www.ihchina.cn/chinadirectory.html，2021 年 2 月 8 日。
② 国务院：《国务院关于公布第一批国家级非物质文化遗产名录的通知》2008 年 3 月 28日，中国政府网，http：//www.gov.cn/zhengce/content/2008 - 03/28/content_ 5917.htm，2018 年10 月 23 日。
③ 国务院：《国务院关于公布第二批国家级非物质文化遗产名录和第一批国家级非物质文化遗产扩展项目名录的通知》2008 年 6 月 16 日，中国政府网，http：//www.gov.cn/zhengce/content/2008 -06/16/content_ 5835.htm，2018 年 6 月 23 日。

24 项和 11 项，分列 9 大类；第三批国家级非物质文化遗产名录及扩展项目名录①（国发〔2011〕14 号），内蒙古分别入选 3 项和 11 项，涉及 8 类；第四批国家级非物质文化遗产名录及扩展项目名录②（国发〔2014〕59 号），内蒙古分别列入 11 项和 8 项，涉及 7 类。至 2020 年 12 月底，我国共公布了四批《国家级非物质文化遗产名录》1372 项及三批扩展名录 464 项，共 1836 项。其中，内蒙古占有 81 项，高于全国（31 个省自治区、直辖市）59 项的平均数，在全国各省（自治区、直辖市）中属于拥有量较多的地区。内蒙古国家级非物质文化遗产是自治区最具有民族文化价值和典范意义的项目，类型涵盖《国家级非物质文化遗产名录》中的 10 种类型。它们集中代表着自治区非物质文化遗产的最高成就，具有突出的人文价值，是优先保护的对象。

《国家级非物质文化遗产名录》的 10 种类型是我国民族民间文化保护工程实践中已涉及的非物质文化遗产的表现形式。虽然并非完善分类的标准，但 10 大类的分类法及其基本结构、排列次序等都保持统一，具有较强的指导性，有利于类型统计与分析。因此，内蒙古国家级非物质文化遗产项目的类别严格按照国家级名录分类标准进行划分，扩展项目与名录项目重复的，按 1 项计算。通过项目归类，内蒙古国家级项目总数实际为 66 项，81 个保护单位，在类型结构上表现出以下特征（表 1 - 1）：

表 1 - 1　　　内蒙古国家级非物质文化遗产名录类型统计表

序号	类别	数量	自治区总数占比（%）	全国同类总量（项）	全国同类占比（%）
1	民间文学	5	7.6	155	3.2
2	传统音乐	14	21.2	170	8.2
3	传统舞蹈	4	6.1	131	3.1
4	传统戏剧	3	4.5	162	1.9
5	曲艺	4	6.1	127	3.1

① 国务院：《国务院关于公布第三批国家级非物质文化遗产代表性项目名录的通知》2011 年 6 月 9 日，中国政府网，http://www.gov.cn/zwgk/2011-06/09/content_1880635.htm，2018 年 10 月 23 日。
② 国务院：《国务院关于公布第四批国家级非物质文化遗产代表性项目名录的通知》2014 年 12 月 3 日，中国政府网，http://www.gov.cn/zhengce/content/2014-12/03/content_9286.htm，2018 年 10 月 23 日。

续表

序号	类别	数量	自治区 总数占比（%）	全国同类 总量（项）	全国同类 占比（%）
6	传统体育、游艺与杂技	7	10.6	82	8.5
7	传统美术	3	4.5	122	2.5
8	传统技艺	10	15.2	241	4.1
9	传统医药	2	3.0	23	8.7
10	民俗	14	21.2	159	8.8
	总计	66	100	1372	

注：全国同类占比指内蒙古国家级非物质文化遗产在目前国务院批准公布的四批《国家级非物质文化遗产名录》同一类型总量中的比率，数据统计截至 2020 年 12 月 31 日。

由上，可知内蒙古国家级非物质文化遗产涉及《国家级非物质文化遗产名录》中的 10 种类型，分布不均匀。传统音乐与民俗数量最多，均为 14 项，各占总量 21.2%，2 类合占总数 42.4%；其次传统技艺和传统体育、游艺与杂技数量也比较多，占总量 25.8%；民间文学、曲艺、传统舞蹈、传统戏剧、传统美术、传统医药等 6 类约占总量 31.8%。这就形成以传统音乐类、民俗类为主，传统技艺类和传统体育、游艺与杂技类次之，民间文学类、曲艺类、传统舞蹈类、传统戏剧类、传统美术类、传统医药类分布均匀但数量较少的结构特点。

这种结构特征与内蒙古民族文化主体的多元性、不同民族的生产方式有着密切的关系。如前所述，内蒙古本身就是一个多民族聚集共生的地区，历史上不仅曾经养育过猃狁、鬼方、匈奴、柔然、乌桓、突厥诸族、鲜卑、契丹、靺鞨、女真等民族，还为蒙古族这个马背上的民族提供了一个独特的、隔绝的历史地理环境。内蒙古现在仍生活着蒙古族、汉族、达斡尔族、鄂温克族、鄂伦春族、满族、回族、俄罗斯族等 55 个民族，成为我国第四大少数民族聚居的地区之一。习俗"与该民族事象的主体所经历的历史、记忆以及由此而塑就的集体个性息息相关"[1]，构成各民族最显著的特征。"一切这些习俗，被传统巩固着，在时间的流转中变成神圣，从一族传到一族，从一代传到一代，正象后代继承祖先一样。它们构成着一个民族的面貌……"[2]。由此，这一结构特征既反映了内蒙古民

---

① 张曙光：《蒙古族那达慕传承发展的动力机制研究》，《中央民族大学学报》2008 年第 3 期。

② ［俄］别林斯基：《别林斯基选集》第 1 卷，满涛译，上海译文出版社 1979 年版，第 27 页。

俗类、传统音乐类非物质文化遗产的富有性和优秀品质，也突显了内蒙古各族人民卓越的艺术表现力和多姿多彩的生活意趣。

其次，通过与全国国家级项目同类型数量的比较，也可以看出内蒙古各类型国家级项目在我国同级非物质文化遗产不同类型中存在的实际状况。民俗、传统医药、传统音乐和传统体育、游艺与杂技占比较高，表现出较大优势；传统技艺、传统舞蹈、民间文学、曲艺占比适中；传统美术、传统戏剧占比较少。特别是传统戏剧在全国162（剧种）项中只占1.9%，显示此项目较为稀缺。这主要由于传统戏剧作为一种综合性舞台艺术形式，它的形成需要一定的物质条件，其中定居生活与城市经济的发达是戏剧形成应具备的外部条件。长期以来，内蒙古作为北方游牧民族生息的家园，其逐水草而迁徙的生产生活方式，使得城市经济与城市发展受到明显限制，从而影响了内蒙古地区城市文明的发展，也造成了传统戏剧孕育土壤的薄弱与条件的缺失。[1] 再加上戏剧是中国汉族传统艺术之一，内蒙古地区开放的环境使主体民族文化具有包容性，其戏剧长期深受汉族传统戏剧的影响，形成的时间较晚。故此，内蒙古现有国家级传统戏剧项目较少，还缺少蒙古族、达斡尔族、鄂温克族等世居民族的传统戏剧。而且，表1-1中现有4项国家级传统戏剧均为汉族传统戏剧，大多是在清代、民国时期随着大量汉族"走西口"传入内蒙古地区的。这对今后传统戏剧类国家级非物质文化遗产的申报及保护工作具有一定的指导作用。

（二）内蒙古自治区级非物质文化遗产名录类型统计分析

随着《国家级非物质文化遗产名录》的公布，内蒙古自治区人民政府也颁布了六批自治区级非物质文化遗产项目名录及五批项目扩展名录。2007年6月15日，第一批自治区级非物质文化遗产名录（内政发〔2007〕57号）140项[2]；2009年6月3日，第二批自治区级非物质文化遗产名录（内政发〔2009〕47号）111项、扩展名录27项[3]；2011年9月28日，

---

① 李艳梅：《论蒙古族国家级非物质文化遗产在戏剧类的缺失》，《黑龙江民族丛刊》2010年第3期。

② 内蒙古自治区人民政府：《内蒙古自治区人民政府关于公布第一批自治区级非物质文化遗产名录的通知》2007年8月2日，内蒙古自治区政府网，http：//www.nmg.gov.cn/zwgk/zfgb/2007n_5028/200708/200708/t20070802_299649.html，2021年1月30日。

③ 内蒙古自治区人民政府：《内蒙古自治区人民政府关于公布第二批自治区级非物质文化遗产名录的通知》2009年6月3日，内蒙古自治区政府网，http：//www.nmg.gov.cn/zwgk/zfxxgk/zfxxgkml/zzqzfjbgtwj/202012/t20201208_314584.html，2021年1月30日。

第三批自治区级非物质文化遗产名录（内政发〔2011〕97号）48项和扩展名录19项①；2013年11月13日，第四批自治区级非物质文化遗产名录（内政字〔2013〕248号）43项和扩展名录25项②；2015年12月31日，第五批自治区级非物质文化遗产名录（内政字〔2015〕310号）57项和扩展名录29项③；2018年4月8日，第六批自治区级非物质文化遗产名录（内政字〔2018〕29号）88项和扩展名录50项④。至2020年12月，内蒙古共有自治区级非物质文化遗产487项，扩展项目150项。

内蒙古自治区级非物质文化遗产作为本土原生的活态文化，是内蒙古特定的自然地理、政治经济与历史文化等多种因素合力作用下形成的一种文化符号。它数量繁多、种类齐全，代表了品质优秀、传承时间久、濒危度高的项目，是国家级项目的后备库。其类型统计如下（表1-2）：

表1-2　　　　内蒙古自治区级非物质文化遗产名录类型统计
（六批487项）

序号	类别	第一批	第二批	第三批	第四批	第五批	第六批	总计	占比（%）
1	民间文学	11	6	3	3	3	4	30	6.2
2	传统音乐	22	7	8	1	4	5	47	9.6
3	传统舞蹈	12	5	3	4	1	0	25	5.1
4	传统戏剧	5	1	1	2	3	0	12	2.5
5	曲艺	5	2	0	0	1	0	8	1.6

① 内蒙古自治区人民政府：《内蒙古自治区人民政府关于公布第三批自治区级非物质文化遗产名录和自治区级非物质文化遗产扩展名录的通知》2011年9月28日，内蒙古自治区政府网，http：//www.nmg.gov.cn/zwgk/zfxxgk/zfxxgkml/zzqzfjbgtwj/202012/t20201208_314714.html，2021年1月30日。

② 《公文摘登：内蒙古自治区人民政府关于公布第四批自治区级非物质文化遗产名录和自治区级非物质文化遗产扩展名录的通告》2018年6月22日，内蒙古自治区政府网，http：//www.nmg.gov.cn/zwgk/zfgb/2013n_4872/201324/201806/t20180622_301140.html，2021年1月30日。

③ 内蒙古自治区人民政府：《内蒙古自治区人民政府关于公布第五批自治区级非物质文化遗产代表性项目和自治区级非物质文化遗产代表性项目扩展名录的通知》2015年12月31日，内蒙古自治区政府网，http：//www.nmg.gov.cn/zwgk/zfgb/2016n_4794/201605/201512/t20151231_308057.html，2021年1月30日。

④ 内蒙古自治区人民政府：《内蒙古自治区人民政府关于公布第六批自治区级非物质文化遗产名录和自治区级非物质文化遗产扩展名录的通知》2018年4月8日，内蒙古自治区政府网，http：//www.nmg.gov.cn/zwgk/zfgb/2018n_4742/201811/201807/t20180719_307982.html，2021年1月30日。

续表

序号	类别	第一批	第二批	第三批	第四批	第五批	第六批	总计	占比（％）
6	传统体育、游艺与杂技	16	6	3	3	4	5	37	7.6
7	传统美术	7	9	2	6	10	19	53	10.9
8	传统技艺	12	31	12	11	14	25	105	21.6
9	传统医药	4	12	3	5	6	18	48	9.9
10	民俗	46	32	13	8	11	12	122	25.0
	总计	140	111	48	43	57	88	487	100

从以上统计可看出，自治区级项目类型数据差距较大，呈明显层级分布。以民俗、传统技艺项目居多，分别为 122 项、105 项，两项合占总数 46.6%。第二层级，传统音乐、传统医药和传统美术，均在 47 项—53 项间，共占比 30.4%。第三层次，传统舞蹈、民间文学以及传统体育、游艺与杂技等类型，数量分布较为均匀，在 25 项—37 项之间，共占比 18.9%。第四层级，传统戏剧、曲艺类型数量较少，分别为 12 项、8 项，共占比 4.1%。这基本上与国家级非物质文化遗产名录类型特征呈现出一致性。

类型分析是对非物质文化遗产多样性和复杂性系统化认识的方法。这种系统认识不仅为把握非物质文化遗产本质提供论据，而且对于持续的保护实践具有方法论意义。所以，对内蒙古非物质文化遗产进行理论上的分类研究必不可少。从标准而言，内蒙古非物质文化遗产的类别及项目归类，应按照联合国教科文组织和我国政府对非物质文化遗产的分类标准合理划分。目前已公布的自治区级非物质文化遗产名录及扩展名录类型划分，还存在一些问题。

第一，项目类别混淆。自治区级项目类型划分标准存在着界定不清晰现象，与国家名录类型标准有一定出入。如国家级民俗类"脑阁"项目（第二批国家级名录：994 X — 87 抬阁〔脑阁〕，内蒙古自治区土默特左旗），自治区级列入传统舞蹈类（第一批自治区级名录：35 NMⅢ — 2 脑阁，土默特左旗；第三批自治区级名录：1 NMⅢ — 18 抬阁〔宁城三座店抬阁背阁〕，宁城县）。国家级曲艺类"东北二人转"项目（第一批国家级扩展项目名录：271 V — 35 东北二人转，内蒙古自治区通辽市）自治区级列入传统戏剧类（第一批自治区级名录：48 NMⅣ — 3 东北二人转，通辽市科尔沁区）。

第二，项目类型重复划分。英雄史诗按分类应归于民间文学类，自治区级列入曲艺类（第一批自治区级名录：53 NM Ⅴ — 3 巴尔虎英雄史诗，新巴尔虎旗），第四批又划归民间文学（第四批自治区级名录：1 NMI — 24 巴尔虎英雄史诗，新巴尔虎左旗文化馆）。叙事民歌属传统音乐类，第一批自治区级名录列入传统音乐类（12 NM Ⅱ — 1 科尔沁叙事民歌，通辽市），第一批自治区级扩展名录又列入民间文学（12 NM Ⅰ — 12 科尔沁叙事民歌，科尔沁左翼中旗）。

第三，项目划归分散。这主要指按国家级标准应归为一项的，自治区不同批次分别列项。如传统体育、游艺和杂技类：第二批自治区级名录5 NM Ⅵ — 21 乘马射箭（阿拉善左旗）与第三批自治区级名录 1NM Ⅵ — 23 蒙古族射箭〔乌珠穆沁射箭〕（西乌珠穆沁旗）。传统技艺类：第一批自治区级名录83 NMⅧ — 5 蒙古族马具制作技艺（科尔沁左翼后旗）与第二批自治区级名录 16 NM Ⅷ — 28 乌珠穆沁马鞍具制作技艺（东乌珠穆沁旗）、18 NM Ⅷ — 30 多伦马鞍具制作技艺（多伦县）、29 NM Ⅷ — 41 克什克腾蒙古族马鞍具制作技艺（克什克腾旗）。另外，传统音乐类：蒙古族民歌包括乌拉特民歌、和硕特民歌、科尔沁民歌等。民俗类：蒙古族婚礼包括土尔扈特婚礼、科尔沁婚礼、鄂尔多斯婚礼等，蒙古族服饰包括巴尔虎服饰、乌珠穆沁服饰等。按国家级名录标准，这些项目应归为 1 项，自治区级名录单独立项，造成同一项目重复计项。此类现象在第一批扩展名录民间文学、传统音乐类项目中也有集中体现。除此，这种问题也存在于传统美术、传统医药等类型中，具有一定普遍性，尤以民俗类、传统技艺类和传统音乐类较为突出。

内蒙古自治区级非物质文化遗产分类与国家级非物质文化遗产分类标准存在着一定差异，容易造成自治区级项目类型统计数据与国家级项目类型统计数据契合度不高。为此，内蒙古自治区第五批名录、第六批名录与扩展名录已逐步向国家级名录的分类方法看齐，项目归类日趋规范。只有这样，我们才能切实掌握内蒙古非物质文化遗产类型的真实状况，在此基础上展开研究，逐步确立其保护体系，使其更好地发挥作用。

三　内蒙古非物质文化遗产的空间分布

非物质文化遗产作为历史的记忆，是包含着一个地区人文、自然、社会等各种文化信息的载体，也是不断变化创新的文化形态。我们对它的保护与研究应与时代并进，积极探索新的方法和技术，从不同的学科角度进行多维度的研究。现在，学界对内蒙古非物质文化遗产的研究多从民俗学、人类文化学等视角，采用定性研究的方法进行研究，还没有从区域空间的视角定量分析其空间分布特点。基于此，本书借鉴近年来国内学者利用地理信息技术定量分析非物质文化遗产空间分布规律的经验，运用数量地理的方法分析内蒙古非物质文化遗产市（盟）域、区域以及流域分布的基本现状。这可以使我们较全面地了解其地理空间分布特征，掌握它们生长的区域优势，为自治区保护和研究工作提供理论依据和参考。

内蒙古非物质文化遗产空间分布研究以国家级与自治区级项目为研究对象。为了保证研究的科学性、合理性，内蒙古国家级和自治区级项目的数据及相关信息取自中国非物质文化遗产网、内蒙古自治区人民政府网、内蒙古非物质文化遗产保护中心网、12 个地级盟市行政公署网与人民政府网站，以及实地调研所得。

研究数据统计原则：第一，国家级非物质文化遗产按照内蒙古现有的12 个地市（盟）级行政单位进行划分，以非物质文化遗产项目的各盟市申报单位计入所在的市（盟）；内蒙古自治区直属机构申报的项目具有全区性，单独计算，不归入任何地级市（盟）。第二，本书以内蒙古自治区人民政府正式公布的六批名录 487 项及三批扩展名录 150 项为依据。第三，以（盟）市域进行计算。1 个盟市不同地区（或不同批次）申报的同一项目，算为 1 项，不重复计算。第四，同一项目有时存在于不同盟市，各盟市分别计项。社会团体、民营企业申报项目的单位以注册地址所在盟市为归属。基于上述原则，我们对于分布于不同（盟）市的项目进行拆分，所得国家级项目共 88 项，自治区级项目共 675 项。其中，内蒙古直属机构申报国家级 12 项、自治区级 44 项。最终，本书以内蒙古自治区国家级项目12 个盟市共拆分 76 项，自治区级为 631 项为总数进行统计分析。

（一）内蒙古非物质文化遗产的区域分布特征

非物质文化遗产是一种活态文化，其形成和分布深受自然环境、人文环境、经济活动等因素的影响。内蒙古非物质文化遗产的空间分布也因其特定的生态环境具有自身特征，主要体现在区域、市域、流域分布 3 方面。

区域分布指内蒙古辖境内不同文化区非物质文化遗产数量与密度的分布状态，能够在宏观尺度上反映内蒙古非物质文化遗产的空间分布特征。非物质文化遗产研究中文化圈理论和方法的应用是一个新的探索。正如乌丙安所言："这是一个在充分认识了抢救和保护非物质文化遗产意义的前提下提出的课题"[①]，是一种有针对性的科学理论和方法，有利于保护工作有效机制的建立。

目前，学界对文化区划分的标准还不尽相同。但每一个文化区域都应具有持久的地理空间，居住人群及其生产、生活方式乃至方言、风俗等文化现象都具有相对的一致性，并且往往能够维持相对的独立性、同一性。文化区的划分应是相对性与重点性的统一。当今，对内蒙古文化区域的划分主要有潘照东、刘俊宝的 3 分法：即大兴安岭文化圈、阴山文化圈、阿拉善文化圈[②]；呼日勒沙的 5 分法：即呼伦贝尔、科尔沁、锡林郭勒、鄂尔多斯、阿拉善草原文化区[③]。

这些文化区域的划分，对内蒙古非物质文化遗产空间分布研究具有指导意义。本书借鉴这种文化区域的划分，根据内蒙古自然环境、历史文化、经济活动等差异，将内蒙古在空间上划分为 3 个各具特征的文化圈，即大兴安岭文化圈、阴山文化圈、阿拉善文化圈。但本书中大兴安岭和阴山文化圈的范围与潘照东、刘俊宝的划分有所不同。这里我们仍沿用在《阴山文化史》中的观点，认为阴山地区不包括锡林郭勒盟。第一，东部大兴安岭文化圈：它以南北纵横约 1400 千米的大兴安岭为中心，北部、西部分布着呼伦贝尔草原、锡林郭勒草原，中部、南部为科尔沁草原和西辽河平原。这一行政区域包括呼伦贝尔市、兴安盟、通辽市、赤峰市和锡林郭勒盟。这里主要为北方游牧民族、森林民族世居之地，兼有农耕民族杂居共处，属于混合型文化圈，具有以蒙古族为代表的复合型草原文化特征。第二，中部阴山文化圈：它以东西绵延 1200 多千米的阴山山脉为主，山脉北麓有乌兰察布草原、达茂草原、乌拉特草原，南麓有土默川平原、河套平原和鄂尔多斯高原。这里南北气候差异较大，处于农耕区与游牧区的过渡地带，是蒙汉文化交融地区，具有明显的移民文化特征。这一行政区域包括呼和浩特市、乌兰察布市、包头市、鄂尔多斯市、巴彦淖尔市和乌海市。第三，西部阿拉善文化圈：位于阴山、贺兰山以西的阿拉善高原，包括阿拉善盟。这里大面积分布着乌兰布和、巴丹吉林、腾格里沙漠和戈壁，与其他文化区蒙古部的风俗习惯、语言等存在明显差异，具有漠

---

① 乌丙安：《非物质文化遗产保护中文化圈理论的应用》，《江西社会科学》2005 年第 1 期。

② 潘照东、刘俊宝：《草原文化的区域分布及其特点》，《前沿》2005 年第 9 期。

③ 呼日勒沙主编：《草原文化区域分布研究》，内蒙古教育出版社 2007 年版，第 78—79 页。

西厄鲁特蒙古和硕特部、土尔扈特部传统的文化特色。内蒙古非物质文化遗产在 3 个文化圈中分布情况如下（表 1 - 3）：

表 1 - 3　　　　　　　内蒙古非物质文化遗产区域分布

文化圈	面积（万平方千米）	国家级（项）	密度（项/万平方千米）	比例（%）	自治区级（项）	密度（项/万平方千米）	比例（%）
大兴安岭文化圈	66.38	52	0.78	68.4	345	5.2	54.7
阴山文化圈	25.04	18	0.72	23.7	237	9.5	37.5
阿拉善文化圈	26.9	6	0.22	7.9	49	1.8	7.8
总计	118.3	76		100	631		100

从区域角度分析内蒙古非物质文化遗产的数量，可看出分布呈阶梯状。东部大兴安岭文化圈非物质文化遗产数量居于首位，国家级共有 52 项、自治区级 345 项，分别占总数 68.4%、54.7%；中部阴山地区以国家级 18 项、自治区级 237 项居中，分别占总数的 23.7%、37.5%；西部阿拉善文化圈最少，国家级 6 项、自治区级 49 项，占总数的 7.9% 和 7.8%。东部大兴安岭文化圈包含呼伦贝尔文化区、科尔沁文化区（行政区划涵盖兴安盟、通辽市、赤峰市）和锡林郭勒文化区，为全国蒙古族人口最为集中和人数最多的地区，同时又是汉族、达斡尔族、鄂伦春族、鄂温克族、满族等多民族聚居区。这里草原辽阔、森林茂密，是蒙古族的起源地、蒙元文化的发祥和繁盛之域，培育了众多具有草原民族特色的原生态非物质文化遗产，成为自治区非物质文化遗产数量最多的地区。

从区域角度分析内蒙古非物质文化遗产的密度，显示出各文化圈分布的密度值均不高。国家级最高为 0.78 项/万平方千米、自治区级最高为 9.5 项/万平方千米，与其他省份有着较大差距。国家级非物质文化遗产分布密度以大兴安岭与阴山地区较高；自治区级非物质文化遗产以阴山地区密度分布点最高，阿拉善地区最低。阴山地区地处农牧交错带，历来就是游牧文明与农耕文明碰撞、融合的地区，其南麓为黄河蜿蜒环绕。这里较为充沛的水源、宜耕宜牧的土地不仅养育了众多的民族，也造就了各具特色的土默特文化、鄂尔多斯文化和河套文化，成为自治区非物质文化遗产较为集中的地区。

内蒙古非物质文化遗产从宏观地域分布呈现出如下特点：数量分布明显不均衡，且差距较大，以大兴安岭文化区为绝对主导；密度值总体偏低，与分布数量不完全具有一致性，中部阴山地区具有较高的分布密度点。

（二）内蒙古非物质文化遗产的市域分布特征

市域分布指在地理学视角下，以国家级、自治区级非物质文化遗产在12个地级盟市的分布数量与密度为依据（表1－4），进行分布特征的分析。

表1－4　　　　　　　　内蒙古非物质文化遗产行政市域分布

盟市	面积（万平方千米）	国家级（项）	密度（项/万平方千米）	比例（%）	自治区级（项）	密度（项/万平方千米）	比例（%）
呼和浩特市	1.7	5	2.94	6.6	65	38.2	10.3
包头市	2.77	2	0.72	2.6	28	10.1	4.4
乌海市	0.17	0	0	0	8	47.1	1.3
乌兰察布市	5.4	2	0.37	2.6	18	3.3	2.9
鄂尔多斯市	8.6	6	0.7	7.9	87	10.1	13.7
巴彦淖尔市	6.4	3	0.47	3.9	31	4.8	4.9
赤峰市	9.0	5	0.56	6.6	59	6.6	9.4
通辽市	5.9	12	2.01	15.8	45	7.6	7.1
兴安盟	5.98	5	0.84	6.6	51	8.5	8.1
呼伦贝尔市	25.3	17	0.67	22.4	108	4.3	17.1
锡林郭勒盟	20.2	13	0.64	17.1	82	4.1	13.0
阿拉善盟	26.9	6	0.22	7.9	49	1.8	7.8
总计	118.3	76	平均密度0.64	100	631	平均密度5.33	100

以上统计显示出内蒙古12个地级市（盟）国家级和自治区级非物质文化遗产的分布数量和密度值的具体状态。从行政市域角度来看，项目数量分布不均衡，层次分明。其中，呼伦贝尔市国家级与自治区级项目拥有量均最多，各占22.4%、17.1%；乌海市最少，各占0%、1.3%。内蒙古国家级非物质文化遗产主要分布于呼伦贝尔市、锡林郭勒盟、通辽市，分别为17项、13项、12项，远高于平均值6.3项，共占总数55.3%；鄂尔多斯市、阿拉善盟、呼和浩特市、赤峰市和兴安盟分布均衡，分别为6项或5项，各数量接近平均值，为第二层级，共占总数35.6%；巴彦淖尔市、乌兰察布市、包头市、乌海市为第三层级，数量均低于平均值，共占总数9.1%。内蒙古自治区级非物质文化遗产项目数量分布与国家级项目

数量分布特征相似，呼伦贝尔市、鄂尔多斯市、锡林郭勒盟分别拥有 108 项、87 项、82 项，共占总数 43.8%；呼和浩特市、赤峰市、兴安盟、阿拉善盟、通辽市各拥有数量刚超过平均值 52.6 项或接近平均值，共占总数 42.7%；巴彦淖尔市、包头市、乌兰察布市、乌海市，各拥有量均在平均值之下，共占总数 13.5%。

经过比较分析，可看出 12 个盟市国家级项目数量分布与自治区级项目数量分布具有相似性。呼伦贝尔市、锡林郭勒盟拥有国家级和自治区级数量均居 12 盟市前列，鄂尔多斯市自治区级项目储备较为充分。其次，数量较多的盟市多为草原文化底蕴深厚、自然生态保护较好的牧区。如呼伦贝尔市位于内蒙古东北部，是我国北方游猎、游牧民族的发祥地之一，这里曾经生活过匈奴、鲜卑、回纥、突厥、契丹、蒙兀室韦、女真等许多部族，被誉为"中国北方游牧民族成长的历史摇篮"。该地域自然资源丰饶，天然草场辽阔、草甸草地植物典型、牧草种类多样，呼伦贝尔草原被誉为中国最美的草原；森林面积占全市土地总面积的 50%，占自治区林地总面积的 83.7%，野生动植物品种繁多；境内有 3000 多条纵横交错的河流、500 多个星罗棋布的湖泊，是我国北部坚实的绿色生态屏障。锡林郭勒盟位于内蒙古中部，是蒙古族文化的发祥地和集成地。境内蒙古族文化传承较为完整，民族风情浓郁，享有"搏克之乡""长调之乡"的盛誉。锡林郭勒盟还是我国草地类型和动植物种类最为齐全的草原地区，拥有我国最早建立的草地类国家级自然保护区。正是这样良好的自然生态环境和草原文化积淀孕育了众多的非物质文化遗产，使呼伦贝尔市、锡林郭勒盟拥有国家级与自治区级非物质文化遗产的数量位于全区 12 盟市前列。

第二，从市域密度分布角度分析，内蒙古非物质文化遗产在 12 盟市分布的密度值均不高，且与其数量反差较大。国家级项目在 12 个地级行政市（盟）分布的平均密度为 0.64 项/万平方千米，高于或等于平均值的达 7 个盟市。最高为呼和浩特市 2.94 项/万平方千米，与通辽市 2.01 项/万平方千米成为两个较高密度区；兴安盟、包头市、鄂尔多斯市、呼伦贝尔市位于平均值之上，锡林郭勒盟等于平均值；其他各盟市均位于平均值以下。自治区级项目在 12 盟市分布的平均密度为 5.33 项/万平方千米，在平均值以上的盟市共 7 个。拥有数量最少的乌海市密度为 47.1 项/万平方千米，最高；其次呼和浩特 38.2 项/万平方千米；后依次为包头市、鄂尔多斯市、兴安盟、通辽市、赤峰市；其他 5 盟市在平均值之下，其中拥有项目数量最多的呼伦贝尔市为 4.3 项/万平方千米，最低为阿拉善盟，仅为 1.8 项/万平方千米。

　　形成市域密度分布特征的主要因素是内蒙古地域宽广，各盟市面积大、人口密度小、经济与区位条件的差异性。如拥有项目数量最多的呼伦贝尔市总面积 25.3 万平方千米，占自治区面积的 21.4%，相当于山东、江苏两省面积的总和，2020 年末的人口密度也只有 8.9 人/平方千米。相同情况，非物质文化遗产数量较多的锡林郭勒盟总面积 20.2 万平方千米，人口密度 5.5 人/平方千米。阿拉善盟位于内蒙古最西部，总面积 26.9 万平方千米，人口密度 0.98 人/平方千米，是内蒙古面积最大、人口最少的盟市。项目分布密度较高的盟市多是人口密度较高的地区。2017 年，自治区人口密度最高的市为乌海市 287 人/平方千米，其次呼和浩特市 174.4 人/平方千米、包头市 103 人/平方千米、通辽市 53 人/平方千米、赤峰市 52 人/平方千米、鄂尔多斯市 25 人/平方千米。2020 年末，呼和浩特市、鄂尔多斯市、包头市的常住人口都进一步增加。这是形成内蒙古非物质文化遗产行政市域分布密度总体较低、与数量成一定反差格局的因素之一。由此可知，非物质文化遗产多集中分布于人口稠密的地区，其分布密度与人口密度在一定程度上呈正相关性，并且高密度市域大都是经济较发达地区。呼和浩特市位于内蒙古中部阴山南麓、黄河北岸，有着 2300 多年的建城历史，是自治区首府。这里留下了旧石器时代的大窑文化遗址、中国最古老的赵长城遗址、见证"胡汉和亲"的昭君墓、"佛教建筑典范"席力图召等历史文明印记，是中国历史文化名城之一。同时它也是全区经济、文化、科教、金融中心，获"全球经济增长 20 强城市""中国经济实力百强城市"等称号。包头市位于内蒙古西部核心区，地处自治区最具活力的呼包鄂经济带。它不仅是连接华北和西北的交通枢纽之一，还是内蒙古制造业、工业中心，被誉为"稀土之都""草原钢城"。该市还拥有阿善文化、燕家梁文化、五当召、梅日更召、美岱召、秦长城等历史遗存，是著名的"二人台之乡"。鄂尔多斯市也是内蒙古新兴的经济城市和呼包鄂城市群的中心城市，被自治区政府定位为省域副中心城市之一，排名中国城市综合实力 50 强。乌海市富有矿产资源，虽位于内蒙古西部，但地处宁蒙陕甘经济区的结合部，是新兴工业城市。通辽市位于内蒙古东部、松辽平原西端，其农牧业资源条件较好，耕地 2026 万亩、草地牧场

5129 万亩，是自治区粮食和畜牧业生产的重要地区。而且这里民族文化气息浓郁，为清代孝庄文皇后、嘎达梅林的故乡，拥有"安代舞之乡""好来宝之乡"和"乌力格尔之乡"的美称。除此，它还具有明显的区位优势，是自治区东北部最大的交通枢纽城市。阿拉善盟区位交通条件则处于劣势，耕地较少，地均 GDP 偏低。可见，经济与区位条件也是影响非物质文化遗产空间分布不可忽视的因素之一。

（三）内蒙古非物质文化遗产流域分布特征

内蒙古有大小河流千余条，流域面积在 1000 平方千米以上的有 107 条，外流主要有黄河、额尔古纳河、嫩江和西辽河、滦河等水系。自治区辖境内，近千个大小湖泊星罗棋布，面积在 200 平方千米以上的湖泊有达赉湖、达里诺尔和乌梁素海。其中，黄河从宁夏石嘴山附近进入内蒙古，由南向北围绕鄂尔多斯高原，形成一个马蹄形，自西向东流经阴山地区乌海市、巴彦淖尔市、鄂尔多斯市、包头市、呼和浩特市等 5 市。科尔沁地区水系也十分发达，河网密集，水源丰沛，主要有属于黑龙江流域的嫩江、属辽河流域的西辽河 2 大水系，西辽河流域全部在赤峰市和通辽市境内。呼伦贝尔地区有属于黑龙江流域的嫩江、额尔古纳河 2 大水系，全市水资源总量占全区的 58%。锡林郭勒地区河流分属乌拉盖、呼尔查干淖尔与滦河 3 个水系，乌拉盖水系是内蒙古自治区境内最大的内陆河水系之一。阿拉善地区则地处干旱、极干旱荒漠地区，河流为内陆河水系，主要有西北部的黑河（内蒙古境内称为额济纳河）流入，水资源贫乏。因此，从区域和市域的高密度点分析，内蒙古非物质文化遗产主要集中分布于水系较发达地区，以黄河流经的阴山南部土默特地区和西辽河流域的科尔沁地区为 2 个密集区。这两个地区也是内蒙古自治区人口密度较高的地区，从而反映了人在非物质文化遗产产生、传承过程中起着主导作用，人是其核心载体。

通过统计分析，内蒙古非物质文化遗产空间分布的总体特征表现为：第一，数量分布自东向西递减，形成阶梯态势。多分布于自然生态较好的牧区与农牧区，以东部大兴安岭文化圈的呼伦贝尔市数量最多。第二，密度值总体不高，与分布数量不具有完全一致性。以区位交通条件优越、民族文化底蕴丰实、经济发达的城市为高密度区，中部阴山地区呼和浩特市为最主要聚集区。第三，高密度点具有按流域分布的特征，主要集中分布于辖境内的黄河流域和西辽河流域。

非物质文化遗产是一个庞大的文化体系，几乎涉及人类文化的各个范畴和形态，包含文学、艺术、宗教、哲学、社会、民俗、政治、经济等内容。将这些文化遗产划归分类、进行必要的定量空间分析，既是理论研究深化的必然要求，也是登录、申报代表性名录等管理工作的基础和展示、利用、保护等实践活动的需要。并且，文化生态是各种文化相互依赖、相互作用、相互影响而形成的动态的有机整体，它不仅指文化外部生态环境，还包括文化本身内部各要素之间形成的生态秩序。文化的外部复合生态环境与文化之间具有关联性，在文化自身系统内部之间也存在着各种有机关联，"正是这样互相作用的方式才使得人类的文化历久不衰，导向平衡"[①]。内蒙古非物质文化遗产各种类型之间及各个遗产之间也构成了其文化生态的内部环境，彼此之间也有着互相依赖的关系，形成不同文化圈。从文化生态理论角度，划分它的类型，分析其分布的地域结构与特点，有利于把握它的源头、核心、边界，了解不同文化圈的模式、层级、范围。当然，这更是文化生态保护研究、实践和探索地域文化发展规律的必要前提。

第三节　内蒙古非物质文化遗产的文化特征与精神内涵

非物质文化遗产是一种生动的文化现象，因民族而异、因时代而新、因地域而变，具有不同的表现形式。它们还代表着不同民族和地区的文化特性，象征各民族和地区的文化理念、精神情感与内在品质，是一个民族的历史生命在现实社会中的传承延续。由于这些文化遗产具有内隐性特质，保护它们对于当代社会的价值不只体现在"认知"的层面，使广大民众了解祖先口耳相传的活态文化遗存；更重要的是使他们认识其本身特有的文化特征和蕴含其中的精神内涵，自觉地促进文化遗产在新的认同中不断发展和发扬光大。为了使不同民族文化基因获得生命力，得到完整的传承与全面的发展，当前内蒙古非物质文化遗产研究的重要任务之一，就是要深入探讨其本身所存在的文化特征、精神内涵。只有在文化生态视野下关注文化遗产自身的文化诉求，充分发掘它们内在的精神追求，尊重其独特性，才能使保护实践做到活态存续、传承，确保其生命力。

---

① 方李莉：《文化生态失衡问题的提出》，《北京大学学报》2001 年第 3 期。

一　内蒙古非物质文化遗产的文化特征

非物质文化遗产创生于一个民族适应、改造自然和社会环境的实践中，深深扎根于民族文化传统及一定区域历史之中，是一个地区自然生态环境与历史文化的缩影，也是一定时代精神、社会生活的产物。同任何一种地域文化一样，内蒙古非物质文化遗产的形成与发展也深受内蒙古历史发展、社会环境变化和地域自然环境各要素的影响，在适应生存环境的历程中通过传统文化基因与时代活性因子互相调适而不断地再创造、发展和延续。所以，除了非物质文化遗产自身共有的本质特性外，它还深受这一地区鲜明的民族文化特色、古老的历史渊源与独特的生态环境的影响，呈现出不同于其他地域的文化特征。

（一）深厚的民族文化积淀

历史传承形成的文化积淀产生了许多不同的地域文化。内蒙古有着悠久的多民族历史传承，生长于此的草原文化与黄河文化、长江文化共同构筑了中华文化体系，充实了中华文明的内涵，显示了内蒙古历史文化强大的生命力。内蒙古非物质文化遗产作为历史的产物，也是民族文化积淀、相互交融的成果。经久不衰的草原文化发展史是其生存、成长的田野，其优秀的文化品质和价值源自于草原民族文化的培育。非物质文化遗产在漫长的形成过程中累聚了历史上各草原民族的智慧，与物质文化遗产一道连绵不断地传承草原文明，成为内蒙古民族文化的精粹。

首先，它根植于内蒙古民族文化的土壤，是内蒙古历史文化发展的结晶。大量的考古资料证明，大窑文化、萨拉乌苏文化、扎赉诺尔文化（距今约 1 万年）开启了内蒙古远古历史的源头；兴隆洼文化、赵宝沟文化、红山文化作为中华文明的主源之一，奠定了内蒙古历史文化底蕴；不同阶段的匈奴文化、鲜卑文化、突厥文化、蒙古族文化等持续不断地为内蒙古历史文化注入新鲜血液。内蒙古非物质文化遗产就是在这样的历史进程中凝练而成的，有着很深的历史渊源。它伴随着草原文明的发展，经过各民族历代传播而不断积累、进步，形成了更加适合草原民族需要的文化形式。

蒙古族长调作为世界上独特的传统音乐类非物质文化遗产，起源于古老的北方游牧民族野外放牧时的"长歌"，与北方草原民族的畜牧业生产密切相关。《魏书》记载，高车人"好引声长歌，又似狼嗥"①。据史学家考证，魏晋南北朝时高车人唱的长歌，很可能早在战国秦汉时的丁零那里就已经产生，之后流传到隋唐时留居在蒙古高原的突厥。② 9 世纪，蒙古族的先祖迁徙到蒙古高原，开始了与突厥族的文化融合及畜牧业生产生活。于是，长调在继承北方草原民族"长歌"传统的基础上成为一种新的民歌形式，13 世纪后，伴随蒙古族的形成发展，成为蒙古族民族音乐的代表。长调是蒙古族的历史记忆，经过代代传唱，深深刻印于蒙古族人民心中。如今历经 1000 余年的文化传承与积淀，在内蒙古地区广泛流传，它仍然是蒙古族音乐艺术最经典的表现形式。汉族的爬山调，又叫"山曲儿"，歌词为上下两句体结构。它内含山西大秧歌、河北民歌、陕北信天游的艺术风格，又与匈奴、鲜卑、蒙古族音乐有着渊源关系，明末清初成为内蒙古中西部具有代表性的民歌。蒙古族乌力格尔的曲牌《悲怆调》也继承了汉代《胡笳十八拍》的曲调风格，曲牌《出征调》来源于萨满教歌舞音乐。③ 经过长期的艺术融合，清代康熙年间，它淬炼成为集蒙古族说唱艺术之大成的一种曲艺形式。

　　由于各民族之间存在着一定历史渊源和族际传承关系，在历史积淀中，不同民族在语言、文化、宗教信仰等意识形态方面不断碰撞、借鉴、吸收，形成了内蒙古民族文化交融、复合性的特点。对于蒙古族与汉族文化的融合，明人叶子奇说："俗乐多胡乐也。声皆宏大雄厉。古乐声皆平和。歌调且因今之曲调。而谐之以雅辞。庶乎音韵和而歌意善。则得矣。毋但泥古而废之。而长用胡乐也。"④ 梅日更召信俗、巴林左旗皮影戏、乌力格尔、漫瀚调、二人台、脑阁、查玛舞等国家级非物质文化遗产都是民族间文化交融的产物。漫瀚调发祥于地处晋、陕、蒙交界的鄂尔多斯市准格尔旗，这里蒙汉杂居、农牧兼营，两族人民在共同生产生活中创造了凝聚蒙古族和汉族人民艺术智慧的新民歌，又称"蒙汉调"。显然，无论是歌种名称的含义，还是兼具蒙古族短调民歌和汉族爬山调的艺术风格，以及汉语、蒙古语混合使用的唱词，都显现着蒙古族、汉族艺术交流的印记，至今仍具有旺盛的生命力。

---

① （北齐）魏收：《魏书》卷 103《高车传》，中华书局 1974 年版，第 2307 页。
② 陶斯钦、金海主编：《草原精神文化研究》，内蒙古教育出版社 2007 年版，第 414 页。
③ 乌兰杰：《北方草原民族音乐文化传承交流中的整合现象》，《音乐研究》2002 年第 1 期。
④ （明）叶子奇：《草木子》卷 2 上《原道篇》，中华书局 1983 年版，第 21 页。

非物质文化遗产是代代相传的文化现象，具有传承性。这表现在：它不只是依靠世代相传保留下来，还为各民族群体、个体享用、继承和发展。内蒙古非物质文化遗产即是通过各民族世世代代的传播将千古遗风延续下来的，每一历史时期的草原民族又在继承本民族文化基因的基础上，融入了所处时代以及特定民族、群体的文化精神和思想情感。正是通过这种传承，内蒙古非物质文化遗产吸收了各民族文化的精髓，兼有多民族文化要素，形成蒙汉、蒙藏、蒙满民族文化交融的特点，展现了内蒙古地域文化特有的风采。目前，内蒙古有国家级非物质文化遗产 81 项，数量高于全国平均数，在全国 31 个省（自治区、直辖市）中显示了自己的文化优势。

（二）明显的时代印记

文化作为一个历史范畴，是一定社会条件下的产物，虽然有其超越时代的共同性，但总是体现着一定历史时期特有的思想、观念。以此而论，非物质文化遗产作为特定历史时期产生的文化现象，无不打着时代的烙印。它的文化积淀与传承不是封闭的、简单机械地传递的过程，而是不断创造、超越的过程。内蒙古非物质文化遗产也是一定时期历史的见证和文明成果的活化石，具有明显的时代特征。它以不同的时代印记展示了特定历史时期的文化创新与文明成果，表现了内蒙古文化发展不同阶段的标识和特定文化类型所透射出的时代风貌与精神，展示了自己清晰的发展轨迹和时代特性。

非物质文化遗产多产生于民间，由于受口耳相传、缺少文献记载的制约，其产生、发展的时间难以精确到某一年代。内蒙古非物质文化遗产形成时间、发展脉络也只能进行大致划分。根据相关的文献记载，结合内蒙古历史发展的特点和非物质文化遗产所反映的文化内容与时代特征，可以将其形成、发展划分为 4 个时段。以国家级非物质文化遗产为例，形成于隋唐五代时期 11 项，宋元时期 33 项，明清时期 31 项，民国时期 3 项（因国家级项目中子项目形成时间不同，如蒙古族民歌包括乌珠穆沁长调民歌、鄂尔多斯古如歌和乌拉特民歌等，故数量多于目前总数 66 项，共78 项）。这些形成于不同时代的文化遗产都在不同的历史时期有着自己的地位与作用，都承载着其所处时代的文化内涵和历史信息，彼此不能代替。如布鲁，蒙古语，意为"投掷的棍棒"，产生于蒙古族游牧文明时代，有着 1300 多年历史，是蒙古族遥远的生活记忆。它因功用不同分为 3 种：

以铜或铁制成心形的称为"吉如根布鲁",用于猎捕凶猛、大型野兽;平时狩猎所用,呈圆形、顶部装有铜铁箍环的为"图拉嘎布鲁";用榆木制成、镰刀形状的为"海木勒布鲁",日常训练之用。这种生活、生产技能后来逐渐演化成为蒙古族一种体育项目。布鲁比赛既有力量的博弈,又有技巧的体现,反映了7、8世纪蒙古社会游猎时代的生产、生活现实,以及当时人们睿智乐观的精神追求。蒙古汗廷音乐盛行于蒙元时期,指在蒙古汗帐或宫廷中专为可汗、尊臣及外国使臣等演奏的音乐,是这一时期蒙古族音乐最有力的组成部分。它结构完整,内容以歌颂蒙古统治者的文治武功为主,主要有可汗颂、朝廷赞等。"其乐声雄伟而宏大,又足以见一代兴王之象,其在当时,亦云盛矣"[1],展现了蒙元王朝轩昂的气度和强盛的国势。国家级非物质文化遗产东北二人转是清朝晚期从东北地区传入内蒙古通辽市科尔沁地区的民间曲艺艺术,至今已经有100多年的历史。东北二人转的渊源可以上溯到我国东北地区汉族的曲艺曲种"二人转",也叫"蹦蹦儿""玩意儿",富有乡土气息。清代随着大量汉族移民来此开荒种地,这种喜闻乐见的民间艺术也传入内蒙古东部科尔沁地区。后经过发展演变,它不仅保留着具有地方色彩的汉族民间艺术风格,而且还融合了蒙古族安代音乐和蒙古族民歌曲调,兼具草原民族文化特色。爬山调、漫瀚调、二人台,以及晋剧、巴林左旗皮影戏、达拉特道情戏等也映射着这一时代文化特点。

从历时性来看,内蒙古非物质文化遗产的形成与发展集中于宋元、明清两个时期。这两个时期是内蒙古历史文化发展的高潮时期,也是文化大规模交流与整合的时代。宋元时期,尤其13世纪后,蒙古高原的统一和蒙古民族共同体的形成,打破了内蒙古地区间封闭的状态,大量的突厥语族和东胡民族以及中亚人融入蒙古族群中。1271年元朝政权建立后,逐渐形成了横跨欧亚、疆域辽阔的国家,实现了中国历史上空前规模的文化交融。在这个过程中,蒙古族继承、吸纳了以往各草原民族文化的精华,创造了既具有民族特色,又富有时代特征的文化形态,成为内蒙古草原文化的集大成者。因此,这一时期内蒙古民族文化不仅数量多,而且形成了以蒙古族为主的结构特点和具有包容创新的时代精神。

元代是我国新乐器出现最多的时代之一,乐器种类多达28种。仅

---

[1]　(明)宋濂等:《元史》卷67《礼乐一》,中华书局1976年版,第1664页。

"宴乐之器"就有马头琴、火不思、胡琴，琵琶、箜篌，方响、云璈、水盏、拍板，龙笛、羌笛，头管、笙、箫，鼓、杖鼓、札鼓、和鼓等类型，展现了元代音乐文化的进步繁荣。雅托噶，汉语称"蒙古筝"，也是其中之一。雅托噶为一种古老的蒙古族弹拨弦鸣乐器，主要演奏于汗廷、祭祀等场合。它虽与汉族古筝有一定的渊源关系，但极富蒙古族的艺术风格，是中国古筝的流派之一。《元史·宴乐之器》中有明确记载："筝，如瑟，两头微垂，有柱，十三弦。"① 雅托噶音乐多采用拟声表现手法和变奏加花的指法技巧，曲调具有草原音乐文化的韵味，不仅广泛使用于宫廷音乐、祭祀和宗教音乐中，在蒙古族民歌中也多有运用，深受蒙古族民众的喜爱。元朝建立后，雅托噶流传于中原内地，得到汉族和其他民族的认可。清代宫廷仍沿用这一独特的民族器乐，并详细记录其特征和弦数，"筝，似瑟而小，刳桐为质……十四弦，弦皆五十四纶，各随宫调设柱"②，反映了雅托噶音乐持久的艺术生命力。明朝，内蒙古地区仍以蒙古族为主体，但各民族间的文化交流进一步加强。清朝建立后，蒙、藏、满、汉等多民族文化交汇，呈现出前所未有的相互激荡、相互借鉴的局面。在这种文化背景下，非物质文化遗产呈现出争奇斗艳和多元交融的时代特点。

内蒙古非物质文化遗产的生命力来源于内蒙古历史文化，得益于草原文化的绵延给养。它的发展传承与草原文化一脉相承，深受所处时代的社会结构、环境特点的影响。由于草原文化较之农耕文化具有较大的流动性，内蒙古非物质文化遗产也因此获得了源源不断的生机与活力，具有更明显的主动性和创造性。所以，在时间维度上，内蒙古非物质文化遗产以宋元、明清时期为主的发展轨迹，使其具有鲜明的时代气息和特有的文化风采，反映出它的发展历程与草原文明的形成发展具有同步性，也突显了其与时代精神的协调性。历史积淀与时代意识的有机结合是非物质文化遗产的再创造过程，伴随着其发展的整个过程。与之相应，内蒙古非物质文化遗产的民族性、代表性也得到传承，创新性、延续性得以展现。

（三）典型的游牧文化风貌

特定的生态环境决定着特定的文化系统。内蒙古地处我国北方草原地

---

① （明）宋濂等：《元史》卷71《礼乐五》，中华书局1976年版，第1772页。
② （清）赵尔巽：《清史稿》卷101《乐志八》，中华书局1976年版，第2999页。

带，有着自然的草原生态环境，这种生态环境决定了人们的生产与生活方式不宜农耕，而适合游牧、狩猎。于是，辽阔的温带草原成为古代北方民族生活的摇篮。各民族在广袤草原上不断繁衍发展中，因共同或相似的生产生活方式，创造了以游牧文化为显著特征的草原文化。内蒙古也因此成为传承草原文化的核心地区，即典型的草原文化区域。草原文化是在草原自然生态环境中产生的以游牧文化为主体的多元文化集合体。其中，游牧文化是草原文化的本体文化与根本标志。[①] 从这个角度讲，游牧文化是草原文化的典型形式，代表着草原文化的特征。内蒙古民族民间文化就是在草原中孕育、发展的，属于草原文化。它以草原为生存土壤，以口传心授的形式传承了悠久的草原文明，展现着以游牧文化为主要特征的草原文化风貌。

内蒙古非物质文化遗产源于草原，深深根植于草原，与适应草原生态环境的游牧、狩猎生产生活表里相依。自治区先后入选《国家级非物质文化遗产名录》的 81 个项目，除汉族 11 项外，蒙古族 55 项、达斡尔族 5 项、鄂温克族 6 项、鄂伦春族 3 项、俄罗斯族 1 项。少数民族共有 70 项，占总数 86.4%。这些非物质文化遗产以草原民族特有的方式表达着对草原炽热的情感，是草原游牧、狩猎生活的真实写照。蒙古族是内蒙古的主体民族，也是典型的"逐水草迁徙，毋城郭常处耕田之业"[②] 的草原游牧民族。蒙古族非物质文化遗产数量较多，占内蒙古国家级项目总数的 67.9%，突出地表现着草原游牧文化的特点。如马头琴音乐是蒙古族传统音乐的杰出代表，承载着蒙古族生活的历史记忆，伴随着蒙古族的形成、发展，从草原深处走来。《元史》载："胡琴，制如火不思，卷颈，龙首，二弦，用弓掫之，弓之弦以马尾。"[③] 从中可知，马头琴是从胡琴发展而来。马头琴造型独特，琴身下部共鸣箱呈梯形，以马皮或羊皮蒙面，彩绘民族图案为饰。琴弦系精选两缕马尾制成，琴头为雕刻精细的马头，以此而得名。马头琴音乐浑厚淳美、深沉委婉，形象地反映了草原游牧生活，如骏马的嘶鸣、悠扬的长调、欢乐的牧场、辽阔的草原等。传统演奏法分科尔沁和土尔扈特演奏法，前者流行于内蒙古东部，以指内肌肉按弦发音，音色悠远柔和；后者则以指甲触弦发音，清脆亮丽，富有草原特色。马头琴曲风

---

①　宝力格主编：《草原文化概论》，内蒙古教育出版社 2007 年版，第 44—45 页。

②　（西汉）司马迁：《史记》卷 110《匈奴列传》，中华书局 1982 年版，第 2879 页。

③　（明）宋濂等：《元史》卷 71《礼乐五》，中华书局 1987 年版，第 1772 页。

格多样，多是描绘草原自然风光、游牧生活和对马的歌唱，如《走马》《马的步伐》《凉爽的杭盖》《四季》和《鄂尔多斯的春天》等。当一首悠扬的马头琴曲在人们耳边奏响时，宛如置身于神奇草原之中。

蒙古包营造技艺也是草原民族游牧生活方式的经典象征。蒙古包，古代称"穹庐"或"毡帐"，是适应游牧经济而出现的一种具有草原风格的居所，至今已有1000多年的历史。成书于13世纪的《鲁布鲁克东游记》就记载了蒙古汗国时期的蒙古包："帐幕以一个用交错的棍棒做成的圆形骨架作为基础……他们以白毛毡覆盖在骨架上面……他们饰以各种各样的美丽图画。"① 蒙古包由套瑙（天窗）、乌尼（椽子）、哈那（围墙支架）、毡和乌德（门）组成。呈拱形的套瑙是蒙古包的天窗，位于房屋中心位置，具有通烟、通气、照明、采光的功能。乌尼是蒙古包的肩，与套瑙形成一个整体。哈那是由红柳交叉形式组合成的围墙支架，用材讲究，安全防震。蒙古包构思巧妙，拆搭快捷，便于游牧民族迁徙生活。它外形也很美观，顶上和四周覆盖着白色的厚毡，显示出蒙古族深深的草原情结。从古至今，蒙古包象征着草原游牧民族的生活理想，鲜活地展示着草原民族的审美追求，是草原民族永远的家园。除此之外，还有许多代表性的蒙古族非物质文化遗产，如歌颂草原英雄的长篇史诗《格萨（斯）尔》、叙事诗《嘎达梅林》等，赞美草原生活的祝赞词、赛驼等，展现游牧、狩猎民族技艺的勒勒车制作技艺、烤全羊技艺等，传承草原民族传统的搏克、查玛舞等，都以不同的形式表现了游牧文化风貌。

"一个地区的自然环境决定或影响了这个地区的经济生产方式、政治生活的形态，同时也塑造了这一地区人的性格风貌和精神气质，从而也就影响了这一地区包括文学艺术在内的文化的形式和内容。"② 草原生活环境造就了独特的草原文化系统，以蒙古族为代表的北方游牧民族创造的草原文化是内蒙古最突出的文化特色和文化优势，也是中华文明最具活力的组成部分。内蒙古非物质文化遗产作为其原生态文化遗存与精神传承载体，也深深浸染着草原生态环境赋予的文化特质。它以草原民族特有的方式，活态地展现着游牧文化的无尽魅力，形成了有别于其他地域文化的鲜明特点，凸显了内蒙古历史文化的独特风采。而机智勇敢的蒙古族作为草

---

① ［英］道森编：《出使蒙古记》，吕浦译，周良霄注，中国社会科学出版社1983年版，第112页。

② 鲁枢元：《生态文艺学》，陕西人民教育出版社2000年版，第327—328页。

原民族的典型代表，是目前为止比较成功地保持、传承游牧文化的民族。他们在漫长的游牧生活中创造的精神文化遗产，内容与形式无不打上了游牧文化的烙印，表达着游牧生活的欢乐和自由，倾诉着对草原的深情与挚爱，集中地体现了游牧文化特质。

（四）多元的创造主体

文化是由人创造的，表达着不同的民族意向。非物质文化遗产作为一种特殊的文化表现形式，是一个地区特定民族在长期的生产、生活实践中创造并世代传承的，代表着各民族的文化身份，都有着不可替代的文化传统。内蒙古是中国主要的少数民族聚居的地区，也是历史上北方草原民族的家园。鬼方、匈奴、突厥诸族、乌桓、契丹、鲜卑、蒙古族、汉族、鄂温克族、达斡尔族、满族、鄂伦春族等诸多民族都曾在此栖息生活，民族众多是内蒙古人文历史的突出特征。内蒙古非物质文化遗产是北方草原民族共同创造的，而不是单独一个族群独立创造和传承的，有别于中原地区的农耕文化，展示着别样的民族特性。

内蒙古非物质文化遗产产生于各民族长期的生产、生活实践中，存活于各民族的物质、精神生活中，形成特有的民族性。文化多元性直接体现了创造主体的多元化，即民族多样化。语言是区分一个民族的标志之一，深刻地反映着该民族的特征，也是非物质文化遗产的表达式样。内蒙古现有蒙古族、汉族、满族、回族、达斡尔族、朝鲜族、鄂温克族、鄂伦春族等 8 个世居民族，以及其他 47 个民族，语言多属阿尔泰语系。其中，属阿尔泰语系蒙古语族的有蒙古族、达斡尔族语言；满族、鄂温克族与鄂伦春族语言属阿尔泰语系满—通古斯语族；俄罗斯族语言为俄罗斯语，属印欧语系斯拉夫语族；汉族语言属汉藏语系汉语族。语言的多样化体现了内蒙古民族的多元性和非物质文化遗产的丰富性。

"在每一个民族的这些差别性之间，习俗恐怕起着最重要的作用，构成着他们最显著的特征。"我们不可能想象"一个民族没有一种特殊的、仅属于它所有的习俗"①。民俗类非物质文化遗产是内蒙古自治区级非物质文化遗产中数量最多的类型，共 122 项，在 487 项中占比为 25.1%，充分体现了内蒙古民族文化的多样性。如鄂伦春族服饰极具狩猎民族的特

---

① 〔俄〕别林斯基：《别林斯基选集》第 1 卷，满涛译，上海译文出版社 1979 年版，第 27 页。

点，主要由狍头皮帽、狍皮衣裤、狍腿皮靴构成。其中，皮靴根据靴腰的高矮和所用皮料的不同，分成 3 种。"其哈密"是用狍腿皮做的矮腰皮靴；"温特"是用鹿皮或驼鹿皮做的高腰皮靴，为冬靴；夏天穿的靴子是用去掉毛的狍皮或布做靴腰的矮腰靴子，为"奥路其"，颇具民族特色。敖鲁古雅鄂温克族的驯鹿习俗，也是森林民族的文化表征。蒙古族哈布图·哈撒儿祭祀、满族婚俗、达斡尔族服饰、俄罗斯族巴斯克节、朝鲜族花甲礼、汉族的脑阁等都是民族文化多样性的体现。

不仅如此，同一类型的非物质文化遗产，不同民族有着不同的表现形式。以传统舞蹈为例，安代舞是一种在蒙古草原广为流传的原生态舞蹈，表现了蒙古族洒脱勇敢、至纯至真的审美追求和热情豪爽的民族性格。达斡尔族鲁日格勒舞、满族太平鼓舞、鄂温克族阿罕拜舞、汉族隆盛庄四脚龙舞、鄂伦春族黑熊搏斗舞、俄罗斯族民间舞蹈等都显示了极强的民族特性。这种特性使各民族非物质文化遗产始终植根于具体的民族历史和社会环境，未脱离所属民族特殊的生产、生活方式，形成了各民族非物质文化遗产表现形式的多样性。

文化多元并存作为人类历史上普遍恒久的特征，影响着人类文化的发展与创新，也是人类社会进步的文化生态要求。生活在内蒙古草原上的各个民族在本民族特有的文化渊源、历史传承、生产方式、经济生活等因素的共同影响下，创造出了独具智慧的非物质文化遗产，传承了各民族的文化基因。在这片土地上共同生息的历史长河中，他们没有因彼此之间的文化差异相互对立、排斥，而是在世代的传承中不断增进彼此之间的文化认同，形成了"多元共生"的文化格局。内蒙古非物质文化遗产创造主体的多元化、文化形态的多样性，不仅展示了内蒙古民族文化的绚丽风采，也发展了中华民族多样性文化。

（五）鲜明的地域特色

每一个民族文化遗产的产生都与一定的地域生态环境存在着密切关系，并注入本民族的情感与意愿，本土性特征十分明显。因各种地域性特征、自然资源的差异，与之密切相关的文化表现风格与形式也都具有不同的特点。自然环境对文化的直接影响，也被称为"自然场"。① 内蒙古自治区呈东北向西南斜伸的狭长形状，是我国跨经度最大的省级行政区。在

---

① 丁永祥：《生态场：非物质文化遗产生态保护的关键》，《河南大学学报》2012 年第 3 期。

漫长的地质历史演化的过程中，形成了高原、山地、平原、丘陵、沙漠戈壁等多样的自然环境风貌。地域的广阔性和地貌的复杂性，造就了内蒙古地区多元化的人文环境风貌，也决定着不同地域存在着不同的生产方式、生活风俗。这使得内蒙古各地区、各族群在其生活环境中创造的非物质文化遗产具有不同的乡土特征，形成了不同的地域风格，折射出各地区人民的创造性思维和审美情趣。

特定的自然环境作为孕育非物质文化遗产的物质基础，深深影响着文化遗产地域性文化风格的形成。内蒙古东部大兴安岭寒温带地区，森林资源富饶，尤其盛产桦树。生活在这里的鄂伦春族、鄂温克族、达斡尔族结合自己所处的自然地理环境，以桦树皮为基材制作了桦皮桶、桦皮篓、烟盒、桦皮船等大量形态各异的生产、生活用具，创造了独具地方特色的桦树皮制作技艺。它体现了森林狩猎民族的文化特色，明显区别于其他地域的非物质文化遗产，有着标识性的地域特征。莜面制作技艺是内蒙古中西部地区汉族人民以阴山一带的特产莜麦为材料，在生活中创造的带有地方特色的传统手工技艺。内蒙古阴山地区南部土默川平原和北部的丘陵地带，干旱少雨、无霜期短。除小麦、玉米外，这里适合种植耐干旱、喜寒凉、生长期短的莜麦。在此生活的汉族人民便发挥其聪明才智，充分利用阴山地域自然条件，以"三生三熟"的独特技法和条条、窝窝、鱼鱼、囤囤等造型，展示了阴山地区久远的农耕文化。同样，沙力搏尔式摔跤则具有内蒙古西部地域文化特色。阿拉善地处内蒙古西部的大漠戈壁，善于在沙漠戈壁行走的骆驼是这里人们依赖的劳动与交通工具。驻牧于此的和硕特蒙古族非常喜爱和尊重耐饥渴、耐寒暑、能负重的骆驼，逐渐形成了以骆驼为模仿对象的摔跤活动，进而发展成为一种传统体育项目。沙力搏尔式摔跤技艺中的抓领、砍铲、膝折等动作，都是依据公驼相互争斗的动作特性而命名的，表现了阿拉善蒙古族对勤劳忠厚的"沙漠之舟"的赞赏，具有纯正的"骆驼之乡"的本土性。

同一非物质文化遗产在不同地区也因自然环境不同，表现出不同的地域性。蒙古族长调民歌流传于内蒙古各地，从东到西有着不同的地域风格。流行于呼伦贝尔市的巴尔虎长调民歌，音调高亢嘹亮、热情奔放，唱出呼伦贝尔大草原牛羊成群、骏马奔驰的美丽景色，直率表达了巴尔虎部蒙古族对自然的赞颂。科尔沁草原的长调民歌旋律流畅、音调平和，述说着平原、丘陵地带蒙古族半农半牧的生活故事。锡林郭勒盟地区的察哈尔长调民歌，音调绵长开阔、华美婉转，描绘出大草原天高地阔、辽远永恒、人与自然和谐相融的美好意境。鄂尔多斯长调民歌旋律起伏明显、深沉舒缓，展现了鄂尔多斯高原的雄伟风貌。内蒙古西部的阿拉善长调民歌，粗犷豪放、苍凉浑厚，勾画出一望无际的沙漠、戈壁壮阔的景象，抒发了西部蒙古族内心深处对生命的感动。另外，即便是同一地区，由于自然地貌的差异，同一非物质文化遗产也反映着不同地方色彩。如和林格尔地区南北自然地理有别，其北半部分为平坦原野，曾是古敕勒川丰饶的牧场，剪纸艺术如《牧羊图》等富有奔放、洒脱的生命质感。和林格尔东南为山区，属蛮汉山的支脉，并与山西接壤，自然地貌适合发展农牧业。这里的剪纸风格则以古朴、简约的农耕文化风格特征为主，意趣盎然，《二妞牧羊》等体现了这里的风土人情。和林格尔剪纸向我们透露出内蒙古非物质文化遗产鲜明而多彩的地域特点，正是这种特性造就了内蒙古非物质文化遗产与众不同的文化风貌。

每一种地域文化的形成和发展都与具体的生态环境有着直接的关系，不同的经济状况、地理环境和历史演变形成了各自地域文化特征。这也是文化生态系统整体性、动态性的具体体现。内蒙古非物质文化遗产作为草原文化的组成部分，凝聚着草原民族特有的思想和力量，与黄河文化、长江文化有着明显的区别，拥有不同于农业文明的地域文化特征。草原文化不是由单一民族创造的文化，是多民族智慧的集成。在其形成过程中，蒙古族深受草原地域生产生活条件、自然环境的影响，经过本民族开拓性实践活动，在继承北方游牧民族文化传统的基础上，创造出了富有草原风采的游牧文明。蒙古族是草原文化的集大成者，也成为内蒙古非物质文化遗产最具代表性的民族。内蒙古非物质文化遗产的显著特征，主要通过以蒙古族为代表的北方游牧民族的文化创造得以充分体现。这些文化特征以典型的草原游牧文化风貌、深厚的民族文化积淀、显著的历史时代印记、多元的创造主体、鲜明的地域色彩，在我国民族文化遗产中展现了特有的区域文化魅力。

二 内蒙古非物质文化遗产的精神内涵

作为一种特殊文化形式，非物质文化遗产以活态的方式生动地传承着特定民族的生活态度、价值观念、气质情感，表达着民族的群体意识和共同思想，是中华民族永恒的精神财富。它不仅展现了中华民族的文化风貌，也延续着中华民族优秀的精神品质、执着的理想追求。正如王文章所言："它体现着一个民族的智慧和民族的精神。人类这一伟大的精神创造，其内容和内涵要比物质文化遗产更为丰富多彩，更加博大深厚。"① 内蒙古非物质文化遗产从各民族悠久的历史、传统文化中发展而来，凝聚着经年相传、历久弥新的民族文化理念与思想精髓，以草原民族特有的文化表现形式，鲜活地反映着内蒙古民族文化的心理走向、精神状态与情感追求。

（一）开放包容的文化品质

"任何一个民族的文化特征的形成都是社会生活的产物，自然环境对文化的作用，必须透过社会才能实现其影响力。"② 的确，文化是不同的地域环境中不同民族创造的，是自然环境的产物，更是不同民族文化心理的积淀。辽阔无垠的内蒙古草原是内蒙古各民族的生息地和家园，各民族在与草原、大地、蓝天长期相依相融的过程中，培育了开阔、坦荡的心胸和质朴、豪放的感情，也形成了开放的心理，共同创造了富有多元民族文化内涵的草原文化。内蒙古地区是连接我国东西部地区的通道，又是草原文化与中原文化的交错地带。古往今来，这里文化交流频繁，域外文化以及汉族文化、藏族文化等其他民族文化不断传入内蒙古草原。这种开放的环境也培育了各民族海纳百川的文化意识，使得内蒙古民族文化具有较强的包容性，不排斥外来文化。内蒙古非物质文化遗产产生、成长于内蒙古草原上，深受其浸染，也具有大气开放、兼容并蓄的精神品质。

"文化的包容性，就是允许世界上各民族都能展现其文化特色，其本质在于承认、尊重，并且欣赏文化的多元性。"③ 这是不同文化之间交往、融合的基础和前提。内蒙古非物质文化遗产以北方民族特殊的形式表现了各民族的文化特色，在杂居共处的现实中，秉持开放的态度，尊重、接纳其他民族文化。这不仅形成了内蒙古民族文化百花齐放、融合创新的文化景观，在长期的文化传承中也培养了其开放的价值观念。这种宽怀的精神内质主要体现在对不同区域文化和外来文化的接纳，特别是对移民文化的包容。如蒙古族象棋，蒙古语称为"沙特拉"，源于古印度由四人执棋的却图郎卡。7世纪时，这种棋传于阿拉伯，改名为沙特拉兹。13世纪后，

---

① 王文章主编：《非物质文化遗产概论·序》，教育科学出版社2013年版，第1页。

② 江帆：《生态民俗学》，黑龙江人民出版社2003年版，第44页。

③ 飞翔：《中印文化之美》，《商业文化》2014年第22期。

随着蒙古汗国同中亚地区交流的加强，沙特拉兹传入内蒙古地区，并转音为沙特拉，演化为两人对弈。蒙古族象棋棋子做工精细，还雕刻成骆驼、猎狗等富有草原生活气息的造型，在中华棋艺中别具一格。它是蒙古族最具代表性的智能竞技游戏，不仅草原特色明晰，又颇具中外文化交融的特点。

乌拉特民歌已有 200 多年的历史，是蒙藏文化交流结合的艺术形式，主要流行于巴彦淖尔市乌拉特前、中、后旗牧区及包头市西部蒙古族居住区。1648 年，伴随着蒙古族乌拉特部从内蒙古东部草原西迁，乌拉特民歌艺术也流传到西部。它与隔河的鄂尔多斯民歌文化长期互动，出现了许多相似或相近的蒙古族民歌，还融入了乌拉特地区盛行的藏传佛教理念。因此，乌拉特民歌内容以祝愿、赞扬喇嘛僧徒、达官贵人及父母恩德为主，并带有哲学意蕴的内涵，形成西部长调的艺术风格。其中，三世梅日更葛根（葛根即"活佛"）创编的 81 题诗歌，是乌拉特民歌最有影响力的代表作。乌拉特民歌以其古老的乌拉特部原生态风韵，神秘的宗教色彩以及特殊的内容、唱腔，表现了内蒙古非物质文化遗产兼容并蓄的精神文化内质。准格尔旗骒驼轿婚俗，又称准格尔汉族婚礼，也体现了内蒙古非物质文化遗产内在的交融性。这一婚俗形成于清政府放垦后鄂尔多斯地区准格尔旗蒙汉人民生产生活与文化交流的过程中，是不同于其他地区的蒙古族、汉族婚礼的一种婚俗形式。它在保留了汉族传统婚礼习俗的基础上，吸收了蒙古族传统婚姻习俗中的饮食、宗教、服饰、祭祀等文化内涵，成为认识准格尔旗汉族和蒙古族历史、文化、风情、礼仪的"活化石"。

文化的开放性和包容性表面上是本土文化对不同外来文化的吸纳和借鉴，其实质上应当是一个民族文化基本精神的体现，是一种文化智慧，也是人类文化进步的动力。它本身蕴涵着对不同文化的选择，吸收、借鉴其他文化的优秀与进步之处为自己所用，对其他优秀文化采取友好与宽容的态度。[①] 这种兼容并蓄的文化态度是文化多样性的基础，也是人类文化繁荣、创新发展的前提。内蒙古非物质文化遗产也秉承、发展了这一精神品性，从而使其内部形成生动活泼、多元并举的局面，外部则以开放豁达的姿态，不断接受异质文化的融入与碰撞，展现出奇伟磅礴的气势和力量。非物质文化遗产作为一个民族的文化标志，保存着不同民族群落的集体记忆与认同感。充分发掘和弘扬内蒙古非物质文化遗产的包容精神，能够帮

① 戴圣鹏：《论文化的包容性》，《人文杂志》2015 年第 3 期。

助各民族自觉地吸纳异质文化，在多元文化的对话交流中，借鉴其他民族文化的进步成果，充实、壮大、创新发展本民族的文化。而且这还可以促使各民族人民以宽阔的胸襟尊重不同文化、增进文化认同，建立各种文化彼此认可的共同守则，为非物质文化遗产的现代传承创造和谐的文化生态环境。

（二）顽强拼搏的进取意识

"任何民族的文化产生都有一定的客观地理环境，这种环境为塑造不同的文化类型和文化特性提供了内在的物质基础，在一定程度上影响着人们的意识形态，并对他们的心理产生深远的影响。"① 内蒙古地处亚洲内陆，气候干旱、风沙大；冬季寒冷漫长、土质贫瘠，自然环境较为艰苦。内蒙古各民族从草原生态环境实际出发，依靠北方的地理条件和自然生态环境，创造了游牧和狩猎的生产生活方式，一直沿用至今。但无论游牧经济还是狩猎经济，其弊端是生产方式结构简单。它们对自然的依赖性强，抗风险能力差，经常遭受各种自然灾害的侵扰，如大雪、坚冰、山洪、风暴等严峻的生存考验。"此种游牧之生活，颇易于从事军役。此辈之嗅觉、听觉、视觉并极锐敏，与野兽同能。全年野居，幼稚时即习骑射，在严烈气候之下习于劳苦，此盖生而作战者也。"② 这就培养了游牧民族崇尚勇武阳刚、坚忍顽强的斗争精神。内蒙古非物质文化遗产产生于脆弱的草原生态环境中，是各民族精神文化的凝聚，以活态文化形式反映了各民族极强的适应性和生存意识。

达斡尔族传统曲棍球竞技以传统体育形式体现了达斡尔族人民勇敢机智、群体合作的优良作风。曲棍球分木球、毛球、火球 3 种，运动具有激烈的竞争性。火球多在年节、喜庆的夜晚进行，火球飞舞、球员穿梭，比赛场面惊险、壮观。这项特色体育运动有利于达斡尔族人民增强体质、锻炼技能，锻造他们坚忍的意志品质和生活态度，是达斡尔族自强不息斗志的真实写照。严酷的自然环境、不断迁徙的游牧生活，也塑造了草原民族果敢刚毅的民族性格。鄂温克抢枢不仅仅是一种娱乐性和搏击性强的体育运动，还是鄂温克族文化的特殊载体，深含着该民族文化的精髓。首先，赛场设计如一只展翅的雄鹰，象征着鄂温克族勇猛顽强的进取精神。其

---

① 包斯钦、金海主编：《草原精神文化研究》，内蒙古教育出版社 2007 年版，第 351 页。

② ［瑞典］多桑：《多桑蒙古史》（上），冯承钧译，商务印书馆 2015 年版，第 36 页。

次，比赛过程也是鄂温克族日常生活和狩猎生活所需技能和勇气的表现，如较快的奔跑能力，灵敏的反应，较强的臂力、握力和摔跤等搏斗的技巧。整个比赛过程紧张激烈、扣人心弦，反映了鄂温克族人民奋勇争先的拼搏精神。

那达慕赛马、摔跤和射箭项目即"男儿三艺"，同样体现了蒙古族人民的胆识、勇力、智慧和技巧，凸显着蒙古族世代相承的进取精神。哈布图·哈撒儿祭祀则以民俗形式歌颂了蒙古族勇毅刚健的民族性格。哈布图·哈撒儿是蒙古族杰出领袖成吉思汗的胞弟，英武魁岸、无所畏惧，尤其精骑善射，在蒙古汗国的建立、西征战争中立下赫赫战功，被成吉思汗封为千户侯。哈布图·哈撒儿祭祀活动开始于元朝的忽必烈时代，一直由其直系后裔所属蒙古族茂明安部主持。后来，随着西迁，茂明安部落将祭奠堂迁到今天包头市达茂旗的明安镇。这里每年都要举行5次哈撒儿祭祀活动，主要表达对祖先的卓越功勋和忠勇无敌品质的敬仰。长期以来，哈撒儿祭祀以其承载的勇武精神激励着他们的后代，在艰苦的环境下为战胜困难而进行坚韧不拔的斗争。

草原游牧文化是一种生存意识极强的抗争性文化。在漫长的游牧岁月的磨炼中，艰苦的生活环境锻造了草原民族不畏艰险、勇于开拓的生存意念，并逐渐形成一种奋发向上的民族精神力量。内蒙古非物质文化遗产创造、流传于各民族生产生活中，伴随着各民族历史发展的始终。它鲜活地记载着各民族自强不息的生活态度，保留着各民族特有的思维方式，并以其特殊的方式延续着各民族优秀的精神品质。这种进取精神是各民族宝贵的财富，在历史发展过程中激励着各族人民勇于超越困境，从而促进民族不断发展、进步。也正是这种精神使内蒙古非物质文化遗产在新时代仍具有现实意义和价值，成为民族文化的核心内容之一而代代传承。

（三）万物共生的价值观念

从地域文化发生学角度看，在人类历史发展过程中，人与自然休戚相关，由于不同的地域环境形成了不同的地域文化。而每一种地域文化往往又形成与地理环境相适应的和谐的群体性文化心理，并在民族文化中刻印下自己特有的密码与标志性概念。内蒙古非物质文化遗产是各民族在与草原地域环境朝夕相处过程中理性思考的产物，是各草原民族对草原亲密情感以及与自然关系深刻领悟的结晶。他们认为万物皆有生命，大自然给予他们一切；人类也应给大自然一切事物充分的尊重，必须爱惜、保护赖以生存的森林、草场、水源、牧畜。这种认识与产生于农耕社会的儒家人类中心论，即"人者天地之心""天地之性人为贵""唯人万物之灵"的观念有着很大的不同。草原民族的生活选择、价值理念以及文化习俗，与其相依的生态环境息息相关。在人、畜、草原三位一体的生产生活中，草原牧民与自然浑然一体，对其有着天然的亲近感，主张与大自然万物共生，对大自然怀有无限的感恩和崇敬之情。于是，他们便以音乐、舞蹈、民俗、诗歌等形式来表达、传递着这种朴素的万物平等、相持相谐的生态伦理观念。在这种理念的支持下，根植于草原的内蒙古非物质文化遗产充满各民族对大自然万物尊重、保护的情感，本质上成为一种生态文化。

草原游牧民族是一个智慧的民族，将对世界的认知积淀于本民族文化中，形成内在的规定性，以此来自觉约束自我的行为方式，达到与自然万物平等和谐的目的。蒙古族传统民俗达拉拉嘎（五畜纳祥），正是这种敬畏自然、尊重自然、爱护万物思想的直接体现。达拉拉嘎，蒙古语，意为"招福"，五畜纳祥指蒙古族民间一种五畜招福致祥仪式，是具有游牧民族特色的文化习俗。五畜指牛、马、骆驼、山羊、绵羊，是蒙古族基本的生产资料和生产工具，对游牧民族的生存发展做出了不可磨灭的贡献。由此，以草原为生的蒙古族视其为衣食之源、精神支柱，无比尊崇它们。每年在畜群繁殖的季节，牧民们举行五畜招福仪式以赞美五畜的功劳，祝福水草丰美、生活兴旺，祈盼五畜繁增、草原人民幸福吉祥。达拉拉嘎习俗是游牧文化特定的行为模式和道德规范，也是游牧文化的一个显著特点。锡林郭勒盟二连浩特市每年还举行骆驼达拉拉嘎仪式。赤峰市克什克腾旗达日罕乌拉苏木蒙古族每年举行"兴畜节"，给五畜过新年，以祈求风调雨顺、牲畜兴旺、国泰民安。这些仪式和节日不仅仅是对自然的崇拜、对牲畜的尊重，也使人类关注自然承载力，有力地约束了人类肆意破坏生态环境的行为，传播着人与自然共生共荣的朴素价值观。

盛行于鄂尔多斯市的敖瑞因布拉格祭、六十棵榆树祭等民俗，也诠释着蒙古族崇拜水源、保护自然生态的思想观念。敖瑞因布拉格祭活动流行于鄂托克旗阿尔巴斯苏木巴音陶勒盖嘎查，是集拜泉水、挤马奶为一体的民间习俗。这里地处鄂尔多斯市最长的内陆河（都斯图河）上游，为感谢滋润草原、给万物赐生机的源泉，每年在河流的泉溪边都举办盛大的祭泉和马奶节活动，以祝愿五畜兴旺、草原上的乳汁长流。六十棵榆树庙位于巴彦希里嘎查榆树壕北端，周围绵延起伏的沙丘里自然生长着数十棵古榆树。这些树形态各异、苍劲古朴，象征着绿色希望与坚强的生命，给这里带来了无限生机。每逢农历五月初三日，嘎查牧民都在这里举行祭树活动，向护佑这片土地和人们的榆树表达敬意。这些古老的习俗历数百年而不衰，传递着万物相持共生的思想内涵，有利于培养人们对自然的责任感。

生态文明强调人类自律与内省，主动构建人与自然共处共融的协调关系，是人类社会进步的标志。在内蒙古辽阔的土地上，对自然环境有着较强依赖性的游牧经济培育了游牧民族热爱大自然的情怀，生成了他们对苍天、对大地的感恩之情。这是蒙古高原的生态环境和游牧生活方式给予草原文化的特定感情和深沉的情结。内蒙古非物质文化遗产以草原生态为基础，得益于草原的哺育，是各个民族崇尚自然、爱护自然生产生活实践的文化成果。它蕴含着"对大自然的敬畏崇尚、尊重生命的生态意识；与大自然友好相处、和谐共生的亲情意识；对大自然知恩图报、适度索取的节制意识；对大自然爱护有加、担当责任的自律意识等"① 的伦理追求。虽然这种意识还没有形成系统的科学理论，只是散落于民间文学、传统音乐、民间习俗等非物质文化遗产中。但这种万物平等的朴素生态观念，也体现了各民族与自然和谐相处的共同文化心理，符合人类可持续发展的规律。

（四）团结统一的理想追求

团结统一是民族生存之本，是维系民族的协调性和凝聚力的深层力量。中华民族历来有着团结统一的文化传统，生息在内蒙古的各民族是崇尚自然、珍爱草原的民族，也是热爱家园、追求整体团结的民族。在长期发展的过程中，各草原民族历经马背上的颠簸、居无定所迁徙游牧的生活与频繁的征战，他们更加注重团结协作，向往统一、安居乐业，进而形成了共同的理想追求。非物质文化遗产本质上是一种精神文化，存在于人们世代相传的各种活动中。它通过观念认同、心理积淀等形成民族特有的精神传承，成为民族群体的精神依托，影响着一个民族的情感取向、价值判断和社会选择。内蒙古非物质文化遗产作为各民族价值观、思想情感、认知方式的载体，凝聚着各民族思想的精华，是历史形成的具有影

---

① 内蒙古社会科学院草原文化研究课题组：《崇尚自然　践行开放　恪守信义——论草原文化的核心理念》，《内蒙古社会科学》2009 年第 4 期。

响力的民族意识。它们以多元的表现形式将各民族团结统一、国泰民安的生活理想与同心同德的整体意识经世传承，成为维系民族共同心理的思想纽带。

草原民族英雄史诗不仅是游牧文明的艺术成就，也是民族精神的标本。在历史长河中，英雄史诗经过世代演绎和传承，塑造了草原民族特有的英雄文化模式，以英雄人格品行和价值取向传递着草原民族热爱家园、渴望统一的民族情怀。英雄史诗《格斯尔》与《蒙古秘史》《江格尔》并称为蒙古族古典文学3个高峰，具有鲜明的思想倾向和积极的理想追求。它通过降妖除魔、扶弱济贫、惩恶扬善的英雄成为"十方圣主格斯尔可汗"的事迹，塑造了象征着希望和理想的英雄格斯尔的形象，热情地歌颂了反暴力、反邪恶的正义战争和保卫人民、铲除残暴的献身精神。史诗还以格斯尔率领勇士们进行一场场保卫和平的艰苦战争，最后战胜一切敌人、迎来人民持久安定幸福的故事，表达了蒙古族人民向往和平安乐、丰衣足食生活的美好愿望。这部史诗在广阔的背景下以高超的艺术技巧将众志成城、造福于民众的崇高理想集中呈现，充分体现了居高望远、重整体尚协同的民族精神。其明确的主题对培育多民族统一的国家认同感和归属感具有促进作用。

蒙古族图案也是体现团结统一美好意愿的一种独特表现方式，很多图案蕴藏着民族融合的寓意。蒙古族图案来自于长期的游牧生产和生活实践中，深受蒙古族文化习俗的影响，其图案式样主要有自然纹样、吉祥纹样、组合纹样、几何纹样4种类型。这些花纹图案具有草原民族风格，充满着蒙古族对生命、生活的理解。在吉祥纹样中，蒙古族喜爱盘肠纹样，这种图案本身首尾连接、盘缠相绕，显示出无始无终的连续性；加之肠同长，寓意恒长久远、绵延不断。这种纹样还常常与卷草云头纹结合使用、互相交叉，并通过曲、直线条组成彼此联合的形象，作为紧密相连、坚强牢固、团结一致的象征。自然纹样中，鱼的图案经常被使用，这种纹样象征着自由、平等，反映了蒙古族人民的一种诚挚的思想感情。不仅如此，蒙古族图案本身就是多民族融合和多元文化交流的结晶，出现了中原汉族喜爱的福、禄、寿、喜等文字纹样和龙、凤、牡丹等自然纹样。蒙古族服饰还常以如意云纹、金龙、仙鹤等祥瑞图案为装饰。受藏族文化的影响，宗教中的一些图案，如佛手、法螺、吉祥结、宝相花等纹样在蒙古族人民生活中广为使用。所以，蒙古族图案是蒙古族在其传统文化基础上汲取汉族、藏族等各民族文化精华而形成的艺术形式，是长期以来多民族文化交流的成果。它蕴含着团结友好、共同发展的文化内涵，也包含着人们对统一稳定、平安祥和国家的期盼。驯鹿鄂温克族有关民族起源神话中，也反映了鄂温克族、汉族、蒙古族等相邻民族间亲密交往、友好相融的内容，体现了团结一致的共同取向。

我国统一多民族的格局是各族人民在共同开发、建设祖国的过程中和睦相处、不断融合、交流认同的结果。56 个民族在各自长期的历史发展中，都形成了自己的文化传统和精神传承，都以突出的文化成果对中华文明做出了不同贡献，都是中华民族大家庭中平等的一员。民族团结是各族人民的愿望与共同责任。内蒙古非物质文化遗产传承了草原民族追求统一、和平团结的理想信念，是民族精神在特定地域、特定时代的具体表现。对其精神内涵的挖掘，有利于构建内蒙古安定团结、祥和的社会环境，增强中华民族向心力。

纵观人类文化历史，不同的自然环境和生产方式，就会孕育不同的社会文化心态和价值观念。正如钱穆所言："各地文化精神之不同，穷其根源，最先还是由于自然环境有分别，而影响其生活方式。再由生活方式影响到文化精神。"① 在狩猎、游牧经济生活中，作为第一生产资料的草地资源起着至关重要的作用。草原民族维持生命的物质和能量主要依赖大自然，因而反映到头脑中，对自然及生态资源的认识必然不同。这就直接影响着他们的价值取向、行为方式、思维模式、审美情趣和道德观念的构建。内蒙古非物质文化遗产作为草原民族的思想精髓，崇尚开放包容、拼搏竞争；倡导天人和谐、整体团结，集中体现了各民族人民对社会发展、对自然、对人生的基本态度。这些思想与当代理性的生态文明观念相融通，构成中华民族核心价值体系的内容之一。2020 年 5 月 22 日，习近平总书记参加十三届全国人大三次会议内蒙古代表团审议时，再次强调要大力弘扬"蒙古马精神"，激励草原人民扬帆进取、坚持绿色发展、建设和谐家园。"蒙古马精神"就是内蒙古非物质文化遗产精神内涵的高度凝聚和当代延续。它以吃苦耐劳、坚忍不拔、勇往直前为内核，植根于草原文化的沃土，在与时俱进中又融入了新的时代内涵，与铁人精神、长征精神一样成为中华民族精神的组成部分。弘扬"蒙古马精神"便是弘扬中华民

---

① 钱穆：《中国文化史导论·弁言》，商务印书馆 1994 年版，第 2 页。

族以爱国主义为核心，团结统一、勤劳勇敢、自强不息的伟大民族精神，有利于增强各民族对中华民族文化的认同，铸牢中华民族共同体意识。由此观之，内蒙古非物质文化遗产精神内涵丰富、意义深远，不仅是各民族文化创新发展的精神动力，还可以推动社会主义精神文明建设、增强中华民族凝聚力，以及改善文化生态环境。认识其文化品质及精神内蕴，有助于我们领悟这些非物质文化遗产的保护价值。

第二章 内蒙古非物质文化遗产的保护价值

价值是文化遗产的本质维度与核心要义，是判断文化遗产资质的主要标志。非物质文化遗产作为人类文明的结晶，是人类认识自身传统的基础，也是开创未来的前提，对人类生存和发展具有特殊作用。这种特殊作用即指其价值，是对其保护与研究的依据所在。它存在于人类与非物质文化遗产的相互关系中，取决于价值主体的需要，并随着人类的需要而变化。《中华人民共和国非物质文化遗产法》第一章第三条明确将非物质文化遗产分为保存和保护两种方式，即对具有一般历史价值的项目采取保存方式，对具有重要历史、艺术、科学等价值的项目进行保护、传承。这其实对它的价值进行了层级区别，即总体上分为保存价值与保护价值，具有保护价值的项目才具有保护意义。

早在1998年的《宣布人类口头和非物质遗产代表作条例》中，联合国教科文组织就特别指出：被宣布为人类口头和非物质文化遗产代表作的文化场所或形式应有特殊的价值，应证明：具有特殊价值的非物质遗产的高度集中；或从历史、艺术、人种学、社会学、人类学、语言学或文学角度来看是具有特殊价值的民间和传统文化表现形式。① 我国非常重视非物质文化遗产的保护价值，《国家级非物质文化遗产代表作申报评定暂行办法》对国家级非物质文化遗产代表作的认定标准做出明确规定："应是具有杰出价值的民间传统文化表现形式或文化空间；或在历史、艺术、民族学、民俗学、社会学、人类学、语言学及文学等方面具有重要价值。"很明显，该办法强调高水平、地方特色、濒危性等评审标准。从这些权威性文件中可以看出，非物质文化遗产不仅应具有保护价值，而且这些价值还

① 联合国教科文组织：《宣布人类口头和非物质遗产代表作条例》2010年4月21日，中国非物质文化遗产网，http://www.ihchina.cn/zhengce_details/15719，2021年1月31日。

包括艺术、历史、科学、经济、社会、教育等多重功能，构成一个多维度的结构体系。

　　内蒙古非物质文化遗产作为内蒙古各民族的发源文化，是内蒙古各民族不同历史时期发展的见证，对于唤起各民族悠远的历史记忆，传承民族精神"基因"，以及当代民族文化建设与创新发展都有不同影响。这些作用也决定了它具有多元的价值，从而构成了一个多层次的价值体系。① 从这个维度讲，保护价值是指世代相传的非物质文化遗产仍为各族人民所认同、并对各族人民生活具有的功能和作用，主要包括历史、科学、艺术与教育、经济、社会等价值。这些价值彼此之间有着一定的关联性，但也具有相对独立性，主要有基本价值和时代价值之分。价值追求是非物质文化遗产保护和研究的基本动力②，只有明确了其价值作用，才能深刻地认识到保护的重要性和紧迫性。内蒙古非物质文化遗产的保护价值是对其进行保护和研究的依据所在，主要体现于内蒙古国家级、自治区级代表性名录项目中。这些进入国家与自治区级名录的项目已经过认定，代表着中华民族及内蒙古优质的传统文化，具有突出的文化意义。有效保护与传承就是实现其自身价值的延续和发展，使之转化为推动现代文明繁荣进步的支撑力量。

第一节　内蒙古非物质文化遗产的基本价值

　　文化遗产价值是由其本身属性、人的需求以及文化遗产与人的关联度决定的，具有多维性、动态性、体系性。非物质文化遗产多元价值之间无法等同或替代，都具有存在的意义与独特的功能。对其进行价值判断，"应注意非物质文化遗产传承与发展的客观规律，尊重传承主体的利益并且符合当代人类的价值判断标准"③。非物质文化遗产的基本价值具有普遍意义，指任何历史时期、不同民族、不同地域的文化遗产都存在的价值。它主要包括历史记忆、艺术审美、科学认识等价值，是其价值体系的核心和基础。内蒙古非物质文化遗产种类齐全，其中国家级与自治区级项

---

　　① 周恬恬：《非物质文化遗产价值评估理论与方法初探》，硕士学位论文，浙江大学，2016年，第20页。
　　② 宋俊华、王开桃：《非物质文化遗产保护研究》，中山大学出版社2013年版，第6页。
　　③ 周恬恬：《非物质文化遗产价值评估理论与方法初探》，硕士学位论文，浙江大学，2016年，第23页。

目涵盖了当前我国国家级保护项目中涉及的 10 个门类。这些文化遗产是内蒙古各民族非凡的精神创造，以各民族特有的方式，生动地反映了各个民族的习俗、劳动生活、思想观念及心理情感。它们是各民族文化创造活动及其成果的直接体现，是不可多得的历史资源、艺术资源、科学资源。

一　内蒙古非物质文化遗产的历史价值

非物质文化遗产之所以称为"遗产"，是因为它是从过去的历史中世代传延而来的，承载着人类过往的文化记忆，可以见证人类发展的历史。它的历史价值就是指帮助人类在认识自身历史过程中所提供的独特记忆功能，是其价值体系中最核心、最基本的价值。《国务院办公厅关于加强我国非物质文化遗产保护工作的意见》就强调非物质文化遗产作为"历史发展的见证"之历史价值。内蒙古非物质文化遗产是从各民族绵延的历史和独特的文化传统中流传下来的历史遗存，从不同的角度展示着各民族的发展历史、文化心理、伦理道德和宗教信仰等内容，是认识各民族历史及传统文化发展踪迹的"活化石"。其历史价值就是指这些"活化石"为我们认识各民族历史提供了强大的记忆功能，主要表现为储存历史功能、补正历史功能、证实历史功能。[1]

（一）内蒙古非物质文化遗产是各民族历史的原生记忆和独特生存现象，具有储存历史功能

文化遗产的价值就在于它是一种铭记。非物质文化遗产作为一种特殊文化，根植于人类生活的特定时空中，反映了人类历史文化的变迁，可以说是一个民族历史发展多层而充实的记忆储存库。内蒙古民族民间文化始终伴随着各民族传统文化、历史发展，属于一种原生文化现象，具有"遗产"的历史性。它一直没有脱离特定族群的生产生活而世代相传，以非文字的方式与各民族的衣食住行、风俗习惯、社会形态等融为一体，记录、留存着民族形成、发展的历史过程。这就为我们认识各民族历史以及各民族自我认识提供了原真资料。

内蒙古传统表演艺术形式多样、价值突出，是各民族民俗生活、情感理念艺术化的升华。其中，民歌作为传统音乐最为普遍的一种艺术形式，产生于特定历史条件下，是一个民族生活最直观的表现。如被称作"蒙古

---

① 苑利、顾军：《非物质文化遗产学》，高等教育出版社 2009 年版，第 37 页。

民族远古心声"的呼麦就是蒙古族早期狩猎游牧生活的缩影。呼麦，蒙古语，意为"喉部和声"，是"一个人纯粹利用自身的发声器官在气息和某种特殊的发声方法作用下产生的多种和声的艺术现象"①。据考证，呼麦的历史最早可追溯到汉代北方匈奴民族时期，最晚至13世纪蒙古族形成时期，其产生与北方民族原始宗教信仰萨满教有着密切的关系。萨满教崇拜天地、日月、山河，草原先民为了表示敬意，在狩猎、放牧活动中，模仿动物、河流、森林的声音与之进行沟通，于是发出了"和声"，即呼麦的雏形。经过不断地探索，呼麦技术日渐精熟，除了单纯模仿自然之声，也融入更多的人文理解，这一奇特的喉音艺术便产生了。呼麦有乐曲名称而无歌词，主要有《阿尔泰山颂》《额布河流水》《布谷鸟》等赞颂草原风光和感恩自然的曲目。从呼麦产生的传说以及题材内容来看，这种"喉音"艺术带有游猎文化时期的历史特点，是游猎生产活动和萨满教仪式的组成部分。元朝时期，随着社会发展，呼麦进一步成熟，并与"潮尔道"结合，主要表演于庄重的场合，表达对祖先、英雄、自然的赞颂。明清时期，它又成为喇嘛教诵经的常用方法。经过千百年岁月的磨砺，如今呼麦已发展成为蒙古族文化艺术的瑰宝，是来自民族历史深处久远的回音。它与民族历史的发展一脉相通，包含着深刻的历史文化内涵。通过呼麦，我们可以深刻体会到狩猎时代蒙古族先民对自然、对万物生命深层的哲学思考和体悟，了解古代蒙古族萨满教信仰追求与健康向上的审美情趣。

内蒙古传统美术源于各民族群众社会生活，是各民族生产生活、历史文化的提炼与总结。包头剪纸象征性地表现了通达疏朗的艺术特色，还具有复杂的历史背景和民族融合的文化内容。历史上的包头为多民族文化长期交汇之地，清代以来大量晋陕人民"走西口"到包头落地生根，不仅带来了先进的农耕技术，也将中原剪纸艺术传入塞外。北传的中原剪纸经过与草原文化的相互结合与渗透，就产生了凝聚着游牧文明与农耕文明智慧的包头剪纸。包头剪纸是西口文化的延续，不仅具有农耕文化的古朴民风，还具有壮美的塞上风情，成为中国剪纸艺术的精品，极具地域特色与农牧交融的生活气息。如《回头鹿》《猴子钓鱼》《狮顶灯》等，表现了远古时期游牧民族的图腾信仰与对立统一的哲学观念；《云头花》《十二

① 乔玉光：《"呼麦"与"浩林·潮尔"同一艺术形式的不同称谓与表达——兼论呼麦（浩林·潮尔）在内蒙古的历史承传与演化》，《内蒙古艺术》2005年第2期。

圆锁花》展示了游牧文明与农耕文明相碰撞后流变再生的民俗；《走西口》《雁行者》形象地再现了移民生活的历史特点；固阳、萨拉齐、石拐等地方戏二人台《探病》、晋剧《打金枝》《铡美案》等戏剧剪纸，包含着寓教于乐的思想。包头剪纸历史悠久、内容丰富。我们从中可以看到北方游牧民族生存信仰的历史信息和以中原为基础的农耕文明在草原上扎根发展的印记，还可以了解具有本地特色的蒙汉交融民俗生活的图景。由于它较充分地反映了晋陕文化与草原文化、农耕文化与游牧文化在包头碰撞、融合的历史，被专家们形象地称为"一部活着的中西部草原文化发展的史书"。

非物质文化遗产作为"遗产"，是历史的、过往的传统财富，其历史价值居于首要地位。内蒙古传统表演艺术、传统口头文学、传统礼俗等非物质文化遗产都带有特定时代历史的特点，集中地反映了远古以来内蒙古各民族发展的历史原貌和形成该民族文化的原生状态。它们体现了中华文明源远流长、原生性的文化特征，具有承载、储存历史的价值。通过这些特定的历史讯息，我们可以了解各民族不同阶段的生产方式、社会结构、群体心态、行为模式、民族信仰等内容，有助于各民族之间相互理解与文化认同。特别是这些民族记忆连接了各民族的过去和现在，可以提升各民族文化自信，为他们从今天走向明天提供了必要的精神养料，能够切实推动内蒙古民族文化的传承和繁荣。

（二）内蒙古非物质文化遗产可以对官方史典进行拾遗补阙，具有补史功能

人类记录历史主要有两种类型。一是官修正史，它比较系统、逻辑分明地叙述某个民族、国家的历史，很大程度上代表着社会强势群体或话语权拥有者的记忆。正史所保存的历史记忆，经常只是一种正统的、典范观点的历史记忆，符合官方统治阶级的利益与要求。二是民间私修"野史"以及民间故事、民族史诗、民歌、民间戏曲等。这类载体自然、独立地记叙着民族的历史，代表社会弱势群体或无话语权者的记忆，内容为普通百姓的生活与习俗。相比较而言，正史史料更可靠、更权威，但忽略了许多个人的、社会边缘人群的历史记忆。"野史"和民间传说、民族史诗、民歌、民间戏曲等民间文化，未经过分雕饰，尽管显得粗糙、通俗，却更具有真实性。民间神话传说、民歌、史诗等就性质而言，都属于非物质文化遗产，都是普通民众生产生活、思想情感的直接表达，也可以说是社会边缘化群体的历史。内蒙古非物质文化遗产主要存在于各族人民的生活中，

多以民间文学、民歌、戏曲、民间风俗等形式在民间传承。虽然在官修正典中缺少相应地位，但其中多有人民大众价值认同体系的史料。这些史料既是官方正典史料的必要佐证，又可以补正正史人为的缺漏与讳饰。

内蒙古传统表演艺术形式多样、风格独特。各民族都有自己引以为豪的音乐和舞蹈艺术形式，形象地表达着本民族人民的思想感情和性格特征，是最生动的历史记忆。形成于明末清初的双墙秧歌是内蒙古中部区汉族的民间舞蹈形式，至今已经有 300 多年的历史。它以其诞生地呼和浩特市托克托县双墙村命名，属于土生土长的民间社火形式，上演于每年元宵节或传统庙会，具有纯粹的民间色彩。双墙秧歌表演方式主要分为过街秧歌和场子秧歌，前者以舞龙和狮子、踩高跷、划旱船等形式走街串巷进行表演，后者则以固定场地根据地方风俗民情自创自演。场子秧歌内容多反映下层人民的婚姻爱情和家庭伦理等，其唱词简单、通俗易懂，还融入了当地的方言俗语，《拉花踢鼓》《货郎》《海蚌戏渔翁》《划旱船》等直接表现了百姓的喜怒哀乐。双墙秧歌音乐采用码头调，又借鉴了蒙古曲儿、山曲儿的艺术风格，还吸取了晋、陕、冀民间艺术之营养，深得当地以及附近旗县农民的欢迎和喜爱。可见，双墙秧歌既有深厚的黄河文化底蕴，也有鲜明的地域文化特色，是地地道道的民间百姓生活的写照。它真实记载了当地民俗文化的发展实况，也反映了清代以来内蒙古农牧交错地区蒙汉民族文化相互融合的历史。但这些民间记忆多为官方正典所忽略，属于边缘化的历史记忆。因此，双墙秧歌所承载的历史信息可以弥补官方记载的不足，使我们更清晰地认识这一地区的民风民貌、审美思维和价值观念的变迁，深刻解读兼具中原文化传统和草原文化特色的区域性文化的建构。

在内蒙古民间文学宝库中，民间故事是普通民众最为喜爱、广泛流传的文学体裁形式。内蒙古民间故事数量浩瀚、题材广泛。其中，蒙古族的《巴拉根仓的故事》和藏族的《阿古顿巴的故事》、维吾尔族的《阿凡提的故事》同为我国少数民族民间故事精品。巴拉根仓是蒙古族民间理想化的智慧人物形象。该故事群表现了巴拉根仓以机智幽默的手段对奴隶制、封建时代的那颜、大喇嘛、官僚、奸商进行讽刺，抒发了人民群众对他们的愤怒与憎恨，表达了正义战胜邪恶的美好理想。如《让王爷下轿》《惩治宝日勒代巴彦》《智慧囊》《摔锅》等故事表现了对权贵的藐视；《还本付息》《井底捞鼻烟壶》《打官司》等抨击奸商唯利是图的本性；《吃双俸禄的诺颜》、《当场揭底》等揭露了统治者的伪善；《巧用智慧劝退阎王使者》《让牛头鬼和马头鬼推磨》等暗喻对统治阶级的惩治。巴拉根仓的故事产生于蒙古族民间、流传于蒙古族下层民众中，直观地反映了13世纪以来科尔沁地区蒙古族的社会生活，以及劳动人民敢于反叛的自由精神。《沙格德尔》是以蒙古族杰出的民间即兴诗人沙格德尔为主人公、以沙格德尔的诗为主题的民间故事群。该故事群主要讲述沙格德尔以其讽刺诗为武器大胆抨击封建王公贪婪、残酷和愚昧的事迹，赞颂了蒙古族人民的勇敢和斗争精神，具有反封建的时代特色。故事客观地展现了蒙古族人民对美与丑、善与恶、智与愚的认识，直接反映了不同阶段蒙古族民众的思想观念、心理和情感历程，但在官方正史中缺少记载。这些纪录可以弥补官方历史记载的缺项，有利于了解各民族历史的全貌。

　　"在历史记忆的意义，传说与正史文献传达的历史在价值上是平等的。""它反映了一种与征服者历史的记忆不同的状态，也反映了一种凝聚特殊经历的地方性色彩"①。《嘎达梅林》是蒙古族民间叙事诗的巅峰之作，产生于20世纪30年代。它以嘎达梅林真人真事为题材创作，在科尔沁草原上口耳相传，是活态的民间文化记忆。长诗以勇敢前行、无惧生死的鸿雁比作英雄嘎达梅林，歌颂了嘎达梅林不顾个人安危、维护牧民利益及英勇反抗封建军阀和达尔罕王爷的斗争精神。然而，因嘎达梅林违背了封建官府的意旨，当时官方文书将其诬蔑为"逆臣""土匪"。1931年《蒙藏周报》第65期报道："札鲁特左旗，因地处极边……近二年来，因警力淡薄，匪势仍猖獗，去冬有大帮马匪孟梅林，洪顺等，率众由达尔罕旗串入境内，始仅三百名，巡扰边境。"② 显然，在官方与民间，对于嘎达梅林存在着迥然不同的历史记载。叙事长诗传递了来自下层人民的声音，以其亲历的事实昭示了官方记载的讳饰与偏颇，维护着人民英雄的真实形象。这些民间记忆厘正了客观存在的史实，揭穿了封建时代官方对历史的歪曲，有助于我们更真实地认识民国初期嘎达梅林反封建斗争的历史原貌。

　　"历史现象的分布，不仅表现在历时的历史的发展"，而且"还表现为共时的空间的历史活化石的存在。"③ 这些不见经传的历史活化石更加

---

① 赵世瑜：《传说·历史·历史记忆——从20世纪的新史学到后现代史学》，《中国社会科学》2003年第2期。
② 转引自孛尔只斤·布仁赛音《近现代蒙古人农耕村落社会的形成》，娜仁格日勒译，内蒙古大学出版社2007年版，第133—134页。
③ 向云驹：《人类口头和非物质遗产》，宁夏人民教育出版社2006年版，第73页。

关注百姓传统的生活文化，较之正史的历史记载更具价值。非物质文化遗产多产生、流传于民间，本质是体现普通民众的历史，属于社会弱势群体的记忆。它未受到官方意识的影响，能够最为完整、真实地储存各民族人民所要表达的心灵之声，是官方历史记载的必要补充，具有历史活化石的意义。但这些流传于民间的活化石相对于官方正史一直处于弱势地位，缺少关注，其价值也难以体现。对人类口传文化和人类弱势文化的正视，是人类历史观的进步。内蒙古非物质文化遗产亦是自由、客观地记载着各民族历史的实貌，能够补全官方正史记录的缺失，也可以纠正其讳饰，具有补正历史的价值。当代社会科学研究应重视这些民间文化的史料价值，因为"包括了所有群体声音的历史，才是最为科学、最为真实的历史"①。

（三）内蒙古非物质文化遗产能够超越文字记录、"书面历史"限制，具有证史功能

非物质文化遗产与物质文化遗产最显著的区别就是传承方式的不同。它通过口述语言、肢体动作、技艺展示进行表现与交流，超越文字载体的限制，具有世代相传的连续性。可以说它是活着的文化传统，是通过人类代与代之间直接精神交流来传承的文化，所记录的历史比文字与物质文化遗产记录的历史更完整、更全面。内蒙古非物质文化遗产以蒙古族等游牧民族为创造主体，少数民族项目占据其中主导地位。草原民族文化的特点之一就是创制民族文字的时间较晚，文化艺术成果大多包含在民歌、音乐、舞蹈、神话传说、民间故事之中，通过口传心授的方式传承。相对中原汉族来说，草原民族的精神文化遗产比文字资料更具普遍性，也更具史料价值。尤其对于没有文字的少数民族来说，非物质文化遗产是传承其历史唯一的途径，其证实的历史价值更是不言而喻。从这一点而论，内蒙古各民族的非物质文化遗产以口传心授方式世代相传，是民族传统、民族风俗、民族情感"活"的显现。它们突破了文字记录的限制，以活态形式记录了各民族文字产生之前的历史，不受阻滞地传承没有文字民族的历史，其实就是每一个民族"活着的历史"。

内蒙古民间文学源于历代各族民众的口头创作，并在民间口耳相传，生动地反映着本民族的发展历史、文明成果、思想情感。蒙古族英雄史诗

---

① 姜迎春：《叙事民歌〈嘎达梅林〉历史记忆研究》，《民族文学研究》2010年第2期。

被称为蒙古族"神奇的史册",一部史诗就是一个民族古老的历史回声。科尔沁潮尔史诗就是发源于科尔沁草原的英雄史诗。它专门以尊享草原"文化钻石"之誉的潮尔作为伴奏,世代讲述天神下凡成长为人间英雄、捍卫和平的故事,形成了庞大的史诗集群。该史诗有着千年的历史,但见于文字记载的曲目极少,在其传承过程中,民间艺人潮尔奇承担了这一历史重任。正因为有了他们的口传心授,潮尔史诗才没有完全失传。已故的包·那木吉拉、穆·布仁初古拉就是潮尔奇的代表人物,为传承和保护科尔沁潮尔史诗做出了卓著的贡献。英雄史诗多产生于奴隶社会初期以前,不仅是人类史前英雄的产物,也是见证人类文明发展史的鲜活载体,对于一个民族意义重大。科尔沁潮尔史诗是源远流长的蒙古族史诗传统的实证和文明的象征。潮尔奇的世代传唱,延续着潮尔史诗的生命力,也完整地延续着科尔沁蒙古族远古时期的历史记忆。

内蒙古民间文化多以说唱口传的非文字形式存在,不受时间、社会发展水平限制,自然传承各民族的历史。对于没有文字的民族而言,口传的活态文化遗产是记录该民族历史文化最重要的方式。内蒙古民间说唱艺术历史久远,达斡尔族乌钦是达斡尔族以口传心授的方式创造并流传下来的说唱艺术,也称"乌春",至今有几百年的历史。乌钦内容广博,它用充满魅力的语言、生动的故事、鲜明的人物形象,记载着达斡尔族的历史和民俗。如《达斡尔人的生活》《达斡尔人的家园》讲述了古代达斡尔族人民生活的变迁与悲欢离合;《齐三告状》《少郎与岱夫》歌颂了近现代达斡尔族英雄人物;《寻鹰》《放排》《赴甘珠尔庙会》则反映达斡尔族习俗和伦理道德等方面内容;《送夫从军》《在兵营》诉说了人民苦难;还有表达情感的《额热·我的妈妈呀》《妈妈的教诲歌》《想念妈妈》以及描写人民生产劳动的《四季》《放木排》《打鱼》等。乌钦是达斡尔族人民社会生活的有机组成部分,堪称一部"活着的达斡尔族史书"。它以说唱的方式世代延续着达斡尔族的文化传统、理想追求,传承着该民族的智慧创造与实践成果,真实地传颂着没有文字的历史。

非物质文化遗产"是人类通过民间口头形式传播下来的无形文化遗产,它蕴藏着一个民族古老的生命记忆和活态的文化基因库"①。国家级

---

① 上海交通大学世界遗产学研究交流中心主编:《世界文化与自然遗产手册》,上海科学技术文献出版社 2004 年版,第 161 页。

非物质文化遗产鄂温克族服饰就是鄂温克族以民俗方式传递本民族历史文化的载体。鄂温克族因历史迁徙分为以牧业为主的通古斯部落、以农业为主的索伦部和以狩猎为主的敖鲁古雅3部。由于地域、环境的特殊性，不同部落有着不同的民族服饰。现生活在根河市大兴安岭地区的敖鲁古雅部以饲养驯鹿著称，也称使鹿部落鄂温克人，其服饰均以兽皮为衣料。这个部落的男子穿对襟皮半长袍，女子穿大翻领对襟皮长袍，用染色鹿皮镶边；男女皆穿皮筒靴或软靴，女软靴饰有鹿角纹，反映了这个森林民族的生产方式、生活习俗与审美取向。索伦部落的服饰分为四季服饰，女装颜色以艳丽为主，领子周边及袖口也带云卷花图案。通古斯部落的服饰服装颜色一般以蓝黑红为主，冬天服饰以牛羊皮毛制作而成。这个民族没有自己的文字，其民族服饰作为鄂温克族精神文化遗产，直观地展示了本民族不同部落审美的差异性，形象地述说着鄂温克族不断发展演变的历史，具有突出的证实历史的价值。

　　历史记忆是人类认识自我、把握现实和未来的重要参照，认识自身历史对每一个民族都至关重要。正如英国学者罗素所言："历史学之有价值，不仅仅是对于历史学家，不仅仅是对档案和文献的专业学者，而且是对于一切能对人生进行思考性的观察的人。"① 这一论断指出民族历史存续的意义所在，也说明民间文化所具有的历史价值的重要性。内蒙古非物质文化遗产通过声音、形象、技艺、观念或心理积淀等多种特殊形式，展现了各民族远古以来的文明，最详尽、最生动地保留了各民族演进的历史轨迹。这些"遗产"不仅可以证实各民族历史，还完整地延续了各民族尤其没有文字民族的文化传统，是各民族归属感和认同感的源泉所在。

　　内蒙古非物质文化遗产代表着蒙古族、汉族、达斡尔族、鄂温克族、鄂伦春族、满族等民族人民在长期的生产、生活实践中创造的文化成就。它们作为各民族历史的活化石，是年深日久形成的传统和现代唯一的、活态的、流动的见证，具有承载历史、补正历史、证实历史的价值。尤其对于主体民族蒙古族和达斡尔族、鄂温克族、鄂伦春族各少数民族来讲，民间文化是它们的发源文化、母体文化，更具有保持对祖先的记忆和历史延续性的历史价值。充分认识、挖掘内蒙古非物质文化遗产的历史价值，有

---

　　① ［英］罗素：《论历史》，何兆武、肖巍、张文杰译，生活·读书·新知三联书店1991年版，第1页。

利于提高各民族人民对自己文化的认知，也有助于唤醒他们的保护意识，踊跃投身于内蒙古和谐社会、文化大区的建设中。

二　内蒙古非物质文化遗产的艺术价值

美是人类的共同追求，人类一切创造性实践活动及其成果，都不同程度地体现了对美的追求。艺术是美的创造和表现，艺术价值就是在审美活动中被感知和确认的。非物质文化遗产作为人类在社会实践中创造的精神成果，也不同程度地体现着对美的探索和创造，是人类审美实践的创造性成果。非物质文化遗产的艺术价值指它在帮助我们认识审美生成与演变规律的过程中所呈现出来的独特功能。进入各国文化遗产代表作名录的项目，绝大多数都与该遗产所具有的高超的艺术价值有关。内蒙古非物质文化遗产也是各民族人民探索美、创造美的实践的结晶。它倾注了各民族真挚的情感与艺术的才华，反映了各民族不同的审美意识、艺术情趣，表现了与众不同的审美理想和追求。

（一）内蒙古非物质文化遗产体现了各民族杰出的艺术创造力，具有较高的艺术审美价值

文化的艺术价值首先在于审美价值，这主要指文化遗产具有独特的艺术特色与魅力，能从美学的深层次给人以艺术的启迪和美的享受。[1] 非物质文化遗产的审美价值具体显示为它与人类相互作用时而产生的情感共鸣、愉悦的审美效应。内蒙古各民族在不同地域自然环境的影响下，以特殊方式创造了富有民族个性的艺术，如蒙古族潮尔、祝赞词、长调、呼麦等，还有蒙古族和汉族共创的爬山调、鄂温克族希温·乌娜吉、达斡尔族服饰等。这些文化遗产都是各族人民在本民族的生活和生产实践中创造的，具有鲜明的民族性和地域性。民族性即指文化遗产有着特定民族的文化烙印，为该民族独有；地域性则指其具有一定地域的乡土特征。鲜明的民族性和地域性，赋予了内蒙古非物质文化遗产独有的民族文化特色，也使其形成不同的创作风格。可以说，内蒙古非物质文化遗产其实就是在内蒙古复杂的地缘关系、多样的生产生活环境中，各民族以非凡的想象力进行的艺术审美创造。它们闪烁着各民族艺术灵感，投射着民族特有的神韵，使人产生共鸣而获得美的享受。

---

[1]　鲍展斌：《历史文化遗产之功能和价值探讨》，《绍兴文理学院学报》2002 年第 3 期。

　　非物质文化遗产作为人类认识自然、改造自然的成果，其本身就是追求美的产物，部分以某种艺术形式呈现出来。如传统音乐、传统舞蹈、民间传说等，容易使人产生美的感觉，得到情感体悟和审美愉悦。传统音乐是内蒙古各民族人民对生活、情感、审美意识的艺术表达，具有强烈的艺术感染力，潮尔是其中的代表。潮尔是蒙古族最古老且最具有代表性的弓弦乐器，起源于宋代由西域传入我国的火不思类弦拨乐器。之后，它不断融合蒙古族音乐艺术，于元代成为演奏宫廷音乐的主要乐器，在草原上广泛流行。潮尔结构独特，表现了蒙古族对美的哲学理解。它的琴箱呈梯形、梨形等，以羊皮、牛皮、马皮蒙面；琴首雕刻野兽首、畜禽首；琴弦用马尾制成，"里弦为 90 根马尾，外弦为 120 根马尾，弓弦为 150 根马尾，总计 360 根弦"①。由于构造上的特点，潮尔音色古老淳厚，尤其泛音极富表现力。所以它既能呈现出深沉抒情的音乐和如泣如诉的气氛，又能营造出悠远的神话意境和凝重的历史沧桑感，使人能够超越时空沉浸于广阔的超然世界。这种充满回音、史诗般的声响，和恬静的草原情调十分契合，能够穿透听者的心灵而令人陶醉其中。潮尔常被艺人用来为史诗或叙事民歌伴奏，伴随着一代代蒙古族人民从远古走到了今天。正如已故著名的科尔沁潮尔史诗说唱艺术家穆·布仁初古拉所言："拉起潮尔，讲述蟒古斯因·乌力格尔时，犹如草原上鲜花盛开、万马奔腾，顿时感觉心旷神怡、热血沸腾，心中的故事似泉水般地不断涌出。" 如今，低沉醇美、声音苍劲的潮尔仍唱响在草原上，震撼着每个听众的心灵，成为蒙古族最富有草原特色的代表性乐器。

　　审美价值主要体现在具有原创意义、情感丰满的艺术形式中。华丽优美的祝赞词是蒙古族民间口头文学珍宝。它以吟唱者的即兴吟诵为主，结合凝练的语言、铿锵的音韵，形成共鸣的热烈气氛，能使人产生深切的心理体验和情感共鸣。如《祭火神之歌》："永存的敖包上，燃起了向上腾飞的火。燃烧吧，永生的火，有火啊，就有生活。疾病和灾难会焚成灰烬哟，火焰烧的是恶魔。把心中的祈祷念出来吧，但愿过上似火的生活。"实现了真情、美景的自然交融。祝赞词在祝福和欣赏一切美好事物时，善于从不同视角进行全面赞美，尤其善于运用比喻将听觉形象向视觉形象转化，使人产生悦心、悦意的感受。如《赞马词》："它那飘飘欲舞的青美

---

　　① 转引自布仁白乙《对于蒙古族古代文献典籍中"忽兀儿""抄兀儿"的思考》，《内蒙古大学艺术学院学报》2007 年第 3 期。

长鬃，好像闪闪发光的宝伞随风旋转，它那炯炯发光的两只眼睛，好像结缘的鱼儿在水中游戏，它那宽敞而舒适的胸膛，好像天上的甘露滴满了宝瓶，它那聪颖而灵敏的双耳，好像山顶上盛开的莲花瓣，这匹马具备了八吉祥徽，无疑是一匹举世无双的宝马。"祝赞词具有游牧文化特征，是蒙古族抒情诗的起源。它通过蒙古族特有的审美想象力以优美的艺术形式表达了蒙古族对美的无限向往和高度赞颂，充分体现了蒙古族人民真挚热诚的情感和超强的审美能力。历经千年的传承，祝赞词现已深深扎根于蒙古族民间，成为中华民族及人类艺术宝库中的佳品。

单纯质朴的特性、原生态的自然美是审美价值的突出体现。流行于内蒙古中西部的爬山调富含塞北劳动人民朴实的情感，是劳动人民心声的自然流露，与陕北的信天游和青海的花儿都是最典型的西北民歌。爬山调属于游牧文明与农耕文明相碰撞后流变再生的艺术品种。它融合了蒙古族短调民歌的元素，曲调短小精练；旋律中频繁使用四度以上的跳进音型，起伏变化大、音域较宽；并运用真假声结合的唱法，形成一种高亢挺拔、激越奔放、悠长舒展的山野风格，将劳动人民的情感表现得淋漓尽致。爬山调是一种原生态性的民歌形式，字里行间洋溢着老百姓的情与爱，简单无华、平中见奇。它的唱词为呼应紧密的上下句结构，善用比兴、夸张、选字、选词、排比等艺术手法，具有重叠复沓、声声入口的韵味。如代表作《想亲亲》："想亲亲想得我手腕腕软，拿起个筷子我端不起个碗，想亲亲想得我心花花花乱，煮饺子我下了一锅山药蛋。"这些从现实生活中提炼出来的乡音口语具有无比的亲切感，令人情不自禁地沉醉在浓浓的乡土气息中，从而产生情感沟通，以领略乡间纯纯的原始美。爬山调是劳动人民感情与智慧的结晶，符合广大劳动人民的审美需要。它保存了汉族民歌古老的传统价值和特征，又受塞北地域音乐艺术、民俗表达的影响，以其富有色彩的音调、原汁原味的表演方式，百年来传唱于内蒙古中西部民间，成为我国北部民歌艺术的样板。

非物质文化遗产艺术价值来源于生活并在生活中实现，是通过各种活态形式对生活的诗意把握而体现的。内蒙古传统表演艺术是各民族审美创造的结果，透射着他们对生活的独特理解和想象力。其中，一些艺术成果达到了天人合一、开阔玄远的艺术境界，具有震人心魄的艺术感染力。蒙古族长调以最接近自然的蒙古语真声唱法为主，结合有着无与伦比艺术旋律的波折音"诺古拉"，形成悠远、隽永的意境。呼麦也是蒙古族运用喉咙与口腔的完美配合，以罕见的多声部形态创造出的一门歌唱艺术形式，具有"高如登苍穹之巅，低如下瀚海之底，宽如于大地之边"的美妙效果。它们独具草原民族艺术创造思维，都能深深触动人类心灵深处情感之弦，唤起大众的情感共鸣，以体味它们深邃的审美意图而获得超然美的享受，成为人类艺术史上不朽的丰碑。

（二）内蒙古非物质文化遗产反映了各民族独特的审美情趣、审美心理，具有艺术认知价值

非物质文化遗产作为人类文化的表现形态，具有传承的特殊性。它通过形象塑造、声音传递和技艺展示等方式，表达情感态度、价值理念，往往有着更富感染力的艺术表现形式。如音乐、民歌、舞蹈、民间美术、戏曲等艺术形式，在审美活动中，比物质文化遗产更容易使人获得身体和精神的审美愉悦。但它作为一种艺术创造成果，不仅有着美的艺术形式，还是一个民族传统文化最完整、最深刻的保留，体现着一个民族独特的思维方式、民族心理、生存智慧、审美意识。内蒙古非物质文化遗产有着多样的艺术表现形式，如鄂温克族萨满舞通过舞蹈、达斡尔族木库莲通过音乐、蒙古族刺绣通过民间美术等，直接表达各民族人民的思想情感、审美感受。这些非物质文化遗产不只具有各异的艺术技艺、精巧的艺术构思等艺术表现形式，重要的是它们还蕴藏着特定民族的传统精神、价值理念，包含着各民族对客观世界的深刻感悟，和以本民族特有的传统对世界的审美把握与审美表达。这些极富有民族审美文化特性的内涵，是深刻认识和研究各民族审美观念发展、变迁的活态资料。

内蒙古传统表演艺术真实地表达了各民族不同的审美意蕴。鄂温克族萨满舞风格质朴、技艺高深，是鄂温克族森林狩猎时代的审美习俗和艺术特性在萨满文化中的透映。鄂温克族的自称"鄂温克"意为"住在大山林中的人们"[①]，该民族信仰萨满教，崇尚万物有灵。由于鄂温克族历史发展的独特性，其萨满舞形成了颇具民族特色的审美特征。鄂温克族萨满舞的基本特点为手击皮鼓（即抓鼓），腰部的甩劲不大，步伐多为走步、回旋和蹦跳几种。它主要依靠舞蹈动作与服饰和器具的巧妙配合，以产生变幻莫测、回归自然的神秘气氛。萨满舞服饰采用以繁取胜的艺术手法，

[①] 《鄂温克族简史》编写组、《鄂温克族简史》修订本编写组：《鄂温克族简史》，民族出版社 2009 年版，第 10 页。

是鄂温克族萨满舞源自天然的艺术体现。如萨满和伊达堪（女萨满）的神服"萨玛西卡"（鄂温克语），整体造型浑厚有力、个性特征鲜明。神帽上用鹿角形装饰物"鹿角杈"代表萨满的威力和灵性，杈数越多、神通越大，并挂着红、黄、蓝 3 色布条装饰；正中间神兜兜是代表胸骨的铜铁版，两边是代表肋骨的 24 个铜铁条；神衣上面挂有象征森林保护神、牛羊、黑熊、蟒蛇与太阳神、月亮神等图腾绘饰的各种铁片。当戴着神帽的萨满起舞时，神服上金属物熠熠闪光，伴随着抓鼓响起有节奏的音律，交织形成一幅具有原始美的远古图景，表现了这个民族对自然、图腾、祖先的崇敬之情。萨满舞是古代鄂温克族人民通过萨满服饰和器具，用艺术的方式创造、审视世界的产物，生动地反映了他们追寻美的原始足迹。这种从古老的鄂温克族生活中演化而来的萨满舞蹈艺术，其神秘、奇异的审美情趣是这个民族审美心理的生动体现，具有较高的艺术认知价值。2015 年 6 月 15 日，大型原生态舞台剧《敖鲁古雅》首次将"萨满舞"搬上舞台，让观众身临其境地感受到鄂温克族使鹿部萨满舞的神奇，领悟蕴含其中的古老的宗教信仰和源自天然的审美观念。

　　传统美术是民间艺术家最本原、最直接的艺术创造和审美追寻，表现了劳动人民最淳美的审美情趣和艺术观念，是古老的民族传统在劳动者手中理想化的艺术再现。刺绣，蒙古语称"嗒塔戈玛拉"，蒙古族刺绣工艺繁复精细，针法炫奇夺巧，绣品具有浮雕的艺术效果，显示了巧妙的刺绣技艺和独特的审美特征。蒙古族妇女袍服饰物"哈布特格"，就是造型艺术与刺绣技艺相结合的艺术品。它以金银线刺绣，形态各异，如树叶、石榴、月牙、五瓣花朵等，体现了色彩斑斓、精致华美、工艺考究的艺术特征。蒙古族刺绣显示了蒙古族较高的审美水平，也反映了其独到的审美标准和审美意蕴，具有极高的审美性和象征意义。例如：追求富丽堂皇的修饰风格、偏爱光泽色——金银色的审美习俗，崇尚豪放阳刚、厚重夸张的美感，期盼吉祥富裕生活的审美心理，主张人与自然和谐相处的审美观念等。这些审美内涵使我们感受到蒙古族浪漫的艺术世界，认识其纯真的审美思想，也有助于探究蒙古族传统审美意识的形成、发展。

　　非凡的艺术成果总是充满独创个性，兼具鲜明的民族特征和神秘的原始文化色彩。木库莲是达斡尔族音乐史上唯一、古老的口簧乐器，独具民族音乐创造才华。木库莲即"口胡"，汉语称"口弦琴"，铁制钳形，产生于达斡尔族长期信仰的萨满教文化中，至今已有千年历史。它的发音十分奇特，通过拨响簧片使簧弦与气柱同时振动，产生复合性的特殊音响，即通过口腔、颚、舌头、鼻腔和声带气息天衣无缝的配合而发出和声，从而形成游移飘忽的旋律、远古奇妙的神韵和意境。木库莲尤以空灵的颤音与悠长的滑音见长，其音域虽然狭窄、音量微弱，但很富于变化，时而高昂、时而低沉，具有变幻莫测的节奏效果。它既可以描摹清泉潺潺、百鸟鸣唱、林涛涌动等大自然的各种声响，又能表现反映忧郁缠绵、思念伤感等内心情感的音乐主题。在漫长的历史中，达斡尔族人民就是通过演奏木库莲，模拟创造这种充满灵性的天籁声响，以表达他们对生活、自然的无比热爱和"万物有灵、人神相和"的审美追求。[1] 木库莲作为古老的达斡尔族对自然美的意象化、理想化的表达，包含了该民族对美的认识过程以及朴素的自然审美意识，是其美学观念和审美情趣在音乐领域中融为一体的必然结果。从艺术角度看，它不仅有着独特的音乐表现式样，向人类提供了一个神秘的感性世界，还通过模拟自然、人类内心活动的声响特征，使人感悟、理解、领会音乐所表现的特定内容。木库莲的艺术审美内涵与原始特色的音乐式样都具有相应的艺术价值。

文化的艺术价值是人类审美欣赏、创造的结果。在这个过程中，艺术形式给予欣赏者最直观的影响，但真正感染、震撼观众的并不是艺术形式本身，而是其准确、生动地反映出的精神内涵。无疑，作为艺术形式的非物质文化遗产蕴含的各民族审美意识、艺术理想、美学观念等都是审美创造的基石，应是其艺术价值的主要内容。它不仅能够使人获得深层次的审美认知和艺术理解，也为认识各民族艺术发展史提供了资料依据。内蒙古非物质文化遗产体现了各民族在认识世界、创造美好生活中获得的审美体验和审美感知，渗透着各民族与众不同的审美情趣和审美智慧，是各民族艺术史的活态延续。特别是它以表演艺术、民间文学、传统美术等形式，形象地展示了各民族的艺术创作方式、艺术特点和艺术成就，见证了各民族的美学探求。这些艺术文化既是各民族创造美的成果，也是各民族感受美的载体，更是各民族审美认知和艺术研究的鲜活资源。

（三）内蒙古非物质文化遗产凝聚着各民族共同的审美理想与审美情怀，具有艺术启示价值

艺术价值本质上为一种精神文化价值，核心内容是审美理想，即艺

---

[1]　晨炜：《达斡尔传统乐器"木库连"的文化价值探析》，《中国音乐》2005 年第 1 期。

追求。审美理想产生于人类的社会实践中，表达了人类对生活理想化的追求，是人类审美思想的结晶与升华。每一个民族都有其特色鲜明的审美理想，在文化创造过程中也都寄寓了自己的审美理想。同时，各民族的审美理想又有着人类本质需求的客观共同性，即对真善美的追求。这种以真善美为内核的审美理想体现了人类共同价值理念，成为各民族艺术创新发展的源泉，也使非物质文化遗产具有艺术启示价值和传承意义。内蒙古非物质文化遗产作为各民族表达理想、展望未来的精神文化创造，蕴含着各民族情与理的深度思考。它将各民族自身以及生活中的真、美、善通过不同的形式加以概括和显现，在满足人的审美需要的同时，能够培育欣赏真善美和创造真善美的人，从而成为各民族艺术创作永远追求的主题。

　　真善美是人类共同的审美理想，也是非物质文化遗产的价值目标和持久生命动力。民歌作为内蒙古各民族历史的缩影，是各民族生活理想、人生追求的感性凝聚，许多成果表达了人类共同的价值取向，不断感动、激发后来者进行新的艺术创造，具有旺盛的艺术生命力。鄂伦春族主要的民歌艺术形式赞达仁，类似蒙古族长调、达斡尔族扎恩达勒，就以多彩的艺术语言传递着追求真善美的理想信念。鄂伦春族世代居住在大小兴安岭，有"兴安岭之王"之称。因没有文字，歌声和舞蹈便成为这个古老的狩猎民族抒发感情、表达理想的方式。由于经年与山林、动物为伴，鄂伦春族人民对自然的感谢和崇尚发自灵魂，演唱的民歌旋律高亢悠扬、粗犷豪放，极具山林气息，内容也多为赞美自然和歌颂生活。如传统曲目《鄂呼兰德呼兰》《欢歌》《多么欢乐》《最喜欢》《鱼儿嬉水》《山林晨景多美好》等，都展现了本民族豁达、坚毅的生命观和敬爱、崇尚自然的生态观。鄂伦春族赞达仁思想内容与艺术形式达到了完美结合，为当代音乐创作提供了有力的资源支持和正能量，具有借鉴价值。20 世纪 50 年代，著名作曲家王肯先生在赞达仁的影响下，继承了鄂伦春族传统民歌的曲调，创作了表现鄂伦春族人民热爱生活的《鄂伦春小唱》，成为深受人民欢迎的新民歌。1981 年，著名作曲家张千一将赞达仁编入交响音画《北方森林》，该交响诗通过森林、山歌的主题，使听众感受到人地的温暖和乡音的亲切，获得首届全国交响乐作品比赛一等奖。2011 年，鄂伦春自治旗乌兰牧骑为建旗 60 周年精心打造了一台大型民族舞台剧《勇敢的鄂伦春》。该剧以鄂伦春族原始狩猎生活场景为主线，通过现代艺术手段将赞达仁等鄂伦春族国家级非物质文化遗产搬上舞台，清晰地表现了鄂伦春族人民与大自然和谐共处的关系，展示了森林民族文化的艺术魅力。多年来该舞台剧作为鄂伦春自治旗的文化名片多次在全国上演，反映了寄托着民族审美理想的非物质文化遗产永远是各民族艺术发展创新的灵感之源。

艺术形象是艺术家审美理想、审美情感的高度凝聚与集中，代表着符合审美目的的艺术成果，有着明确的指向性，不断成为新的文艺创作的对象。内蒙古非物质文化遗产不乏具有鲜明艺术特征、品格魅力的艺术形象。王昭君是源自于内蒙古民间文学《王昭君传说》的完美形象，两千余年来一直被世人传颂，成为千古佳话。《王昭君传说》主要讲述了出生于南郡秭归（今湖北省兴山县）的王昭君，公元前 33 年慷慨应诏、远行出塞与北方匈奴首领呼韩邪单于和亲，促进汉朝与匈奴和好、民族间和睦亲善的动人故事。它赞颂了王昭君善良诚实、顾全大局的民族传统美德，刻画了美的化身、和平使者、民族团结象征的昭君形象，给人们以真善美的享受。传说塑造的象征着和、美的艺术形象，也成为历代追求的理想。1967 年，香港导演李翰祥拍成电影《王昭君》。1986 年，中国著名作曲家陈钢以专业的审美视角，首次将其改编创作为小提琴协奏曲《王昭君》。2006 年，导演冷杉拍成 49 集电视连续剧《昭君出塞》。2010 年，湖北省歌舞剧院编创大型民族舞剧《王昭君》，获第九届中国艺术节文华大奖特别奖。2017 年，为庆祝党的十九大胜利召开，营造良好的文化氛围，由内蒙古天行健国际文化传媒有限公司制作出品的大型舞剧《王昭君》惠民巡演活动走进内蒙古广大高校。该舞剧立足"昭君传说"，以昭君出塞、胡汉和亲为历史背景，是一部体现优秀民族文化和民族凝聚力的艺术精品。它紧扣民族大团结主题，借助舞台艺术形式诠释了中华民族"以和为贵""以亲为荣"的精神内涵，反映了民族平等、和谐共生、共同发展的时代理念。演出使广大高校师生在与艺术亲密接触中，深化了对民族文化艺术的认识，培养了他们对高雅艺术的热爱和鉴赏能力，也调动了他们对保护与传承非物质文化遗产的参与性，提升了高校校园文化品位。2019 年，李玉刚用特殊的表演方式将中国民族传统戏曲和歌剧等艺术元素巧妙地融为一体，创作了大型诗意歌舞剧《昭君出塞》，4 月 18 日在北京举行隆重的世界巡演启动仪式。这部剧饱含家国情怀、尽显中华风韵，10 月登陆曼谷，12 月辗转美国、加拿大，在海外掀起中国文化浪潮。这充分证明了具有较高艺术价值的非物质文化遗产始终是人类取之不尽、用之不竭的精神文化宝藏。

　　艺术价值的实质在于人文性,而人文性的根本在于对人的终极关怀。归根到底,艺术价值就是推动、帮助实现人的彻底解放和人的全面发展以及人性的完善。真善美是人类在不同的历史时期对艺术品质的文化规定性,是艺术价值的核心内容,同样也是人类向往的主题。它倾注了人类最真诚、最纯美的情感,能使人得到美的愉悦、心灵的净化、善良的抚慰。经世流传的艺术作品都与其承载的真善美等审美理想不可分离,与其具有普世价值的精神追求息息相通。以真善美为价值取向的审美理想,是内蒙古非物质文化遗产外在形态美与内在本质美的高度凝聚,也是人类实践活动的强大精神动力。它给予各民族非物质文化遗产极强的生命力,促使富含真善美内质的艺术成果能够结合当代的设计理念和艺术创意,再生出兼具民族传统与时代气息的艺术品种和艺术形式,推动了内蒙古民族文化的创新发展与繁荣。

　　非物质文化遗产是人类历史的遗产,也是人类艺术的遗产。内蒙古美丽的草原、浩荡的林海、蓝天白云,赋予了各个民族智慧与灵感,激发了他们无限的艺术想象力,创造了极具艺术神韵的非物质文化遗产。这些文化遗产各具民族风采,许多成果达到了思想性与艺术性的高度统一。它们不仅有着新奇的艺术表现形式,还蕴藏着反映各民族审美水平、审美情趣、审美观念的艺术内涵,以象征真善美的艺术形象和颂扬自由、友爱、和平的艺术篇章,成为历代民族文化创作借鉴的源泉。非物质文化遗产艺术价值的实质意义主要在于其对人类艺术的启发性,在于对人类艺术所起的发展作用。非物质文化遗产的保护是人类对自己历史的保护,更是对各民族艺术的保护。

三　内蒙古非物质文化遗产的科学价值

　　内蒙古自治区各民族勤劳勇敢,还富有智慧、勇于探索。在与大自然的抗争和自身生存发展中,他们充分利用地域自然条件,发挥聪明才智,为人类留下了许多富有创造性的精神文化遗产。这些非物质文化遗产见证了各民族不同时期科学技术的发展、创造发明和对世界的认识水平,表现了各民族认识世界、改造世界的能力和智慧,本身就具有科学内涵。非物质文化遗产的科学价值就是强调它本身应是符合客观规律的而非迷信的,是其价值体系的价值规范。对内蒙古非物质文化遗产科学价值的分析,有助于我们进一步了解其科学文化内涵,更全面地认识它对内蒙古各民族自身及民族文化发展的意义。

（一）内蒙古非物质文化遗产本原地反映了各民族科学发展程度、认识水平和创造能力，为许多科学研究提供了真实的资料和新的方法

从本质上来说，非物质文化遗产是一种在一定的文化生态环境下形成的原生态文化①，具有本真性的特征。其次，它的范围广泛，具有跨学科、跨领域的知识属性和文化特征②，表现出明显的综合性。这些本质属性决定了它可以为其他学科的科学研究提供参考依据。内蒙古非物质文化遗产存在于各民族的物质、精神生活中，始终未脱离所属民族特殊的生产、生活方式，未离开具体的民族历史和社会环境，属于一种原生态文化现象。它本真地存留了不同时代各民族生产力发展实态、科学发展程度、生活情感态度、思想认识水平、风俗信仰禁忌等民族学、历史学、宗教学、哲学、艺术学、人类学等不同领域的内容。因此，作为各民族精神情感的原生态遗存，它本身就是诸学科研究的对象，也可以为各领域的科学研究提供原始资料。

科学研究价值是指文化遗产全面、原真性的信息资料和知识，为进行相关学科的研究提供科学的依据。内蒙古民间表演艺术以生动的非语言形式记录着不同民族发展的历史和文化成就，是研究各民族哲学、艺术、伦理观、习俗礼仪等不可缺少的资料。呼图格沁作为蒙古族民间面具舞蹈中最典型的代表，透射着傩文化和宗教文化的踪影，又具有蒙古族民间音乐、舞蹈、史诗的特征，承载着形象而真实的多学科信息。呼图格沁，蒙古语，意为"祝福、求子"，民间又称"蒙古秧歌"，表演于每年农历正月十三至十六日，至今已有 300 年的历史。它流传的地域仅为内蒙古赤峰市敖汉旗萨力巴乡乌兰召村，为蒙汉杂居的半农半牧地区。呼图格沁的舞蹈内容、形态与艺术风格正是不同的风俗习惯、不同的文化和宗教信仰长期互相影响、相互借鉴的结果，具有特殊的历史意蕴。首先，它表现内容为驱邪祝福、送吉祥、送子，并以蒙古族白老头、其妻曹门代、其义子黑小子、其女花日以及汉族的孙悟空、猪八戒为固定的角色。第二，它的对白和对唱采用蒙古语，并带有农耕文化背景下形成的蒙古族短调民歌风格。第三，它的舞蹈动作以跳步、耸肩为主，多用绕、甩绸等动作，与其他蒙古族舞蹈动作相比别具风致，既有查玛舞的舞步，又有博舞的风格，还

---

① 黄永林：《"文化生态"视野下的非物质文化遗产的保护》，《文化遗产》2013 年第 5 期。
② 王文章主编：《非物质文化遗产概论》，教育科学出版社 2013 年版，第 84 页。

有安代舞的韵律。第四，它的表演中又融进了孙悟空、猪八戒的形象以及戏剧性的歌唱、祝赞词。毋庸置疑，呼图格沁是多种文化的融合，兼有歌舞、戏曲和宗教色彩，还融民俗、信仰、民歌和舞蹈为一体，传递了多重内涵，成为多学科进行科学研究的依据。而且专家普遍认为，呼图格沁的形态是处于歌舞向戏曲过渡阶段的歌舞形态，是我国戏曲发展史中的活化石。

桦树皮制作技艺是敖鲁古雅鄂温克族特有的表达情感的方式，也凝聚着该民族人民对自然环境的科学认识。敖鲁古雅鄂温克族就是驯鹿鄂温克族，长期生活在大兴安岭白桦林，对白桦树有着很深的感情与了解，自然形成了用白桦树制作各种各样生产生活用品的习俗。由此，特定的自然环境、生活条件以及来自于自然回归于自然的生存哲学，产生了桦树皮制作技艺。这种技艺是鄂温克族在特殊环境下的发明创造，具有较强的实用性和生活性。它以当地具有防水、抗腐蚀性能的桦树皮为原料，经过加热水煮或入土埋藏以软化处理等特殊工序，将其制成桦树皮船、桦树皮摇篮、桦树皮箱、桦树皮盒等生产生活物品。在制作过程中，人们还把象征吉庆、欢乐、福瑞的图案绘饰在桦树皮制品上，使之成为精美绝伦的艺术品，体现了驯鹿鄂温克族浪漫悠然的艺术情致。桦树皮制作技艺是敖鲁古雅鄂温克族猎民长期从事狩猎生产的智慧表达。它以生命繁衍的历史时空隧道为主线，生动地刻画着该民族的生命足迹，构成了他们赖以生存的文化生态空间内容，是研究鄂温克族世界观、价值观、生态观、审美观的宝贵资源。

科学研究是人类高层次的认识和实践活动，讲求真实、客观。内蒙古非物质文化遗产原生态地展示了各民族不同历史时期科学技术发展状况，是民众生活的文化，即"是非职业非专业，非城市化非商业化的文化"①。这种文化创造与传承方式虽然有一定的原始性、落后性，但传播的信息具有真实性和客观性，没有受到外界的影响，直接地反映普通人们的思想感情。这种特性使内蒙古民族民间文化为科学文化研究提供了第一手资料，在一定程度上保证了科学研究求真和实证的传统。况且这些资料多来自民间，涉及艺术、经济、哲学等诸多学科，能够为科学文化研究提供新的视角和多学科的研究方法，拓宽了科学研究的领域。将民间文化作为研究对象，可以体现科学的历史观。

---

① 黄永林：《"文化生态"视野下的非物质文化遗产的保护》，《文化遗产》2013 年第 5 期。

（二）内蒙古非物质文化遗产传承了各民族在生产与生活实践中形成的科学知识与技能，有利于内蒙古科学文化的发展进步

科学活动本身是一种创造性的活动，追求不断创新和进取，是科学发展的基本动力。在这一过程中，科学知识能够赋予人新的发现的力量，总能给人类提供协调与自然关系的新方法，是一项值得探索的活动。非物质文化遗产以人的语言表达、肢体动作等口传身授方式，将人类的智慧、知识、经验，通过文学、艺术、民俗、体育竞技、知识等多种形式活态展现并世代传承下来，体现了人类的创造力和探究自然的文明成果。这进一步说明文化遗产的科学价值还体现在能够为人类文化提供创新的力量与基础，推动科学文化的发展，为人类文明和进步做出更大的贡献。内蒙古非物质文化遗产是各民族运用其所掌握的科学技术知识创造的成果，本身具有相当高的科学含量和科学成分，能够给人以科学的启迪和探索的力量，激励各民族人民探索新的知识。

科学知识与科学创造是科学价值的具体表征，非物质文化遗产的科学价值直接体现于各民族传统医药知识和技能中。蒙古族很善于总结和积累生活经验，在长期与疾病、伤痛及自然界的斗争中创造出许多具有游牧民族特色的传统医药知识和医学技术。酸马奶疗法就是蒙古族人民在日常生活中发明的饮食疗法。传统的酸马奶是以马乳为原料、经过发酵而制成的饮料，其主要的微生物种群是乳酸菌和酵母菌，具有抵抗消灭黄曲霉菌、黑根状霉菌、白念珠霉菌等霉菌的作用。蒙古族于 13 世纪就掌握了制作酸马奶的方法，《蒙古秘史》中就有成吉思汗十世祖孛端察儿"每天往那些百姓处去索要马奶子喝"[1] 的记载。在酿制和食用的过程中，蒙古族人民发现酸乳具有较好的解毒功能，于是将其广泛用于中毒之后的治疗。酸马奶还富含人体所需的 8 种氨基酸，多种维生素，钙与磷、铁等微量元素，可以预防和治疗胃肠道疾患、高血压、冠心病、肺结核等疾病。关于酸马奶之功效，早在《饮膳正要》中就有记载："马乳：性冷，味甘。止渴，治热。"[2] 酸马奶疗法来自于蒙古族人民的实际生活，其最大特点是因地制宜，与当地自然环境、气候条件及物产相适应，具有很高的科学性。同时在严酷的环境下，它最大限度地保障了人们的健康，延长了人们

① 《蒙古秘史》，策·达木丁苏隆编译，谢再善译，中华书局 1957 年版，第 33 页。
② （元）忽思慧：《饮膳正要译注》卷 3《兽品》，张秉伦、方晓阳译注，上海古籍出版社 2017 年版，第 309 页。

的寿命，具有较高营养价值和医疗价值。酸马奶疗法是蒙古族游牧生活知识的升华，投射着该民族科学的思维方式，对中华医药的发展具有推动作用。如今在它的启示下，医学家和营养学家进行了乳酸菌和酵母菌的分离及生物学特性研究，进一步研制成酸马奶乳制品，还开发牛乳模拟的酸马奶酒饮料（又称牛乳酸马奶酒），取得良好的效果。如开菲尔酸马奶酒不仅对健康人群具有健脾胃、护肝胆的保健作用，对病原菌也有抑制作用，还具有较好的降血脂和降血糖功效。

科学技术是不同民族创造的知识财富，具有可积累、可再创造的特点，是各民族文明进步的力量和基础。它以文化遗产为载体传承下来，为后代共享和利用。内蒙古非物质文化遗产是各民族科学认识和技术经验的世代传承，在一定程度上体现了各民族对客观规律的理解与把握，为内蒙古民族文化的发展提供了知识积淀。并且这些文化成果也是内蒙古民族文化的核心与各民族智慧的集合体，展现着各族人民的科学创造力。这不仅为当今科学文化创新奠定基础，也给予各民族不断进行科学探索、科学创造的信心和力量。特别许多成果具有较高的科学技术水平，始终保持各民族自身所具有的特色文化传统基因，刻印着各民族人民对世界独特的认知方式。正确认识、深入挖掘这些优秀成果的科学内涵和因素，继承、发展其较高的科学技能，势必会推动当今内蒙古科学文化的发展与进步。

（三）内蒙古非物质文化遗产蕴含着朴素的科学思想，为生态文明和节约型社会建设提供了科学指导

文化遗产作为人类文明的足印，是人类世代相传的文化珍宝，尤其蕴含其中的科学思想是人类文明中最可贵的精神财富。科学思想来自于科学实践，崇尚理性、平等、公正、宽容，反映了符合自然界和人类社会存在与发展一般规律的合理观念，是科学实践的产物。它能从深层次上启迪人类的理性，使人摆脱愚昧、迷信和专制，对科学实践具有指导作用。非物质文化遗产本质上依赖于人的观念、精神而存在，反映着人们思想情感、科技创造力、民族特性等，也蕴含着朴素的科学思想。其科学价值的高低，在一定程度上取决于它的科学思想的深刻性。内蒙古非物质文化遗产博大宽容、意蕴深远，在见证各民族创造力的同时，还蕴含着感恩万物、爱惜生灵、勤俭节约、尊重自然法则等朴素的科学思想。这些精神内涵与各民族世界观、人生观等哲学观念密切相连，对各民族人民的社会实践和科学创造活动具有导向作用。

　　科学发展观的基本要求就是人与自然和谐共处，树立可持续的发展理念，认识到自己对自然、对社会和子孙后代应负的责任。这是人类对社会发展认识深化的标志，也是人类社会发展的必由之路。蒙古包作为草原游牧民族的象征符号，也是蒙古族文明智慧的载体，以游牧文化的物态形式展现着可持续发展的生态哲理。蒙古包营造技艺最大的特点就是生态环保。蒙古包营造无土木兴建之繁重，而且 3、4 个小时即可完成。这在时间上减少了对草原的破坏，最大限度地保护了草原。其次，结构科学。蒙古包圆形尖顶、包身宽大浑圆，使人的居住空间达到最大延伸。这种结构在冬天的风雪沙暴中能降低飓风对居所的冲击，有效抵御严寒，起到保暖的作用；在夏天雨季，圆形包体又易于迅速疏导雨水，可以减少蒙古包的压力。第三，蕴含民间智慧。蒙古包是蒙古族永远的日晷。蒙古包的套瑙呈轮状，一天中太阳总是照在套瑙上。古代蒙古族人民通过对日出日落的长期观察，以太阳照进蒙古包的顺时针日影来计算时间，如日光照进套瑙外圈是 5—7 点，在乌尼中间为 7—9 点，在哈那上端为 9—11 点。另外，蒙古包的结构还包含着天文历法原理。如门朝东南搭盖的 4 个哈那的蒙古包，有 14 个椽子头，加上门楣上的 4 个乌尼，共有 60 根乌尼。"两个乌尼之间形成的角度为 6 度，恰好与现代钟表的时间刻度表完全一致。""哈那上端的乌尼与套瑙外圈的每一个眼与干支纪法的六十枝干为名，并且配合年历表示方位的蒙古民俗。"① 很明显，蒙古包不单单是蒙古族生息休养的居所，还存在着一个以 12 时辰顺时运行的文化时间，其营造技艺体现了蒙古族的生存智慧和对自然世界的科学认识。

　　科学发展观的本质是坚持以人为本，促进社会和人的全面发展。人是可持续发展的中心，人可持续长久的发展才是真正的发展。科学思想追求理性、尊重自然规律，强调人的自省与自觉。内蒙古传统表演艺术也以各种艺术手法形象地反映着各族人民的世界观、价值观。鄂温克族是古老的森林民族，在长期的生产生活实践中，与森林、草原和群兽之间形成了一种亲密和谐的关系。于是，他们便以其熟悉的山林、花草、动物为题材，以真挚的情感和敏锐的洞察力创造出口耳相传的民歌艺术形式。无论是抒情歌，还是叙事歌，都具有明显的韵律感、节奏感，而且常与诗、舞相伴，表现了鄂温克族人民犹如森林般宽阔的胸襟、温淳的性格。《母鹿之

---

　　① 转引自金玉荣、天峰《蒙古包的结构与空间文化内涵》，《西部蒙古论坛》2011 年第 1 期。

歌》是其中极具代表性的叙事民歌，从古至今传唱着着鄂温克族仁爱、尊崇自然的优秀品质。这首长篇叙事民歌带着原始狩猎时代风格，富有鄂温克族民歌深沉、舒缓、优美的音乐特点，以该民族独有的审美视角和艺术构思手法，描述了鄂温克族猎人跟随受伤母鹿的踪迹而产生负罪感的过程。它还采用拟人化的方式，通过奄奄一息的母鹿安慰和嘱咐小鹿以及母鹿与小鹿之间催人泪下、感人至极的对话，揭示了人类与自然界生灵并重的生命哲理。感恩自然、尊重生命是这首叙事民歌的主题，也是鄂温克族人民吟唱千年的旋律。它持续影响着人类正确认识自我与自然的关系，不断反省人类中心主义，以建立文明、健康的生活方式和生态观。

节约资源、保护生态是可持续发展的根本保证，也是推进生态文明建设的实际动力。祭敖包是蒙古族古老的民俗活动，其中隐含着朴素的环境哲学。敖包指用大小不一的石块堆积而成的圆包状实心塔，上插若干幡杆或树枝，包内供放神像，或放置五谷、弓箭。敖包周围供有全羊或肉食、奶制品，每年的农历五月至七月间，举行盛大的祭祀仪式。这一习俗最初起源于万物有灵的原始宗教信仰。蒙古族先民认为山雄伟高大，有通往天堂的路；山也是神佛仙境，更是祖灵聚居的地方，便以敖包作为山林的象征，建于地势较高的山丘上加以祭祀。他们对山林的崇拜实际上是对诸神灵的崇拜，以祈求风调雨顺、牧草茂盛。在古代社会，祭敖包一直是蒙古族通过宗教的方式表达对神灵、自然、祖先崇拜的古老仪式，广泛作用于民俗生活中。随着社会的发展，祭敖包的内容更加广泛，但其中蕴含着爱护自然、尊重自然并保护自然的提示始终如一。如把山川大地等同于执掌万物的神灵，意味着自然在人类心中具有神圣的地位；以石块堆垒敖包，提醒人们自觉捡拾石块，避免压迫草地。尤其禁止踩踏、挖掘敖包周围的土地，禁止折断树木、惊扰鸟禽、扔弃废物等规定，环保意义深含其中。

人类的健康生存和可持续发展，是发展伦理的终极尺度。历史实践也证明：人类在改造自然的活动中应兼顾保护环境，使改造活动限制在自然界自我修复的范围内，以保证自然生态系统的可持续性。[①] 这就要求人类必须进行自我行为的约束和规范，用科学思想引导人类实践活动符合自然生态可持续发展的规律，达到共荣互进的实践目的。"科学对于人类道德

---

① 吴恺：《论科学价值合理实现的观念基础》，《湖北大学学报》2015 年第 1 期。

生活的影响是一种自由的、平等的、民主的方式，而这正是文明社会、民主社会的道德精神生活的基本特征。"① 内蒙古非物质文化遗产蕴含的理性、平等、奉献、感恩、尊重的价值观念和伦理规约，构成了现代社会道德的基本要求。这些科学思想影响着各民族群众的情感与行为，能够帮助他们在发挥对自然能动性的同时，将道德关怀扩展到自然生态系统，指导他们开展科学的社会实践活动。

非物质文化遗产是人类智慧的见证，无论传统手工艺、传统表演艺术，还是传统知识、民间文学，都是科学创造力的活态体现。它们表现并保存了各民族创造的文明成果，为内蒙古科学研究提供了客观的依据；是内蒙古科学技术创新进步的基石；对内蒙古生态文明建设具有一定的科学指导作用，具有科学研究价值、科学创新价值、科学指导价值。正确把握其科学价值内涵，不仅具有认识论上的意义，更是实现人、自然和社会的综合协调，树立可持续发展观念的理论指导。世界各国都十分重视对科技类非物质文化遗产的保护，并将科学价值作为评判非物质文化遗产的标准，《中华人民共和国非物质文化遗产法》第三章第十八条也有明确规定，反映出科学价值本身的意义。探析内蒙古非物质文化遗产的科学价值，有利于自治区保护工作的有效开展，也可以使其蕴含的科学知识、科学技术、科学思想为人类文明的进步起到更大的推进作用。

第二节　内蒙古非物质文化遗产的时代价值

非物质文化遗产作为人类文明的基石，价值呈现出多样性，这些价值在时空关系中起着不同的作用。从纵向的、跨越不同时期的维度，我们可以挖掘其历时性的基本价值；在不同的历史时期、不同的空间进行分析，还能够探究到其变迁的时代价值。从文化发展的角度看，非物质文化遗产的时代价值主要体现为：它不仅是从古流传至今的"遗产"，在当代还能继续保持其活态存在的状态，并以现代的形式和内容表达其价值理念而传承下去。这也是当代文化保护与传承关注的问题。不过，从整个价值体系看，基本价值决定了非物质文化遗产作为人类不同遗产类型的特质型内容，处于核心地位。时代价值则阐发了它与社会发展的双向影响，显示其

① 陈瑜：《科学价值探析》，《湖南商学院学报》2005 年第 3 期。

在当代社会中的现实作用。时代价值是指非物质文化遗产在当今社会的利用与传承价值①，主要包括教育价值、经济价值、社会价值。非物质文化遗产对于一个民族的存在具有象征意义，是民族文化创造发展的基础，其重要性势必会与社会的发展同步增长。内蒙古非物质文化遗产的价值也是一种历史的、客观的存在，在当今社会依然具有适应性与应用性。除历史资源、艺术资源、科学资源外，它还蕴藏着教育资源、经济资源和社会资源。这就要求我们在守护其基本价值的同时，还要把握其时代价值。内蒙古物质文化遗产的时代价值与其基本价值共同构成一个多向度、立体、系统的价值体系，体现了非物质文化遗产价值功能的开放性和现实意义。

一 内蒙古非物质文化遗产的教育价值

文化遗产作为一个民族具有多重价值的资源，是其兴旺发达的文明标志，保持其完整的存在和传承，是人类社会可持续发展的必要条件。教育自产生之日起，就承担着传承文化的任务，是人类特有的社会实践活动。通过教育活动，将人类文化遗产代代传递下去，文化才得以不断延续和发展。非物质文化遗产的传承当然也离不开教育。"教育是一种规律性的活动"，同时"教育又是一种价值性活动"②。非物质文化遗产作为人类文明的载体，有着独特的教育内容、多元的表现形式和极强的传承性。它们对当今社会群体的知识储备、道德思想的修炼、精神境界的提升有着直接影响，仍具有教育价值。这主要表现为它在与人及周围环境相互影响中所发挥的教育作用，即对人的生存、发展和社会进步所具有的教育意义。

内蒙古非物质文化遗产包含了各民族在长期发展过程中积累的传统伦理规范、科学知识和艺术成果等，是家庭教育、学校教育、社会教育的重要资源，能够提高人的素质、熏陶人的情操、锻炼人的能力。而且内蒙古非物质文化遗产本身的传承过程与活动就是一种教育过程，可以潜移默化地使人受到感染。有关专家、学者在学校和社会上讲授，也势必对社会群体产生相应影响。这些在当代教育中的功能与作用，就是其教育价值。教育价值根据不同的教育主体表现多样，但其根本价值是元价值，即促进人的生命发展的价值，使人的生命得到全面的、协调的、持续发展的价值。③

---

① 王文章主编：《非物质文化遗产概论》，教育科学出版社2013年版，第67页。
② 扈中平：《教育规律与教育价值》，《教育评论》1996年第2期。
③ 杨志成、柏维春：《教育价值分类研究》，《教育研究》2013年第10期。

内蒙古非物质文化遗产的教育价值主要表现为它促进人的生存能力、持续发展能力提高的作用。

（一）内蒙古非物质文化遗产传递着各民族积极的生活观和特性品格，具有人文教育价值

非物质文化遗产存在的本身就是一种价值，因为它是各种文明的源泉。非物质文化遗产映射着各民族历史、艺术、哲学、文学等发展历程和性格特质，是各民族自我认识、拓宽审美视野最基本的文化资源。这些资源能够提高人们的人文素养，增强个体的自信心，为发展、完善自我奠定基础。健康人格是个体生存发展的前提，其总体特征为认知、情感、审美、价值等要素的良好整合，主要表现为客观的认知、乐观的生活态度和明确的主体意识、健康的审美情趣、良好的适应能力等。"健康的人格是一个人人生最宝贵的财富，培养健康人格是我们教育的基本出发点"①，也是人文教育的重心。健康人格的培养塑造，需要个体对民族文化的吸收、社会实践的锻炼和学校教育的影响。内蒙古非物质文化遗产不仅是各民族生活经验的总结和智慧的结晶，还是一种正在传承的社会实践活动。它能使人在获得知识和经验、培养心智技能的同时，深刻体悟到各民族传统文化的精髓，受到直接的人文熏陶与教育，从而不断促进人性境界的提升和健康人格的塑造。这对于培养身心健康、知识广博、多才多艺、具有崇高理想的公民有着直接的作用。

人文素养的核心是对人的生存意义和价值的关怀，即促进人格完善。意志是人类意识能动作用的集中体现，生活态度指人对人生所具有的持续性信念。培养坚强的意志和积极的生活态度，是健康人格教育的关键内容。内蒙古非物质文化遗产以多元化的方式展现了各民族特有的价值理念、审美取向与乐观的人生追求，为塑造健康人格提供了必要的教育资源。扳棍赛作为达斡尔族传统体育竞技项目，是达斡尔族人民在长期的生产生活中逐步形成的，已有近 1000 年的历史。此项目规则朴实而简单，技法灵活多样，是达斡尔族培养自身毅力、韧性等优良素质的有效途径。板棍赛还富有达观、诚实的人文内涵，隐含着因势利导、言传身教的教育功能，在达斡尔族民众中流传广泛。

内蒙古民间习俗也是各民族民间文化活动和人文思想的传承载体，从

---

① 郑雪：《健康人格的理论探索》，《华南师范大学学报》2006 年第 5 期。

不同的侧面传递着温柔敦厚、默契和谐的人生哲理，具有正面的思想教育价值。蒙古族祭驼是流传于蒙古族牧驼群众中的一种集宗教信仰、传统生产、人文思想为一体的民间活动，承载着牧驼人精神寄托的核心空间。在阿拉善地区，蒙古族牧民认为骆驼集 12 属相为一身，是与牧人生活相伴的吉祥物，每年便在驼群膘肥体壮的秋季进行祭祀。祭祀活动中还产生了诸如功臣驼、劝奶歌、骆驼赞、祝颂词等大量的拟人文化，赞扬了蒙古族刚正不阿、吃苦耐劳的精神，传延着知恩图报、与人为善的为人准则。这不仅可以帮助人们了解蒙古族的民俗民情，增长人文知识，活动中所展示的忠厚善良、不屈不挠的骆驼精神，也有益于现代人建立正确的文化理想和生活目标，培育健康的心态、独立的个性。

个人的人文素养是个人健康发展的结果，群体的人文素养是一个群体汲取历史文明成果的结果。民间文学往往是人民思想感情的自然流露，又是群体价值取向的真实反映，其中健康充实、淳朴阳光的内容，有助于一个民族人文素养的提升。被誉为蒙古族史诗发展顶峰的《江格尔》代表了早期蒙古族文学的最高成就。它以英雄主义的笔调描述了以圣主江格尔为首的 12 位雄狮大将和数千名勇士们为保卫家乡宝木巴国，战胜形形色色凶残恶魔的故事，歌颂了蒙古族先民顽强不屈、团结一致的斗志。它也赞美了友谊、爱情和忠诚，反映了古代蒙古族人民充满理想的精神面貌。史诗还具有蒙古族传统民间艺术特色，极富神话传奇和浪漫主义色彩，擅长夸张、想象，在人物塑造方面取得了突出成就。如智勇双全、威力超群的江格尔，集中了 99 个优点的英雄洪古尔，以及贤惠慈爱的阿盖·莎茹塔拉、山丹格日勒、格莲古勒等女性形象，体现了蒙古族对正义、勇敢的崇尚。这些栩栩如生的英雄人物和女性形象，与富有崇高理想和美好愿望的主题交相呼应，使史诗获得了永不衰竭的生命力，不仅能够培育蒙古族人民对美的事物的崇敬，也可以帮助他们树立为祖国建功立业的远大理想。

人文教育追求人的自我协调、自主自立、自信自强、自爱自尊。它蕴含着人类至高的精神追求，在实践中也深深地烙印上人类智慧和经验的痕迹，可以增长个人的自我生存能力，实现人生的价值。尤其在我国深化改革、不断向现代化迈进的过程中，对于培养和塑造民众健康的人格，提高民族素质，其意义更加深远。内蒙古非物质文化遗产是各民族真善美理想的载体，内含卓越的民族品质、美好的艺术形象、向善的伦理追求，具有正向的导引作用。内蒙古非物质文化遗产教育就是将各民族优秀的文化成果与各民族历史、艺术、哲学等人文知识通过各种传承形式，使之内化为人的气质修养、陶冶人的美好心灵，润物细无声地影响代代年轻人健康成长，帮助他们形成健全的人格。

（二）内蒙古非物质文化遗产涵养了中华民族精神，具有爱国主义教育价值

非物质文化遗产是一种正在进行的活的文化实践活动，与物质文化遗产是一种过去完成的文化实践结果不同。它通过重复参与祖先的"饱含某种精神的实践"来传递和发展祖先的某种精神，与物质文化遗产主要通过继承人类祖先的"遗留物"来感知和传递文化不同。人们通过重复参与祖先曾从事过的相同或相似的非物质文化遗产实践活动，往往能体会到祖先从事这一文化实践的感受和心情。由此，他们在心灵上就会与祖先有一种亲近感，从而对祖先的某种精神产生认同，自觉而有效地传递这种精神。从这个层面上讲，非物质文化遗产传承过程本身就是一个教育过程，是一个民族、国家对本民族和国家文化产生共识和投入感的过程。这种文化认同正是一个民族或国家凝聚力的具体体现。目前，随着全球一体化的加深，文化交流日益频繁，西方文化价值观对国人思想冲击较大，一些人的民族情感淡化、爱国热情减退。提升民族自豪感和自信心，利用中华民族传统文化进行爱国主义教育，成为当代必要的思想政治任务。内蒙古非物质文化遗产作为中华民族优秀文化的组成部分，是各民族智慧的见证，也是连接各民族情感的纽带和共同的精神家园。民众通过它们可以领略各民族传统文化的风采，认识各民族优秀文化对中华文明的贡献，从而产生热爱家乡、热爱国家的赤诚情感。这种情感随着文化的积淀、认同、再积淀的过程，结合时代和社会发展的要求，不断增强民族精神的现代性，能够将饱含着爱国主义的民族精神发扬光大，持续促进中华民族文化认同。

民族精神根植于一个民族独特的发展历程中，是一个民族自身创造和世代相传的文明化石，也是一个民族继往开来的力量所在。中华民族历经曲折，却仍然形成了各民族人民对国家、对中华民族的向心力和凝聚力，根本原因就是爱国主义起着精神纽带作用。爱民族、爱家乡是中华民族爱国主义精神的直接体现，内蒙古非物质文化遗产以不同方式承载着各民族爱国主义传统，民歌就饱含各民族人民对社会、人生的体验，以及民族思想内涵。扎恩达勒作为达斡尔族民歌的主要形式，是达斡尔族音乐中一颗耀眼的明珠，真实地反映了达斡尔族人民生活现实、思想感情和民族性

格。扎恩达勒，达斡尔语，意为"民歌"，根植于本民族长期的生产生活，曲调高亢、豪放、悠远、抒情，分有歌词和无歌词两种。它的内容多赞美劳动生活、畅想爱情、歌颂英雄，尤以生活歌比重最大。《住在山里的达斡尔人》《尼尔基渡口》《采"昆米勒"》《春田的歌》《我们的家乡多么美》《美丽的嫩江》《幸福生活万年长》等，表现了达斡尔族人民在艰苦的岁月中应对生存挑战的智慧和热爱生活的思想品格，抒发了他们对家乡、民族的爱恋之情。如《尼尔基渡口》唱道："站在尼尔基的山岩上，向滚滚的纳文江眺望，可爱的纳文江啊，你是滋育我们的亲娘。站在尼尔基的山峰上，眺望纳文江流向远方，可爱的纳文江啊，梦中难把你忘记。"又如新时代民歌《幸福生活万年长》唱道："太阳的金光刚刚出山，嫩江两岸就传来了歌声，勤劳勇敢的达斡尔民族，迎黎明开始了一天的劳动。家乡似一幅美丽的图画，一天一样地在换模样，拖拉机在田野上翻开沃土，像黑天鹅张开了柔软的翅膀。太阳照亮了森林、高山，照亮达斡尔人心的是共产党，我们永远跟党走，美好的幸福生活万年长！"[①] 伴随着歌声传唱于山野林间、河谷牧场、江河舟排上，扎恩达勒以达斡尔族艺术形式生动地表达着达斡尔族人民对生息的热土、自强的民族炽热的情感，不断凝聚成对祖国、对共产党的深情厚谊。

民俗不仅仅是一种民间自我传承的文化事象，还是一个民族自由表达情感、展现独特精神风貌和世界观的一种行为方式。[②] 节日更是各族人民对民族、对家乡、对祖国情感的具体呈现。瑟宾，鄂温克语，意为"欢乐、祥和"，瑟宾节是鄂温克族传统节日，由于其部族居住分散，曾一度失传。根据鄂温克族人民的愿望，鄂温克族自治旗人民代表大会常务委员会于1994年重新确定每年6月18日为瑟宾节，并定"彩虹"歌舞为节日歌舞，古老的民族节日重新回归于鄂温克民族生活中。瑟宾节是鄂温克族欢乐团聚的盛会，每当节日来临，能歌善舞的鄂温克族人们汇集在号称"天下第一敖包"的巴彦胡硕敖包周围，高歌起舞、尽情欢庆，抒发自己心中的激情和生活的快乐。瑟宾节活动有着浓郁的民族风情，以篝火晚会、祭祀敖包传播鄂温克族文化，能够在令人心旷神怡的草原风光和松涛激荡的森林之中激发广大民众对家乡、对民族和祖国的热爱。节日期间还

① 毅松、涂建军、白兰：《达斡尔族　鄂温克族　鄂伦春族文化研究》，内蒙古教育出版社2007年版，第78—79页。

② 白丽梅：《民俗的符号学诠释》，《光明日报》2004年8月17日。

举行鄂温克族民间歌舞表演与传统的体育项目比赛，如阿罕拜舞、抢枢、赛马等，进一步提高了人民群众的民族荣誉感，增进了个体对民族的认同。长期以来，瑟宾节延续着鄂温克族坚强自立的民族传统，起着振奋民族精神、鼓舞团结进步的作用。除了鄂温克族自治旗，莫力达瓦达斡尔族自治旗巴彦鄂温克民族乡、阿荣旗查巴奇鄂温克族乡以及扎兰屯市萨马街鄂温克民族乡、根河市敖鲁古雅鄂温克族乡、陈巴尔虎旗鄂温克民族苏木等，每年也都以不同形式举行欢庆瑟宾节的活动。各地区鄂温克族人民在甘河边、嫩江岸上，在田野上、山林里尽情欢歌跳舞，抒发对家乡、对民族、对社会主义祖国的无限爱戴之情，有利于形成各民族对统一国家的向心力。

作为人类文明标志的民族精神，是以不同民族文化的形式为载体进行传承的，它离不开民族文化环境和氛围。因为民族精神不是通过自然遗传来延续的，而是在社会文化、民族传统文化的环境和氛围下，通过后天的教育、沿袭以及人际交往、代际传递的方式来继承并发展的。内蒙古非物质文化遗产反映了多样化的社会生活，是各民族人生经验的总结、思想的沉淀和精神的象征。它能够告诉我们应如何面对生活和创造生活，使我们在得到人文知识教化的同时获得人性的陶冶，增强民族认同感、亲近感，形成对统一多民族国家的敬爱之情。它的教育传承，不仅是民族民间文化资源进入主流的过程，也是对世代相传沉积下来的民族生存智慧和生存精神加以认识、延续并发扬光大的过程。为此《国务院办公厅关于加强我国非物质文化遗产保护工作的意见》（国办发〔2005〕18号）指出："要充分发挥非物质文化遗产对广大未成年人进行传统文化教育和爱国主义教育的重要作用。"强调"教育部门和各级各类学校要逐渐将优秀的、体现民族精神与民间特色的非物质文化遗产内容编入有关教材，开展教学活动"。这也是时代赋予学校教育的职责使命。

（三）内蒙古非物质文化遗产整合了各民族质朴健康的伦理思想，具有道德教育价值

人类教育活动最显著的特征即它是人类有目的地培养人的活动，道德教育作为人类教育的主体内容更是如此。它以培养人类的道德为主旨，是一种满足人自身精神需要的价值追求，有利于人类本质的发展和进步。道德教育的意义具体表现在：它以符合社会文明进步的标准，促使人超越自身的自然性和有限性，适时调整自我精神追求，理智地对待人类社会中各种共存关系。这就揭示了道德教育的核心就是尊重生命，包括尊重自己的

生命、尊重他人的生命和尊重自然界一切生物的生命，体现了对个体独特性和自主性的尊重，以及对人生命价值的理性关照。内蒙古非物质文化遗产传承了各民族的传统美德，其中一些伦理道德、行为规范，能够激励个体生命的理性自觉和人的生命意识，使人们严格遵守、主动认同外在的道德规范以符合德育的新要求。这些思想道德规范对于提升人的生命价值，让个体生命在有限的时空里充分发挥潜能，以健康有为的方式实践自己的人生也具有相应的教育功能。

诚实守信作为规范公民行为的基本准则，是一个人道德品质和道德信念的体现，也是我国当前思想道德建设的重点。内蒙古非物质文化遗产作为一种内涵型的精神文化遗产，包含着有益的品德教育资源。博克，蒙古语，意为"摔跤"，是蒙古族传统体育项目，也称"蒙古式摔跤"，具有蒙古族特性的象征意义。蒙古族博克比赛追求顽强拼搏，场面宏阔壮观，但却有自己独特的规则和方法。比赛规定：同时进场比赛；不准打脸、拽头发和触及眼睛、耳朵；不准突然从后背拉倒对手；不许抓腿抱腿；互不侵犯有"将嘎"（项圈）的部位等。如违反规定，选手便失去比赛资格。而且比赛实行单循环淘汰制，以将对方摔倒于地为赢，一跤定胜负。比赛还要求恪守约定俗成的退让礼节，绝不乘人之危，胜者扶起被压倒者以示敬意与歉意，表现了博克手们光明磊落的个性和信誉至上的品德。博克追求强壮健美、机智勇敢，也崇尚诚实守约、公平互敬，它不仅仅是一项传统体育运动，还深藏着德性教育意蕴。在当今倡导诚实守信、遵纪守法的时代，博克蕴含的精神内涵有利于培养人们以诚立命、以信立行的价值观和符合社会公德的行为规范。

内蒙古非物质文化遗产中各种民俗节庆、纪念日，也是当代提高公民道德修养的载体。车铺渠二月二灯游会作为包头市固阳县一年一度的传统盛会，对于促进各族人民形成同舟共济、协力发展的共识起着催化作用。灯游会是包头市固阳县各民族人民团结友爱、奋进发展的缩影。每年春季农事活动即将开始之时，也就是农历二月初二晚上，在包头市固阳县金山镇车铺渠盛大举行。人们通过粘彩灯、扭秧歌、踢股子、唱大戏，尤其排着队转过有着 365 盏灯笼组成的"九曲河灯阵"，祈愿一年四季风调雨顺、五谷丰登、幸福美好。这一传统民俗活跃了各族人民群众的文化生活，是提高民众集群意识、增强团结协作精神的盛会，有助于培育同心同德、勤劳奉献的时代精神，增强道德教育的感染力和渗透力。

　　礼仪是人们共同遵守的基本道德规范，是相互敬重、相互理解的基石，尊重礼仪、崇尚礼仪也是道德建设的主要内容。内蒙古各民族都是讲究礼仪的民族，花甲礼就是朝鲜族礼仪、道德、价值观的体现。古代，朝鲜族就把尊老、爱老视为传统的道德准则，花甲礼即为60岁老人生日举办的隆重的"花甲寿宴"。花甲礼极为讲究，举行寿宴当天，参加者须穿着朝鲜族服装列席，按照严格的程序进行。其中，祝寿者对寿星敬酒、行大礼的献寿过程最为隆重，以感谢父母、先辈的养育之恩。献寿之后，参加者献上极具朝鲜族特色的顶瓶祝寿舞，为花甲宴增添了喜庆、祝福的浓重气氛。花甲礼是朝鲜族儿女们向父母表达孝心的礼仪，富有道德修养内涵。蒙古族也非常注重礼节，鄂尔多斯蒙古族交往礼俗继承了具有宫廷文化特点的蒙古族古老的迎送和接待宾客礼仪。尤其过大年期间，礼节更隆重，人们相互间献哈达和交换鼻烟壶、拜年问候，然后进行敬献察干伊德、请喝茶、敬酒仪式、献全羊等一系列礼仪。鄂尔多斯蒙古族交往礼俗与朝鲜族的花甲礼一样，不仅极具民族特色，其礼仪过程还充分体现着人民律己敬人、热情好客、尊重长辈的良好传统。这就使得每一次礼仪过程就是一次民族传统礼仪的教育活动，世代弘扬了尊老爱幼的传统美德，对于人们形成倡导修睦向善、相互尊重的道德行为具有示范作用。

　　生态道德是思想道德的组成部分，也是现代社会衡量一个人全面素质的尺度。内蒙古非物质文化遗产也蕴藏着难能可贵的生态道德教育资源，阿曼乎朱祝福仪式就是居住在内蒙古赤峰市科尔沁草原巴林蒙古族的传统信俗，也是蒙古族牧民对大自然和众多生灵尊爱、感恩情感的一种表白。阿曼乎朱，蒙古语，指家畜的环椎骨，蒙古族认为椎骨是所有生灵的灵魂留存处。每到初冬时期，巴林蒙古族都要宰杀一些牛和羊，为一冬一春食用做准备，也称"制冬食"。为了表达对任劳任怨、无言无怨的家畜的感谢，他们就举行仪式把宰杀的家畜椎骨恭敬地放在一条长哈达上当作祭火的供品，请来老者诵颂祝赞词，赞美其一生勤勤恳恳为主人效力的精神。仪式中，人们对因食物供给需求的宰杀，还真诚地表达惋惜之情。阿曼乎朱祝福仪式具有浓厚的传统文化色彩，以习俗的形式传递着人与自然平等的价值观，表现了蒙古族追求生态平衡的愿望。它有利于人们建立起与自然亲密的关系，理性认识、定位人的作用与能力，这也是当代社会公德规范的要求。

　　人是有社会和精神内涵的生命体。人的生命崇高在于能够按照长期生活中形成的生命价值追求和行为规范，约束自己的本能，使之摆脱任意性和自我性，从而超越生物的有限性，建立生命的意义。道德教育以生命为出发点，促使人在对生命的敬畏中不断思索生命的意义，选择自主的道德行为，实现人的精神需要的满足。这是人的生命自我实现的一种方式，也是人类文明社会发展的需要。只有敬畏生命的信念在每一个心中起作用的时候，每个人对生命怀有敬畏感时，人类才能建立起永久的和平。① 内蒙古非物质文化遗产中大量的优秀成果可以对人们，尤其是青少年的道德发展起到熏陶作用，使他们在健康的道德榜样影响下接受良好的道德教育。这种教育可以让人们分清善恶、明辨是非，并在对比中自觉选择正确的道德观念，树立理性的价值观和世界观，成为一个对自己、对社会、对自然负责任的德才兼备的人。这其中包含着对个体生命本身的尊重、规范、引导和提升，符合现代社会人的本质和尊严的内在要求。因此，内蒙古非物质文化遗产的道德教育能够帮助个人在与他人、世界的关系认同和实践中，把自己的生命与他人的生命、与世界紧密相连，真正体会到自身生命的存在和意义。同时它还有助于民众在相互沟通中培养集体主义、职业责任感与幸福生活观，从而使道德准则内化为理性的自律实践。这势必对当今社会主义道德建设起到有力的推动作用。从这个意义来讲，内蒙古非物质文化遗产的道德教育既符合社会主义道德建设的要求，在当今社会具有现实价值，也体现了对个体价值的尊重。

（四）内蒙古非物质文化遗产包含着与时俱进的发展内涵，具有创新教育价值

当今世界，科学技术发展迅速，人类社会已进入知识经济时代。科技竞争已成为国家综合国力最重要的组成部分，是一个国家富强、民族兴旺的关键因素。科学技术发展依靠创新能力和创新精神的提升，而创新的关键在于人才，在于培养人的创新精神、创新能力和创新人格。这就表明创新教育在当代社会肩负着不可推卸的责任，是推动社会发展的必要途径。创新教育是通过传承人类文化和促进人类文化繁荣和发展的基本功能，激发劳动者的创造精神与创造能力来实践个体对社会的价值过程。② 面对新的挑战，弘扬中华民族的创新精神，重视创新教育，提高我国综合国力，

---

① ［法］阿尔贝特·史怀泽著，［德］汉斯·瓦尔特·贝尔编：《敬畏生命》，陈泽环译，上海社会科学院出版社 1995 年版，第 17—18 页。

② 刘松、胡卫东：《论创新教育价值取向》，《中国成人教育》2008 年第 20 期。

已成为我国现代教育的特殊使命。创新教育需要积极探索，也需要文化积累。内蒙古非物质文化遗产作为各民族活的代际文化，保存了各民族过去的文化足迹，也再现了各民族文化发生、发展与演变的历程，见证了各民族的探索能力，为民族文化创新发展奠定了坚实的知识基础。并且非物质文化遗产的流变性也决定了其在发展过程中具有很强的适应性，既是古代文明的结晶，又是对现代文明的结合与创新，闪耀着时代风采。这就使得它不仅本身就是当今文化创新的源泉，激励着人们的创新潜力和创新精神的发挥，其创新求变的特性还可以培育各族人民的创新思维和创新意识。

内蒙古非物质文化遗产是各民族创造能力的产物，也是各民族创造力的源泉。无论在表达人类情感、增强自身生存能力，还是处理人与自然关系、规范人类社会秩序等方面，它都潜藏着新奇的思维方式和处理技巧。查玛舞是藏族、蒙古族人民智慧的结晶，也是我国民族文化宝库中的珍品，其不凡的艺术表现力是内蒙古民族艺术发展创新的基础。查玛是一种宗教祭祀活动的仪式舞，起源于西藏，16 世纪传入内蒙古地区。在长期的发展演变过程中，它融入蒙古族舞蹈技艺的精华与民俗风情，成为一种具有蒙古族特点的宗教舞蹈。查玛主要表演于宗教节日时的寺庙中，以期望平安顺遂、避祸除灾为表现内容，舞蹈造型极富艺术想象力。大查玛（主神）动作沉毅坚定、庄重徐缓；小查玛（皈依神）动作乖巧多变、灵活敏捷；鸟兽神模拟兽禽类体态动作、形神兼备，充分体现了蒙古族、藏族人民在舞蹈艺术上出色的创造力。查玛作为一种宗教仪式舞蹈，创新了蒙古族艺术的内容和形式，至今仍在蒙古族舞蹈的创作、表演和教学中发挥着一定的作用。随着时代的前进步伐，它不断提高、发展，成为社会主义的新艺术。1963 年，杰出的蒙古族舞蹈家斯琴塔日哈对查玛舞进行了发掘，将其艺术精华贴切地注入蒙古族舞蹈史上第一部民族舞剧《乌兰保》创作中，在舞剧民族化的道路上做了卓有成效的尝试。著名的《鄂尔多斯舞》和《鹿舞》也从查玛舞蹈中吸取了很多动作技巧，其中贾作光编创的《鄂尔多斯舞》还在第五届世界青年联欢节（波兰）舞蹈比赛中获金质奖。宝音巴图编创的《嬉戏舞》，莫德格玛编创的《庙塑与舞蹈》《白胡子老翁》《古庙神恩》，以及仁·甘珠尔的《钢铁工人舞》，赵林平的《鄂温克小鹿》《鹿歌》等，都是从查玛舞中吸纳其主要动律和动作的精华而获得成功的。这是查玛在新时期的提高和发展，显示出其在当代创新教育中的价值。

迎接未来科学技术的挑战，最需要坚持创新和勇于创新的精神，内蒙古非物质文化遗产本身就承载着民族创新的因素。鄂温克族希温·乌娜吉是自治区级传统美术项目，在当代民族文化传承中利用新科技走出了一条脱茧而出的创新发展之路。鄂温克族是一个民风淳朴的森林民族，也是一个富有想象力的民族。鄂温克族希温·乌娜吉就是鄂温克族人民以传说中象征着光明和温暖的"希温·乌娜吉"（太阳姑娘）为意象主题，用牛羊皮和貂毛镶嵌玛瑙石、石榴石制作成的各种太阳花饰品，以民族特有的审美方式世代传颂着光明使者。鄂温克族希温·乌娜吉作为民族的吉祥物，是鄂温克族精神文化的浓缩，始终在其生活中占有特殊的地位。但在现代化社会中，它仅限民族自我享用，范围有限，无论对文化影响力，还是其自生能力，都是一种限制。自治区级传承人乌仁为了传承以太阳花为代表的鄂温克族民间手工艺，创立了索伦希温坎传承发展中心。她集思广益，遍访国内鄂温克族民间艺人，在掌握传统核心技艺的基础上，加以改进创新。另一方面，她突破传统思维，和女儿利用互联网做电商，并通过微信进行太阳花产品创意。随着传播效应不断增强，订单来自全国各地，一年达 1 万多个，线上线下供不应求。现在，她们每年都会推出包含太阳花元素的文化产品，如胸针、耳环、车挂、手机支架、鼠标垫等，不断增强与当代生活审美的结合度。她们创新开发的太阳花饰品也相继荣获中国妇女手工制品博览会妇女儿童最喜爱产品奖、2017 中国—东盟博览会文化展文化创新奖、2018 中国旅游商品大赛参赛奖。如今，鄂温克族希温·乌娜吉已成为具有象征意义的鄂温克族文化品牌的代表，被媒体形象地赞誉为：绽放在传承路上的鄂温克族"太阳花"。不难看出：经过创新发展，鄂温克族希温·乌娜吉已不再是单一的民族吉祥佩饰物，又增加了商贸、旅游、文化交流等经济、教育、社会等价值功能，提高了自我生存的能力。自 2015 年至 2020 年，太阳花产品展销收益 100 多万元。其中，2019 年收入 35 万元，2020 年新冠疫情期间，太阳花线上销售优势明显，仅 5 月份制作的手工艺品销售额就达到 3 万元。① 这对于草原文化在当代的创新发展，具有教育意义。特别是其中蕴含的勇于创新、坚持创新的精神，更是培育人们创新理念的内在力量，这种传承性和新生性为后人提供了不断创新发展的空间和动力。

---

① 乌日乌特：《太阳花——非物质文化遗产产业发展模式研究》，《阴山学刊》2021 年第 2 期。

实践证明：创新是一个民族进步的灵魂，是国家兴旺发达不竭的动力。文化创新是文化发展的生命之源，而文化遗产又是文化创新的源泉。将内蒙古非物质文化遗产纳入创新教育资源视域，加强发展非物质文化遗产的创新教育，将会激起各民族文化创新的出现，推动社会进步。创新教育是培养创新人才的必然途径，也是当代素质教育的灵魂、核心，把素质教育推向了一个新的台阶。为了实现培养创新人才的目标，就要求深化当前教育改革、全面推进以培养人们创新精神为重心的素质教育，重视挖掘内蒙古非物质文化遗产蕴含的创新资源。这是当今素质教育的需要，也是提升民族和国家文化竞争力的需要。

亘古至今，教育作为人类文明传播的重要途径，对于民族文化传承发展的意义不言而喻。当代社会中，非物质文化遗产的传承离不开良好的社会环境，也需要挖掘其自身价值，增强其自我传承、自我延续的能力。非物质文化遗产蕴含的教育价值是其持续传承的内在力量和条件，有效的教育传承可以凸显其教育价值，增强其自我保护、活态传承能力。内蒙古非物质文化遗产是一个民族的精神文脉，连接着各民族内在情感与心灵。延续传承这些民族优秀的文化财富，对于每一个民族的生存与发展，具有独特的作用。在当代传承濒危的境况下，充分挖掘、发挥内蒙古非物质文化遗产的教育功能，有利于弘扬优秀的民族文化，增强其有效传承性。我国非常重视实践这一教育价值，《中华人民共和国非物质文化遗产法》第四章第三十四条明确规定，学校应当按照国务院教育主管部门的规定，开展相关的非物质文化遗产教育。各级学校理应承担起相应的责任。

二 内蒙古非物质文化遗产的经济价值

非物质文化遗产是历代先民创造的精神财富，也标记着一个绵延的文化传承过程。在这个传承过程中，能否服务于各时代人们的生产生活，能否为时代认同选择、重新构建价值体系，是其中的关键。也就是说，它必须服务于社会需要才能生存，其传承主要依靠自身价值的有效开发和利用，才能获得持久的生命力。非物质文化遗产的经济价值具体指它具有成为时代经济需要和文化建设资源的潜质，体现了其在经济上的意义。内蒙古是我国非物质文化遗产资源的富有地，也是西部经济欠发达的省域，民族经济发展与建设始终是内蒙古的首要任务。内蒙古非物质文化遗产是各民族在数千年历史发展长河中、在壮阔的蒙古高原地域内创造的文化财富，它们不仅具有认知历史、科学研究、艺术审美等功能，还是内蒙古旅游业、特色经济和文化产业发展有利的文化资源。从现实角度看，适应其经济价值属性要求，在保持它本身按内在规律自然衍变的前提下，进行科学开发与利用，促进文化资源向文化资本的转化，对于遗产本身的有效传承以及内蒙古经济发展都具有实际作用。其经济价值主要体现在：

（一）内蒙古非物质文化遗产独具民族风情，可以提升内蒙古旅游业的竞争力

内蒙古自治区是我国北疆草地资源富饶、民族文化特色鲜明的少数民族地区，生态区位特殊而重要。发展自治区旅游业既有文化战略意义，也具有生态经济意义。从影响因素分析，发展旅游业的要素是旅游资源的丰富性和差异性，这是旅游业发展的物质基础和竞争力。内蒙古非物质文化遗产是各民族在各自不同的历史时期以口述、身体为媒介所创造出的传统文化，具有原创性。同时它还是一个民族文化传统最直接的表达方式，体现了特定民族的思想、情感和意识，是不同民族之间相区别的标志性文化。正是这种象征性赋予它以特殊的魅力，使其成为极具吸引力的人文旅游资源。目前，自治区级非物质文化遗产多达 487 项，涉及蒙古族、达斡尔族、鄂温克族、鄂伦春族、汉族、俄罗斯族、满族、朝鲜族、回族等各民族。这些文化事项以各民族生活为依托，真实、鲜明地展示着各民族多彩的文化风貌与文化个性。无论多样性还是代表性，它们在全国非物质文化遗产中都占有一定优势，显示出较大的旅游开发潜力。

内蒙古非物质文化遗产富有别样的草原民族风情，展现了千姿百态的民族文化差异性，可以满足旅游者求新、求变的心理需求。其中以蒙古族民间文化最具代表性，勒勒车制作技艺是蒙古族宝贵的传统工艺，也是游牧历史生活的印记。勒勒车，蒙古语称"哈斯克"车，是蒙古族牧民传统的交通工具。它的制作特点是整车不用铁件、轮体高大、结构简单，主要以草原上耐潮湿、质地坚硬的桦木为原料，对于草地、雪地、沼泽地等有较强的适应能力。勒勒车有"草原之舟"之称，是草原牧民流动的家，常常随着游牧迁徙缓缓远行于悠扬的牧歌中，显示着草原牧区特有的风情。它是古代蒙古族社会生活的真实写照，陪伴着蒙古族在草原上生长和发展。

歌舞是鄂温克族人民生活的重要内容，阿罕拜就是鄂温克族最具代表

性的民间舞蹈形式，也是鄂温克族妇女在节日和盛会时所跳的一种自娱性舞蹈。它没有音乐伴奏、以呼号为节，舞步刚健有力、节奏感强烈，令人意兴飞扬、心弦激越。阿罕拜舞形态原始古朴、具有奔放的民族风格和广泛的群众性。它以艺术的形式延续了鄂温克族近千年历史的民族风俗，传颂着鄂温克族妇女率性、自由的性格特征，是该民族长期狩猎、游牧生产生活的活态体现。同样，巴斯克节作为俄罗斯族最隆重、最热闹的节日，也以异域风采增添了内蒙古非物质文化遗产的吸引力。巴斯克节即"耶稣复活节"，是额尔古纳市俄罗斯族传统节日，时间一般在每年公历 4 月下旬至 5 月上旬间，持续 7 天，相当于汉族的春节。节日期间，俄罗斯族民众身穿节日盛装、载歌载舞，其乐融融，并通过撞彩蛋、做"古里契"（圆柱形蛋糕），互致祝福、共同祈求一年的平安与吉祥，洋溢着欢快的俄罗斯民族风情。

　　非物质文化遗产不同于自然旅游资源，还能给旅游者带来深层次的文化享受，使他们领略到蕴含其中的民族精神特质，可以满足旅游者求知的文化品位。梅日更召信俗作为内蒙古国家级非物质文化遗产代表性名录项目，是梅日更召（蒙古语，意为"聪慧的庙宇"）用蒙古语诵经祈福而形成的一种信俗传统。但它不仅仅是一种宗教民俗事项，还包含着多重的历史文化内涵。梅日更召始建于 1677 年，召址现属包头市九原区，为藏族、汉族风格结合的建筑群落，是目前中国唯一一座用蒙古语诵经的藏传佛教寺院。清康熙年间，随着藏传佛教在乌拉特蒙古部所在地区的传播，一世梅日更葛根迪努瓦改革用藏文诵经的传统，大胆使用蒙古语传教和诵经，使藏传佛教在蒙古族聚居地区更具亲和力。这一改革确立了梅日更召在蒙古地区藏传佛教寺院中不同凡响的地位，由此形成了世代相沿的信俗传统。所以，绝无仅有的梅日更召信俗作为蒙古族民俗宗教文化的典型代表，在展示蒙古族宗教信仰仪式与民俗活动的同时，还能使人了解这一独特文化现象所承载的多民族文化交融、藏传佛教蒙古化和乌拉特蒙古部发展的文化内涵。我们也可以通过品味乌拉特民歌中玄远的佛教色彩，深刻认识草原文化包容开放、博大精深的本质特征。

　　哈尼卡，达斡尔语，意为"玩具纸偶"，是达斡尔族传统剪纸艺术的升华。达斡尔族民间剪纸有着悠久的历史，把剪纸用于儿童游艺玩具哈尼卡，是对我国传统剪纸艺术形式的一次发展。哈尼卡由剪纸的人物头形和圆锥形的人体组合而成，其人物造型千变万化、结构精致巧妙，服饰色彩、质感、式样明显区别于其他民族的风格，具有达斡尔民族特色。哈尼卡是达斡尔族民间艺术仙葩，在达斡尔族妇女中世代传承。通过这一美术作品，我们不仅能体会达斡尔族妇女的勤勉聪慧和心灵手巧，还能领略这个民族特有的生活趣味和审美情怀。

差异性是旅游资源的灵魂，文化内涵是旅游发展的根基。旅游业要持续健康发展，必须重视对文化资源的运用，不断提升旅游业的文化品位。非物质文化遗产凝聚着特定民族的文化心理、精神气质，是民族文化的精华，而旅游本身是一种文化交流，两者有着很强的融合性。这表现为：旅游以非物质文化遗产为底蕴，可以促进文化资源的资本化，推动旅游业的深度发展；非物质文化遗产以旅游为载体，可以展示其文化内涵和品质魅力，实现其自身的经济价值。两者在融合中，可以达到相互提升和共赢的良效。内蒙古非物质文化遗产作为旅游资源，具有迥异于农耕文化的独特性和新颖性，能使旅游者感受到别具一格的草原文化的精神品质，增强人们对以蒙古族为代表的各民族文化的认识和理解。这不仅有利于提升内蒙古旅游业的竞争力，还可以有效发挥自治区旅游资源优势，实现文化资源的保值增值甚至创新，促使旅游业成为内蒙古新的经济增长点。不过，在开发利用的过程中，不能单纯将这种旅游视为一种经济活动而偏重追求经济效益。因为文化遗产的存在，不只是一种传统技艺或民歌、民俗等表现形式。民族性是非物质文化遗产旅游资源的生命力，文化性也是其存在的价值内涵，其民族性和文化特质与历史环境、人文环境密切相关。只有在保护文化遗产固有的本质特征及赖以生存的生态环境的基础上，合理地开发利用，才能促进内蒙古旅游经济的长足发展。

（二）内蒙古非物质文化遗产拥有明显的区域特色，有利于形成自治区民族特色经济

市场经济是由经济发展的客观规律决定的，也是历史的必然。内蒙古是我国第一个成立的少数民族自治区，由于历史原因，内蒙古经济形式较为单一、具有较强的依赖性，资源配置也不合理，在当今市场经济竞争中处于劣势。在经济欠发达的民族地区，区域比较优势即区域资源禀赋差异最能体现区域经济特色，是区域竞争力的基础。发挥这一优势，是提高市场参与能力的途径之一。特色经济就是主要依托区域内特色资源、特色技术而发展起来的比较优势经济，适合于经济基础较薄弱、文化资源独特的民族地区。内蒙古民族文化不仅富裕，还具有明显的区域比较优势即区域

资源禀赋差异，非物质文化遗产更具有标识性，是内蒙古特定生态环境中的原创文化，很多成果具有稀缺性或唯一性。这种特性强化了其生命意义和文化地位，也使其具有了经济价值的增值性，成为最能体现文化差异性的文化资本。

特色经济是区域自然、经济、社会、政治、人文因素共同作用的结果，其形成基础是区域内特定的自然资源。地域性越强的资源越具有独占优势，从而越易成为区域优势资源，并影响着地区特色经济的形成及持续发展的生命力。察干伊德作为内蒙古非物质文化遗产传统手工技艺类的代表，具有区域资源的天然禀赋，展现着草原民族特有的生活技艺，是自治区特色经济形成的支撑资源。察干伊德，蒙古语，意为"白食"，即奶食品，代表圣洁纯净的食品，被称为"百食之长"。察干伊德种类繁多，均以鲜奶为原料，为纯天然食品，其制作技艺也独具草原风格，是蒙古族游牧生活经验的科学化凝练。乌如木即奶皮子，是鲜牛奶多次煮沸、凝固而形成的奶食精品。比西拉格即奶酪，也是以鲜奶为原料，经过浓缩、发酵而成的奶制品。由于工艺独特，它们保留了牛奶中的精华部分，营养完备，具有食疗作用，如奶酪富含优质蛋白质、钙，并使蛋白质的吸收率达到了96%—98%，被誉为"奶黄金"。据元代《饮膳正要》记载：牛酪（奶酪）"味甘、酸，寒，无毒。主热毒，止消渴，除胸中虚热，身面热疮"，牛酥（奶皮子）"凉，益心肺，止渴、嗽，润毛发，除肺痿，心热吐血"①。察干伊德是蒙古族食品中的上品，因其草原特色和民族工艺成为蒙古族饮食的标牌，被赋予礼仪意义；还因其绿色的天然本质和食疗作用，具有经济价值和市场竞争潜力。内蒙古伊利实业集团股份有限公司与蒙牛乳业（集团）股份有限公司就是继承了察干伊德传统的制作技艺和优良本质，利用现代工艺及创新技术，不仅成为内蒙古乳制品行业的龙头企业，名列中国奶酪十大品牌企业，还发展为亚洲乳业领军者。2020年4月28日，伊利年报显示，2019年营业总收入902.23亿元，同比增13.41%，净利润70亿元，同比增长7.73%，连续6年创亚洲乳业第一。内蒙古利诚实业公司也将蒙古族奶食文化寄寓"塔拉·额吉"系列奶食品中，传了蒙古族传统的制作工艺和文化内涵，赢得较好的经济效益和社会效益。随着文化资源的有效利用，文化遗产也

---

① （元）忽思慧：《饮膳正要译注》卷3《兽品》，张秉伦、方晓阳译注，上海古籍出版社2017年版，第301页。

增强了其自身自我延续、自我生存的能力。

另外，自治区蒙药业也有着天然的药物资源优势，如以肉苁蓉、沙棘、牛黄、驼酥等动植物、矿物为原料的药材达 1300 多种，有散药、灵药、丸药、熏药、膏药等。[①] 蒙医药专家阿古拉在发挥蒙医辨证施治的基础上，运用蒙医传统理论解决现代生活疾病的视角，成功组方萨乌日勒（治瘫丸），开创了蒙医治疗萨病（脑血管偏瘫）的先河。该成果最终荣获全国（部级）中医药重大科技成果乙级奖，凸显了活态文化的经济价值。除此，赞巴拉道尔吉温针、火针疗法等蒙医疗法也都凝聚着蒙古族人民的医学创造力，体现着民族文化的独特性，都是有利于内蒙古特色经济形成的区域资源。

经济价值是在市场经济和消费社会条件下的价值形态。非物质文化遗产保护的目的"不在于'对'非物质文化遗产进行守护，而应该在'用'非物质文化遗产来守护和创造人类丰富的生活之中得以发现"[②]。内蒙古民族文化资源优势较为明显，却由于资源配置能力和利用效率比较低，长期以来制约了民族经济核心竞争力的形成。特色经济发展就要依托区域优势资源，实现区域生产要素的合理配置，以形成区域特色经济。针对此，适合现代市场经济的需要，应充分利用自治区非物质文化遗产中优秀的传统民俗及科学的生产、生活技能，结合先进的现代技术，把资源比较优势转化为竞争优势，发展特色经济。这是提高自治区核心竞争力、脱贫致富的必由之路，也是实现文化遗产经济价值的现实途径。

（三）内蒙古非物质文化遗产富含优质文化资源，有利于促进内蒙古经济的可持续发展

文化产业是一种内容产业，以知识、技术、创意等文化资源为核心发展要素，追求文化性和产业化的统一，与现代民众高层次的精神文化追求有着密切的结合点。更为重要的是文化产业资源消耗低、环境污染小，又是一种绿色经济，有利于节约型社会的构建，是内蒙古经济重点发展的方向。内蒙古文化产业发展有着丰裕而优质的文化资源，特别是非物质文化遗产蕴含着各民族特有的文化传统，是各民族文化的本质与核心，为内蒙古文化产业发展提供了源头活水。

---

① 罗布桑却丹：《蒙古风俗鉴》第 9 卷，赵景阳译，管文华校，辽宁民族出版社 1988 年版，第 150 页。

② ［日］菅丰：《何谓非物质文化遗产的价值》，陈志勤译，《文化遗产》2009 年第 2 期。

文化产业是以文化资源为基础进行文化生产和提供文化产品消费的文化经济活动。文化资源是其发展的前提和资本，注重民族个性和文化创意。内蒙古非物质文化遗产是蕴藏着各民族至臻品质的精神文化资源，在动态的传承过程中呈现出特有的凝聚力和创造力，是自治区文化产业建设中最具实力的文化资本。

鄂尔多斯婚礼是蒙古族最隆重、最热烈的婚礼形式，也是对蒙古族热诚、感恩品格的生命礼赞。它发源于蒙古汗国时期，形成于元代，素以传统的仪式和生动的祝词而闻名。鄂尔多斯婚礼最显著的特点是整个婚礼寓情于歌舞，以吉祥、幸福为主旋律，充满蒙古族风情。如新娘出嫁的宴会上唱《沙恩吐宴歌》；送亲的路程有《送亲歌》；新娘进入蒙古包时唱起《揭帏歌》；新婚夫妻双双跪拜时要唱《婚仪歌》；最后婚礼仪式结束时唱起《祝愿歌》，场面热烈、欢快、喜庆。鄂尔多斯婚礼象征着生命繁荣、圆满如意，集蒙古族祭祀礼仪、传统祝颂、民歌舞蹈之大成，突出表现了蒙古族人民对美好生活的热切期盼和豁达的民族性格。700多年来，它仍保留着古老的民族风格和艺术情趣，以其幸福、和谐的主题和华美的艺术情节，成为艺术创作的优选素材而广为传颂。早在1958年，内蒙古鄂尔多斯歌舞团吸取了鄂尔多斯婚礼的精华，以表演式节目最早将鄂尔多斯婚礼展露舞台。多年来，歌舞团艺术家不断创新、探索艺术形式，2010年将代表鄂尔多斯远古文明的青铜器、岩画有机融入其中，创作出大型民族舞蹈诗，并获得文化部第十三届文华奖特别奖。2012年，内蒙古阿拉腾阿尔汉吉有限责任公司拍摄了反映蒙古族民俗风情的20集电视剧《鄂尔多斯婚礼》。这是鄂尔多斯婚礼首次以电视剧的形式制作，全景式展现了蒙古族游牧文明以及鄂尔多斯婚礼文化的精髓，反映了这一国家级非物质文化遗产的时代价值。2014年，为了打造地区大文化、大旅游，提升文化品位、提高特色品牌文化的知名度，内蒙古阿儿含只文化有限责任公司出品了18集电视剧《鄂尔多斯婚礼》，发挥了品牌文化的效应作用。2020年8月，内蒙古东联旅游管理集团股份有限公司已连续举办8届鄂尔多斯婚礼文化节，以歌舞剧的形式展现蒙古族传统文化艺术的博大精深。该公司还将鄂尔多斯婚礼实景演出引入内蒙古文化产业示范基地——鄂托克前旗马兰花草原旅游景区，不断提升景区的文化品位与知名度。如今，通过不断与现代文化链接，鄂尔多斯婚礼在海内外产生了广泛的影响力，成为鄂尔多斯市与自治区代表性的民族文化品牌，其本身也得到广泛传播，进一步发展了蒙古族婚礼长盛不衰的传承力。

在追求经济文化一体化、环境与文化协调发展的今天，文化已成为当今社会经济发展的价值维度。内蒙古非物质文化遗产是民族文化中最具活力和感召力的部分，将这些极具影响力的民族文化精华融合于生产和服务中，势必会为经济发展注入活跃的生命力和卓越的文化品质。这不仅可以提升自治区经济的市场竞争能力，也有助于推动文化产业的升级、壮大，成为自治区经济的支柱产业，促进社会可持续发展。并且，将有条件的文化资源转化为文化生产力，产生的经济效益还能够增强文化遗产自身的传承能量。所以，大力发展独具民族特色的文化产业是实现自治区经济振兴的必然要求，也是促进民族文化遗产创新发展的有效途径，具有良好的经济效益和社会效益。为此，《2017 年内蒙古自治区政府工作报告》强调工作重点之一是全面繁荣文化艺术，深化文化体制改革，大力发展文化产业①。《2020 年自治区政府工作报告》仍明确"实施'智慧广电'工程，繁荣新闻出版、广播影视、文化演艺等事业，发展文化产业，让文化软实力成为新的竞争力。"②

的确，内蒙古非物质文化遗产展现了多民族的创造力、生存智慧及文化传统，是内蒙古特色的文化资源，对其合理利用，可以推动以文化促经济、以经济促文化的良性互动。但也应注意，非物质文化遗产具有不可再生性，是十分脆弱的文化资源。"对非物质文化遗产的保护、保存，也可以说是有关非物质文化遗产的专家们对其历史的悠久性、民族的异国情调以及珍奇性进行保证，使非物质文化遗产的利用价值得到提高。"③ 我们在开发、利用民族文化遗产经济价值时，应在保证其原生态优质基因的基础上进行产业化运作，以切实推动内蒙古经济的提质增效。

三　内蒙古非物质文化遗产的社会价值

非物质文化遗产浓缩了中华民族数千年的文明，是各民族民间文化的

---

① 内蒙古自治区人民政府：《2017 年内蒙古自治区政府工作报告》2017 年 1 月 24 日，内蒙古自治区政府网，http：//www. nmg. gov. cn/zzqzf/zfgzbg/zzq/201709/t20170919_ 639439. html，2020 年 8 月 28 日。

② 内蒙古自治区人民政府：《2020 年内蒙古自治区政府工作报告》2020 年 1 月 20 日，内蒙古自治区政府网，http：//www. nmg. gov. cn/art/2020/1/20/art_ 4213_ 296344. html，2020 年 8 月 28 日。

③ ［日］菅丰：《何谓非物质文化遗产的价值》，陈志勤译，《文化遗产》2009 年第 2 期。

历史聚合体和宝贵的精神财富，其文化价值功能呈现出多元性，也具有整体性。其中，社会价值是非物质文化遗产价值体系的目标，主要体现在文化遗产在满足人类文化需求的同时，还能为人类提供认同感和持续感。这即指非物质文化遗产具有促进社会正常有序运转、增强民族凝聚力的社会功能，显示了其在当代社会存在与传承的重要性。《保护非物质文化遗产公约》中也特别强调了非物质文化遗产促进和谐的作用，认为它"是密切人与人之间的关系以及他们之间进行交流和了解的要素"。这进一步肯定了其通过调整个体的精神世界协调人际关系、促进文化认同而达到社会安定、民族团结、生态和谐的理想作用。内蒙古非物质文化遗产是各民族深层文化和不同历史时期文化主题的高度凝聚，也是促进各民族间文化认同、民心相通的文化载体。它以特殊方式规范着各民族群体的行为方式与价值观念，有利于维系民族团结、促进社会良性发展，在当今社会主义和谐社会建设中起着应有的作用。其社会价值主要体现在：

（一）内蒙古非物质文化遗产浸润着以人为本的理念，有益于人自身及与他人、社会的和谐

古往今来，和谐社会作为政通人和、国泰民安、健康发展的社会状态，始终是人们追求的社会理想。这个理想的实现，从理论和实践上看，主要包括人自身的和谐、人与人的和谐、人与自然的和谐以及人与社会的和谐。从层级关系看，人是和谐社会最基本、最主要的构成要素，人的自我和谐是整个社会和谐的基础与前提，和谐社会首要任务和重要目标是促进人的全面发展。党的十六届六中全会明确提出，把以人为本作为构建社会主义和谐社会的指导原则。这一科学论断充分揭示了社会主义和谐社会及其构建的本质，鲜明地肯定了人民的历史主体地位。和谐社会是一个美好的蓝图，又是一个现实的社会历史过程。这期间，人民是和谐社会的构建者，也是和谐社会的享受者，这决定了构建和谐社会必须坚持以人为本的价值原则。只有把以人为本作为构建和谐社会的出发点，积极建设新型的思想道德文化，才能培养和完善个体的人格，不断推进人的全面发展，使人成为推动和谐社会建设的真正动力。人的自由全面发展是和谐社会的核心问题。它要求既要注重人的主动性和自觉性，又要尊重人的创造性和实际权益，还要关注人的内心世界的精神需求。内蒙古非物质文化遗产以不同的方式表现了各族人民的创造力以及人的自觉性、主动性，还以蓬勃向上的文化观念影响着人的价值观，充分体现了以人为本的价值和

意义。

内蒙古非物质文化遗产是各族人民在长期的生产实践中创造的，并通过自身的口述、肢体示范、观念等世代相传。这一过程中，具有能动性的人集创造者、传承者于一身，文化遗产的客观存在其实就是人的认识能力、创造能力的集中体现。二人台就是蒙汉人民集体智慧融合的成果，是蒙汉人民在长期的文化艺术交流与互动过程中产生的民间艺术品类。二人台来源于爬山调、码头调、蒙古族民歌以及外来民歌（主要是山陕民歌），后经过无数民间老艺人的加工创造和蒙汉劳动人民的共同努力，由坐腔形式逐渐形成了一种集唱、念、做、舞于一体的新型地方剧种。它以比较完美的艺术形式表现着清代农耕文化与草原文化交融的内涵，成为中国戏曲宝库中的奇珍异品。二人台传统剧目约有 120 个，富有民间百姓的生活情趣，堪称"活的民俗文化"。如《走西口》《五哥放羊》《下山》《挂红灯》《小放牛》《阿拉奔花》《打秋千》《拉毛驴》《打樱桃》《打后套》《卖麻糖》《回关南》《摘花椒》等，形象地反映了内蒙古移民地区劳动人民的生活观和价值观。

斜仁柱是鄂伦春族最具代表性的传统民居，也是鄂伦春族人民长期从事游猎生产生活的发明创造。它的制作技艺简易环保，不用钉、绳，利用木杆本身的枝杈交叉起稳固作用而搭成圆锥形的架子。斜仁柱外面的覆盖物，夏天用桦树皮或芦苇，冬天采用绣着美丽图案的狍皮，具有本土民族特色和地域性。覆盖的桦树皮在鄂伦春语里称"铁克沙"，指把桦树皮里外进行削平处理后，经过蒸煮、晒干再拼缝起来的。它的优点是美观、透明、轻薄，但经不住冰雹。覆盖的芦苇是指把剥去叶皮的芦苇用马尾线穿接成的围帘，隔热、耐湿，很适合夏季居住。斜仁柱制作技艺凝结着鄂伦春族长期的狩猎生活经验和科学认知，体现了这个没有文字的民族独特的创造力。

内蒙古非物质文化遗产不仅展现了各民族人民的聪明才智，还蕴藏有助于人民群众身心和谐、自强自立的文化资源，以特殊形式闪烁着人性的关怀。鲁日格勒舞，又称"哈库麦"，是达斡尔族传统舞蹈的代表，最能体现达斡尔族的艺术魅力和对生命的尊重。鲁日格勒，达斡尔语，意为"燃烧"或"兴旺"，鲁日格勒舞起源于达斡尔族先民早期狩猎生活，舞姿多重复各种劳动、狩猎的动作与模仿各种动物的姿态。如表现他们狩猎生产的熊斗、鹰飞，表现家务劳动的提水、挑水，表现渔业生产的制桨，表现田园劳动的摘豆角等，都形象地显示它的产生与达斡尔族人民的生产、生活、习俗密不可分。鲁日格勒舞是达斡尔族人民生活、情感的生动写照和自信、热诚品格的缩影，也是他们对辛勤耕耘、吃苦耐劳美德由衷的赞美。它以群舞为主，通过哲嘿哲、德乎达等呼号为节奏，充满热烈、欢快的气氛，昭示着一种群体的共鸣、和谐，能够给人以温暖的抚慰和集体力量的感动。

达拉根巴雅尔是鄂尔多斯蒙古部一种祭祀性舞蹈，来源于传统的招福仪式。通常在成吉思汗祭祀、敖包祭祀、圣火祭祀等仪式上，人们念诵祈祷词，摆动装有五谷、食品的招福桶或招福碗，以感谢天地护佑、祈望平安如意。这种古老的习俗具有游牧民族文化风格，是蒙古族谦逊而又自强民族心理的真实写照，也是蒙古族人民顽强的生活观和淳朴自然观的特殊表达方式，不断地培育着蒙古族民众健康的心态和进取的生活信念。

以人为本作为一种总的思维方式和价值取向，其精神内核是肯定和高扬人民的主体精神，实现"人"作为实践主体、历史主体和价值主体的目的和意义。构建和谐社会同样是以人为支撑力，"是人民群众自己的事业，必须尊重人民群众的主体地位和首创精神"①。把以人为本作为构建社会主义和谐社会的落脚点，就是尊重人的主体地位，即发挥人民的创造精神、保障人民的各种权益、推进人的全面发展。这能从根本上实现人与自然、人与社会、人与人之间关系的总体性和谐发展。内蒙古非物质文化遗产中以人为本的精神与和谐社会的本质要求相一致，是当代以人为本理念的思想源泉之一。它以一种人的精神创造、交流和传递的过程，蕴藏着以人为本的精神内核；以各民族的智慧才能，激发着人的创造活力；还以大量浸透着顽强执着、自由平等思想的精神内涵，塑造着个体的健康心灵。这契合了和谐社会建设中所提倡的尊重人的能力和促进人的全面发展的核心价值，充分体现了以人为本的人文理念。不可否认，对内蒙古非物质文化遗产的重视，有助于发挥人的主观能动性，促进人的全面发展，形成和谐社会人人有责、人人共享的生动局面。

---

① 胡锦涛：《切实做好构建社会主义和谐社会的各项工作　把中国特色社会主义伟大事业推向前进》，《求是》2007 年第 1 期。

（二）内蒙古非物质文化遗产赞颂着"天人合一"的生态意识，可以促进人与自然的和谐

在人类历史发展的过程中，人与自然的关系是人类生存与发展的基本关系，人类社会就是人同自然界完整的本质的统一。这表现为：人类的生存发展依赖于自然，也影响着自然的结构、功能与演化过程。人和自然同为人类社会生态体系中构成部分，都是有着生存诉求的生命体，存在着彼此互相影响、作用与反作用的互动关系。从这个关系可知，人类对大自然没有"予取予夺"的绝对支配权，天地万物是人类赖以生存的物质基础；人类的生存发展，一刻也离不开自然生态系统，必须学会尊重自然、善待自然。在人与自然的关系上，"天人调谐"思想在中华文明史上源源不绝。如儒家主张"天人合一"，道教提倡"道法自然"，就是肯定人与自然界的统一，反对片面地利用自然与征服自然，强调人与自然的和谐共生。中国古代思想家对人与自然关系的理论探索尽管有其历史局限，但他们深入探讨的人与自然共生共荣的价值目标，对于当今社会协调人与自然关系有着引导作用。人与自然和谐相处，应是人类在处理人与自然关系时的一种最基本的态度与法则，也是实现和谐社会的必要条件。人类社会的和谐有赖于人类社会同自然界的和谐。内蒙古非物质文化遗产颂扬着尊爱自然、节约环保的生态意识，也蕴含着人与自然和谐共生的朴素的环境哲学，体现了"天人合一"的和谐观念，是构建和谐社会的思想源泉之一。

蒙古族服饰是蒙古族文化的产物和形象标识，也是生态文明观念的承载体。从服饰的颜色上看，蒙古族尤为喜爱白色、红色、蓝色等自然、纯净的色彩。如像乳汁一样的白色寓意着和平；与广阔的天空一样的蓝色象征着坚贞、博大与忠诚，代表蒙古族品质；像火和太阳一样的红色能给人温暖、光明和愉快。蓝天白云、绿草红衣，构成了蒙古族追求的"天人合一"的生态和谐图景。蒙古族服饰表达了蒙古族人民对自然的挚爱，是蒙古族的族徽，在重大节日和盛会上，蒙古族群众都要穿着最好的蒙古族服饰。不仅如此，他们还经常穿着蒙古长袍，配以马头琴音乐，以接近自然之声的长调演唱着天人和谐之音：赞美草原土地、牛羊骏马、候鸟鸿雁；歌颂阳光云朵、怒放的鲜花、清澈的流水。正是通过这种情景交融、法乎自然的意境，蒙古族提醒着人类保护自然、注重环保的重要性。蒙古族服饰作为民族情感的表达方式，反映了游牧文明特有的生态性。它以基本的

民俗形式永恒地传递着尊重自然、爱护自然、回归自然本真的美好愿望，呼唤着人类对生存的世界担负起应有的责任。

驯鹿习俗全面反映了敖鲁古雅鄂温克族的文化特点，也体现着这个驯鹿部族对自然界的尊重爱护。敖鲁古雅鄂温克族长期生活在寒冷的大兴安岭地区，驯鹿适合这里寒冷的生存环境和森林交通条件，在其生产生活中居于中心位置。于是，他们就把驯鹿看成是最美好的吉祥物和希望、幸福的象征，并将对驯鹿的情感通过宗教信仰、歌舞、婚礼、服饰等形式，转化到民族心理结构和风俗习惯之中。在生活中，人们把身体健壮、毛色雪白的公驯鹿当作上天的使者来供养，期望驯鹿保佑人民过上平安、幸福的生活；每年冬至，以隆重仪式祭祀驯鹿神。不仅如此，为了表达对驯鹿的爱惜，他们还编创了《驯鹿神的故事》等传说故事、《小驯鹿找妈妈》等益智游戏，以及《驯鹿情歌》等舞蹈。① 驯鹿习俗是鄂温克族物质生活和精神生活的整体体现，它饱含着人与自然合为一体的生命哲理和珍爱自然界生命的生态伦理观，践行着人与自然和谐发展的时代主题，对于提醒人类善待自然、维护生态平衡有着警示功能。

"天人合一"是人与自然和谐共处不朽的精神和准则，也是人类社会可持续发展的最高理念。和谐社会应该是一个人与自然共生共荣、可持续发展的社会。目前，人与自然的关系十分紧张，如水土流失、土地荒漠化以及水资源紧缺、大气污染等问题，已经给人类生存和发展带来严重威胁。面对自然界给人类的警示，人类只有走可持续发展之路，尊重"天人合一"的古老和谐理念，才能保证人类社会系统和自然生态系统的协调发展与和谐共处。并且，也只有实现了人与自然的和谐相处，人类才能最终构建和谐社会。内蒙古非物质文化遗产中这些朴素的民间生态智慧，以不同方式传递着"天人合一"的和谐理念，充分表现了人类的协调性和人性之善，为和谐社会中人与自然关系的处理提供了科学的指向。我们应该重视这些资源，充分挖掘、利用其和谐价值，加强生态价值观教育，在全社会形成爱护环境、保护环境的良好风气，营造和谐生态文化环境。另一方面，我们还应以此为指导，把对生命的敬畏、对自然生态系统尊重的理念和原则纳入社会发展和生活方式之中，努力构建资源节约型、人与自然并重的和谐社会。

① 卡丽娜：《论驯鹿鄂温克人的驯鹿文化》，《黑龙江民族丛刊》2007 年第 2 期。

（三）内蒙古非物质文化遗产为多元民族文化共生共荣提供了价值基础，有利于各民族之间的和谐共处

非物质文化遗产作为精神文化遗存，根植于一个民族的独特生存方式中，是一个民族实践活动的体现，由于不同民族的实践活动是多元的，从而决定了非物质文化遗产本质上的多样性。文化多样性是人类社会的基本特征，也是人类文明进步的重要动力，它可以促进不同文化之间的交流、碰撞，推动人类文化繁荣发展。数千年来，中华各民族文化传统正是以其包容、理解的文化特质，在互相交流中借鉴、创新、发展，使中华文明呈现出绚丽多姿的文化风采，在世界文明史上卓然而立。这足以证明民族文化的多样性也是中华文化日益壮大的根源所在，"美美与共，和而不同"①是中华文明的文化价值观。同理，社会主义和谐社会也是一个具有开放、包容文化气质的社会，多元文化和谐共生共存是其显著特征。和谐社会需要多样性文化共生发展，和谐社会必然孕育着多样性文化的和谐发展。内蒙古非物质文化遗产是不同民族在不同时空环境下创造并传承至今的活态文化遗存，保留了各民族最原始的文化脉系，是各民族文化特质的根源，体现了"美美与共，和而不同"的文化价值观。

一个民族特有的文化形态和文化个性都会在其非物质文化遗产中有所保留和体现，都是无法复制的民族记忆。满族是内蒙古民族大家庭的一员，在漫长的发展过程中形成了具有本民族特色的婚姻风俗习惯，是内蒙古民族文化多样性的具体体现。满族婚俗凝结着满族礼仪风俗的精华，展现了满族风情画卷的实态。如新娘下轿后要脚踩红毡，寓意一生永远走红运；步入婚房之前须分别跨越火盆、马鞍，象征未来的生活红红火火、全家平安顺遂；洞房之后，还要坐帐，也叫"坐福"，实际上是"坐斧"，即新娘坐在下面放置一把新斧子的被褥上，寓意坐享幸福。除此，婚礼还保留了新郎射箭、新娘陪送枕头顶刺绣等古老的习俗，表现了这个民族悠久的射猎传统，也促进了满族枕头顶刺绣艺术不断繁荣和发展。满族婚俗是满族千百年来社会生活的一个缩影，从民俗的角度反映了满族文化的特点，传承着满族文化基因。

篝火节作为鄂伦春族唯一的传统节日，也是在特定的自然地理条件下

---

① 方克立：《"和而不同"：作为一种文化观的意义和价值》，《中国社会科学院研究生院学报》2003 年第 1 期。

产生的一种文化表现形式。由于终年生活在大兴安岭深处，火对于鄂伦春族象征着生命与希望，他们认为有了火鄂伦春族才得以生存、代代延续，从而形成对火有着特殊感情表达的节日。每逢 6 月 18 日，鄂伦春族男女老幼穿着色彩鲜艳的民族服装，聚集在点燃的篝火旁载歌载舞，在相互团结友爱的气氛里表达他们崇尚光明、赞美新生活的情感。篝火节蕴含着鄂伦春族的文化特质，是吉祥欢乐的象征。它以节日形式表达了鄂伦春族在艰难的生活环境中，对理想的追求、对生命的礼赞及对美好生活的期盼。

乌力格尔，蒙古语，意为"说书"，即"蒙语说书"，是与草原上蒙古族生活习性一致的一种说唱艺术，表现了蒙古族人民真实的生活和情感。它把广阔的草原当作舞台，以语言生动、形象典型见长，充满游牧生活气息。乌力格尔表演形式主要是胡尔奇（说书艺人）以四胡（或马头琴）伴奏，用蒙古语自拉自唱。许多艺人还具有用四胡模拟风声、马嘶鸣声等特技，富有草原自由开放的艺术格调。达斡尔族刺绣也有着自己民族的文化内涵，是达斡尔族内在情感的艺术表达。它的针法多样，主要以折叠绣最有特色；内容多取自与农牧、渔猎生产生活有关的自然界动植物题材；图案也具有生动的层次感和生态感。这些丰富的意蕴反映了达斡尔族妇女对大自然和美好生活的向往与热爱，也映射出本民族的审美取向和率真的性格特征。

民族文化多种多样、各具风采，都是人类文化整体内涵与意义的构成要素，都是不可置换的文化体系。正是这种多样性维护了人类文化生态的平衡和稳定，为社会和谐稳定发展提供了价值基础。"美美与共，和而不同"作为一种文化价值取向，其实质就在于多元文化的平等共存，以及各种不同文化形态在取长补短前提下的一种交融。这种价值取向同样是和谐文化的实践取向，是社会主义和谐社会的基本准则。因此，和谐文化本质上也是相互交融、多元共存的文化。和谐文化倡导在尊重差异性中扩大文化认同、在包容多样性中达成共识，是民族地区和谐社会构建的特殊要求和必要条件。社会主义和谐社会就是一个各种文化彼此尊重、共生发展的社会，必然追求和谐文化。内蒙古非物质文化遗产充分体现了文化多样性的本质属性，也深化了和谐理念内涵。它原生态地展现了内蒙古 55 个民族文化特有的价值，充实了中华民族文化的多样性，促进了中华民族文化的融合与发展，为构建和谐社会提供了价值基础。

（四）内蒙古非物质文化遗产延续着"家国一体"的民族传统，能够促进国家的和谐稳定

和谐文化是社会和谐的文化升华，也是人们追求社会和谐的实践理想。它源自中国传统文化的和谐思想，融合了当今时代的和谐理念，成为中华民族共同的理想追求。社会主义和谐文化是中国特色社会主义文化的重要组成部分，是多样性与一元性的辩证统一，倡导一元文化的主导性。它主张在保持文化多样性的同时又融于中华民族文化大系统中，并强调用社会主义先进文化即主流文化在整个民族地区和谐社会构建中起主导作用，贯穿社会主义和谐社会发展的始终。① 社会主义先进文化的精髓是社会主义核心价值体系，"以爱国主义为核心的民族精神和以改革创新为核心的时代精神，社会主义荣辱观，构成社会主义核心价值体系的基本内容"②。这就要求新时期民族地区和谐社会的建设，必须正确处理多元文化与主流文化的关系，以社会主义和谐价值观的基本内涵为先导，促进各民族对中华民族的文化认同，形成全社会的共同理想。内蒙古非物质文化遗产将不同历史时期、不同民族"家国一体"的情怀积淀下来，是爱国主义的精神载体和社会主义价值体系建构的文化根源。智慧、有效地利用它们，有助于形成爱国主义主导下的多元文化和谐发展的局面，增强中华民族的凝聚力。

爱国主义精神是民族整合的强大精神力量和民族团结奋进的一面旗帜，它形成于"家国一体"的民族传统中，包含强烈的民族整体感和历史责任感。内蒙古非物质文化遗产以多元形式体现着各民族坚持正义、追求国泰民安的责任感。《少郎与岱夫》作为达斡尔族第一部长篇"乌钦体"民间叙事诗，就以近代（1914—1917年）达斡尔族人民真实的起义故事为原型，塑造了达斡尔族人民引以为荣的英雄和楷模，赞颂了农民英雄少郎与岱夫关切民族命运的拳拳之心和守疆卫土的历史责任感。它是达斡尔族民间长篇乌钦中的经典，已列入中华民族文苑之林，为国内外学术界所重视。这部长诗还具有深刻的社会教育意义，反映了劳动人民不畏强暴、勇敢抗争以及保国护民的民族传统，一直流传于内蒙古呼伦贝尔市等地区

① 邱仁富、黄骏：《论多元文化视域下民族地区和谐社会的构建》，《学术论坛》2007年第9期。

② 人民出版社编：《中国共产党第十六届中央委员会第六次全体会议文件汇编》，人民出版社2006年版，第22页。

的达斡尔族群众中，成为经久不衰地延续国富民安之理想的民间说唱艺术精品。新时期，乌钦继承这一优良传统，《祖国颂》《各族人民欢聚在北京》《我爱我的故乡》等作品，更是深情地表达了达斡尔族对伟大祖国的拳拳之心。"家国一体"的民族情感始终在家与国、个体与民族血肉相连的历史衍生中一脉相承。这些凝聚在非物质文化遗产中的民族情怀，对于今天的精神文明建设无疑是一笔巨大的无形财富，也是和谐社会建设的思想基础。

　　几千年来，中华民族总是在相互的融合中不断认同，形成对统一多民族国家的真挚情感。好来宝是最受蒙古族人民欢迎的民间说唱形式之一，至今已有700多年的历史，在赞美草原生活的同时，也热忱地歌咏着"家国一体"的民族情怀。它的表演抒情气氛极浓、曲调豪放，有较多的朗诵成分，群口好来宝题材内容多以赞颂祖国和故乡为主。如《祖国颂》："悠扬的长调牧歌，响彻这欢乐的草原，舒展婀娜的身姿，兴高采烈舞蹁跹。高举圣洁哈达，捧起奶酒鲜花，放开嘹亮歌喉，献给祖国中华。""东方升起的太阳，我的祖国，中华民族的母亲，我的祖国，震撼世界的巨龙，我的祖国！引领未来的强者，我的祖国！永不倒塌的万里长城，我的祖国，永不干枯的黄河巨浪，我的祖国，永不落叶的兴安松树，我的祖国，永不停息的万马奔腾，我的祖国！"其中对祖国炽热的情感，凝聚着中华民族的共同心理和价值追求，体现着各族人民对中华民族强烈的认同感。

　　和谐社会不是一种社会形态，而是一种社会状态和价值追求，这就意味着和谐社会拥有隽永的文化意蕴。这表现在：社会主义和谐社会还是一个文化多样性和文化主旋律形成的和谐整体的社会，即多元民族文化对以爱国主义为特征的中华民族精神的认同。中华民族精神的认同是促成中华各民族结为一体的纽带，是中华民族立于世界之林源源不断的动力。社会主义核心价值体系以明确的指导思想、弘远的共同理想、昂扬的精神风貌、和美的社会风尚为内容，具有强大的凝聚作用，成为各民族共同的价值观念。正是在这个意义上，以爱国主义为核心的民族精神和以改革创新为核心的时代精神，不但是中华民族薪火相传的精神支撑，也是建设社会主义和谐社会的精神动力。这也决定了民族地区和谐社会的建设应该发挥各民族先进文化作用，大力弘扬、努力培育全社会的爱国主义和创新精神。内蒙古非物质文化遗产作为各民族人民的精神栖息地，一代又一代地延续着中华民族传统观念中"家国一体"的社会意识，是形成爱国主义主导下的多元文化共生的和谐局面的推动力量。它所蕴含的中华民族的强烈认同感，是超越社会变迁、维系情感交融的特殊链条，为内蒙古和谐社会的构建提供了精神动力，能够增强中华民族的凝聚力。

（五）内蒙古非物质文化遗产中很多成果具有国际性、共享性特点，有助于增进国家间友好合作关系

非物质文化遗产是不同民族经过几千年积淀下来的内在传统，深深融入其民族成员的血脉，明显地打上了该民族的烙印。这种民族特性使得某一民族或地域的文化传播持续地保持着其民族或地区特色，呈现出其特有的稳定性和遗传作用。即便随着文化交流的深入，非物质文化遗产流播异地，这种特性仍是该民族文化身份的基本识别标志和文化认知的精神纽带。内蒙古位于多民族共存的边疆地区，由于历史的原因，其主体民族蒙古族存在着跨境分布现状。与之相一致，根植于他们传统生产、生活的文化创造——非物质文化遗产超越国界、影响广泛，具有几个国家共享的特征。如呼麦主要分布于内蒙古自治区、蒙古国和俄罗斯图瓦共和国，还有蒙古族马头琴、长调民歌、勒勒车制作技艺等蒙古族非物质文化遗产都是主要分布于我国与蒙古国的共享文化。另外还有俄罗斯族、朝鲜族非物质文化遗产也都具有共享特点。这种特征就使得各享有国之间存在着不能割断的文化联系，也为国家间对外文化交流合作搭建了桥梁，有利于推动地区间、国家间的友好来往，促进国家与国家之间的和谐与稳定。

内蒙古非物质文化遗产作为一种具有民族性特征的社会文化现象，许多形式具有现实价值，在社会中起着维系民族情感的作用。成吉思汗祭典是蒙古族最高规格、最隆重、最庄严的祭祀活动，也是对蒙古族影响至深的传统民俗活动。成吉思汗祭典指以圣主宫帐为核心的八白室和成吉思汗苏勒德祭祀，最早始于蒙古汗国窝阔台时代。元代进一步规范祭文祭词、制定祭祀制度，使成吉思汗祭典不断完善，成为蒙古族表达对长生天、祖先、英雄人物崇拜之情的重要载体。现今鄂尔多斯市伊金霍洛旗成吉思汗陵祭典，仍然较完整地保留了13世纪以来的祭祀方式。成吉思汗祭典在蒙古族历史生活中具有文化传播和交流作用，不是单一的一种祭祀活动，也是弘扬民族优秀文化的盛典。在成吉思汗祭祀中，大量的祭词是成吉思汗祭典能够世代相传的载体，也是成吉思汗祭典形成的主体。如在成吉思汗祭典中应用的祭词有50多部（篇）、长达5000行，形成的长篇韵文是

蒙古族珍贵的巨幅文献，承载着蒙古族值得骄傲的历史文化。并且，每年成吉思汗祭典举行时，世界各地的蒙古族云集伊金霍洛旗，有利于居住在不同地区和不同国家的蒙古族之间的情感交融与凝聚，也有助于国家间友好互动。

　　马头琴音乐也是中蒙两国跨境存在的蒙古族非物质文化遗产表现形式。马头琴以蒙古族挚爱的马头作为装饰，其音质音色、演奏方法寄托着这个诗意民族对草原的无限深情，是蒙古族传统音乐文化的徽标。由于其共享特点，随着中蒙两国文化联系的建立，以马头琴音乐展开的互访互动成为中蒙文化交流的重要事项。1988 年，我国享誉世界的马头琴大师齐·宝力高应蒙古国邀请以私人名义出访蒙古国，并在乌兰巴托成功举行了首次我国个人独奏音乐会，展示了我国在马头琴音乐风格发展与演奏技法创新方面所取得的成就。1989 年，蒙古国音乐家协会主席纳·赞亲诺日布、青年马头琴演奏家巴图楚伦等受邀，参加呼和浩特市举办的中国马头琴学会成立仪式。1992 年，继蒙古国国立马头琴乐团建成后，蒙古国马头琴音乐中心也相继成立，并邀请齐·宝力高为名誉主席。① 2018 年 7 月 1 日，第六届国际马头琴艺术节在蒙古国首都乌兰巴托开幕，来自蒙古国、中国、日本、俄罗斯、韩国、德国等 9 个国家的 300 多名马头琴选手参加比赛。2019 年 8 月 16 日，首届中国·内蒙古马头琴艺术节在内蒙古呼和浩特市举行，国内外 200 余名马头琴演奏家、专家、作曲家、制作艺术家汇聚青城。在共享音乐文化的人文交流中，中国、蒙古国等共享国加强了彼此之间的文化联系与了解，友好往来日渐频繁。展望未来，充分发挥这些遗产的民族文化纽带作用，必将促进国家与国家之间和谐关系的发展。

　　文化的国际交往有助于文化的交融和发展，也有助于推动国家之间的交往与合作，促进地区的和谐与稳定。在倡导世界和平、共同发展的新形势下，利用内蒙古非物质文化遗产共生、共有、共享的特点，开展不同地区、国家间文化保护工作，可以使我国与共享国形成良好的合作关系。2005 年，中国与蒙古国两国联合申报的蒙古族长调民歌成功入选为第三批"人类口头和非物质文化遗产代表作"，使蒙古族长调民歌的价值得到世界的认可。2008 年 12 月，中国、蒙古国、俄罗斯、日本等国家有关专家在呼和浩特市共商呼麦保护大计。2009 年 5 月，应蒙古国邀请，内蒙古自治

---

① 张劲盛：《中蒙两国马头琴音乐文化交流史与现状调查分析》，《音乐传播》2014 年第 3 期。

区 10 人代表团赴乌兰巴托市参加蒙古国呼麦国际那达慕暨交流研讨会。2011 年 9 月，中蒙联合保护非物质文化遗产合作机制第一次领导小组会议在北京召开，签署了《中华人民共和国文化部和蒙古国教育文化科学部关于保护非物质文化遗产合作协议》。此协议的签署标志着中蒙两国在非物质文化遗产领域展开了更为广泛的合作和深入的交流，不仅有利于保护、传承两国同源共享的文化遗产，也必将增进两国人民之间的相互信任与两国和谐友好关系的进一步发展。2020 年 5 月 21 日，为了激励中蒙两国人民携手共进，坚定战胜疫情的信心，乌兰巴托中国文化中心参与了蒙古国音乐舞蹈大学举办的"团结一心、抗击疫情——环球线上音乐节"活动。我国著名男中音歌唱家廖昌永演唱的《父亲的草原母亲的河》等蒙古族歌曲，在蒙古国国家公共广播电视台等多家电视台及社交媒体播出，传递了温暖和信心，彰显了中蒙两国守望相助的邻里之情和人类命运共同体理念。为持续加强非物质文化遗产项目保护，内蒙古自治区于 2020 年启动江格尔中蒙联合申遗工作，召开江格尔国际研讨会，进一步促进对外文化交流合作。①

内蒙古非物质文化遗产中和谐理念作为一种普遍的精神特质，闪烁着东方式的哲学智慧，显示出特有的理论价值，是内蒙古各族人民对和谐文化的积极贡献。它体现着以人为本的人文理念、多元共荣的文化本质、"天人合一"的生态意识，传承着以爱国主义为核心的民族精神，是中华民族具有合聚力、响应力的源泉之一。加之，许多项目具有国际性、共享性特点，也有助于加深我国与共享国之间文化的交流和友好关系的构筑。在当代和谐社会的建设中，我们应大力彰显内蒙古非物质文化遗产的社会价值，挖掘优秀的民族传统文化中的和谐资源，倡导和谐理念、培育和谐精神以创造融洽的人文环境，推动国际社会的和谐发展。

内蒙古自治区是一个有着悠久历史的民族文化大区，特别是其非物质文化遗产蕴含着各族人民群体意识、精神特质、价值观念，体现着各族人民的创造智慧，是建设民族文化大区宝贵的精神财富。科学地保护它们，对于传承各民族的文化记忆和民族精神，推动内蒙古科学文化的创新及民族特色经济的发展、和谐内蒙古的建设都有着特殊的作用。并且，内蒙古

① 内蒙古自治区文化和旅游厅:《2020 年内蒙古自治区文化和旅游厅工作要点》2020 年 5 月 20 日，内蒙古自治区人民政府网，http://www.nmg.gov.cn/zwgk/zdxxgk/ghjh/gzjh/202005/t20200520_293602.html，2021 年 1 月 30 日。

非物质文化遗产还具有卓越的品质和鲜明的时代性，是国家、民族文化软实力的优势资源。它发展了中华文明"多元一体"的深刻内涵，进一步强化、弘扬了中华民族文化精神，也有利于社会主义核心价值体系的建设。这充分体现了内蒙古非物质文化遗产不仅具有重要的历史价值、艺术价值、科学价值等基本价值，也具有突出的经济价值、教育价值、社会价值等时代价值，对中华文明的发展与传承做出了积极贡献。

　　总体而言，保护内蒙古非物质文化遗产就是保护其突出的文化价值。但这些价值不是孤立存在的，与其存在的文化空间中其他遗产形态以及生态环境诸因素互为依存。所谓保护，应是对文化遗产价值内涵所依托的文化生态环境实施整体保护，如此才能达到活态传承、保护其民族特性的目的。以此观之，内蒙古自治区及其他各省、自治区已实施的以非物质文化遗产保护为核心的文化生态保护区建设，应是对非物质文化遗产价值更高、更全面的认识和实践。

第三章　内蒙古非物质文化遗产保护现状与面临的问题

非物质文化遗产作为民族精神文化宝藏，是人类共同的财富，对它的保护也是人类共同的事业。20世纪以来，非物质文化遗产的濒危性已成为世界关注的中心问题之一，各国也意识到保护工作的紧迫性，纷纷开展了卓有成效的实践活动。我国主动与国际接轨，以科学态度和务实精神，自2003年以来逐渐实现了我国非物质文化遗产保护工作的组织化、科学化。如今，由政府主导的保护工作已经走过了18年历程，所取得的成绩得到国际社会的广泛认同。内蒙古自治区也十分重视非物质文化遗产保护工作，本着对民族文化可持续发展的责任意识，相继采取了一系列措施，取得了积极的进展。但由于内蒙古生态环境复杂，实践时间较短，保护工作仍存在一些问题，还需要各级政府、学界、保护工作者的共同努力，继续加强有关非物质文化遗产保护理论和实践方面的探讨。

第一节　内蒙古非物质文化遗产保护的主要成效

在国家非物质文化遗产保护工作的有效带动下，2004年内蒙古自治区启动民族民间文化保护工程，成立了领导小组，具体负责组织实施和科学指导保护工作。2005年7月，内蒙古人民政府决定将每年的9月6日设立为"草原文化遗产保护日"。这是我国第一个以省（自治区）级政府名义设立的文化遗产日，在内蒙古文化遗产保护事业中具有里程碑意义。它的设立显示了自治区政府对于文化遗产保护高度的责任感，对于提高各级政府、各有关部门及广大民众自觉保护意识起着推动作用。内蒙古自治区及各盟市陆续采取相应措施，全区保护工作逐渐进入有步骤、有计划的阶段。17年来，在国家政策的支持下，自治区各级文化主管部门和社会各界共同努力，内蒙古非物质文化遗产保护工作取得了一系列成绩。

一 健全保护工作机制，颁行各项政策制度

非物质文化遗产本质上是抽象的文化思维，注重动态、精神的因素，即指以非物质形式表现人类思想情感、价值观念、文化意识的特殊遗产。而且它以人的活动为传承方式，并随着民族历史发展、社会变迁不断再生与创新，具有无形性、活态性、流变性，正是这些特征决定了其在认定、保护、利用等工作上的复杂性。内蒙古自治区由于其特殊的地域环境、多元的民族特色，非物质文化遗产种类多、数量大，保护工作更是一项艰巨而系统的工程。为了有序地开展保护工作，内蒙古自治区成立了专门保护机构，并颁布了一系列规章制度和保护方案。

（一）成立保护工作的主管机构

2009 年 1 月，经内蒙古自治区政府批准，内蒙古自治区非物质文化遗产保护中心成立。该中心为内蒙古自治区文化厅（2018 年 11 月自治区文化厅和自治区旅游发展委员会组建成内蒙古自治区文化和旅游厅）直属处级事业单位，编制 25 人，内设办公室、培训部、业务部和技术部 4 个科级机构，负责全区非物质文化遗产资源调研、项目认定等保护工作。它的成立标志着内蒙古非物质文化遗产保护有了正式的工作机构，对于切实推进实践工作具有示范作用与指导意义。

内蒙古非物质文化遗产保护中心自成立以来，在主管部门的领导下，在制定非物质文化遗产标准、工作规范、数据库建设、普查任务、人才培养、项目申报、保护传承等方面做了大量工作。目前，由该中心创办的《内蒙古非物质文化遗产保护工作通讯》已成为自治区各保护单位互相交流学习的平台。2012 年，它积极实施非物质文化遗产抢救、保护"双百工程"，对极度濒危并急需抢救的全区 100 项非物质文化遗产项目和 100 位年事已高的代表性传承人进行真实的抢救性记录，并修订口述史采访提纲和项目技艺过程记录标准。至 2016 年，这项工程已完成对 70 多个项目实践过程与 207 位传承人的抢救性记录工作。[1] 2014 年，中心又启动了《内蒙古自治区非物质文化遗产项目代表性传承人大典》编纂工作，以内

---

[1] 内蒙古自治区文化厅：《内蒙古自治区开展非物质文化遗产法贯彻落实情况自查报告》2016 年 8 月 18 日，内蒙古自治区文化厅网站，http://www.nmgwh.gov.cn/xx/tz/201608/t20160818_152736.html，2017 年 5 月 19 日。

蒙古自治区级第一、二、三批传承人和国家级第二、三、四批传承人为范围，对每位传承人进行约 500 字的文字简介。按照工作整体布局和要求，文字内容包括传承人性别、民族、出生年月、籍贯、称号等基本信息，并对传承人的从艺年限、师承关系、艺术特点、个人成就、代表性作品等方面进行简要描述。其中，传承人提供的照片需要体现传承过程、工艺制作过程或表演过程。该编纂工作为全面、直观地了解内蒙古非物质文化遗产代表性项目的传承人及其师承关系、代表性成果的文化内涵与特色储备了最基础的资料。

伴随着保护发展的需要，为了加强对全区保护工作的管理，强化领导责任，2017 年 1 月，内蒙古自治区文化厅又设立非物质文化遗产处，专门负责贯彻落实相关保护政策法规；研究拟订全区保护规划和有关政策文件；组织实施全区保护工作和优秀民族文化的传承普及工作；规划指导自治区文化生态保护区建设工作。这一机构的设立进一步加强了对内蒙古非物质文化遗产保护工作的宏观指导，使自治区保护工作开始走向科学化、规范化的管理轨道。在非物质文化遗产处的领导下，2018 年内蒙古自治区非物质文化遗产保护中心荣获文化和旅游部颁发的"全国非物质文化遗产保护工作先进集体"称号，开启了保护事业新的征程。

（二）颁布保护条例与配套法规

为保证工作的实施，2006 年 4 月，内蒙古自治区人民政府批转自治区文化厅《关于加强文化遗产保护的实施意见》（内政字〔2006〕149 号），对内蒙古文化遗产保护工作进行了明确要求与全面部署，为工作的开展提供了有力的政策保障。是年，自治区还颁行《内蒙古自治区非物质文化遗产名录申报评定暂行办法》（内政办字〔2006〕338 号）、《内蒙古自治区非物质文化遗产名录评审工作规则》等。这些文件对非物质文化遗产的范围、自治区级名录申报项目的具体评审标准、申报项目的保护和传承措施以及申报者须提交的资料、项目评审的组织领导等做了详细介绍，直接指导了内蒙古自治区非物质文化遗产项目评审和保护工作的实施。2016 年 5 月，内蒙古文化厅通过了《推荐国家级、评定自治区级非物质文化遗产代表性项目名录、代表性传承人工作规范及流程》，进一步推动了评定工作的科学化。

为了实现依法保护，内蒙古自治区文化厅与自治区人大、政府法制办做了大量工作。他们在对内蒙古区情进行广泛的立法调研的基础上，借鉴其他省（自治区、直辖市）的立法经验，经过反复商讨与修改，完成立法任务。2017 年 5 月 26 日，内蒙古自治区第十二届人大常委会第 33 次全体会议通过《内蒙古自治区非物质文化遗产保护条例》，决定于 2017 年 7 月 1 日正式施行。该条例全文共七章六十二条，包括总则、代表性项目名录、代表性传承人和调查、保存、传承、传播及管理与利用、法律责任和附则等。其中条例规定：旗县级以上人民政府应当将非物质文化遗产保护工作纳入本级国民经济和社会发展规划以及城乡规划；对人口较少的民族保护工作给予重点扶持；鼓励、支持实施生产性保护，推动非物质文化遗产融入现代生活；合理利用，依法享受国家规定的税收优惠。该条例立足于内蒙古非物质文化遗产保护工作的实际，规范了保护的部分内容，细化了有关工作程序，突出了内蒙古民族区域自治和地方立法特点，并印制了蒙古文版。它的正式颁布代表内蒙古非物质文化遗产保护和利用走向有法可依、有法必依的新阶段，为保护工作的推进提供了法律保障。

（三）实施民间文化遗产数据库工程建设

2004 年，内蒙古自治区人民政府决定建设"内蒙古民族民间文化遗产数据库"。2006 年 8 月 18 日，自治区人民政府办公厅特颁发《关于切实做好民族民间文化遗产数据收集工作的通知》（内政办字〔2006〕273 号），以确保工程进度和质量。该工程是内蒙古民族文化大区建设的重点项目，也是自治区组织实施的非物质文化遗产保护项目之一，由内蒙古自治区社会科学院具体承担。它主要以文字记录、数字多媒体等形式存储和展示蒙古族、达斡尔族、鄂温克族、鄂伦春族等非物质文化遗产项目，以激发民族民间文化的传承性和生命力。2007 年 7 月，数据库初步建成，目前"已达到文字数据 1 亿字、图片 3000 千幅、视频数据 480 部、音频数据 1060 部的设计规模"①，集聚、整合了内蒙古民族民间文化的基础资源。这是全国第一家少数民族文化遗产数据库，内容分类为民俗、民间文学、民间艺术、民间文化杰出传承人等，进一步提升了自治区少数民族传统文化地位和影响力。

2016 年，内蒙古自治区蒙古语言文字信息化专项扶持项目"内蒙古蒙古族非物质文化遗产数据库"工程正式启动。该工程是自治区首个在蒙汉两种文字平台上构建的非物质文化遗产专项数据库，包括民间文学类数

---

① 刘春子：《内蒙古非物质文化遗产的保护与利用》，《实践》2020 年第 4 期。

据库、传统表演艺术类数据库、传统手工技能类数据库、传统风俗类数据库 4 个子库。数据库内容涵盖了非物质文化遗产 10 大门类和四级保护体系中所有与蒙古族相关的项目及传承人的全部资料。

2017 年 9 月，内蒙古自治区艺术研究院承担的"内蒙古蒙古族非物质文化遗产数据库项目"一期工程"传统表演艺术类数据库项目"通过验收。传统表演艺术类数据库包括蒙古族长调、呼麦、马头琴 3 大部分，自立项以来，分 17 个批次对 107 名传承人进行抢救性录音活动，覆盖全区 6 个盟市 20 个旗县，共录制濒临失传的蒙古族长调民歌 848 首、马头琴曲 22 首、呼麦曲目 13 首。[①] 该子项目进行了传统表演艺术类数据库的资源采集、数据审核、入库，实现了统计应用功能；完成了传统表演艺术类数据库子库的曲目（包括曲谱、歌词、录音、录像及相关传说）、传承人（简介、照片、申报片）、出版物（歌集、专辑、论文、专著、网络报道）、专项活动（比赛、演出、研讨会）的内容建设，为整体数据库工程的建设打下良好基础。

2020 年 6 月 11 日，由内蒙古非物质文化遗产保护中心主持的"内蒙古蒙古族非物质文化遗产数据库项目"二期工程"民间文学类数据库项目"顺利结项。二期工程的主要建设内容，以蒙古族英雄史诗等蒙古族民间文学类非物质文化遗产资源的采集和整合为主，完成数据库项目资源四级名录体系的全覆盖。该子项目的实施深化了总数据库工程建设，进一步提高蒙古族非物质文化遗产数据的完整性，扩大相关保护工作中的数据共享范围。

（四）启动内蒙古文化艺术长廊建设计划

为了抢救性发掘、保护非物质文化遗产，2010 年 3 月，内蒙古自治区党委宣传部正式启动内蒙古文化艺术长廊建设计划。这是一项以弘扬草原文化核心理念为主旨，突出展现内蒙古民族文化价值的文化工程，也是内蒙古民族文化大区建设的核心内容。它以挖掘、整理、传承和发展为目标，对自治区具有代表性的 10 大类 70 个重点项目进行有计划的调查、研究和保护，有利于推动自治区非物质文化遗产保护工作的深入开展。

---

① 阿勒得尔图：《内蒙古蒙古族非遗数据库一期工程通过验收》，《中国文化报》2017 年 9 月 7 日。

该计划实施以来，取得显著成效。"非物质文化遗产代表性传承人技艺技能抢救项目"是其中的重点项目，目的是以传承人口述史的方式，借助数字化手段记录传承人的生命史、传承史等内容，以形成传承人数字化档案。2013 年，内蒙古非物质文化遗产保护中心组织开展相关工作，制定完成了《非物质文化遗产代表性传承人技艺技能抢救项目标准》和《非物质文化遗产代表性传承人技艺技能抢救项目资料采集、收集、验收标准》，并进行了相应采集工作。2016 年 5 月 6 日，该中心赴包头市开展非物质文化遗产传承人抢救性记录工程，对全市 18 位代表性传承人进行了抢救性记录。工作内容包括采用数字多媒体等现代信息技术手段录制口述史、传统技艺技法和流程、传统剧（节）目仪式规程，以文字、录音、照相、登记、记载等方式挖掘整理以蒙汉文为主的第一手资料。此次抢救性记录工作系统地记录了传承人掌握的知识和精湛技艺，保留了项目翔实的资料，对于进行相关项目的科学研究、合理利用具有借鉴价值。该重点项目实施以来，至 2016 年年底已完成 100 位年事已高且技艺精湛的自治区级以上代表性传承人的抢救性记录。2018 年 7 月，由文化和旅游部非物质文化遗产司指导，对全国 268 个国家级非物质文化遗产代表性传承人抢救性记录工作项目进行评审，最终颁布了首批优秀项目 25 项。内蒙古自治区非物质文化遗产保护中心对蒙古族长调国家级代表性传承人巴德玛抢救性记录工作荣获优秀项目，显示了自治区抢救性记录工作已取得初步成果。2019 年 7 月 7 日至 10 日，在内蒙古自治区文化和旅游厅的组织下，自治区非物质文化遗产保护中心派业务人员和执行团队参加了"国家级非物质文化遗产代表性传承人记录工作培训班"。这为进一步强化工作人员的责任意识、提高记录工作质量奠定了扎实的基础，也体现了自治区非物质文化遗产保护工作有序化、科学化程度不断提高。

2014 年 1 月，该计划重点项目成果之一《内蒙古蒙古族传统服饰典型样式》编辑完成，由内蒙古人民出版社出版。此书由时任内蒙古自治区党委常委、宣传部部长乌兰作序，项目首席专家乔玉光编撰。这是我国目前最系统、最全面展示蒙古族传统服饰基本式样的著作。为完成任务，内蒙古文化厅组织专家深入 50 多个旗县进行田野调查，行程近 30 万千米，对 600 多名乡土专家和牧民进行了采访。在掌握大量的实地调研资料后，专家们抢救性制作出内蒙古现存 28 个部落的 108 套服饰和 34 组头饰，并移交内蒙古博物院作为永久性藏品。出版著作和永久馆藏措施对绮丽多姿的蒙古族传统服饰的保护和传承迈出了历史性的一步。2017 年 12 月 1 日，内蒙古党委宣传部在内蒙古图书馆举行了内蒙古文化艺术长廊建设计划图书捐赠启动仪式。活动将已结项的成果，包括蒙古族民间文学、民俗、民族音乐、民族舞蹈、民族美术等 13 个类别 46 项 24526 册（套）图书①，公益赠予自治区各级图书馆和各级文联以及部分高校图书馆，以期更好地发挥该计划建设成果在服务民族文化传承保护工作中的作用。

内蒙古文化艺术长廊建设计划是内蒙古自治区政府实施的一项长期、持续性的文化建设工作。各项措施的全面开展，为推进自治区非物质文化遗产的抢救、挖掘工作，特别是为保护稀缺、濒危度较高的项目提供了准确的资料依据，也营造了有利的政策环境，保障了民族民间文化的有效传承。2019 年 12 月 22 日，该计划重点项目成果之一《蒙古族传统美术·图案》（上、下）被评为"第十四届中国民间文艺山花奖·优秀民间文艺学术著作"获奖作品。这部著作为内蒙古师范大学美术学院阿木尔巴图和苗瑞教授历时 5 年完成，由内蒙古人民出版社出版。它第一次全面地汇聚了蒙古族传统图案，并从历史学和民俗学的角度阐释了蒙古族图案的文化意义，成为蒙古族文化传承的重要文献。该成果获全国民间文艺最高奖，证明了内蒙古文化艺术长廊建设计划在内蒙古民族文化传承中发挥了突出的作用。

二 完成资源普查认定，形成四级名录体系

非物质文化遗产保护工作具有综合性，又有着不同于其他学科专业的评价标准和特定的保护对象。名录体系指将非物质文化遗产依据文化价值高低确定不同等级、进行分级登录，即建立的各级非物质文化遗产代表作或代表性项目等名录所构成的体系。这是开展专业化保护工作的先决条件，我国非物质文化遗产保护工作就是以建立"非遗名录"为基础而开展的。内蒙古保护工作也以建立名录体系为主要内容，在普查认定的前提下，逐步完善四级名录体系。

（一）开展文化资源的普查工作

为了有的放矢地开展研究、保护、管理工作，2004 年内蒙古自治区党委、政府制定下发了《全区非物质文化遗产普查实施方案》，以真实了解

---

① 张文强：《自治区党委宣传部捐赠文化艺术长廊建设计划图书》，《内蒙古日报》2017 年 12 月 3 日。

内蒙古非物质文化遗产资源的分布地域、类型特征、资源存量等基本情况。该文件要求各盟市、旗县在全面普查的基础上，把独特、濒危，确实具有民族代表性、地区代表性和珍贵历史、科学、文化价值的项目作为普查重点。自 2005 年 12 月起，自治区开始实施普查工作，并举办了全区非物质文化遗产普查专门培训班，从而全面铺开了内蒙古第一次大规模的普查工作。2009 年年底，基本完成了全区第一次普查工作，初步掌握了内蒙古非物质文化遗产资源的基本现状。此次普查采取书面记载、多媒体录制、数字化技术制作等方式，进行了全方位、真实的信息储存。"形成文字 468.8 万字、图片 68477 张、音像 1353 小时和影像 2141 小时的资料；共发现传承人 22962 人，收集 40371 条线索，深入调查 1312 项，登记实物 8104 件，收集珍藏 4661 件。"① 这些实物数据资料成为内蒙古非物质文化遗产名录体系建立的基础。

为了落实《中华人民共和国非物质文化遗产法》，更好地完成文化部布置的《非物质文化遗产普查成果汇编》工作，自治区于 2011 年下发《内蒙古自治区关于进一步做好非物质文化遗产普查工作的通知》，制定"整体推进、重点突破、全面保护、传承发展"的工作原则。根据统一部署，内蒙古自治区文化厅确定了以鄂尔多斯市鄂托克旗、锡林郭勒盟阿巴嘎旗、兴安盟科尔沁右翼中旗为试点，取得显著成效。内蒙古非物质文化遗产保护中心在总结梳理普查试点前期准备、实地普查、成果汇编等资料与成果的基础上，于 2012 年出版《内蒙古自治区非物质文化遗产普查手册》和《内蒙古自治区非物质文化遗产普查试点集》。这是内蒙古第一套关于非物质文化遗产普查的专业工具书，2 册工具书共 58 万字。该套工具书对内蒙古普查的方式、方法进行了科学、规范、全面的阐述，具有较高的指导性和学术性，有助于进一步理清自治区非物质文化遗产资源底数，顺利开展分级登录保护工作。2019 年，自治区又组织乡土专家及大学生志愿者等，开展了呼伦贝尔市、通辽市、赤峰市等 3 市中 20 个贫困旗县非物质文化遗产资源补充调查，为贫困旗县的保护传承工作做实了数据、夯实了基础。

（二）完善四级名录体系

价值标准是确定保护对象和范围的条件，是有效保护与传承的前提，

① 王隽：《我国政府非物质文化遗产保护与传承中的行为研究——基于系统论视角的分析》，博士学位论文，华中师范大学，2014 年，第 91 页。

否则难以操作。借鉴物质文化遗产保护的成功经验，2005 年，我国在明确国家级非物质文化遗产名录类型的同时，《国务院办公厅关于加强我国非物质文化遗产保护工作的意见》（国办发〔2005〕18 号）附件 1 对国家级项目评审标准作如下规定（表 3 - 1）。

表 3 - 1　　　　　　　　国家级非物质文化遗产代表作评审标准

一	具有展现中华民族文化创造力的杰出价值；
二	扎根于相关社区的文化传统，世代相传，具有鲜明的地方特色；
三	具有促进中华民族文化认同、增强社会凝聚力、增进民族团结和社会稳定的作用，是文化交流的重要纽带；
四	出色地运用传统工艺和技能，体现出高超的水平；
五	具有见证中华民族活的文化传统的独特价值；
六	对维系中华民族的文化传承具有重要意义，同时因社会变革或缺乏保护措施而面临消失的危险。

自 2006 年至 2020 年 12 月，我国依据上述标准已先后公布四批国家级名录及三批扩展项目名录，这是我国非物质文化遗产保护工作的重大举措。内蒙古自治区积极申报，经过专家严格评定，在四批国家级名录及三批扩展名录中内蒙古自治区入选 81 项。内蒙古国家级非物质文化遗产名录由此产生（表 3 - 2）。

表 3 - 2　　　　　　　内蒙古国家级非物质文化遗产名录（81 项）

类别	批次	序号	编号	项目名称	申报地区或单位
民间文学	第一批	27	Ⅰ - 27	格萨（斯）尔	内蒙古自治区
	第二批	538	Ⅰ - 51	巴拉根仓的故事	内蒙古自治区通辽市
		546	Ⅰ - 59	嘎达梅林	内蒙古自治区科尔沁左翼中旗
		547	Ⅰ - 60	科尔沁潮尔史诗	内蒙古自治区
	第三批	1058	Ⅰ - 114	祝赞词	内蒙古自治区东乌珠穆沁旗
	第三批扩展	27	Ⅰ - 27	格萨（斯）尔	内蒙古自治区巴林右旗
传统音乐	第一批	34	Ⅱ - 3	蒙古族长调民歌	内蒙古自治区
		35	Ⅱ - 4	蒙古族呼麦	内蒙古自治区
		66	Ⅱ - 35	蒙古族马头琴音乐	内蒙古自治区
		67	Ⅱ - 36	蒙古族四胡音乐	内蒙古自治区通辽市

续表

类别	批次	序号	编号	项目名称	申报地区或单位
传统音乐	第二批	590	II－91	爬山调	内蒙古自治区呼和浩特市、乌拉特前旗
		591	II－92	漫瀚调	内蒙古自治区准格尔旗
		604	II－105	蒙古族民歌（科尔沁叙事民歌、鄂尔多斯短调民歌、鄂尔多斯古如歌）	内蒙古自治区通辽市、鄂尔多斯市、杭锦旗
		605	II－106	鄂温克族民歌（鄂温克叙事民歌）	内蒙古自治区鄂温克族自治旗
		606	II－107	鄂伦春族民歌（鄂伦春族赞达仁）	内蒙古自治区鄂伦春自治旗
		607	II－108	达斡尔族民歌（达斡尔扎恩达勒）	内蒙古自治区莫力达瓦达斡尔族自治旗
	第一批扩展	61	II－30	多声部民歌（潮尔道－蒙古族合声演唱）	内蒙古自治区锡林浩特市
	第二批扩展	61	II－30	多声部民歌（潮尔道－阿巴嘎潮尔）	内蒙古自治区阿巴嘎旗
		604	II－105	蒙古族民歌（乌拉特民歌）	内蒙古自治区乌拉特前旗
	第四批	1259	II－165	阿斯尔	内蒙古自治区镶黄旗
		1261	II－167	蒙古族汗廷音乐	内蒙古自治区阿鲁科尔沁旗
		1263	II－169	潮尔（蒙古族弓弦乐）	内蒙古自治区通辽市
	第三批扩展	34	II－3	蒙古族长调民歌（巴尔虎长调）	内蒙古自治区新巴尔虎左旗
		67	II－36	蒙古族四胡音乐	内蒙古自治区科尔沁右翼中旗
传统舞蹈	第一批	131	III－28	达斡尔族鲁日格勒舞	内蒙古自治区莫力达瓦达斡尔族自治旗
		132	III－29	蒙古族安代舞	内蒙古自治区库伦旗
	第二批	654	III－57	查玛	内蒙古自治区阿拉善盟
	第三批	1093	III－104	鄂温克族萨满舞	内蒙古自治区根河市
传统戏剧	第一批	217	IV－73	二人台	内蒙古自治区呼和浩特市
	第二批扩展	162	IV－18	晋剧	内蒙古自治区呼和浩特市
		217	IV－73	二人台（东路二人台）	内蒙古自治区乌兰察布市
		235	IV－91	皮影戏（巴林左旗皮影戏）	内蒙古自治区巴林左旗

续表

类别	批次	序号	编号	项目名称	申报地区或单位
曲艺	第一批	276	V－40	乌力格尔	内蒙古自治区扎鲁特旗、科尔沁右翼中旗
	第二批	788	V－95	好来宝	内蒙古自治区科尔沁左翼后旗
	第一批扩展	271	V－35	东北二人转	内蒙古自治区通辽市
		276	V－40	乌力格尔	内蒙古自治区通辽市
		277	V－41	达斡尔族乌钦	内蒙古自治区莫力达瓦达斡尔族自治旗
传统体育、游艺与杂技	第一批	297	Ⅵ－15	达斡尔族传统曲棍球竞技	内蒙古自治区莫力达瓦达斡尔族自治旗
		298	Ⅵ－16	蒙古族博克	内蒙古自治区
	第二批	792	Ⅵ－20	蒙古族象棋	内蒙古自治区阿拉善盟
		794	Ⅵ－22	沙力搏尔式摔跤	内蒙古自治区阿拉善左旗
		812	Ⅵ－40	鄂温克抢枢	内蒙古自治区鄂温克族自治旗
	第四批	1302	Ⅵ－71	布鲁	内蒙古自治区库伦旗
		1303	Ⅵ－72	蒙古族驼球	内蒙古自治区乌拉特后旗
	第三批扩展	298	Ⅵ－16	蒙古族博克	内蒙古自治区东乌珠穆沁旗
传统美术	第一批扩展	315	Ⅶ－16	剪纸（和林格尔剪纸）	内蒙古自治区和林格尔县
	第二批扩展	315	Ⅶ－16	剪纸（包头剪纸）	内蒙古自治区包头市
	第四批	1322	Ⅶ－118	蒙古文书法	内蒙古自治区
	第三批扩展	857	Ⅶ－81	蒙古族刺绣	内蒙古自治区苏尼特左旗
传统技艺	第一批	396	Ⅷ－46	蒙古族勒勒车制作技艺	内蒙古自治区东乌珠穆沁旗
		433	Ⅷ－83	桦树皮制作技艺	内蒙古自治区鄂伦春自治旗
	第二批	893	Ⅷ－110	地毯织造技艺（阿拉善地毯织造技艺）	内蒙古自治区阿拉善左旗
		895	Ⅷ－112	鄂伦春族狍皮制作技艺	内蒙古自治区鄂伦春自治旗
		906	Ⅷ－123	蒙古族马具制作技艺	内蒙古自治区科尔沁左翼后旗
		951	Ⅷ－168	牛羊肉烹制技艺（烤全羊技艺）	内蒙古自治区阿拉善盟
		964	Ⅷ－181	蒙古包营造技艺	内蒙古自治区文学艺术界联合会、西乌珠穆沁旗、陈巴尔虎旗

续表

类别	批次	序号	编号	项目名称	申报地区或单位
传统技艺	第一批扩展	396	Ⅷ－46	蒙古族勒勒车制作技艺	内蒙古自治区阿鲁科尔沁旗
		433	Ⅷ－83	桦树皮制作技艺（鄂温克族桦树皮制作技艺）	内蒙古自治区根河市
	第二批扩展	394	Ⅷ－44	弓箭制作技艺（蒙古族牛角弓制作技艺）	内蒙古师范大学
		907	Ⅷ－124	民族乐器制作技艺（蒙古族拉弦乐器制作技艺）	内蒙古自治区科尔沁右翼中旗
	第四批	1340	Ⅷ－226	奶制品制作技艺（察干伊德）	内蒙古自治区正蓝旗
传统医药	第二批	972	Ⅸ－12	蒙医药（赞巴拉道尔吉温针、火针疗法）	内蒙古自治区
	第二批扩展	972	Ⅸ－12	蒙医药（蒙医传统正骨术、蒙医正骨疗法）	内蒙古自治区中蒙医医院、科尔沁左翼后旗
	第三批扩展	972	Ⅸ－12	蒙医药（科尔沁蒙医药浴疗法）	内蒙古自治区科尔沁右翼中旗
		443	Ⅸ－4	中医传统制剂方法（鸿茅药酒配制技艺）	内蒙古自治区凉城县
民俗	第一批	482	Ⅹ－34	成吉思汗祭典	内蒙古自治区鄂尔多斯市
		488	Ⅹ－40	祭敖包	内蒙古自治区锡林郭勒盟
		496	Ⅹ－48	那达慕	内蒙古自治区锡林郭勒盟
		503	Ⅹ－55	鄂尔多斯婚礼	内蒙古自治区鄂尔多斯市
	第二批	994	Ⅹ－87	抬阁（脑阁）	内蒙古自治区土默特左旗
		998	Ⅹ－91	鄂温克驯鹿习俗	内蒙古自治区根河市
		999	Ⅹ－92	蒙古族养驼习俗	内蒙古自治区阿拉善盟
		1015	Ⅹ－108	蒙古族服饰	内蒙古自治区
	第一批扩展	503	Ⅹ－55	蒙古族婚礼（阿日奔苏木婚礼、乌珠穆沁婚礼）	内蒙古自治区阿鲁科尔沁旗、西乌珠穆沁旗
	第三批	1199	Ⅹ－124	俄罗斯族巴斯克节	内蒙古自治区额尔古纳市
	第二批扩展	992	Ⅹ－85	民间信俗（梅日更召信俗）	内蒙古自治区包头市九原区

续表

类别	批次	序号	编号	项目名称	申报地区或单位
民俗	第四批	1360	X - 147	察干苏力德祭	内蒙古自治区乌审旗
		1361	X - 148	博格达乌拉祭	内蒙古自治区扎赉特旗
		1367	X - 154	达斡尔族服饰	内蒙古自治区呼伦贝尔市
		1368	X - 155	鄂温克族服饰	内蒙古自治区陈巴尔虎旗
	第三批扩展	1015	X - 108	蒙古族服饰	内蒙古自治区正蓝旗

除积极申报国家级项目外，在资源普查的基础上，建立自治区、盟市、旗县名录体系，也是内蒙古非物质文化遗产保护工作的一项基本制度。2006 年，内蒙古自治区参照国家相关标准制定了《内蒙古自治区非物质文化遗产名录申报评定暂行办法》，规定了自治区级项目的评定标准（表 3 - 3）。

自 2007 年至 2020 年 12 月 31 日，内蒙古自治区政府依据上述标准和自治区评审工作规则，共公布六批自治区级非物质文化遗产名录及五批扩展名录，建立了内蒙古自治区级项目名录。这标志着自治区保护工作走向专业化发展道路。在自治区政府推动下，12 个盟市及各旗县也分别颁布了自己的同级项目名录。

表 3 - 3　　内蒙古自治区级非物质文化遗产名录申报项目评定标准

一	具有展现我区各民族文化创造力和突出的历史、艺术、民族学、民俗学、社会学、人类学、语言学、文学等方面的价值；
二	扎根于相关社区的文化传统，影响较大，世代相传，具有鲜明的地方特色和典型意义；
三	具有促进民族文化认同，维系民族文化传承，增强社会凝聚力，增进民族团结、社会稳定和文化交流的作用；
四	完整地保留了传统工艺和技能，体现出高超的运用水平；
五	具有见证各民族活的文化传统的独特价值；
六	因社会变革或缺乏保护措施而面临消失的危险。

价值标准的确立既要考虑非物质文化遗产的主体、价值、时代、形态、地域、民族等因素，也要关注其代表性、广泛性、多元性和保护的层次性。由于文化遗产特殊的民族性和地域性，其价值标准往往受特定社会、环境、审美的影响，各地还存在一定差异。我国关于非物质文化遗产方面的法律法规是我们认定非物质文化遗产项目首要把握的标准，为保护

传承提供了合理依据。

内蒙古自治区以国家级标准为规范、以自治区级标准为尺度，明确了非物质文化遗产的保护范围与层级，并根据 10 大类别的不同特点分别进行普查、甄选、评审、归档。在此基础上，内蒙古国家、自治区、盟市、旗县四级非物质文化遗产名录体系日趋成熟。随着 2018 年 4 月内蒙古第六批自治区级名录和扩展名录的公布，2018 年 12 月，内蒙古共有国家级代表性项目 81 项 89 处；自治区级代表性项目 487 项 819 处；盟市级代表性项目 1795 项；旗县级代表性项目 3345 项。① 2020 年 12 月底，据实际调研所知：内蒙古共有国家级代表性项目 81 项 89 处；自治区级代表性项目 487 项 820 处；盟市级代表性项目 2118 项；旗县级代表性项目 3970 项。至 2021 年 6 月 10 日，随着国务院公布第五批国家级非物质文化遗产代表性项目名录，内蒙古自治区入选名录 5 项、扩展名录 12 项，内蒙古自治区已有国家级非物质文化遗产代表性项目 86 项 106 处②，四级名录体系建设持续完善。

这一名录体系的建立贯彻落实了《国务院关于加强文化遗产保护的通知》"逐步建立国家和省、市、县非物质文化遗产名录体系"的具体任务，为自治区非物质文化遗产保护、管理工作明确了方向。这不仅有利于进行系统、有针对性的挖掘和抢救工作，对自治区非物质文化遗产的分类研究与保护开发也有着直接的指导作用。2019 年 6 月 8 日，阿拉善盟申报的沙力搏尔式摔跤入选国家级非物质文化遗产代表性项目优秀保护实践案例。此次共遴选出的 50 个优秀案例，涵盖我国非物质文化遗产 10 大类别，是从 31 个省（自治区、直辖市）以及香港特别行政区、澳门特别行政区推荐的 347 个案例中评审产生的。沙力搏尔式摔跤是内蒙古唯一入选的国家级项目。这是对内蒙古非物质文化遗产保护工作的充分肯定，有利于发挥国家级代表性项目优秀保护实践的示范引领作用，提高自治区分类保护工作水平。

---

① 内蒙古自治区文化和旅游厅：《关于内蒙古自治区政协第十二届二次会议第 0584 号提案的答复》2019 年 8 月 22 日，内蒙古自治区政府网，http：//www. nmg. gov. cn/zwgk/bmmsxxgk/zzqzfzcbm/whhlyt/fdzdgknr/202012/t20201208_ 333024. html，2021 年 2 月 1 日。

② 内蒙古自治区文化和旅游厅：《内蒙古自治区 17 项非遗项目入选第五批国家级非物质文化遗产代表性项目名录》2021 年 6 月 15 日，中华人民共和国文化和旅游部网，https：//www. mct. gov. cn/whzx/qgwhxxlb/nmg/202106/t20210615_ 925222. htm，2021 年 6 月 20 日。

三　设立传承人名命制度，落实相关保护管理办法

非物质文化遗产保护最有效的方式就是传承。从宏观角度来说，这种传承既要横向的"文化扩散"，又要纵向的"社会遗传"。它包括从一个群体传至另一个群体，从一个社会传入另一个社会，在同一个社会内部从一代传至另一代。微观上说，这种传承就是对非物质文化遗产传承人的保护、培养。然而，无论宏观抑或微观视角的保护，传承人都是其中最关键的问题。内蒙古自治区在传承人认定和管理等方面，建立了相关的工作制度和方法。

（一）认定各级传承人

非物质文化遗产对人的特殊依赖性，肯定了传承人突出的作用与价值，这不仅表现为传承人是文化遗产的直接承载者，更体现在传承人是文化遗产传承的原动力。为了发挥他们在保护工作中的主体力量，建立传承人名录保护制度至关重要。

依据《国家级非物质文化遗产项目代表性传承人认定与管理暂行办法》（中华人民共和国文化部令〔第45号〕），在各盟市认定传承人的基础上，2008年10月内蒙古自治区公布了第一批自治区级非物质文化遗产项目代表性传承人208人。2010年内蒙古公布第二批自治区级传承人（内文办字〔2010〕46号）115人①；2013年内蒙古公布第三批自治区级传承人（内文社字〔2012〕35号）76人②；2014年内蒙古公布第四批自治区级传承人共165人；2016年10月内蒙古公布第五批自治区级传承人（内文办字〔2016〕328号）166人③。由此，正式公布的五批自治区级传承人共730人。据实际调研所知：至2018年1月，内蒙古实有（健在的）自治区级传承人666人、盟市级传承人2656人、旗县级传承人4740人。

①　内蒙古自治区文化厅：《内蒙古自治区文化厅关于公布第二批自治区级非物质文化遗产项目代表性传承人的通知》2010年6月11日，内蒙古自治区文化和旅游厅网，http：//www. nmg. gov. cn/zwgk/bmmsxxgk/zzqzfzcbm/whhlyt/fdzdgknr/202012/t20201208_ 332099. html，2021年2月1日。

②　内蒙古自治区文化厅：《内蒙古自治区文化厅关于公布第三批自治区级非物质文化遗产名录项目代表性传承人的通知》2015年9月18日，内蒙古自治区文化厅网，http：//wht. nmg. gov. cn/xx/tz/201509/t20150918_ 121504. html，2016年10月19日。

③　内蒙古自治区文化厅：《内蒙古自治区文化厅关于公布第五批自治区级非物质文化遗产代表性项目代表性传承人的通知》2016年10月8日，内蒙古自治区文化和旅游厅网，http：//www. nmg. gov. cn/zwgk/bmmsxxgk/zzqzfzcbm/whhlyt/fdzdgknr/202012/t20201208_ 332506. html，2021年2月1日。

2019 年 1 月，内蒙古自治区文化和旅游厅公布第六批自治区级传承人 237 人，[①] 自治区级代表性传承人总数增加至 967 人，其中健在 885 人；盟市级代表性传承人 3039 人；旗县级代表性传承人 5731 人。[②] 这些入选的代表性传承人，涉及项目的 10 大门类，承载并掌握着各类非物质文化遗产的精湛技艺和专业知识，对传承保护相关项目起着枢纽作用。

内蒙古一方面开展自治区、盟市、旗县三级传承人的认定工作，同时积极申报国家级非物质文化遗产项目代表性传承人。截至 2020 年 12 月 31 日，我国已公布了五批国家级传承人。其中，2007 年 12 月 29 日，我国公布第二批国家级非物质文化遗产项目代表性传承人（文社图发〔2008〕1 号）共 551 人[③]，内蒙古自治区入选 10 人；2009 年 5 月 26 日，公布第三批国家级传承人（文非遗发〔2009〕6 号）共 711 人[④]，内蒙古自治区入选 16 人；2012 年 12 月 20 日，公布第四批国家级传承人（文非遗发〔2012〕51 号）共 498 人[⑤]，内蒙古自治区入选 16 人；2018 年 5 月 8 日，公布第五批国家级传承人（文旅非遗发〔2018〕8 号）共 1082 人[⑥]，内蒙古自治区入选 40 人。自治区入选国家级传承人数量在全国分布情况如下（图 3 - 1）[⑦]。

至此，我国公布认定国家级非物质文化遗产传承人五批，共有 3068

---

① 内蒙古自治区文化和旅游厅：《内蒙古自治区文化和旅游厅关于公布第六批自治区级非物质文化遗产代表性项目代表性传承人的通知》2019 年 1 月 8 日，内蒙古自治区非物质文化遗产保护中心网，http：//www. nmgfeiyi. cn/xwxxy. php? actg = xwdt&mid =216&nid =514，2020 年 12 月 10 日。

② 内蒙古自治区文化和旅游厅：《关于内蒙古自治区政协第十二届二次会议第 0584 号提案的答复》2019 年 8 月 22 日，内蒙古自治区政府网。

③ 中华人民共和国文化部：《文化部关于公布第二批国家级非物质文化遗产代表性项目传承人的通知》2008 年 2 月 19 日，中国政府网，http：//www. gov. cn/zwgk/2008 - 02/19/content_ 892973. htm，2020 年 11 月 26 日。

④ 中华人民共和国文化部：《文化部关于公布第三批国家级非物质文化遗产代表性项目传承人的通知》2009 年 6 月 12 日，中国政府网，http：//www. gov. cn/zwgk/2009 -06/12/content_ 1338384. html，2020 年 11 月 26 日。

⑤ 中华人民共和国文化部：《文化部关于公布第四批国家级非物质文化遗产代表性项目传承人的通知》，中华人民共和国文化和旅游部网，2012 年 12 月 21 日，http：//zwgk. mct. gov. cn/zfxxgkml/fwzwhyc/202012/t20201206_ 916825. html，2021 年 2 月 3 日。

⑥ 中华人民共和国文化和旅游部：《文化和旅游部关于公布第五批国家级非物质文化遗产代表性项目代表性传承人的通知》2018 年 5 月 8 日，中国非物质文化遗产网，http：//zwgk. mct. gov. cn/zfxxgkml/fwzwhyc/202012/t20201206_ 916847. html，2021 年 2 月 3 日。

⑦ 中国非物质文化遗产保护中心：《国家级非遗代表性项目代表性传承人数据统计》2018 年 5 月 30 日，中国民俗学网，https：//www. chinesefolklore. org. cn/web/index. php? NewsID =17695，2020 年 11 月 26 日。

人。其中内蒙古国家级传承人 82 人，在全国 31 个省（自治区、直辖市）和香港特别行政区、澳门特别行政区、中直机关等 34 个单位中列 21 位，低于全国平均数；在 5 个民族自治区中位列第三。内蒙古自治区 82 位国家级传承人分布于《国家级非物质文化遗产名录》10 大类别，最多为传统音乐 27 人，其次民俗 11 人、传统技艺 9 人，也居于前列。名单及数量统计如下（表 3 - 4）。

表 3 - 4　　　内蒙古国家级非物质文化遗产代表性项目代表性
传承人名单（82 人）

序号	姓名	性别	民族	出生年月	项目名称	所属类别
1	罗布生	男	蒙古族	1944.04	格萨（斯）尔	
2	金巴扎木苏	男	蒙古族	1934.12	格萨（斯）尔	
3	德力格尔	男	蒙古族	1955.08	祝赞词	
4	何巴特尔	男	蒙古族	1941.04（已故）	嘎达梅林	
5	赛音毕力格	男	蒙古族	1954.03	蒙古族长调民歌	
6	莫德格	女	蒙古族	1932.02	蒙古族长调民歌	
7	巴德玛	女	藏族	1940.04	蒙古族长调民歌	
8	额日格吉德玛	女	蒙古族	1931.12	蒙古族长调民歌	
9	扎格达苏荣	男	蒙古族	1954.12	蒙古族长调民歌	
10	阿拉坦其其格	女	蒙古族	1955.12	蒙古族长调民歌	民间文学4人
11	宝音德力格尔	女	蒙古族	1935.07（已故）	蒙古族长调民歌	
12	淖尔吉玛	女	蒙古族	1931.11（已故）	蒙古族长调民歌、阿拉善蒙古族传说故事	
13	达瓦桑布	男	蒙古族	1931.11	蒙古族长调民歌	
14	都古尔苏荣	男	蒙古族	1949.04	蒙古族长调民歌（巴尔虎长调）	
15	胡格吉勒图	男	蒙古族	1961.07	蒙古族呼麦	
16	芒来	男	蒙古族	1947.01	多声部民歌（潮尔道 - 蒙古族合声演唱）	
17	苏乙拉图	男	蒙古族	1966.03	多声部民歌（潮尔道 - 阿巴嘎潮尔）	

续表

序号	姓名	性别	民族	出生年月	项目名称	所属类别
18	哈勒珍	女	蒙古族	1950.11	蒙古族民歌（鄂尔多斯短调民歌）	传统音乐 27 人
19	古日巴斯尔	男	蒙古族	1947.01	蒙古族民歌（鄂尔多斯古如歌）	
20	苏亚乐图	男	蒙古族	1965.11	蒙古族民歌（乌拉特民歌）	
21	额尔登掛	女	鄂伦春族	1932（已故）	鄂伦春族民歌（鄂伦春族赞达仁）	
22	马成士	男	汉族	1946.10	爬山调	
23	奇附林	男	蒙古族	1953.11	漫瀚调	
24	齐·宝力高	男	蒙古族	1944.02	蒙古族马头琴音乐	
25	布林	男	蒙古族	1940.01	蒙古族马头琴音乐	
26	吴云龙	男	蒙古族	1939.08（已故）	蒙古族四胡音乐	
27	特格喜都楞	男	蒙古族	1935.10	蒙古族四胡音乐	
28	伊丹扎布（孟义达吗）	男	蒙古族	1948.02	蒙古族四胡音乐	
29	巴彦保力格	男	蒙古族	1956.03	蒙古族四胡音乐	
30	陶特格	男	蒙古族	1956.01	蒙古族四胡音乐	
31	艾日布	男	蒙古族	1948.12	阿斯尔	
32	那仁满都拉	男	蒙古族	1946.11	蒙古族安代舞	传统舞蹈 4 人
33	道尔吉	男	蒙古族	1937.10（已故）	查玛	
34	贾尚勤	男	蒙古族	1954.02	查玛	
35	古秀华	女	鄂温克族	1962.12	鄂温克族萨满舞	
36	冯来锁	男	汉族	1965.03	二人台	传统戏剧 6 人
37	武利平	男	汉族	1960.02	二人台	
38	霍伴柱	男	汉族	1956.12	二人台	
39	高乐美	男	蒙古族	1934.10	二人台（东路二人台）	
40	何小菊	女	汉族	1963.03	晋剧	
41	李国华	女	汉族	1971.12	皮影戏（巴林左旗皮影戏）	

续表

序号	姓名	性别	民族	出生年月	项目名称	所属类别
42	劳斯尔	男	蒙古族	1946.12（已故）	乌力格尔	曲艺5人
43	代沃德	男	蒙古族	1950.03	乌力格尔	
44	甘珠尔	男	蒙古族	1950.10	乌力格尔	
45	白扎力增	男	蒙古族	1950.11	乌力格尔	
46	图木热	男	达斡尔族	1938.04	达斡尔族乌钦	
47	那巴特尔	男	蒙古族	1941.01（已故）	沙力搏尔式摔跤	传统体育、游艺与杂技6人
48	哈达	男	蒙古族	1966.10	蒙古族搏克	
49	哈森其其格	女	鄂伦春族	1949.08	鄂温克抢枢	
50	哈森	女	达斡尔族	1945.05	达斡尔族传统曲棍球竞技	
51	那日来	男	蒙古族	1966.10	蒙古族象棋	
52	满都拉	男	蒙古族	1945.12	布鲁	
53	段建珺	男	汉族	1973.06	剪纸（和林格尔剪纸）	传统美术5人
54	刘静兰	女	汉族	1955.04	剪纸（包头剪纸）	
55	郑蝴蝶	女	汉族	1956.09	剪纸（包头剪纸）	
56	孟根其其格	女	蒙古族	1956	蒙古族刺绣	
57	包金山	男	蒙古族	1967.08	蒙古文书法	
58	陶克图白乙拉	男	蒙古族	1949.02	蒙古族马具制作技艺	传统技艺9人
59	哈达	男	蒙古族	1962.04	民族乐器制作技艺（蒙古族拉弦乐器制作工艺）	
60	白音查干	男	蒙古族	1940.01	蒙古族勒勒车制作技艺	
61	呼森格	男	蒙古族	1942.08（已故）	蒙古包营造技艺	
62	斌巴	女	蒙古族	1951.06	蒙古包营造技艺	
63	刘赋国	男	汉族	1943.10	地毯织造技艺（阿拉善地毯织造技艺）	
64	赵铁锁	男	汉族	1952.01	牛羊肉烹制技艺（烤全羊技艺）	
65	吴旭升	男	鄂温克族	1974.12	桦树皮制作技艺（鄂温克族桦树皮制作技艺）	
66	陶高	女	蒙古族	1963.05	奶制品制作技艺（察干伊德）	

序号	姓名	性别	民族	出生年月	项目名称	所属类别
67	包金山	男	蒙古族	1939.06	蒙医药（蒙医正骨疗法）	传统医药5人
68	乌兰	女	蒙古族	1963.12	蒙医药（赞巴拉道尔吉温针、火针疗法）	
69	阿古拉	男	蒙古族	1965.05	蒙医药（赞巴拉道尔吉温针、火针疗法）	
70	包斯琴	女	蒙古族	1952.07	蒙医药（蒙医传统正骨术）	
71	王布和	男	蒙古族	1960.10	蒙医药（科尔沁蒙医药浴疗法）	
72	额尔德尼森布尔（王卫东）	男	蒙古族	1952.08	成吉思汗祭典	民俗11人
73	郭日扎布	男	蒙古族	1942（已故）	成吉思汗祭典	
74	曹纳木	男	蒙古族	1943.09	鄂尔多斯婚礼	
75	额尔登达来	男	蒙古族	1947	蒙古族养驼习俗	
76	斯庆巴拉木	女	蒙古族	1941.01	蒙古族服饰	
77	巴拉嘎日玛	女	蒙古族	1959.07	蒙古族服饰	
78	其木格	女	蒙古族	1965.08	蒙古族服饰	
79	赵玉玲	女	俄罗斯族	1943.03（已故）	俄罗斯族巴斯克节	
80	嘎尔迪脑日布	男	蒙古族	1948.02	察干苏力德祭	
81	白双虎	男	蒙古族	1953.03	博格达乌拉祭	
82	其木德	女	鄂温克族	1963.05	鄂温克族服饰	

　　截至 2020 年 12 月 31 日，根据内蒙古自治区文化和旅游厅非物质文化遗产处提供的官方数据显示，内蒙古自治区共有国家级代表性传承人 82 人（其中已去世 11 人，健在 71 人），自治区级传承人共 967 人（健在 869 人），盟市级传承人 3452 人，旗县级传承人 6366 人。2021 年 2 月 4 日，内蒙古自治区文化和旅游厅公布第七批自治区级非物质文化遗产传承人 120 人[①]，自

---

　　①　内蒙古自治区文化和旅游厅：《内蒙古自治区文化和旅游厅关于公布第七批自治区级非物质文化遗产代表性项目代表性传承人的通知》2021 年 2 月 4 日，内蒙古自治区文化和旅游厅网，ht-tps：//wlt. nmg. gov. cn/zfxxgk/zfxxglzl/fdzdgknr/202102/t20210204_ 855689. html，2021 年 3 月 26 日。

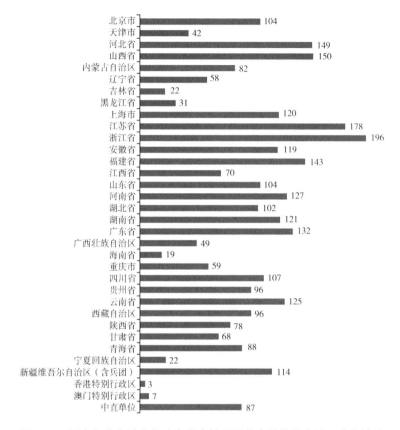

图 3 – 1　国家级非物质文化遗产代表性项目代表性传承人地区分布统计

治区级传承人增加至 1087 人（健在 989 人）。"传承人"既是创造民族民间文化的精英，又是其最直接的承载群体，无论自治区级还是国家级代表性传承人的认定，都是对其文化主体地位的认可。这是一种荣誉，更是一份责任，有利于激励他们在内蒙古非物质文化遗产保护传承工作中发挥引领作用。

（二）开展传承人管理及工作人员的培训工作

传承人是文化传承的中心载体，对其责任、义务、资助的规定以及专业素质的提高，都是保护工作的相关内容。依据国家相关政策，内蒙古制定了《内蒙古自治区非物质文化遗产保护专项资金管理暂行办法》，对已被认定的各级各类非物质文化遗产传承人，明确其传承义务，并赋予了一定的权利。该办法还制订了传承人培养计划，开展了系列专业培训活动，逐步建立了传承人再生机制。如为鼓励代表性传承人开展工作，从 2015

年开始，自治区对全区自治区级传承人给予每人每年 5000 元传习补助，并于 2016 年将这一部分经费列入自治区财政预算。这些管理方法和举措，既增强了代表性传承人的主体意识，激发了他们对民族文化的认同与文化传承的责任感，也保证了相关部门对传承人的管理有章可循、传承人的传承活动有规可依。

为提高非物质文化遗产传承人群的传承能力和实践水平，内蒙古自治区支持并开展了传承人与相关从业人员的培训工作。2016 年 1 月，文化部、教育部开始启动中国非物质文化遗产传承人群研修研习培训计划（简称"研培计划"）。这是我国非物质文化遗产保护事业一项基础性、战略性的工作，目的是借助高校的学术和教学资源，提高传承人群体的文化自信、专业技术能力和可持续发展能力。内蒙古自治区积极参与、密切配合，内蒙古农业大学与清华大学、北京服装学院、中央民族大学等高校连续 5 年被文化部批准为"研培计划"的执行高校。其中，2016 年、2017 年，内蒙古自治区由内蒙古农业大学参与的"研培计划"，已顺利完成了 10 期蒙古族刺绣、蒙古包营造技艺、勒勒车制作技艺、蒙古族服饰等传承人培训班，培训人数达 500 人，生源覆盖内蒙古自治区 12 个盟市。内蒙古师范大学是自治区第二所"研培计划"的参与高校。2020 年 11 月 11 日，由内蒙古文化和旅游厅、内蒙古师范大学主办的 2020 年度中国非物质文化遗产传承人群研修研习培训计划——"江格尔""蒙古象棋木雕技艺"传承人群研修班举行开班仪式，进一步扩大自治区传承人研培范围，提升了研培效果。

根据《中国非物质文化遗产传承人群研修研习培训计划实施方案（2018—2020）》（文旅非遗发〔2018〕4 号）文件精神，内蒙古于 2018 年也启动了内蒙古自治区非遗传承人群研培计划，认定了 12 个参与院校，计划每年举办 24 期以上传承人群培训班。2020 年 10 月 15 日，2020 年度自治区非遗传承人群研培计划——呼伦贝尔市蒙古族毡绣培训班在新巴尔虎左旗文化馆举行开班仪式。11 月 26 日，2020 年度自治区非遗传承人群研培计划——锡林郭勒盟蒙古族刺绣和蒙古族绳艺培训班在苏尼特左旗开班，来自全盟各旗县市区 50 余名学员参加培训。为了推动优秀传统文化创造性转化、创新性发展，此次培训课程内容不仅注重传统技艺的教学，更重视现代设计理论学习，以促进传统工艺与现代生活的融合发展。

"研培计划"的实施密切了高校与非物质文化遗产及民间社区文化传承的联系，有助于提高自治区传承人群的文化艺术素养和创新能力，增强传承后劲，促进地方经济高质量发展。2019 年 3 月 27 日，由内蒙古自治区文化和旅游厅、北京服装学院共同主办的"额吉牧歌"——内蒙古自治区非遗传承人群扶贫研培成果展在北京举行。这是"研培计划"成果首次亮相中国国际时装周，重点展示以兴安盟阿尔山市树皮画和科尔沁右翼中旗蒙古族刺绣非物质文化遗产传承人通过研培实现脱贫的成果，体现了"研培计划"显著的效果。

内蒙古自治区积极参与文化和旅游部（原文化部）组织的各类培训班，同时也举办区内各类非物质文化遗产保护传承工作培训班，加大对内蒙古基层从业人员的培训工作。2015 年 11 月 11 日至 14 日，内蒙古自治区文化厅主办全区非物质文化遗产业务骨干培训班，全区各盟市保护工作业务骨干 80 余人参加。2017 年自治区共举办各类非物质文化遗产培训班 548 场，全年累计培训 3.41 万人次。① 2019 年 5 月，自治区文化和旅游厅委托北京服装学院在兴安盟职业技术学院举办了"非遗 + 扶贫"桦树皮制作技艺研培班。该班共 15 天，主要培训兴安盟和呼伦贝尔市的桦树皮制作技艺传承人和从业者 30 余人。2020 年 8 月 31 日，由内蒙古自治区文化和旅游厅主办，内蒙古非物质文化遗产保护中心承办的全区非物质文化遗产保护与管理人员培训班在呼和浩特市举行。此次培训目的明确，进一步落实国家和自治区非物质文化遗产保护发展的工作要求，提升全区非物质文化遗产保护管理水平。全区 12 个盟市文化和旅游局分管局长及非物质文化遗产保护机构负责人、业务骨干，自治区传统工艺工作站及非物质文化遗产扶贫就业工坊负责人，国家、自治区研培计划参与院校负责人等 100 余人参加培训。

从业人员通过各级各类业务培训，势必会在一定程度上提升专业素养，对内蒙古自治区非物质文化遗产保护和传承工作起到助推作用。

四 创建传承基地和场馆，推行"千校计划"

在当代非物质文化遗产保护工作中，传承基地、场馆建设是一个必不

---

① 内蒙古自治区文化厅：《内蒙古自治区文化厅 2017 年度文化发展统计公报》2018 年 7 月 30 日，内蒙古自治区文化厅网，http：//www.nmgwh.gov.cn/xx/jh/201807/t20180730_ 226718.html，2018 年 9 月 19 日。

可少的内容。尤其对一些文化形态特别、具有突出保护和传承价值的项目，设立文化传承基地和场所，推动其进入学校传播，更具现实意义。这不仅可以提高传承人作为遗产拥有者的自豪感与文化自信，激励他们全心全意投身于优异项目的自觉保护，也有助于拓展文化遗产的传播渠道，培育传承民族文化的后继者。

（一）建立6个蒙古族长调、呼麦传承基地

蒙古族长调、呼麦作为具有世界性价值的非物质文化遗产代表作，是内蒙古各族人民的骄傲，保护长调、呼麦自然也是内蒙古非物质文化遗产保护工作的主题任务。为了推动长调民歌的传承工作，2010年9月15日，内蒙古自治区文化厅颁布《关于建立蒙古族长调民歌保护实验基地的通知》（内文社字〔2010〕73号），决定在长调民歌保护完整、种类齐全、有明显地域特征的地区（呼伦贝尔市、锡林郭勒盟、阿拉善盟）设立长调民歌的传承基地。目前，内蒙古自治区已建成6个传承基地。锡林郭勒盟3个：锡林郭勒盟群艺馆蒙古族长调民歌和蒙古族呼麦保护传承基地，东乌珠穆沁旗蒙古族长调民歌保护传承基地，苏尼特左旗蒙古族长调民歌保护传承基地。阿拉善盟2个：阿拉善左旗蒙古族长调民歌保护传承基地，阿拉善右旗蒙古族长调民歌保护传承基地。呼伦贝尔市1个：新巴尔虎左旗蒙古族长调民歌保护传承基地。

阿拉善地区是蒙古族长调民歌极为发达的地区，长调民歌流派主要有4种，即阿拉善和硕特民歌、喀尔喀民歌、额济纳土尔扈特民歌、科布尔民歌。其中，额济纳土尔扈特长调民歌，由于其地理环境、历史条件和生活习俗等方面的差异，具有旋律优美、高低音转换幅度大等艺术特点。尤其每首歌的末尾都有祝词，如吉祥如意、国泰民安等，这也是它与其他民歌的不同之处。为了进一步推动蒙古族长调传承事业的发展，2009年5月，国家级传承人巴德玛组织、成立了"巴德玛额济纳旗长调民歌传承基地"。2011年，阿拉善左旗第一实验小学、第二实验小学被确定为阿拉善长调民歌传承保护基地，阿拉善长调民歌作为两所学校开设的第二课堂，由专业老师巡回授课。学校每年安排制订教学计划，形成了阿拉善民歌传承的长效机制。

在阿拉善右旗旗委、政府的大力支持下，2013年10月，阿拉善右旗又建成以国家级传承人阿拉坦其其格命名的"阿拉坦其其格蒙古族长调传承基地"。这是内蒙古自治区唯一一所集教学、食宿、生活及学生实践于一体的长调培训学校，专门培养新一代原生态蒙古族长调演唱技艺的传承人，使阿拉善蒙古族长调演唱技艺逐渐普及、推广。正如其其格所言："蒙古族长调来自大自然，是人与自然的融合，必定不能离开原生态环境，我要让孩子们在自然的生态环境里学习长调，让长调融入孩子们的血脉当中。"2016 年 11 月 1 日，阿拉善盟又在阿拉善盟群众艺术馆成立了阿拉善蒙古长调民歌民族原生态音乐艺术研究发展抢救保护传承基地。该基地将阿拉善 4 种长调民歌作为一个整体，致力于蒙古族长调原生态音乐艺术的挖掘、整理、传播、弘扬，还定期举办学习、研讨、比赛等活动，以发现并培养蒙古族原生态音乐艺术人才。

除蒙古族长调民歌传承基地，2009 年，自治区在锡林郭勒盟群众艺术馆建立了蒙古族呼麦演唱保护传承基地，通过这个平台定期开展教育培训，加大蒙古族呼麦保护力度，不断推动呼麦艺术的传承和发展。2011 年 11 月，由锡林郭勒盟群众艺术馆主办的全盟呼麦传承人培训班在锡林浩特市开班。培训班邀请自治区呼麦协会主席、著名呼麦表演艺术家胡格吉勒图担任主讲并专门培训呼麦的演唱技法，全盟 13 个旗县市区 20 余人参加培训。

为打造保护平台，开展以延续非物质文化遗产文脉为主题的文化活动，内蒙古各盟市区也设立了保护本地区非物质文化遗产项目的传承基地。2016 年 6 月，由赤峰市红山区人民政府主办，红山区文体局、红山区教育局承办的红山区首届"非遗传承基地"揭牌仪式在赤峰市回民实验小学隆重举行。活动授予回民实验小学等为自治区级项目赤峰雅乐传承基地，授予红山区昭乌达小学等为自治区级项目红山剪纸传承基地，授予瓜子张食品有限公司为自治区级项目瓜子张炒货记忆传承基地等。2020 年 7 月，呼和浩特市文化旅游广电局及市非物质文化遗产保护中心确定建立二人台传习基地，清水河果丹皮、米醋制作技艺传习基地。传承基地的建立使优秀的民族文化遗产走进校园、社区和乡村，使广大青少年、社区群众、农民朋友更多地了解家乡珍贵的文化遗产，对内蒙古保护传承工作不断走进基层、迈向新台阶起了了承上启下的作用。

（二）加强非物质文化遗产传承场馆的建设

民族博物馆、传习所等作为典藏陈列、实态展示民族文化遗产的公共事业机构，在文化遗产保护方面具有专业优势。博物馆多数研究人员有着考古学、文化学、民俗学、博物馆学等相关学术背景，在有形文化遗产的保护和研究方面积累了相关经验，也有利于非物质文化遗产的保护和传承。

随着博物馆事业的发展和保护理念的推广，内蒙古自治区也借力博物馆作为展示和传承非物质文化遗产的公共平台和媒介。据内蒙古统计局最新数据显示，至 2020 年年底，自治区已有博物馆共 178 个。① 这些博物馆在文化遗产传承保护中发挥了应有的功能，如内蒙古自治区最具代表性的综合性博物馆是内蒙古博物院。该院建成于 2007 年，建筑面积 5 万平方米，以草原文化为主题思想贯穿全部基本陈列和专题陈列中，内容十分完整。其中，"草原风情"的基本陈列演绎了蒙古族、达斡尔族、鄂温克族、鄂伦春族、满族、回族、朝鲜族、汉族等 8 个民族的风俗；"草原服饰""苍穹旋律"等专题陈列则展示了草原民族独特的服饰和歌舞，对内蒙古非物质文化遗产起着具体而形象的传播作用。

为了保护传承极具地方文化特色的非物质文化遗产，自治区各盟市、旗县也建有专门性博物馆。2006 年，阿荣旗建成内蒙古目前唯一的以朝鲜族文化为主的民俗博物馆。扎鲁特旗乌力格尔博物馆于 2007 年 8 月 10 日正式开放。这是全国首家乌力格尔博物馆，不仅推出了乌力格尔起源、特征、发展、风格与流派等内容，还搜集收藏和整理了 150 余件乌力格尔艺术文物。其中，距今 400 年左右的琶杰大师的四胡、扎那艺人的手抄本，以及现代乌力格尔继承人劳斯尔的乌力格尔艺术教科书等馆藏文物，填补了国家级非物质文化遗产项目乌力格尔曲艺艺术资料的一项空白。2009 年 8 月，根河市敖鲁古雅驯鹿文化博物馆建成，占地面积 3175 平方米，全方位地展示了敖鲁古雅鄂温克族驯鹿习俗和桦树皮制作技艺。扎兰屯市鄂伦春民俗博物馆建成于 2009 年 12 月 9 日，展馆面积近 750 平方米，是专门介绍鄂伦春族民风、民俗、文化、历史的大型场馆。建成于 2012 年的库伦旗安代博物馆是国内首个以安代文化艺术为主题的博物馆。该博物馆占地面积 1 万平方米，设立了安代艺术、历史文物、民族文化等展厅，共展出安代文化艺术相关实物、图片 3000 余件。

除各级各类博物馆外，为推动非物质文化遗产保护和传承工作，自治区还不断增建专业传习馆（所）和各级文化馆（群艺馆）。至 2016

---

① 内蒙古自治区统计局：《内蒙古自治区 2020 年国民经济和社会发展统计公报》2021 年 3 月 1 日，内蒙古自治区政府网，http://www.nmg.gov.cn/tjsj/sjfb/tjsj/tjgb/202103/t20210301_984896.html，2021 年 5 月 22 日。

年 7 月，据《内蒙古自治区开展非物质文化遗产法贯彻落实情况自查报告》统计，自治区"已建有非遗展演剧场 12 个，总面积 25045 平方米，总投入 33212 万元；已建非遗馆（民俗馆）62 个，总面积 124796.84 平方米，总投资 38794.5 万元；已建非遗传习所 194 个，总面积 64983 平方米，总投资 38463.7 万元"。

呼和浩特市非物质文化遗产传习展示馆是已建成的代表性的传习馆，于 2014 年 6 月 14 日开馆。这是呼和浩特市非物质文化遗产保护中心为宣传呼和浩特市代表性项目及供代表性传承人现场技艺传授而实施的一项保护工程。该馆面积约 1300 平方米，主要设非物质文化遗产项目展示区、民俗文化展示区、项目传承人技艺传授互动区等功能展区。它的建成弥补了内蒙古非物质文化遗产传承人技艺展示场所的缺位，也推动了呼和浩特市民族文化交流活动的开展。2020 年 7 月 20 日，该传习基地联合中国小记者、北京慈善义工联合会共同组织开展了 2020 彩虹计划"银发伴少年非遗文化大课堂"活动，邀请 40 余名小记者来馆参观学习、实践体验，使他们亲身感受民族文化遗产的独特风采，发挥了弘扬与保护民族文化遗产的作用。

至 2020 年 12 月，内蒙古自治区共有文化馆（群艺馆）120 个，除了自治区文化馆外，还有呼伦贝尔市 15 个，锡林郭勒盟 14 个，乌兰察布市 13 个，赤峰市 13 个，包头市 12 个，呼和浩特市 11 个。这些场馆的建立，有效地保证了自治区民族文化遗产在各盟市的社会传承，促进内蒙古非物质文化遗产保护不断迈上新台阶。为进一步提高宣传、展示的能力，目前，更具规模的内蒙古自治区非物质文化遗产馆也已通过专家论证，正在积极争取"十四五"期间实施建设。

（三）推行"千校计划"

为进一步发挥国民教育在非物质文化遗产传承中的基础作用，从 2014 年下半年开始，内蒙古自治区开始实施"千校万户计划"，旨在对蒙古族长调、呼麦、马头琴进行重点保护。2015 年 6 月自治区文化厅与教育厅制定了《内蒙古自治区非物质文化遗产保护传承"千校计划"实施方案》（内文办字〔2015〕224 号），开始在全区大、中、小学校推行第一阶段千校计划。当时，该计划中的"千校"即在全区蒙古族中小学（含少量幼儿园）范围内，选择有条件开展 3 个项目教学的千所学校。自治区对这些学校暂以 3 年为一个阶段，每项每年提供 2 万元至 3 万元资金，作为聘请传承人授课、联合办学展演等活动的费用。"万户"指在牧区生活的长调、呼麦、马头琴国家级或自治区级传承人，自治区为每户每年提供2万元的教学补贴。

截至2016年8月，自治区文化厅已与64所中小学、幼儿园签订传承保护合作教学协议153份，投入总计655万元。该计划覆盖全区12个盟市的70所学校，内容是把极具蒙古族文化特色的长调民歌、呼麦、马头琴艺术带进校园，让代表性传承人开展传习活动。计划最终目的是建立起非物质文化遗产与教育的互动平台，增强其传承活力。2017年11月，经过盟市推荐、专家论证及文化厅审定，在全区范围内确定了24所实施学校（表3-5）①承担传承教学工作，现已顺利完成全部学校签约工作。这些学校都具有传承民族民间优秀传统文化的基础和教学计划，且具有开展传承活动的学生群体、传承场所、项目教师队伍、设备。

表3-5　　　　2017年度"千校计划"实施学校名单

承担项目	实施学校	所属盟市
蒙古族长调民歌	阿拉善左旗蒙古族学校	阿拉善盟
	达茂联合旗蒙古族学校	包头市
	乌兰浩特市蒙古族小学	兴安盟
	奈曼旗蒙古族实验小学	通辽市
	东乌珠穆沁旗蒙古族第二小学	锡林郭勒盟
	乌拉特前旗蒙古族中学	巴彦淖尔市
	乌海市蒙古族中学	乌海市
	鄂托克前旗鄂尔多斯蒙古族中学	鄂尔多斯市
	巴林右旗大板蒙古族实验小学	赤峰市
	新巴尔虎左旗阿木古郎第一中学	呼伦贝尔市
呼麦	阿拉善左旗蒙古族学校	阿拉善盟
	扎鲁特旗蒙古族第一中学	通辽市
	扎鲁特旗巴雅尔图胡硕学校	通辽市
	锡林浩特市蒙古族小学	锡林郭勒盟

① 内蒙古自治区文化厅：《2017年度"千校计划"实施学校公示名单》2017年9月26日，内蒙古自治区文化厅网，http://wht.nmg.gov.cn/xx/tz/201709/t20170926_208928.html，2018年9月25日。

续表

承担项目	实施学校	所属盟市
呼麦	乌拉特前旗蒙古族中学	巴彦淖尔市
	乌海市蒙古族中学	乌海市
	鄂尔多斯市杭锦旗蒙古族中学	鄂尔多斯市
	阿鲁科尔沁旗天山第二中学	赤峰市
	海拉尔第一中学	呼伦贝尔市
	鄂温克旗鄂温克中学	呼伦贝尔市
马头琴	阿拉善左旗蒙古族学校	阿拉善盟
	包头市九原区蒙古族小学	包头市
	扎赉特旗巴达尔胡中心学校	兴安盟
	科左后旗伊胡塔初级中学	通辽市
	正蓝旗蒙古族中学	锡林郭勒盟
	乌拉特前旗蒙古族中学	巴彦淖尔市
	乌海市蒙古族中学	乌海市
	呼市民族实验学校	呼和浩特市
	鄂尔多斯市蒙古族第二中学	鄂尔多斯市
	阿鲁科尔沁旗天山第五中学	赤峰市

"千校计划"倡导以优秀民族文化走进校园为重点，以点带面、切实推动在学校中开展民族文化的教育和传承活动。2017年9月21日，乌拉特后旗文体局在旗会展中心组织召开非物质文化遗产进校园活动。此次进校园活动，以乌拉特后旗蒙古族乌拉特婚礼、乌拉特民歌、乌拉特祝赞词、乌拉特刺绣、蒙古族竹板笔书法、乌拉特泥塑、马头琴、蒙古族象棋等项目为主要内容。学校特聘请13位非物质文化遗产代表性传承人为授课教师，进行专业授课。2020年11月，通辽市科尔沁区文化馆联合多位艺术家走进木里图镇宝双小学，开展"非遗进校园"活动，并与宝双小学举行艺术支教合作签约仪式。这一活动旨在通过教育引导的方式，挖掘孩子们的潜能，为他们的第二课堂增添新项目。第二个目的是通过阐扬非物质文化遗产的独特魅力和文化内涵，激发广大师生的学习热情和文化认同感，让非物质文化遗产在校园里生根发芽。

内蒙古自治区实施"千校计划"的宗旨就是通过非物质文化遗产和传承人进校园的形式，将其逐步融入常态化教学。它的推行可以发挥传承人自身才能与示范传承作用，促进各学校以组织举办传统文化艺术节、专题讲座和设立兴趣班等多种方式开展保护和传承活动。如承担传承任务的包头市蒙古族小学，每周五下午，学生们都会迎来最快乐的兴趣时光。学校开设马头琴、长调、蒙古族象棋、民族剪纸等多门课程，马头琴兴趣课堂还成立了齐·宝力高国际马头琴学院实训基地。自2017年以来，国家级传承人齐·宝力高每年都会定期到学校进行教学指导，使学生在得到专业传授的同时，也能充分感受民族文化的魅力，增强对民族文化瑰宝的自豪感与认同感。显而易见，这一计划的贯彻落实对于提高民族民间文化的教育地位，拓展它的传承路径，加强其活态保护传承的力度具有直接的促进作用。

五　开展多渠道宣传活动，扩大区内外影响力

非物质文化遗产来自民众，民众是其创造者，也是保护、传承和发展的主体。只有广大民众了解非物质文化遗产的概念、内容、价值以及作用，并自愿参与到保护队伍中，保护才能够持续、有效地进行。为调动广大人民群众的积极性，内蒙古自治区采取多项措施加强相关宣传、演出和展示活动。

（一）依托各类文化艺术节进行宣传

中国"文化遗产日"（2017年改为"文化和自然遗产日"）为每年6月第二个星期六，以保护文化遗产、守护精神家园为主题，是我国政府采取保护、宣传优秀文化遗产的重要举措。内蒙古自治区积极响应文化部号召，依托文化遗产日举办了不同形式的非物质文化遗产宣传活动。2016年6月11日，为庆祝我国第11个文化遗产日，内蒙古自治区文化厅与呼和浩特市人民政府共同主办，在呼和浩特市隆重举行内蒙古自治区非物质文化遗产宣传展示活动。宣传会上颁发代表性项目牌匾，发放了自治区级代表性传承人传习补贴，表演长调、蒙古族服饰、马头琴音乐以及脑阁、二人台等优秀项目。2019年6月7—9日，为庆祝2019年文化和自然遗产日，内蒙古自治区文化和旅游厅在内蒙古展览馆开展内蒙古非物质文化遗产宣传展示主场活动。此次活动内容丰富多彩，不仅举办了蒙古族服饰、桦树皮制品、蒙古族服饰老照片等展览，还邀请刺绣传承人和桦树皮制作技艺传承人以蒙古马为主题，现场向中小学生传授传统工艺，让"活态文化"可触、可感，社会反响良好。

从草原文化遗产日设立以来，内蒙古及各盟市每年利用这一契机切实开展了一系列保护非物质文化遗产、弘扬优秀民族传统文化的宣传活动。2016 年 9 月 6 日，由内蒙古党委宣传部、内蒙古自治区文化厅主办，内蒙古非物质文化遗产保护中心、内蒙古艺术研究所等承办 2016 年内蒙古草原文化遗产保护日宣传展示活动暨蒙古族传统刺绣艺术展。活动展出了来自全区 12 个盟市近 60 位传承人的 260 多件蒙古族传统刺绣艺术作品，还举办了蒙古族拉弦乐器音乐会。马头琴、潮尔、四胡传承人在现场进行了制作技艺的精彩展示，使广大民众深深感受到民族文化之美。2020 年 9 月 6 日即自治区第 16 个草原文化遗产日，内蒙古自治区文化和旅游厅在内蒙古展览馆主办内蒙古民族文化——传统工艺现代创意专题展。本次展览通过线下方式，推出剪纸、服饰、刺绣、皮雕等传统工艺项目及内蒙古文化创意成果，又启动线上销售的形式，为传统工艺和现代创意产品搭建常态化的传播展销平台。

中国·内蒙古草原文化节是自治区党委、自治区政府主办的，旨在展示草原文化风采、打造内蒙古草原文化品牌的主题节日。2017 年 8 月 28 日，内蒙古自治区成立 70 周年之际，第十四届中国·内蒙古草原文化节以"传统工艺 + 现代创意"为要旨，首次在活动中将非物质文化遗产与文化创新纳入同一个展示平台。全区 32 位代表性传承人现场演示传统技艺，[1] 呈现了一场富于民族特色与创新精神的宣传盛会。2020 年 8 月 8 日，第十七届中国·内蒙古草原文化节如期举行。本届草原文化节以"八月飞歌——草原音乐创造美好生活"为主题，探索尝试"云上草原文化节"，通过线上线下同频展现草原音乐艺术精品，推动内蒙古民族音乐的创造性转化和创新性发展。

自治区及各盟市、旗县还纷纷以国家级非物质文化遗产命名艺术节，开展宣传演出活动。自 1997 年被国家文化部命名为"中国民间艺术漫瀚调之乡"后，鄂尔多斯市准格尔旗每 3 年举办 1 届漫瀚调艺术节。2009 年 8 月 28 日，内蒙古首届二人台艺术节在包头市土默特右旗隆重开幕，至 2019 年已举办 5 届。2009 年 9 月 8 日，通辽市库伦旗隆重举行了中国·库伦首届安代文化艺术节。从 2012 年开始，鄂尔多斯

---

① 陈岸瑛：《草原上吹来民族风——民族传统工艺的保护和当代活化》，《人民日报》2017 年 9 月 3 日。

市杭锦旗每年农历五月初三都隆重举办古如都（古如歌）艺术节。2015年7月26—28日，由自治区文化厅、呼伦贝尔市人民政府联合主办的"全区第二届长调艺术节暨第五届宝音德力格尔杯长调民歌大赛"在呼伦贝尔市新巴尔虎左旗举行。2019年8月16日，由内蒙古自治区党委宣传部、内蒙古自治区文化和旅游厅、内蒙古艺术学院共同主办的首届中国·内蒙古马头琴艺术节在呼和浩特市举行，不断提升优秀的民族艺术的影响力。

（二）利用专业文艺团体巡回演出

内蒙古少数民族艺术表演类非物质文化遗产姿彩缤纷，自治区各专业艺术团体因此聚集着许多优秀的民族艺术专业人才，具有宣传民族艺术文化的职能优势。2019年年末全区有艺术表演团体95个，其中乌兰牧骑75个。[1] 内蒙古地广人稀，少数民族居住分散。乌兰牧骑（蒙古族语，意为"红色的嫩芽"）就是在党的文艺方针和民族政策的指引下，结合内蒙古实际创建起来的流动演出的文艺团体。它主要从事社会主义文化艺术的普及宣传工作，创编、演出以蒙古族为主的各民族传统艺术，是内蒙古非物质文化遗产专业的传承载体。内蒙古自治区十分重视发挥以乌兰牧骑为代表的艺术团体服务草原人民、传播民族文化的核心作用。自1957年6月18日，第一支乌兰牧骑即苏尼特右旗乌兰牧骑建立以来，内蒙古自治区已建有75支乌兰牧骑（表3－6）。

表3－6　　　　　　　内蒙古自治区乌兰牧骑名单（75支）

内蒙古直属（1支）	内蒙古民族艺术学院直属乌兰牧骑
呼伦贝尔市（11支）	鄂伦春自治旗、鄂温克族自治旗、莫力达瓦达斡尔族自治旗、新巴虎右旗、陈巴尔虎旗、阿荣旗、牙克石、根河市、额尔古纳市、扎兰屯市、新巴尔虎左旗乌兰牧骑
兴安盟（5支）	兴安、科右前旗、科右中旗、扎赉特旗、突泉县乌兰牧骑
通辽市（6支）	奈曼旗、开鲁县、科左中旗、科左后旗、库伦旗、扎鲁特旗乌兰牧骑
赤峰市（9支）	翁牛特旗、阿鲁科尔沁旗、林西县、克什克腾旗、巴林右旗、宁城县、敖汉旗、喀喇沁旗、巴林右旗乌兰牧骑

---

[1]　内蒙古自治区统计局：《内蒙古自治区2019年国民经济和社会发展统计公报》2020年3月23日，内蒙古自治区政府网，http://www.nmg.gov.cn/art/2020/3/23/art_ 1569_ 309622. html，2020年10月21日。

续表

锡林郭勒盟（13支）	锡林郭勒、锡林浩特市、苏尼特右旗、阿巴嘎旗、苏尼特左旗、东乌珠穆沁旗、镶黄旗、正蓝旗、西乌珠穆沁旗、正镶白旗、多伦县、太仆寺旗、二连市乌兰牧骑
呼和浩特市（3支）	武川县、土左旗、托克托县乌兰牧骑
包头市（2支）	土右旗、达茂联合旗乌兰牧骑
乌兰察布市（11支）	化德县、卓资县、四子王旗、察右中旗、集宁区、商都县、兴和县、察右前旗、凉城县、丰镇市、察右后旗乌兰牧骑
鄂尔多斯市（6支）	鄂托克前旗、达拉特旗、鄂托克旗、乌审旗、杭锦旗、伊金霍洛旗乌兰牧骑
巴彦淖尔市（4支）	乌拉特中旗、乌拉特前旗、乌拉特后旗、磴口县乌兰牧骑
阿拉善盟（4支）	阿拉善、阿拉善左旗、阿拉善右旗、额济纳旗乌兰牧骑

注：名单由内蒙古自治区文化和旅游厅艺术处提供。

在自治区政府的大力支持下，这些具有草原地域特色的艺术团体植根基层、情系观众，坚持深入农村牧区演出服务，为宣传、弘扬民族文化遗产和民族民间艺术，进行了长期而卓有成效的传承工作。仅自治区直属乌兰牧骑半个世纪来，行程已达30万千米，足迹遍布国内20多个省、市、自治区及香港特别行政区、台湾省，出访亚、非、欧、美四大洲的22个国家和地区。它将安代舞、马头琴音乐、好来宝、蒙古族长调和短调民歌等民族艺术融合到创作演出中，极大地提升了自治区民族民间文化的知名度。各基层乌兰牧骑也为非物质文化遗产的宣传做出了突出贡献。2011年，阿拉善左旗乌兰牧骑推出原生态民间宗教艺术《阿拉善查玛舞》。2012年，察哈尔右翼后旗乌兰牧骑创作的《察哈尔婚礼》获内蒙古自治区第十届精神文明奖和"五个一工程奖"。2019年6月22日，鄂伦春自治旗乌兰牧骑深入翁牛特旗农村牧区进行了6场交流演出，精心编排、表演了《围猎》《鄂伦春永远的家园》《祖辈的故乡》等鄂伦春族歌舞。而鄂托克旗乌兰牧骑建立50多年来，每年在基层为农牧民演出的时间均在六七个月以上。其中，由他们创作并首次搬上舞台的《鄂尔多斯婚礼》歌舞剧，先后到国内28个省市自治区及日本、美国等国家访问演出，成为宣传蒙古族婚礼的经典艺术名片。2020年8月20日，该乌兰牧骑又联合西乌珠穆沁旗乌兰牧骑开展全区乌兰牧骑交流活动，满载深情厚谊地将长调《走马》、群舞《鄂尔多斯奈尔》等民族歌舞奉献给农牧区千家万户。

　　内蒙古乌兰牧骑扎根牧区的优良传统和出色的文化传播效应，得到广大牧民的欢迎，也得到国家领导人的肯定。2017 年 11 月，习近平总书记称赞乌兰牧骑为"草原上的'红色文艺轻骑兵'"。为了进一步发挥乌兰牧骑的文化宣传作用，2018 年 11 月初，内蒙古在全区启动了"弘扬乌兰牧骑精神到人民中间去"基层综合服务活动。该活动以"乌兰牧骑＋"的方式，组建了 200 多支草原综合服务轻骑兵，利用 3 个月左右时间，到偏远农村牧区、少数民族聚居区、边防哨所等 2000 多个服务点，向基层提供文艺演出、理论宣讲等服务。2020 年 1 月 14 日，内蒙古自治区文化和旅游厅主办的"草原非遗轻骑兵赴贫困旗县展演"启动仪式在内蒙古展览馆举行。这支"草原非遗轻骑兵"是由呼伦贝尔市、兴安盟、赤峰市、乌兰察布市和锡林郭勒盟 5 个盟市下辖 11 个旗县抽调的 50 名非遗传承人和文艺演员组成，赴乌兰察布市兴和县、察哈尔右翼前旗、化德县等贫困旗县开展非物质文化遗产展演下基层活动。60 多年来，乌兰牧骑演出团走遍了内蒙古的农村牧区，以机动灵活和富有民族风格与人文关怀的文化宣传形式，为基层农牧民和各族群众演出服务。它们在传递社会主义先进文化的同时，也彰显了内蒙古非物质文化遗产的艺术魅力与现代价值，使其影响力持续不断地散播于分散的草原牧区和半农半牧地区。2020 年 9 月，在中国世纪大采风二十周年庆典活动中，东乌珠穆沁旗乌兰牧骑队员巴雅尔牧仁荣获"中国当代非物质文化遗产传承人"称号。

　　（三）举办保护成果展览

　　2005 年以来，为向社会全面展示内蒙古非物质文化遗产保护工作成就，自治区不断举行成果展，以建立保护工作普遍的社会认同和牢固的群众基础。2015 年 9 月 6 日至 12 日，由内蒙古自治区党委宣传部、自治区文化厅主办，内蒙古展览馆、内蒙古非物质文化遗产保护中心、内蒙古艺术研究所和各盟市文化局承办全区非物质文化遗产展。此次展览以"保护文化基因，延续民族根脉"为主题，通过 160 多名各级传承人现场技艺展示、320 多个项目集中亮相，翔实地展出了 10 年来内蒙古在非物质文化遗产保护、利用、传承等方面所取得的成果。2016 年 1 月 22 日，内蒙古自治区举办首届"非遗走进现代生活"——全区非物质文化遗产年货展暨传统文化月月传活动，服饰、食品、纸艺、手工 4 大类近 200 个生产性保护项目亮相展会现场。2020 年 1 月 14 日，2020 年内蒙古非物质文化遗产年货展在内蒙古展览馆举行，展品主要为传统技艺、传统美术、民俗类等

120 多个与年俗相关的非物质文化遗产项目，以互动体验、技艺展示、展销产品等方式使广大群众在丰富的文化遗产中体会到浓郁的传统年味。

各盟市旗县也纷纷举行了成果展示活动。2016 年 8 月 8 日，以"民族瑰宝走进生活"为主题，鄂尔多斯市举行首届鄂尔多斯文化遗产博览会开幕式暨鄂尔多斯非物质文化遗产展览馆开馆仪式。2016 年 8 月 10 日，巴彦淖尔市也举办了"非遗薪传、走进生活"即 2016 非物质文化遗产系列展览。系列展览为期 1 周，包括非物质文化遗产文化长廊成果展、传统手工技艺展、摄影展 3 个板块，共展出乌拉特铜银器制作技艺、乌拉特戈壁泥塑、蒙古族驼球、河套面塑、后套剪纸艺术等 127 个项目，全面展示了巴彦淖尔市非物质文化遗产保护 10 多年的成果。截至 2017 年 11 月，锡林郭勒盟共举办 7 届锡林郭勒盟非物质文化遗产保护成果展，累计展示了 15000 余件（套）非遗精品物件，展出图片 150 余幅。2020 年 10 月 17 日，第十届锡林郭勒盟非物质文化遗产保护成果展在多伦县开幕，展会云集各旗县市（区）具有代表性的各级非物质文化遗产项目和 63 名代表性传承人，展品共 4500 余件，直观地呈现了锡林郭勒盟非物质文化遗产的风姿和保护成果。

（四）开展对外交流活动

除了进行自治区内成果展示，为构建传承历史文脉、弘扬传统文化的浓厚氛围，内蒙古还推行"走出去"的原则，通过开展文化交流，扩大传播力。2012 年 6 月 9 日，"根与魂"——内蒙古非物质文化遗产展演在澳门特别行政区开幕，由内蒙古艺术家带去的长调、呼麦演唱和马头琴表演以及蒙古民族舞蹈令现场满溢草原风韵。

2015 年 9 月 30 日至 10 月 4 日，由辽宁省文化厅、沈阳市人民政府主办，辽宁省非物质文化遗产保护中心、沈阳市文化广电新闻出版局、沈阳市旅游局、沈阳市和平区承办 2015 中国（沈阳）非物质文化遗产传统技艺大展暨金秋皇寺庙会。来自辽宁、内蒙古、天津、河北、吉林、黑龙江、甘肃、陕西、山东等 9 省（自治区、直辖市）的近 130 个项目、300 余名传承人参加此次展览。内蒙古非物质文化遗产保护中心推荐的蒙古族服饰（阿鲁科尔沁服饰）、蒙古族金银器制作技艺、蒙古族奶制品制作技艺、蒙古族风干肉制作技艺等 4 个项目参展。

2018 年 2 月，内蒙古蒙古族、满族、鄂伦春族、鄂温克族、达斡尔族等民族传统服饰、绣品 201 件，赴澳门特别行政区参加"衣锦风尚——云南省和内蒙古自治区民族服饰展"系列活动。2019 年 10 月 12 日，"草原记忆"——内蒙古非物质文化遗产特展、"美丽的草原我的家"——内蒙古非物质文化遗产专场演出在台湾省高雄市举行。2020 年 10 月 23 日，以"全面小康非遗同行"为主题的第六届中国非物质文化遗产博览会在山东济南开幕，内蒙古自治区 17 名传承人和鄂尔多斯服饰、蒙古族马具制作技艺、勒勒车制作技艺、蒙古族拉弦乐器制作技艺等项目参加了线下展览。这些特色成果展演，使国内广大民众进一步了解内蒙古各民族艺术、服饰、器具及饮食领域的文化风俗和特点，再一次向世人展示了内蒙古各民族非物质文化遗产独特的民族智慧和深沉的文化内涵。

　　非物质文化遗产宣传演出、保护成果展示与交流等活动，注重现场的互动性和百姓的参与性，以生活化和活态传承的表现形式深入基层群众，拉近了民众与民族民间文化之间的距离。它们不仅强化了宣传保护工作的实效，也营造了"非遗保护人人参与，保护成果人人共享"的良好氛围。《内蒙古自治区文化厅 2017 年度文化发展统计公报》显示，2017 年内蒙古非物质文化遗产宣传活动取得新进展，全年开展各类展览、演出及民俗活动 1816 场，参加 280.78 万人次。各种宣传展演活动主题突出、元素聚集，是影响广泛、群众喜爱、紧接地气的文化盛会，立体、多层面地提高了自治区非物质文化遗产的美誉度。

六　实施文化空间维护，探索区域性保护方式

　　非物质文化遗产的文化空间指"一种特定的生态空间，是一个文化与自然环境、物质遗产、生产生活方式、经济形式、语言环境、社会组织、意识形态、价值观念等相互作用的一个完整生态体系"①。这既是文化遗产展示的空间条件，又是文化遗产传承的生态环境。文化空间的价值不止在于它是文化表现形式的展示场域，还体现在它也是文化遗产经久传承的土壤。所以，保护非物质文化遗产的表现形式，理应维护其生存空间和生态环境，非物质文化遗产的空间维护就是其生态环境的整体保护。2005年，《国务院办公厅关于加强我国非物质文化遗产保护工作的意见》（国办发〔2005〕18 号）就特别提出：研究探索对传统文化生态保护较完整并具有特殊价值的村落或特定区域，进行动态整体性保护的方式。在国家政

---

　　①　刘永明：《从建设生态文明的角度审视非物质文化遗产的保护》，《西南民族大学学报》2014 年第 2 期。

策的指导下，内蒙古自治区在一些符合条件的地区尝试着运用整体性保护原则，探索维护民族文化遗产生态空间的方式。

（一）积极开展民间文化艺术之乡的评选活动

为弘扬优秀的民族民间文化，促进其更好地融入民众生活，得到进一步传承发展，2011 年 9 月，文化部制定《"中国民间文化艺术之乡"命名办法》。该办法规定 3 年开展 1 次评选活动，已命名的每一次都要重新申报，以发挥命名成果的示范性和持续作用。在此基础上，2018 年 1 月，文化部办公厅印发了《"中国民间文化艺术之乡"命名和管理办法》，进一步加强了命名工作的规范管理，并强调这一文化品牌项目对于我国非物质文化遗产保护的推动作用。至 2020 年 12 月，文化和旅游部（原文化部）已于 2011 年、2014 年、2018 年开展了 3 次评选活动，内蒙古自治区通过组织申报，先后有 15 个、9 个和 5 个旗县区得到命名。其中，在 2018—2020 年度"中国民间文化艺术之乡"评选中，内蒙古有 5 个旗县得到命名（表 3 - 7）。

表 3 - 7　　　　内蒙古自治区 2018—2020 年度"中国民间文化
艺术之乡"名单

序号	旗县	文化特色
1	内蒙古自治区包头市土默特右旗	二人台
2	内蒙古自治区通辽市库伦旗	安代舞
3	内蒙古自治区鄂尔多斯市乌审旗	走马
4	内蒙古自治区呼伦贝尔市根河市敖鲁古雅鄂温克族乡	驯鹿文化
5	内蒙古自治区锡林郭勒盟镶黄旗	阿斯尔音乐

除组织申报国家级民间文化艺术之乡外，1995 年至 2020 年间，内蒙古自治区开展了 6 次全区民间文化艺术之乡的评选活动。在 1995 年第一批（9 个）、1998 年第二批（11 个）、2002 年第三批（11 个）的基础上，2008 年 6 月内蒙古自治区文化厅公布了第四批自治区级民间文化艺术之乡名单，全区共 36 个旗县和苏木（乡、镇）入选。如喀喇沁旗乃林镇被命名为"清乐榆鼓艺术之乡"，西乌珠穆沁旗为"乌珠穆沁长调民歌之乡"，巴林右旗为"格斯尔文化之乡"，科尔沁右翼中旗为"蒙古族四胡之乡"，科尔沁左翼后旗为"好来宝之乡"等。2012 年 2 月，内蒙古自治区文化厅又公布了第五批自治区级民间文化艺术之乡名单，共 22 个。2018 年 6 月，内蒙古自治区进一步规范评选活动，根据文化和旅游部的办法，结合自

治区实际，评选出 2018—2020 年度自治区民间文化艺术之乡（表 3 – 8）。①

表 3 – 8　　2018—2020 年度内蒙古自治区民间文化艺术之乡名单（32 个）

序号	申报地区	申报名称
1	呼和浩特市清水河县	踢鼓子秧歌
2	包头市土默特右旗	二人台
3	呼伦贝尔市新巴尔虎左旗	巴尔虎蒙古族长调
4	呼伦贝尔市莫力达瓦达斡尔族自治旗	达斡尔传统曲棍球
5	呼伦贝尔市新巴尔虎右旗	宝格德乌拉祭敖包
6	呼伦贝尔市鄂温克族自治旗辉苏木	鄂温克族抢枢
7	呼伦贝尔市根河市敖鲁古雅鄂温克族乡	驯鹿文化
8	兴安盟扎赉特旗	博格达乌拉祭
9	兴安盟阿尔山市白狼镇	树皮画
10	兴安盟科尔沁右翼中旗	乌力格尔
11	兴安盟科尔沁右翼前旗乌兰毛都苏木	扎萨克图蒙古族民间刺绣
12	通辽市奈曼旗	版画
13	通辽市库伦旗	蒙古族安代舞
14	通辽市科尔沁区	科尔沁少儿版画
15	赤峰市翁牛特旗紫城街道办事处	蒙古族秧歌
16	赤峰市巴林右旗	格斯尔
17	赤峰市宁城县三座店镇	抬阁、背阁
18	赤峰市敖汉旗兴隆洼镇	皮影
19	赤峰市阿鲁科尔沁旗先锋乡	评剧
20	锡林郭勒盟西乌珠穆沁旗	蒙古族男儿三艺
21	锡林郭勒盟阿巴嘎旗	潮尔道
22	锡林郭勒盟东乌珠穆沁旗	蒙古族长调、蒙古族搏克
23	锡林郭勒盟镶黄旗	阿斯尔音乐
24	锡林郭勒盟苏尼特左旗	蒙古包文化
25	鄂尔多斯市乌审旗	走马文化之乡
26	鄂尔多斯市鄂托克前旗	蒙古族筷子舞

① 内蒙古自治区文化厅：《内蒙古自治区文化厅关于公布 2018—2020 年度全区民间文化艺术之乡名单的通知》2018 年 7 月 6 日，内蒙古自治区文化厅网，http：//www. nmgwh. gov. cn/xx/tz/201807/t20180706_ 226029. html，2018 年 10 月 19 日。

续表

序号	申报地区	申报名称
27	鄂尔多斯市鄂托克旗	乃日（娱乐）
28	鄂尔多斯市鄂托克前旗	祭火文化
29	巴彦淖尔市五原县	河套民歌
30	巴彦淖尔市乌拉特前旗	乌拉特民歌、河套爬山调
31	阿拉善盟阿拉善右旗	蒙古族赛骆驼
32	阿拉善盟额济纳旗	土尔扈特萨吾尔登

注：五批自治区级民间文化艺术之乡名单由内蒙古自治区文化厅提供。

目前，内蒙古自治区已评选六批自治区级民间文化艺术之乡，除去重复，共有 79 个市、旗县和苏木（乡、镇）被命名为自治区级民间文化艺术之乡。这些被命名的地区都是基层行政区划单位，所拥有的民间文化具有浓郁的地方特色或民族特色。民间文化艺术之乡的命名旨在依托这些特色鲜明的民族民间文化，在一定区域内开展交流展示和推广活动，增强基层民众的主体意识。这不仅可以繁荣群众文化生活，提升各地区民间文化品牌项目的影响力，也为进一步实施区域性整体保护积累了实践经验。

（二）探索生态博物馆保护模式

自然生态与社会环境的多样性决定了文化的多样性，文化的多样性也丰富了人类社会的生产生活方式。为了避免文化单一化、同质化趋势，生态博物馆应运而生。生态博物馆不同于传统的博物馆，是"对自然环境、人文环境、传统艺术等有形和无形文化遗产，在其原产地由当地居民进行自发保护，从而实现较完整地保留当地的自然风貌、生产技艺、风俗习惯、民族艺术等文化传统的一种博物馆理念"[1]。它以整个村落为保护对象，重视人与遗产的活态关系，强调保护和保存文化遗产的真实性、完整性和原生性，其最直接的目的是延缓文化的消失。为适应文化遗产保护和博物馆发展理念的变化，自 1998 年以来，我国先后建成贵州梭戛苗族、云南章朗布朗族等 9 座具有中国特色的生态博物馆。内蒙古也进行了相关探索，建立了具有自身特点的蒙古族生态博物馆即敖伦苏木生态博物馆，

---

① 孔令远、贾坤：《生态博物馆在保护西部少数民族传统文化方面的作用》，《学术探索》2009 年第 4 期。

这是内蒙古自治区目前唯一的生态博物馆。

该生态博物馆位于包头市达茂旗敖伦苏木（蒙古语，意为"多庙"）古城地区。这座历经千年风雨的草原古城，元代为草原丝绸之路上的交通枢纽，曾是中西文明的荟萃之地，而且它还是成吉思汗家族的姻亲汪古部赵王世家的首府，承载着兴盛的汪古部历史文化记忆。敖伦苏木生态博物馆于 2005 年建成并对外开放，分为生态保护区、古城遗址原状保护区和民族嘎查（村）3 部分。园区覆盖了当地的社会文化区域，包括有形文化遗产、非物质文化遗产以及自然生态等现存的文化现象。生态保护区有较多的兽类和鸟类，由于近几年实施了生态环境保护措施，黄羊、蒙古野驴等野生动物有时成群结队地出现在保护区。古城遗址平面呈长方形，基本为坐西北、朝东南向，经相关专家和学者的考证，证实城内有王府、寺庙等古遗址，都依据其本来面目加以保护。城内的民族嘎查（村）保留着牧民生活原貌。为了更好地保护和传承古城文化遗产，该生态博物馆专门成立了信息中心，对各种节庆、民间文艺活动等进行现场录制，并对保护区内原生态文化进行普查、登记、归档等数字化管理。

生态博物馆建设打破了静态化陈列、单项展示的传统思维局限，提倡文化遗产的动态呈现，融入其所处环境、社会生活，旨在探讨人、文化与自然环境三者之间的紧密关系。它"体现了对自然与文化遗产地进行'现场'保护的内涵，也体现了对自然与文化环境的'整体'保护的内涵"①，为文化遗产创造了活的发展空间。生态博物馆的理论与实践为更具创新意义的整体性保护——文化生态保护区建设提供了启示与经验。

（三）确定 13 个自治区级文化生态保护区

文化空间在量度上弹性较大，小者可以是一个历史文化街区，大者可以为一个文化区或文化圈，文化生态保护区是以特定文化形态所在区域划定范围，而不是以行政区划来界定。它以特定文化形态为基础，以非物质文化遗产为核心，对特定区域内的所有遗产（包括非物质文化遗产、与其相关的物质文化遗产和自然遗产等）进行综合性、整体性保护。这是我国非物质文化遗产保护模式的探索，也是文化空间理论的拓展和更高层次的

---

①　林秀琴：《整体性保护：价值、理念、实践及挑战——关于文化遗产保护创新的若干思考》，《福建论坛》2020 年第 12 期。

文化空间保护方式。

在国家级文化生态保护（试验）区建设的带动下，内蒙古也进行了实践。自 2009 年至 2020 年，自治区先后命名了鄂尔多斯文化生态保护区、鄂伦春自治旗鄂伦春族文化生态保护区等 13 个自治区级文化生态保护区，划定不同的区域对濒危的少数民族文化实施区域性整体保护。至 2020 年 12 月，全国各省（自治区、直辖市）共设立 197 个省级文化生态保护区，从数量上比较，内蒙古自治区走在前列。这是内蒙古自治区对国家倡导的非物质文化遗产整体性保护的积极回应，有助于民族文化的可持续发展。

鄂伦春自治旗鄂伦春族文化生态保护区是以鄂伦春族民族文化为中心而设立的。鄂伦春族是国家重点扶持的 10 万人口以下较小的少数民族之一，在长期的游猎生活中形成了独具森林特色的文化。但由于原有的自然生存环境的破坏和生活、生产方式的转变，加之没有文字，加速了鄂伦春族传统文化的消失。现在，鄂伦春族使用本民族语言的人群急剧减少，传统民俗、传统技艺后继乏人，民族文化逐步走向濒危。在严峻的现实面前，加强民族文化的保护与传承已刻不容缓。文化生态保护区的设立，将鄂伦春族文化以及文化所生存的社会环境、自然环境看作一个有机的整体，以涵养、修复其生存的文化生态环境，确保当地文化的生命力和创造力。这是实现鄂伦春族文化活态传承、可持续发展的科学方式，有利于促进该地区的民族文化、自然环境、社会经济的协调发展。特别是少数民族地区文化生态环境十分脆弱，与当今自然生态面临的危机一样，也面临着失衡的严峻挑战，建立文化生态保护区，对于有效地保护各民族传统文化更具必要性。

保护非物质文化遗产是人类对弱势文化价值的认同和对文化平等权的尊重，体现了人类社会的进步。内蒙古非物质文化遗产保护工作是我国非物质文化遗产保护事业的组成部分，也是促进民族地区少数民族传统文化传承、发展的义举。内蒙古非物质文化遗产以特殊的形式传唱着草原文明宽广豪迈的文化品格与自强不息的精神气质，是草原文化的活化石，也充实了中华民族文化的内容，推动了中华文明的形成与发展。由此，内蒙古非物质文化遗产保护工作有利于体现中华文明源远流长、原生性的文化特征，维护中华民族文化的多样性。内蒙古自治区已取得的保护成就，也是各族人民对中华文明传承应尽的责任和应做的贡献。

第二节　内蒙古非物质文化遗产保护面临的困境

非物质文化遗产保护工作是一项浩繁的文化传承工程，担负着保存、延续、发展民族活态文化的任务。这项工作不仅需要文化主体即文化的创造者、持有者、传承者的主观努力，还需要保护政策、措施、资金的多方保障。尽管内蒙古非物质文化遗产保护工作取得了可观的成绩，但由于内蒙古地区地处偏远，经济文化相对落后；加之国家相关的保护工作尚处于探索阶段，可资利用的经验较少，内蒙古自治区在保护工作中仍然存在一系列不可回避的问题。

一　保护主体存在问题

在非物质文化遗产的保护工作中，文化主体存在着传承主体和保护主体两类群体。传承主体指各级各类非物质文化遗产传承人，他们在传承中是核心主体。处于中心传承圈之外，虽不直接参与传承工作、却对传承起着不同推动作用的各类群体，如各级政府职能部门包括各级保护机构、广大人民群众、新闻媒体、企事业单位等则为保护主体。目前，学界对非物质文化遗产传承主体与保护主体的划分存在不同观点。我们认同王文章、黄涛等专家学者的看法，认为传承人也是保护主体，即非物质文化遗产的传承主体与保护主体是紧密相连、相辅相成的。因此，传承主体也是积极的保护主体，成功的传承就是有效的保护；保护主体也是传承与传播的主体。[①] 当然无论传承主体还是保护主体，在保护工作中明晰责任、形成合力，充分发挥各保护主体的能动力量，是不可忽视的问题。近些年，在内蒙古非物质文化遗产保护工作中，保护主体还存在一些问题，在一定程度上制约着保护工作的健康发展和全面推进。

（一）盟市保护机构不健全

非物质文化遗产专门机构的建立是开展保护工作的基础条件，一定数量的专业工作人员是保护工作规范化开展的人力资源保障。内蒙古各盟市目前这方面问题较突出，旗县尤其如此，主要表现为基层专门保护机构仍然不健全、专业队伍规模较小。这些问题容易导致非物质文化遗产普查、

---

① 王文章主编：《非物质文化遗产概论》，教育科学出版社 2013 年版，第 295 页。

申报、保护工作常态化程度不高，也会影响保护工作质量和效率。

根据实际调研了解到，至 2018 年 1 月，自治区 83% 的盟市没有设立独立的专门保护机构。当时全区 12 个盟市中，只有呼和浩特市和赤峰市单独设立非物质文化遗产保护中心，为正科级（全额拨款）事业单位，隶属于两市文化广播电影电视新闻出版局。赤峰市非物质文化遗产保护中心于 2016 年 3 月经赤峰市人民政府批准成立，为国家一类公益事业单位，核定 5 人编制。该中心现在隶属于赤峰市文化和旅游局，有工作人员 9 人，内设机构有行政办公室、业务综合办公室、财务办公室和志愿者联络部。呼和浩特市非物质文化遗产保护中心成立于 2013 年 8 月，由市文化局文艺干部训练班更名而成。该中心原编办核实编制 36 人，当时实有人数 24 人，编制核定 24 人，主要承担呼和浩特市保护工作的组织联络、具体实施等任务。

其他盟市的非物质文化遗产保护机构大都和群艺馆同为一个机构，有的 1 个机构挂 2 块牌子，有的是群艺馆的一个内设机构，编制都在群艺馆的大编制里面，没有明确的独立编制。如巴彦淖尔市非物质文化遗产保护中心隶属于巴彦淖尔市群艺馆，包头市非物质文化遗产保护中心与包头市艺术研究创评中心同为一个机构，通辽市非物质文化遗产保护中心挂靠通辽市文学艺术研究所。大多数保护中心工作人员为 3—5 人，中心主任一般都兼副馆长。

近年来，内蒙古自治区很重视基层非物质文化遗产保护机构的建设，盟市、旗县级保护工作机构逐步增加。2018 年 8 月，"全区已成立具有独立法人资格，有单独编制的非遗保护中心 7 个"[1]。2020 年 8 月，"全区有 2 个盟市和 6 个旗县设立了非遗中心，有 8 个盟市文化旅游部门内设了非遗科"[2]。但因机构改革，盟市文化系统事业单位总数设置数量限制，单独设立非物质文化遗产保护中心的难度越来越大。

非物质文化遗产保护工作是一项非常紧迫而又意义深远的文化事业。从自治区整体保护实践成绩看，盟市独立的专门保护机构有利于推进基层非物质文化遗产保护工作科学有序开展。呼和浩特市、赤峰市多年来非物

① 内蒙古自治区文化和旅游厅：《关于对内蒙古自治区十二届一次会议第 0013 号提案的回复》2018 年 10 月 19 日，内蒙古自治区政府网，http://www.nmg.gov.cn/zwgk/bmmsxxgk/zzqzfzcbm/whhlyt/fdzdgknr/202012/t20201208_ 332852. html，2021 年 2 月 1 日。
② 内蒙古自治区文化和旅游厅：《关于对内蒙古自治区十二届二次会议第 0261 号提案的回复》2020 年 8 月 28 日，内蒙古自治区政府网，http://www.nmg.gov.cn/zwgk/bmmsxxgkm/zzqzfzcbm/whhlyt/fdzdgknr/202012/t20201208_ 333189. html，2021 年 2 月 5 日。

质文化遗产保护工作取得明显成果，与之有着直接关系。反之，缺少保护
机构就会导致专项经费和设备购置无法保障，相应地制约基层保护工作的
稳步前进。盟市之下的旗（县）状况更不乐观，从业人数较少，即使设立
了专门机构，由于人员编制紧张，不少非物质文化遗产保护中心工作都存
在兼职或者临时抽调人员完成的情况。专职人员不足、人员流动性较大、
专业基础相对薄弱，已成为保护机构发挥作用的掣肘。

（二）工作人员专业化程度偏低

就工作性质而言，非物质文化遗产保护属于专业性很强的工作，涉及
面较广，如民俗学、民族学、文化学等领域，需要较扎实的专业知识。从
工作内容讲，它主要指充分挖掘和抢救当地优秀的传统文化，做好保护和
宣传工作，任务较繁重，也需要一定专业技能。这就要求工作人员应具有
相关的专业知识储备和业务素质。目前，自治区各级保护机构，尤其基层
保护机构的人员学历层次不高，具有相关专业背景的人数有限。这在非物
质文化遗产宣传工作、档案建设中容易影响效率与质量，也会不同程度制
约保护与研究工作的深入开展。

2018 年 1 月，根据调研所得相关机构人员现状进行分析统计，自治区
最重要的非物质文化遗产专业机构——内蒙古非物质文化遗产保护中心在
编人员 21 人，研究生学历 4 人、本科学历 10 人，显示了较高的总体学历
层次水平。不过，从专业背景看，与非物质文化遗产学关系密切的民俗学
3 人、中文 1 人、汉语言文学 1 人、社会学 1 人，共有 6 人。这与自治区
繁重的保护任务相比，还有一定的差距。

从 12 个盟市保护机构人员来看，呼和浩特市非物质文化遗产保护中
心有编制人员 24 人，学历情况：硕士 2 名，占比 8%；本科 10 名，占比
42%；专科 6 名；高中及以下 6 人。呼和浩特市作为内蒙古自治区首府，
其非物质文化遗产保护机构的设置在全区起了积极的引领作用，而且机构
业务人员的学历支撑、规模数量在各盟市中条件都是最优越的。与之相
应，其非物质文化遗产保护工作也走在自治区 12 个盟市的最前列，建设
成果最显著。即便如此，从该保护中心人员当时专业背景和年龄结构中，
也反映出亟待完善的必要性。如 24 人中，51—60 岁 4 人，占总数 16.7%；
41—50 岁 12 人，占总数 50%；35—40 岁 4 人，占总数 16.7%；35 岁以
下 4 人，约占总数 16.6%。从年龄结构上显示出：35 岁以下年轻力量较
薄弱，整体结构还有提升的空间。从专业背景上：汉语言文学 4 人、设计

艺术 2 人，其他专业为计算机、法学、行政管理、党政管理、金融以及无专业者。总体与文化遗产专业密切相关的工作人员占比不高、数量较少，还需要加强培养后续年轻的专业人才。其他盟市非物质文化遗产保护机构人员的学历多为本科或专科，且大多为后续学历，第一学历都不太高，专业对口人才数量也较少。偏远地区的旗（县）、苏木（乡镇）保护机构人员的专业与学历结构更不乐观。

专业工作人员的缺乏是全国非物质文化遗产保护工作中存在的共性问题，内蒙古自治区也存在同样问题。为此，内蒙古非物质文化遗产保护中心积极进行人才培养，不断提高中心人员的学历层次与专业水平。现在，该中心具有中、高级职称的专业技术人员占大多数，已有多名民俗学、人类学、新闻传播学专业背景的博士、硕士研究生，为中心业务发展奠定了人才基础。

然而，值得注意的是，内蒙古非物质文化遗产以少数民族遗产为主，这对基层工作人员提出了更多要求，尤其需要兼通本民族语言和汉语、热爱本民族文化同时又了解非物质文化遗产知识的双语型专业人员。现在自治区蒙古族、达斡尔族、鄂温克族、鄂伦春族、俄罗斯族等少数民族双语保护专业人才短缺，不利于基层保护工作的推进。如因缺乏专业翻译人才，进行达斡尔族、鄂伦春族、鄂温克族口述史访谈困难较大，这在一定程度上限制了口述抢救性记录工作，也造成上述各少数民族非物质文化遗产口述史研究滞后的局面。① 特别是现在内蒙古非物质文化遗产保护工作已过了初级的保存阶段，需要进一步开展文化生态保护工作。而基层保护机构专职专业人员数量不足、工作人员缺乏专业背景，势必会造成对非物质文化遗产概念、生态保护理论和方法以及重要性的认识局限，容易影响自治区保护工作的深入开展。这些问题已成为保护和传承工作取得更大进步的障碍性因素。

（三）传承人结构不合理

从生成机制看，非物质文化遗产主要因人类的生活需要而产生，并依赖人的生命活动得以延续，这就决定了人的存在即它的存在。尤其传承人作为缔造者、承载者，是其存续的核心力量和生命的象征，无疑成为构建

---

① 王学勤、龚宇：《达斡尔、鄂伦春、鄂温克族非物质文化遗产传承的新路径——传承人口述史》，《呼伦贝尔学院学报》2019 年第 6 期。

非物质文化遗产有效传承机制的关键。但随着自然环境和社会环境的变迁，依赖农牧业文化土壤的非物质文化遗产因缺少与现代生活的结合点而不断被边缘化，各少数民族对自身文化的价值认同也逐渐缺失，容易造成文化传承断裂和生存空间萎缩。内蒙古自治区非物质文化遗产以蒙古族、"三少民族"为主，大多数项目的传承依靠本民族语言口耳相传。由于一些民族只有语言、没有文字，随着掌握本民族语言和技艺的老人逐渐离世，年轻人受现代文化影响，又不愿意使用本民族语言，导致一些文化遗产出现了传承人队伍严重的老龄化现象。加之，内蒙古自治区属于我国西部经济欠发达的少数民族地区，许多身怀绝技的传承人居住在苏木、嘎查等偏远的牧区，后继乏人的问题较为突出。

至 2020 年 12 月 31 日，内蒙古自治区国家级非物质文化遗产传承人共有 82 人，已有 11 人离世，健在 71 人。其中，71 位传承人中，53 人超过 60 岁，比例达 74.6%，占现有人数的四分之三，结构很不合理。自治区级传承人老龄化也日益严重，以阿拉善盟、锡林郭勒盟为例，可说明这一问题。根据六批自治区级传承人名单统计，目前阿拉善盟共有国家级传承人 10 人（健在 7 人）、自治区级传承人 92 人（不包括国家级传承人，传承人分列两项算作 1 人）。其中，自治区级传承人中 60 岁以上 56 人，占总人数 60.9%；70 岁以上 30 人，占总人数 32.6%（表 3-9）。

表 3-9　　　　　阿拉善盟自治区级非物质文化遗产代表性项目
代表性传承人（70 岁以上，30 人）

姓名	民族	性别	出生年月	项目	单位
乌力吉德勒格尔	蒙古族	男	1939.07	阿拉善蒙古族传说故事	阿拉善右旗额肯呼都格镇
夏日都都	蒙古族	女	1936	阿拉善蒙古族传说故事	阿拉善右旗额肯呼都格镇
米西德	蒙古族	男	1941.05	阿拉善蒙古族传说故事	阿拉善右旗雅布赖镇
哈斯巴根	蒙古族	男	1938.06	广宗寺佛乐	阿拉善左旗供销社
道勒木	蒙古族	女	1939.12	蒙古族长调民歌	阿盟额济纳旗达来呼布镇
那乌力吉	蒙古族	男	1937.10	蒙古族长调民歌	阿拉善盟民族事务局
塔木加布	蒙古族	女	1940	蒙古族长调民歌	阿拉善右旗额镇满达社区
阿尔斯楞	蒙古族	男	1949.10	沙力搏尔摔跤	阿拉善左旗文化馆
当巴马吉格	蒙古族	男	1939.12	蒙古鹿棋、象棋	阿拉善右旗额肯呼都格镇
何达华	蒙古族	男	1937.10	阿拉善佛教岩刻、查玛	阿拉善左旗巴润别力镇
罗·扎木苏	蒙古族	男	1932.03	阿拉善佛教岩刻	阿拉善盟政协

续表

姓名	民族	性别	出生年月	项目	单位
特木尔敖其尔	蒙古族	男	1944	蒙古族驼具制作工艺	阿拉善盟额济纳旗纳林高勒新区
董德布	蒙古族	男	1934.10	蒙古族驼具制作工艺	阿拉善盟额济纳旗文物所
乌日古木勒	蒙古族	女	1934	蒙古族驼具制作工艺	阿拉善右旗额镇满达社区
巴图吉尔格	蒙古族	男	1946.04	阿拉善烤全羊	阿拉善左旗吉兰泰完小
鲁布森吉格米德	蒙古族	男	1933.05	蒙古族祭驼	阿拉善盟福音寺
那木吉勒策林	蒙古族	男	1934.11	蒙古族祭驼	阿拉善盟农牧局
胡乌力吉	蒙古族	男	1939.01	蒙古族祭驼	阿拉善左旗民政局
保勒	蒙古族	女	1950.12	祭神树	额济纳旗文化馆
巴音岱	蒙古族	男	1939.05	乘马射箭	阿拉善左旗文化馆
迪瓦	蒙古族	女	1937.07	喀尔喀服饰	阿拉善右旗文化馆
敖云别立格	蒙古族	女	1949.02	和硕特民歌	阿拉善左旗文化馆
巴拉玛	蒙古族	女	1934.06	萨吾尔登舞	额济纳旗非遗保护中心
林淑英	蒙古族	女	1932.08	蒙古族民歌	额济纳旗非遗保护中心
宁台	蒙古族	男	1937.03	蒙古族图案	阿拉善右旗文化图书馆
格日勒	蒙古族	女	1944.11	蒙古族唐卡	阿拉善左旗文化馆
宝音敖其尔	蒙古族	男	1947.09	阿拉善蒙古族酒令	阿拉善右旗文化图书馆
查汉础鲁	蒙古族	女	1949.10	和硕特民歌	阿拉善左旗文化馆
额日登巴图	蒙古族	男	1947.01	蒙古族象棋	额济纳旗蒙古象棋协会
阿迪亚	蒙古族	女	1950.12	阿拉善擀毡技艺	阿拉善左旗文化馆

锡林郭勒盟共有国家级传承人10人（健在9人），自治区级代表性传承人116人（不包括国家级传承人）。其中，自治区级传承人60岁以上为52人，占总人数的44.8%；70岁以上29人，占总人数25.0%（表3-10）。

表3-10　　锡林郭勒盟自治区级非物质文化遗产代表性项目
代表性传承人（70岁以上，29人）

姓名	民族	性别	出生年月	项目	单位
央金策玛	蒙古族	女	1934	蒙古族长调	苏尼特右旗赛罕塔拉镇
陶克陶夫	蒙古族	男	1948.04	蒙古族长调	东乌珠穆沁旗文化馆
娜仁其木格	蒙古族	女	1947.11	察哈尔民歌	正蓝旗文化馆
苏·道尔吉扎布	蒙古族	男	1945.09	查玛	镶黄旗文化馆

续表

姓名	民族	性别	出生年月	项目	单位
嘎·达木林	蒙古族	男	1938.12	勒勒车制作技艺	东乌珠穆沁旗文化馆
乌云格日勒	蒙古族	女	1950.03	察哈尔服饰制作技艺	正蓝旗文化馆
达·阿拉哈	蒙古族	男	1945.03	乌珠穆沁马鞍具制作技艺	东乌珠穆沁旗文化馆
莲花	蒙古族	女	1938.02	乌珠穆沁熏皮袍制作技艺	东乌珠穆沁旗文化馆
达·查干	蒙古族	男	1949.08	蒙古族绳艺	苏尼特左旗印记绳艺文化协会
张斯玛	蒙古族	女	1946.08	察哈尔服饰	镶黄旗文化馆
李·巴特尔	蒙古族	男	1941.04	蒙古族搏克	西乌珠穆沁旗文化馆
嘎拉登道尔吉	蒙古族	男	1937.03	祭敖包	锡林郭勒盟民俗文化协会
青佈	蒙古族	男	1938.12	祭敖包	锡林郭勒盟民俗文化协会
那日玛	蒙古族	女	1940.12	祝赞词	苏尼特右旗文化馆
那木能	蒙古族	男	1943.10	阿斯尔	正蓝旗文化馆
聂天荣	汉族	男	1946.03	晋剧	太仆寺旗文化馆
淖民达来	蒙古族	男	1950.03	察哈尔马鞍具制作技艺	正蓝旗民俗协会
杨吉玛	蒙古族	女	1950.03	乌珠穆沁薰皮袍制作技艺	东乌珠穆沁旗民俗文化协会
丹苏荣扎布	蒙古族	男	1948.01	焖汤疗法	正镶白旗蒙医院
通嘎拉嘎	蒙古族	男	1941.12	乌珠穆沁服饰	西乌珠穆沁旗民俗协会
西日呼	蒙古族	男	1941.02	乌珠穆沁长调	西乌珠穆沁旗民俗协会
淖旦曾	蒙古族	男	1942.11	乌珠穆沁婚礼	西乌珠穆沁旗民俗协会
阿拉腾其其格	蒙古族	女	1950.02	蒙古族绳艺	正蓝旗文化馆
苏登忠来	蒙古族	男	1946.06	察哈尔民间故事	镶黄旗文化馆
花拉	蒙古族	女	1950.07	乌珠穆沁旗薰皮袍制作技艺	西乌珠穆沁旗文化馆
达希玛	蒙古族	女	1936.04	毡绣技艺	苏尼特左旗文化馆
桑杰普日布	蒙古族	男	1949.08	蒙古族毛纺织及擀毡技艺	苏尼特左旗文化馆
兰图	蒙古族	男	1946.10	祭火	正镶白旗文化馆
张达拉	蒙古族	男	1949.03	察哈尔婚礼	镶黄旗文化馆

　　面对代表性传承人及代表性项目濒危的境况，内蒙古自治区已实施了文化部于2015年部署的"国家级传承人抢救性记录工程"，优先记录年满70周岁及以上或不满70周岁但体弱多病的传承人，至2016年7月已完成6位国家级传承人的采访记录工作。2016年10月20日，根据文化部非物

质文化遗产司和自治区文化厅的要求，内蒙古非物质文化遗产保护中心工作组赴阿拉善左旗开展工作，对阿拉善仿古地毯织造技艺国家级代表性传承人刘赋国开展全面采访记录。刘赋国于1958年开始从事阿拉善仿古地毯织造，至今已有60多年的从业经历。他具有成熟的专业经验与高超的制作技艺，2011年被文化部公布为第三批国家级非物质文化遗产代表性传承人。此次抢救性记录按照文化部非遗司开展此项工作的最新标准，以视频、图片、文字等方式对传承人口述史、技艺技能、传承教学3个方面的全过程进行详细、完整的记录。工作组经过与当地专家的密切合作，完成了刘赋国的口述史采访和家人、徒弟等辅助人员的采访记录，对选毛、洗毛、纺线、上经、编织、平货、剪货、洗货等地毯织造技艺进行全过程的拍摄。

至2020年8月，内蒙古自治区已对21位70周岁以上国家级传承人掌握的知识和精湛技艺进行全面记录。① 这些措施保留了遗产的记忆，但却不能有效地解决传承人断层危机。针对此，加大对传承人及传承群体物质、精神、能力的支持力度，激发他们传承、发展民间文化的自觉性和荣誉感，培养、造就认同民族文化的后继者，才是自治区非物质文化遗产保护工作的要义所在。

（四）群体保护意识缺乏

从内蒙古自治区保护工作情况来看，各级政府部门起到了主导和引领作用，但社会大众的文化主体作用较欠缺，广大人民群众文化保护意识还需要进一步提高。此依据来自2018年10月的"内蒙古非物质文化遗产问卷调查"，这次调查共发放1300份问卷，获得1052份有效问卷。为尽可能保证样本的全面性，问卷调查采用纸质问卷形式，以便能够收集工人、牧民、农民等不常使用媒体的群体的意见。比较而言，所得数据相对具有真实性与合理性。

这次问卷调查有效样本中，男女比例分别为：57.27%、42.73%。年龄分布：18—24岁占50%，25—35岁占16%，36—50岁占26%，51岁以上占8%。可以看出主要以大学生、研究生为主力人群。与之相适应，职业种类：学生占比52.28%，行政事业单位占比20.72%（事业单位占

---

① 内蒙古自治区文化和旅游厅：《关于对内蒙古自治区政协第十二届二次会议第0261号的答复》2020年8月28日，内蒙古自治区政府网，http://www.nmg.gov.cn/zwgk/bmmsxxgk/zzqzfzcbm/whhlyt/fdzdgknr/202012/t20201208_332852.html，2021年2月1日。

14.83%，公务员占 5.89%），农牧民占比 14.54%，工人占比 12.45%。

从民族成分上，调查样本以汉族与蒙古族居多，其中蒙古族 41.06%、汉族 52.57%，还有一定数量的满族、"三少民族"等。这符合内蒙古自治区以蒙古族为主体、汉族人数最多的民族构成实情（图 3－2）。

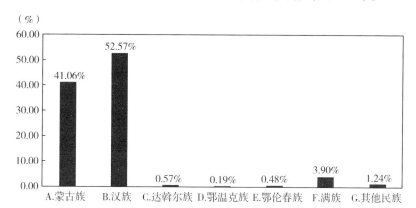

图 3－2　内蒙古非物质文化遗产知晓度问卷调查受访者民族分布

调查问卷样本来自于内蒙古 12 个盟市，其中东部地区通辽市、赤峰市，中西部包头市、巴彦淖尔市占比均在 10% 以上，总体样本分布均匀（图 3－3）。

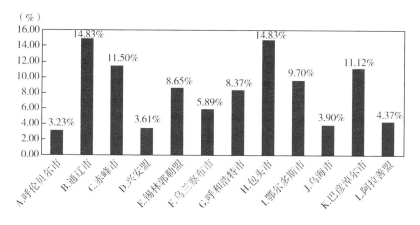

图 3－3　内蒙古非物质文化遗产知晓度问卷调查受访者所在地分布

此次问卷调查有关民众保护意识的问题共有 5 题，具体问题及数据统计结果如图 3－4 至图 3－8 所示。

问题一结果分析：大概了解的民众占65.02%，不了解的民众占29.09%，很了解的民众仅占5.89%。非物质文化遗产是当代一个热度较高的名词，也是一种特殊的文化表现形式，对它的保护已成世界文化研究的重点问题，了解是文化认同的基础。调研数据反映内蒙古自治区广大民众对非物质文化遗产的认识还处于较模糊的阶段，其中不了解的人数占比不小，值得关注。

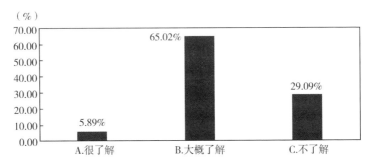

图3-4　问题一：您了解非物质文化遗产概念吗？

问题二结果分析：不知道的民众占81.37%，知道的民众只有18.63%。这一节日是自治区开展文化遗产保护工作的创新，2005年设立至2018年已有13年。调查数据显示效果不理想，也说明内蒙古自治区民众对保护工作了解有限。

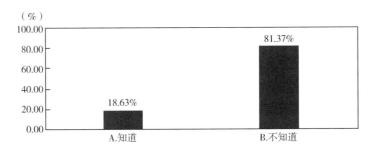

图3-5　问题二：您知道"草原文化遗产日"是哪一天吗？

问题三结果分析：选择比较了解和很了解的只占24.24%。无论国家级，还是自治区级非物质文化遗产都具有突出的文化价值，都是内蒙古优秀民族文化的象征。内蒙古自治区开展保护工作以来，已采取相关措施促进民众认知。调研数据显示，14.35%的民众完全不了解，61.41%民众对这些代表性民族文化遗产了解程度不高。这提示我们还需要不断探索有效的措施，提高各民族群众对文化遗产的认知度。

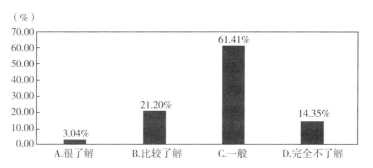

图 3 - 6　问题三：您了解内蒙古非物质文化遗产的程度？

问题四结果分析：没有参加过相关活动的民众占 49.05%，经常参加的民众只有 2.95%，48% 的民众参与度较低。内蒙古自治区非常重视文化遗产的保护工作，如前所述，已开展多种形式的宣传活动，目的是为了营造非物质文化遗产传承的良好环境。数据表明，自治区民众参与活动的主动性不高，比例较高的人群没有或很少参与保护宣传活动。这体现了广大民众文化主体意识不太强，自觉地保护文化遗产的群众规模还没有形成。

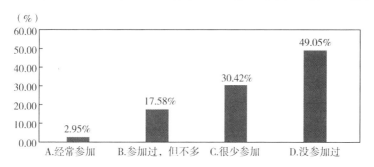

图 3 - 7　问题四：您参加过内蒙古非物质文化遗产保护宣传活动吗？

问题五结果分析：很关注的民众只占 7.51%；不关注的民众占 23.86%；碰到，会关注的民众则占 68.63%。内蒙古非物质文化遗产是自治区各民族创造的，跟自治区广大民众有着紧密相连的关系。深情的长调、震撼人心灵的呼麦，象征着坚毅品质的传统曲棍球竞技、传递着乐观精神的赞达仁等，都是值得自治区人民自豪的民族传统文化杰作，应该为我们大家关心、关爱。但调研数据与我们的期望还有一定差距。

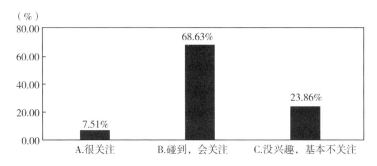

图 3 - 8 问题五：您关注内蒙古非物质文化遗产吗？

从以上问卷调查可知，被调查对象较为广泛，为包括农牧民、工人、学生、公务员以及事业单位工作人员在内的广大人民群众。通过相关统计数据可见，自治区民众对内蒙古非物质文化遗产的了解程度、关注度、参与度都偏低，对自治区非物质文化遗产保护工作的重要性认识模糊。这也从侧面反映出内蒙古相关的宣传教育工作任重而道远，自治区民众自觉保护意识尚需进一步提高。

二 保护实践存在问题

内蒙古非物质文化遗产保护工作已开展近 17 年，在各级政府职能部门和相关学者、机构以及传承人的共同努力下，取得了一系列实践成果。但在具体实施中，保护工作也存在着一些落实不到位的问题。

（一）保护资金来源单一

从性质上看，非物质文化遗产保护工作不仅是单个群体和个人利益的实现，更是政府行使公共文化服务职能的重要体现，是社会公益文化事业的重要组成部分①，具有明显的公益性。为了支持民族地区文化保护事业，国家每年向全国各省自治区下拨非物质文化遗产保护专项资金。2017 年，国家向内蒙古拨款 1233 万元为非物质文化遗产保护专项资金②，拨款额在 5 个少数民族自治区居于第四位。2018 年 10 月，财政部提前下达 2019 年

---

① 王文章主编：《非物质文化遗产概论》，教育科学出版社 2013 年版，第 316 页。
② 中华人民共和国财政部：《财政部关于下达 2017 年非物质文化遗产保护专项资金的通知（财文〔2017〕57 号）》2017 年 7 月 4 日，中华人民共和国财政部网，http：//jkw. mof. gov. cn/zxzyzf/fwzwhycbhzxzj/201907/t20190715_ 3300427. htm，2019 年 11 月 9 日。

非物质文化遗产保护专项经费，预算内蒙古 1513 万元。① 2020 年，财政部提前下达 2021 年非物质文化遗产保护专项经费，预算内蒙古补助金为 1291 万元。② 这些经费的投入，对内蒙古非物质文化遗产保护工作的开展起到有效的资金保障作用。

随着国家和自治区保护工作的全面展开，自治区和盟市地方的资金也逐年投入。按照国家政策要求，从 2009 年起内蒙古逐步将非物质文化遗产保护工作纳入国民经济和社会发展规划，每年划拨 100 万元用于普查、名录体系建设及抢救保护等工作，并将保护经费列入自治区财政预算。从 2015 年起至 2017 年，内蒙古自治区财政每年安排非物质文化遗产保护经费 600 万元，自治区级传承人扶持补助金 330 万元，每年共投入 900 多万元。据 2021 年 1 月调研得知，自治区财政非遗专项保护资金 2018 年仍为 900 多万元；2019 年为 1052 万元；2020 年增至 3052 万元，新增 2000 万元用于重点支持民族传统工艺振兴和文化生态保护区建设。

内蒙古作为少数民族地区，文化多样性丰富，生态环境却十分脆弱，非物质文化遗产保护工作非常繁重。2020 年之前，自治区财政和地方保护资金虽每年持续投入，但经费总量与不断增加的各级非物质文化遗产代表性项目和代表性项目实际传承人数量及其濒危程度相比，仍显单薄。这种现状与中国其他非物质文化遗产资源大省还有一定距离。"2015 年，全国省级财政专项资金投入 38719 万元（含新疆生产建设兵团），省级财政平均投入 1210 万元（含新疆生产建设兵团）。其中，浙江省以 4720 万元、北京市以 3719 万元、贵州省以 2616 万元位列前三。"③ 2016 年，广东省政府投入非物质文化遗产保护专项经费 3000 万元，省财政对每位省级传承人每年补助从原来的 1 万元增加到 2 万元，国家级传承人在享受国家补

---

① 中华人民共和国财政部：《财政部关于提前下达非物质文化遗产保护专项资金 2019 年预算指标的通知（财文〔2018〕119 号）》2018 年 11 月 7 日，中华人民共和国财政部网，http：//jkw. mof. gov. cn/zxzyzf/fwzwhycbhzxzj/201907/t20190715_ 3300432. html，2019 年 11 月 9 日。

② 中华人民共和国财政部：《关于提前下达 2021 年非物质文化遗产保护资金预算的通知（财教〔2020〕199 号）》2020 年 12 月 18 日，中国政府网，http：//www. gov. cn/zhengce/zhengceku/2020 – 12/18/content_ 5570969. htm，2020 年 12 月 30 日。

③ 中国非物质文化遗产保护中心：《各地贯彻落实〈中华人民共和国非物质文化遗产法〉情况评估报告》2017 年 2 月 10 日，中华人民共和国文化和旅游部网，https：//www. mct. gov. cn/whzx/bnsj/fwzwhycs/201702/t20170210_ 765216. htm，2021 年 2 月 1 日。

助 2 万元的基础上，省里再支持补助 1 万元。① 当然，由于历史、自然原因，内蒙古自治区一直是中国经济发展水平较低的地区，这在很大程度上制约了其对非物质文化遗产保护经费的投入，造成自治区财政总投入额度还难以适应保护工作的要求。所以，内蒙古非物质文化遗产保护工作一直主要依靠中央财政支持，资金来源渠道单一。从 2020 年起，随着自治区财政投入有了跨越式提高，这种状况开始有所改变。

各盟市、旗县（区）也大多依靠中央、自治区财政支持，其本级财政投入的专项保护经费较少。2011 年至 2015 年年底，全国各市级财政累计投入 101909 万元（含新疆生产建设兵团），四川省以 14651 万元、浙江省以 12627 万元、广东省以 7018 万元位列前三。内蒙古自治区各盟市级累计投入 2263 万元②，其中"十二五"期间，鄂尔多斯市累计投入非物质文化遗产保护专项资金 1410 万元③，其他盟市投入明显不敷。这在一程度上导致各盟市，尤其是旗县保护工作因缺少经费而实施力度有限。如呼伦贝尔市新巴尔虎左旗是著名的"蒙古族长调之乡"，为了推动长调传承，旗政府于 2013 年开始进行蒙古族长调文化博物馆项目建设的前期工作，在 2016 年决定启动此工程。该博物馆建成后将是内蒙古，也是世界上首座长调博物馆。2017 年，旗政府仍将力争启动蒙古族长调文化博物馆建设项目列为年度主要工作之一，至今也未能启动工程建设。内蒙古自治区各旗县多为贫困地区，非物质文化遗产保护工作财力不足的状况更为突出。这容易造成重申报、轻保护的现象。也就是说在国家、自治区政策指导下，地方政府积极争取申报各级非物质文化遗产项目，但在得到国家相关部门认定、获得相关荣誉后，各保护单位没能启动后续有力的保护行动。这不可避免地会使非物质文化遗产的申报工作成为一种形象工程。

---

① 《我省非遗保护专项经费经年增加至 3000 万位居全国前列》2016 年 6 月 12 日，广东省政府网，http：//www. gd. gov. cn/gdywdt/bmdt/content/post_ 70614. html，2017 年 12 月 20 日。

② 中国非物质文化遗产保护中心：《各地贯彻落实〈中华人民共和国非物质文化遗产法〉情况评估报告（附件 2）》2017 年 2 月 10 日，中华人民共和国文化和旅游部网，https：//www. mct. gov. cn/whzx/bnsj/fwzwhycs/201702/t20170210_ 765216. htm，2021 年 2 月 1 日。

③ 鄂尔多斯市人民政府：《鄂尔多斯市人民政府关于印发鄂尔多斯文化生态保护区建设规划（2017—2020 年）的通知》2017 年 6 月 5 日，鄂尔多斯市政府网，http：//www. ordos. gov. cn/ordosml/ordoszf/201912/t20191220_ 2560923. html，2021 年 1 月 29 日。

（二）法律保护相对滞后

非物质文化遗产以生动的形式体现着各民族的创造力，与物质文化遗产共同见证了中华文明的历程。从法律角度保护它们，是各民族历史前行的要求，对于促进人类社会共同发展具有重要意义。关于有形文化遗产的保护，1990 年，内蒙古自治区人大常委会已审议通过《内蒙古自治区文物保护条例》，也已经取得了全国公认的成就。相比而言，自治区在非物质文化遗产法律保护方面的工作，还有待于进一步加强。

自 2011 年 6 月 1 日，《中华人民共和国非物质文化遗产法》正式实施以来，中国各省、自治区、直辖市都不同程度地加强了相关立法工作。文化部于 2016 年组织开展了贯彻落实情况检查，并委托中国非物质文化遗产保护中心进行评估。据各地评估报告显示：截至 2016 年 8 月 31 日，全国已有 24 个省（自治区、直辖市）制定了省级地方性法规。内蒙古自治区与吉林省、海南省、四川省 4 省区虽已实施省级以下的相关地方性法规，但还未出台省级非物质文化遗产地方性法规。其他省、自治区、直辖市的省级以下地方性法规也比较完备，有针对民族自治地区开展整体性保护的条例，还有针对具体项目的保护条例，如甘肃省《临夏回族自治州花儿保护传承条例》等。这样，至 2016 年 7 月，在全国《中华人民共和国非物质文化遗产法》贯彻实施过程中，内蒙古自治区法律保护建设步伐还相对较慢，也缺乏一定针对性。

立法保护是我国非物质文化遗产保护制度中必要的组成部分，只有坚实的法律和政策保障，才能使保护工作有章可循，走向层层深入的发展阶段。我国最早的省级非物质文化遗产地方性法规——《云南省民族民间传统文化保护条例》订立于 2000 年，云南省于 2013 年 6 月 1 日施行《云南省非物质文化遗产保护条例》。在我国 5 个民族自治区中，广西壮族自治区于 2006 年 1 月 1 日已实施《广西壮族自治区民族民间传统文化保护条例》，2017 年 1 月 1 日起施行《广西壮族自治区非物质文化遗产保护条例》；2006 年 9 月 1 日，《宁夏回族自治区非物质文化遗产保护条例》施行；2008 年 4 月 1 日，《新疆维吾尔自治区非物质文化遗产保护条例》施行；2014 年 6 月 1 日，《西藏自治区实施〈中华人民共和国非物质文化遗产法〉办法》施行。内蒙古非物质文化遗产保护地方性法规于 2017 年 5 月 26 日出台，2017 年 7 月 1 日起施行，至今只有 3 年多时间。

由于《内蒙古自治区非物质文化保护条例》出台时间较短，与之配套的法规、政策不够健全，如《内蒙古自治区级非物质文化遗产代表性传承人认定与管理办法》《内蒙古自治区级文化生态保护区管理办法》至2020年年底还未出台。这表明相关法律保护的途径还需要进一步探索，以适应自治区保护工作日益紧迫的形势要求。

（三）学校教育普及程度不高

内蒙古自治区启动"千校计划"的目的，就是要在中小学开始进行非物质文化遗产教育，以培养越来越多的后备传承人才。这一计划的实施和推行起到相应作用，尤其在民族中小学产生的效果较明显。如2015年，阿拉善盟已有4所蒙古族中小学签订蒙古族长调、马头琴保护传承合作教学协议，并获每年补贴传承教学经费共计24万元，覆盖1500名蒙古族中小学生。该盟还通过与教育部门紧密配合，将蒙古族象棋、沙力搏尔式摔跤、蒙古鹿棋、陶布秀尔、萨吾尔登等项目纳入民族中小学兴趣课，并保证每周4课时的学习时间。目前，阿拉善盟基本实现了课内非物质文化遗产教育常态化，课外爱好传承兴趣化，校外家庭延伸普及化。但从自治区各盟市普通学校整体状况看，学校教育仍存在着非物质文化遗产占比不足、地位不高的问题。

据全区问卷调查显示，自治区非物质文化遗产的传播途径主要依赖于广播电视（图3-9），66.44%的公众通过此渠道知晓非物质文化遗产；通过报纸杂志与耳听途说了解的民众各占34.7%；依靠学校教育了解的人群占28.61%。此次，调研样本大学生占52.28%，这反映了学校教育传承内蒙古非物质文化遗产的作用还有待于加强，将其有效地纳入学校教育仍然是当今教育部门的必要任务。

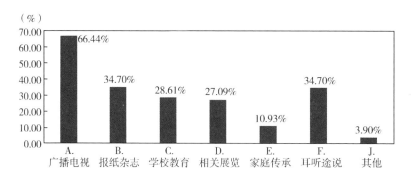

图3-9 您是通过何种渠道了解内蒙古非物质文化遗产的？

　　包头市是内蒙古自治区最大的工业城市，也是一个多民族聚居地区，2019 年拥有普通小学 138 所，普通中学 97 所，14 所民族学校。① 中学如包头市第三十五中学、第九中学等，由于中考和高考压力，学校教育中非物质文化遗产传承的内容占比较小，小学教育中非物质文化遗产教育基本游离于教学之外。以包头市昆都仑区为例，现共有 18 所初中、6 所高中，大多数学校并没有按照我国和自治区的新课程政策要求设置传承非物质文化遗产等民族文化的课程。即便有的学校名义上设置，也经常被其他主干课程所代替；或校本课程多以书法课、音乐课代替，造成实质上忽视非物质文化遗产教育传承的导向。

　　不仅中小学如此，内蒙古自治区高校非物质文化遗产专业课程也存在缺位现象。这主要表现为：

　　其一，非物质文化遗产相关课程普遍未列入学校的常规教学计划。如原本应该是基础文化学科的民俗学和民间文学，在本科教育中没有得到充分的体现。至 2020 年 12 月，我国高校学科建设一直执行《普通高等学校本科专业目录（2012 年）》（教高〔2012〕9 号）。这一目录虽然没有将非物质文化遗产学、民俗学、民间文学专业列入基本专业与特设专业，但明确规定高校可以申请设置目录之外的新专业，即高校在专业目录的指导下具有自行设置本科专业的权力。内蒙古自治区各高校多数没有将相关的专业设置纳入现行的本科专业教育体系，相关课程在教学中比例较小。内蒙古师范大学根据教育部允许自主设置本科专业的规定与非物质文化遗产教育的现实需要，原来设有社会学民俗学学院，学院下设置民俗学专业。2018 年 10 月，在此基础上成立民族学人类学学院，现设置民族学本科专业，有民族学、民俗学、中国少数民族史、宗教学等二级学科硕士点，还有民族学一级学科硕士、博士点。内蒙古大学设有蒙古学学院、民族学与社会学学院，其下设有蒙古语言文学系、蒙古历史学系、民族学系等。内蒙古民族大学蒙古学学院也设民族学本科专业，有中国少数民族史、民族学等二级学科的硕士学位授权点。自治区其他高校大多没有完整的学科建设和教学计划。

　　其二，非物质文化遗产专业课程融入度较低。以自治区最著名的高校内蒙古大学、内蒙古师范大学为例，学科齐全、师资力量雄厚、学生来源

---

　　①　包头市统计局：《包头市 2019 年国民经济和社会发展统计公报》2020 年 5 月 3 日，包头市政府网，http：//www.baotou.gov.cn/info/1143/226479.htm，2020 年 10 月 17 日。

广泛。内蒙古大学蒙古学学院、民族学与社会学学院、历史与旅游文化学院等开设蒙古族宗教文化、蒙古民俗学、中国民族史、蒙古历史等课程。内蒙古师范大学民族学人类学学院、历史文化学院等开设蒙古民俗、蒙古族民间文学、蒙古族文化史等课程，其中蒙古民俗课程为国家级视频公开课。内蒙古民族大学蒙古学学院开设蒙古民间文学、蒙古族文化史等课程。这些课程虽然都与非物质文化遗产教学有着密切的关系，但还没从非物质文化遗产学角度进行系统传授。相关专业课程仅有内蒙古师范大学历史文化学院为本科生开设的非物质文化遗产的保护与利用，民俗学专业开设的非物质文化遗产学课程。其他高校本科教学中非物质文化遗产专业课的开设有限，传承目的性并不明确。

非物质文化遗产学是一门新兴的学科，其有关概念、分类、价值、文化生态保护理论都需要设置专门课程，进行较为系统的、专业的教授。并且，非物质文化遗产专业课还要与相关课程形成一个紧密的课程链，才能达到其专业知识的内化、传承以及专业后备力量培养的目的。2021年2月10日，《教育部关于公布2020年度普通高等学校本科专业备案和审批结果的通知》（教高函〔2021〕1号）中对普通高等学校本科专业目录进行更新，正式将"非物质文化遗产保护"列入普通高校本科专业目录新专业（艺术理论类），内蒙古各高校在非物质文化遗产专业建设方面仍有必要的弥补空间。

三　保护学理存在问题

非物质文化遗产复杂而多变的特性，决定了对其实践保护与研究工作是一项科学性较强的任务，需要一批专业研究人才在理论和实践上进行多层次的研究探索，以推动保护事业的发展。从近年来内蒙古自治区非物质文化遗产保护工作的实际成效来看，其学理性研究相对于保护实践略显不足。这主要由于认识不足，加之历史基础本身较薄弱。目前，专业人才的短缺和学术研究的薄弱，在一定程度上影响了自治区保护工作的整体水平，已成为自治区保护工作中需要关注的问题之一。

（一）专业研究力量不足

非物质文化遗产是一种生命文化，以特殊方式记忆、传承着不同民族发生、发展的历史。它不仅是一种人类文化存在的形式，也是进行科学研究的原生资源，更是研究人类文明发展历程的直观依据。内蒙古非物质文化遗产是各民族人民在悠久的历史长河中创造出来的民间知识体系与民族文化基因库，对它的研究有助于掌握其自身传承规律与文化特性，为保护实践提供科学的指导。这是一种更具价值意义的保护方式，也是自治区高校及研究机构应承担的保护职责。

从内蒙古自治区高校非物质文化遗产研究现状看，内蒙古师范大学是开展相关研究最早且具有引领作用的高校。该校原二级学院之一"社会学民俗学学院"（2018 年组建为民族学人类学学院）下设蒙古民俗与游牧文化研究所、北方民族传统民间文化研究所，对内蒙古尤其是蒙古族非物质文化遗产的研究走在各高校前列。2016 年 3 月 26 日，该校正式成立非物质文化遗产研究院，中国社会科学院民族文学研究所所长、中国民俗学会会长朝戈金被聘为院长，著名民俗学家敖其任常务副院长。2009 年，内蒙古民族大学也成立内蒙古自治区高等学校人文社会科学重点研究基地——科尔沁非物质文化遗产研究中心。这些机构的设立带动了高校对民族文化遗产理论研究的发展。内蒙古自治区其他高校还没有设立非物质文化遗产专业研究机构，相关专业人才力量的整合与积极性的调动还需要加强。

高等学校是研究非物质文化遗产的主力军，除了学校专门研究机构的设立外，人才力量的配置也是开展研究工作的必备条件。内蒙古师范大学民族学人类学学院近年来相关科研成果显著，是学校及自治区开展非物质文化遗产教学与研究的重要力量。2020 年 12 月，据该校官网显示：其民俗学专业有专任教师 5 人，其中博士 3 人；宗教学系 4 人，均为博士，是一支高水平的教学科研队伍。但人员总量还不充分，需要进一步加强规模建设，以适应非物质文化遗产教育传承与研究的现实要求；年龄结构也需要完善，以形成更加合理的人才队伍。

又如内蒙古大学聚集着自治区最多的高层次的非物质文化遗产专业人才。据该校官网显示：其民族学与社会学学院民族学系有教师 12 位，其中教授 3 人、副教授 5 人、讲师 4 人，均为博士；其蒙古学学院蒙古文化研究所共有 6 位教师，其中教授 1 人、副教授 2 人、讲师 3 人，也均为博士。这些都是自治区高校中顶尖的非物质文化遗产教学研究队伍，只是年轻教师占比较小。学校教育与科学研究在非物质文化遗产保护中的重要性不言而喻，这些高水平专家在自治区民族文化遗产研究领域中做出了卓异贡献，起到突出的带动作用。然而，也应注意非物质文化遗产保护与研究是一项持续不断的工作，后备专业人才，特别是青年骨干专业人才的培养也是当务之急。其他盟市的地方高校专业研究人才更加短缺，这也是自治区非物质文化遗产研究与保护工作中不容忽视的问题。

（二）学术研究整体层次不高

从近年来内蒙古各高校申报的各级各类科学研究课题看，从学术上以内蒙古非物质文化遗产作为研究对象的科研课题，尤其高级别的研究课题比例较小，整体深度研究的学术论文、研究专著数量也较有限。

近5年来，从自治区申报国家社会科学基金立项情况来看，与非物质文化遗产研究相关的项目，内蒙古大学主要有："草原长调文化研究"（CYWH2015-03）、"内蒙古'三少民族'谚语研究"（15BMZ014）、"中国北方鄂温克族口述史研究"（16BMZ039）①、"保护与传承：濒危鄂伦春语调查研究与资料库建设"（17XYY003）、"蒙古族羊驼习俗的生态与社会意义"（17BZS109）②。内蒙古民族大学有"互联网时代蒙古族胡仁乌力格尔的保护、传承与发展研究"（17BZW180）、"新时期蒙古族小说中的民间文学传承与发展研究"（18XZW038）、"鄂伦春族民间故事研究"（18BZW176）、"21世纪以来蒙古族非物质文化遗产保护与传承研究"（19BMZ061）。③这些研究项目表现了自治区高校对非物质文化遗产研究的关注，代表自治区相关研究较高的水平。可从数量上看，目前自治区高校从非物质文化遗产视域下展开的研究项目并不是主体，而且从专业角度深层次的探究也并不旺盛，仍需要进一步扩大。

2018年10月21日，在中国知网上采用模糊检索方式，笔者通过向不同板块输入主题为"内蒙古非物质文化遗产"查询相关研究论文，得到如下结果：1. 学术期刊99篇；2. 硕士学位论文2篇；3. 博士论文1篇；4. 会议板块2篇。2021年2月19日，采取同样方式得到相关结果：1. 学术期刊144篇；2. 硕士学位论文15篇；3. 博士论文1篇；4. 会议板块5篇；5. 报纸板块5篇。这些数据显示目前内蒙古非物质文化遗产研究论文的总量充分，且近2年来增长较明显。但通过中国知网"计量可视化分析"可知，这些论文创新性及研究深度不足，较高水平的研究成果还不够丰富。

① 内蒙古大学社会科学处：《内蒙古大学2006—2016年承担国家社会科学基金项目一览表》2017年9月8日，内蒙古大学官网，http：//skc. imu. edu. cn/info/1040/1491. htm，2021年1月2日。
② 内蒙古大学社会科学处：《内蒙古大学2017年新开国家级项目一览表》2019年10月30日，内蒙古大学官网，https：//skc. imu. edu. cn/info/1040/1729. htm，2021年1月2日。
③ 内蒙古民族大学科技处：《2015—2019年科研项目一览表》2020年6月15日，内蒙古民族大学官网，http：//kjc. imun. edu. cn/contents/4797/681. html，2020年11月20日。

以 144 篇学术论文为单位，通过中国知网"计量可视分析——检索结果"（以下数据及图片均来自中国知网）① 可看出，其主题虽分布广泛，不过新角度、新领域的研究成果并不多（图 3－10）。

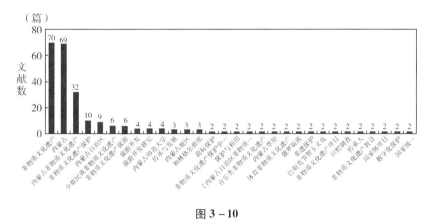

图 3－10

全部检索结果中，中文核心期刊 17 篇，占比 11.8%；中文社会科学引文索引 6 篇，占比 4.2%（图 3－11）。

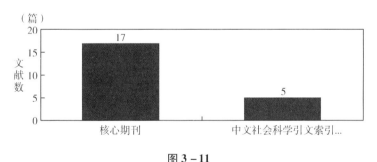

图 3－11

依托国家社会科学基金项目 13 篇，内蒙古自治区高等学校科学技术研究项目 7 篇，内蒙古自治区哲学社会规划项目 3 篇，包头市科技计划项目 1 篇，国家科技支撑项目 1 篇（图 3－12）。

论文来源机构分布于国内 30 多个高校和研究单位，主要集中于包头师范学院、内蒙古大学和内蒙古师范大学（图 3－13）。

---

① 《计量可视分析·检索结果》，中国知网，https：//kns. cnki. net/KNS8/Visual/Center，2021 年 2 月 19 日。

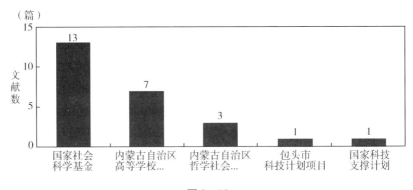

图 3 - 12

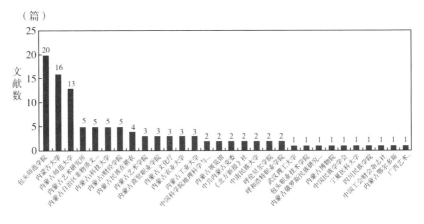

图 3 - 13

以上数据说明内蒙古各高校还需不断提高对自治区非物质文化遗产的学术关注度，充分发挥科学研究的优势，进一步探讨非物质文化遗产保护的科学理论，为自治区保护事业做出更大的贡献。

与之相似，内蒙古非物质文化遗产研究著作也不够丰厚。2018 年 12 月，笔者从当当网上输入"内蒙古非物质文化遗产"，得到相关著作 5 部。2020 年 12 月 20 日，再次检索到 8 部著作。同样在当当网上输入"新疆非物质文化遗产"，得到相关著作近 30 部，其中包括 2 套保护系列丛书；输入"上海非物质文化遗产"，得到相关著作将近 50 部，其中系列丛书 3 套；输入"云南非物质文化遗产"，得到相关著作将近 70 部，其中系列丛书 4 套，既有理论研究、应用实践研究著作，也有综合、分门别类介绍云南非物质文化遗产代表作的著作。客观地讲，这些学术著作主要是从非物质文化遗产保护和利用的整体状况进行的研究，数据并不十分准确。除了这些，学术界还有一些以内蒙古自治区某项非物质文化遗产或单项遗产的某个角度为研究目标的著作。尽管如此，以上统计数据也可以反映出内蒙古非物质文化遗产理论研究的概貌，内蒙古与同样是少数民族文化富集区的新疆、云南以及经济文化发达的上海相比，理论研究还有一定距离。

（三）理论研究与保护实践脱节

内蒙古非物质文化遗产研究领域另一个问题是主管部门、保护机构和各高校、科研院所联系不紧密，没有形成互通有无的有效对接关系。内蒙古非物质文化遗产保护中心和地方各级保护机构，主要进行非物质文化遗产的基础数据和基本信息的整理与保存工作，布置、实施并参与自治区各项非物质文化遗产保护活动。他们掌握着自治区大量实际数据资源，也较为全面地了解自治区各地保护实践活动的成果与存在的困境。各高校和科研院所拥有大量高层次的研究人才，侧重于理论研究，但由于教学科研时间牵绊、实际田野调查不足，基础数据往往较欠缺。这也是制约内蒙古非物质文化遗产理论研究工作的一大桎梏。这个问题从已发表的学术论文的研究层次分布中，可略见一斑。2018 年 10 月 21 日之前，已发表的有关内蒙古非物质文化遗产的期刊论文中，基础研究占比 77.08%[①]（图 3－14），应用类研究成果较少。2021 年 1 月 19 日，检索结果也显示：研究多集中于文化、音乐舞蹈等基础学科，占比 66.14%。非物质文化遗产保护是一项实践性很强的工作，目前仍处于探索阶段，理论与实践相结合对于保护工作更为重要。两者密切结合不仅能够及时发现问题，提高自治区各级保护工作的可行性，还可以拓展科学研究的新领域，借助自治区优势文化资源提升其理论研究的现实价值。

为加强我国非物质文化遗产相关领域的理论研究工作，推动理论研究与保护实践的密切结合，2013 年 1 月 16 日、12 月 18 日，中国非物质文化遗产保护中心分别 2 次将保护成效较好且已具备一定研究能力的 13 个（第一批 4 个、第二批 9 个）国家级非物质文化遗产项目传承单位命名为"国家级非物质文化遗产保护研究基地"。这是我国拓展非物质文化遗产理

---

① 《计量可视分析·检索结果》，中国知网，https：//kns.cnki.net/KNS8/Visual/Center，2018 年 10 月 21 日。

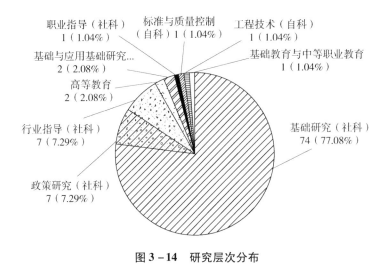

图 3－14　研究层次分布

论研究领域，健全理论研究人才结构的重大举措，对进一步促进非物质文化遗产传承保护与理论研究，起到了示范和导向作用。内蒙古自治区还没有入选单位，这与自治区各科研单位、高校人才对非物质文化遗产实践的关注度、投入度有一定关系。2018 年教育部公布 55 所高校为第一批中华优秀传统文化传承基地，如兰州大学"西北花儿"、电子科技大学"川剧"、泉州师范学院"南音"、贵州师范大学"贵州蜡染"、杭州师范大学"越剧"、安庆师范大学"黄梅戏"、河南大学"豫剧"、中南大学"瑶族长鼓舞"等。内蒙古自治区等少数民族地区未有入选高校。至 2020 年 12 月，教育部公布 26 所高校为 2020 年全国普通高校中华优秀传统文化传承基地，内蒙古艺术学院申报的"蒙古族传统音乐"项目成功入选，填补了此计划在内蒙古自治区的空白。这说明我们还需要不断加强民族传统文化研究的人才力量，提高保护实践的参与度，提升自治区非物质文化遗产研究的整体水平。

　　非物质文化遗产活态地汲取了不同历史时期的文化精华，是民族集体文化记忆的特殊载体，然而身口相传的延续方式又使其成为传统文化中最脆弱的部分。内蒙古非物质文化遗产作为草原文明的生命传承，是值得珍视的精神财富。有效保护这些共同的文化记忆，成为当今十分紧要的问题，也是自治区各族人民、各职能部门、各级学校不可回避的责任。内蒙古自治区政府非常重视民族文化遗产的保护，尽管当前保护工作还面临着一定困难、存在着一些问题，我们也应看到已取得的显著成就，坚定信心、勇于承担责任。在自治区政府的大力支持下，内蒙古非物质文化遗产保护工作将会克服困难，取得更突出的成绩。

第三节　内蒙古非物质文化遗产保护现状的理性思考

非物质文化遗产保护是 21 世纪以来人类文化发展史上的大事，也是我国一项重要的文化工程。如何推进这项伟大工程，各国各地区都在探索有效的政策、方法与措施，进行着不懈的努力。虽然由于文化生态环境的多样性，保护实践程度存在差异性，各地区对保护工作有着不同的认识，但也体现了基于实践以及对文化遗产本质属性的理性思考。内蒙古跟随我国非物质文化遗产保护的步伐，有针对性地实施了一系列抢救、保护政策，在保护机制、传承机制、制度建设等方面取得了相应成绩，应充分肯定。与此同时，我们也不能忽视自治区保护工作中存在的问题，重视从保护工作中总结经验、取长补短，继续探究内蒙古非物质文化遗产自身的特殊性和发展演变的必然规律。在此基础上，我们还应进行科学分析、辩证思考，提炼、凝聚保护工作智慧，促进保护工作不断走向深入。根据内蒙古非物质文化遗产保护工作的现状，得出如下宏观认识：

一　增强各民族群体主体意识，激发保护内生性力量

这里群体指包括传承人在内的广大社区主体群众，是非物质文化遗产灵魂的承载者和存活的土壤，这一认识源自对非物质文化遗产自身生存特性以及民众主体作用的思考。从基本特征看，非物质文化遗产是整个民族集体创造的成果，或个人创造并由创造精神财富和物质财富的民众群体共同享有，具有明显的群体生活性和民间色彩。首先，它是一个民族创造力、族群认同力的集中体现，是一个社会群体的内在心理、外在行为的集体习惯。再者，它主要是通过民族集体力量，以多种渠道、多元的形式和多层次的社会实践来传承、发展的，整个民族、社会群体的生活是其生存、传播的有效空间。由于它具有这样的特点，决定了对其保护必须以各民族群众为主力，只有提高人民群众的保护意识，调动整个主体群众的保护力量，才能做到最好的保护。

（一）正视民众的主体地位，尊重民众的主体权利

非物质文化遗产保护工作具有综合性、系统性，涉及面较广、影响因

素诸多，其中保护主体因素至关紧要。在发挥主体作用方面，正确认识各主体地位，把握重点主体是成功的关键。从构成看，文化保护主体是一个多层次构成，主要包括各级政府部门、学界、商界，以及传承人、社区民众等。各类保护主体文化功能各有不同。

其一，各级地方政府的职能主要为建立和完善保护工作管理机制、保护政策、保护资金管理办法、保护法规等。如：保护政策的出台、非物质文化遗产的征集、名录的建档、保护项目的设置、传承人保护活动的开展，以及多渠道筹集保护资金、对保护项目和经费使用的监督管理等都离不开各级政府的有效管理和科学决策。这就使得政府机构在其中处于宏观调控、组织管理的地位，在保护工作中构成一种主导力量。他们是非物质文化遗产保护的组织者、发动者，具有话语权。其他媒体、教育机构、企业等社会力量，对文化遗产保护也起着不同的推动作用。

其二，传承人作为非物质文化遗产主体，在保护主体中的地位是由其特殊作用决定的。一方面，非物质文化遗产是由传承人创造的文化成果，是其文化价值和文化意义的构建者。他们以不同的艺术构思、高超的技能、独特的智慧记述着一个民族发展的历史，是对文化遗产最有阐释权和所有权的主体。另一方面，非物质文化遗产的表现形式多样，但无论哪种形式都离不开传承人的口传身授、承前启后的动态传递。这就使传承人成为非物质文化遗产保护的重点，在保护主体中处于核心地位，非物质文化遗产的保护就是以传承人开展的传承活动为明显特征。

其三，社区民众的地位也是由非物质文化遗产本身生存、传承特性决定的。就其生活属性而言，非物质文化遗产本身就是一个地区民族生产生活的组成部分，在群体自发或自觉地传袭和重复过程中得以世代承继，是一种周期性或经常性的群体活动。民众生产生活的延续是它生存的必要条件与传承的空间，其有效传承的前提必然是保护所在区域民众的生产生活方式。这种基础地位使社区民众成为保护主体的中坚力量，调动社区民众的广泛参与、自主传承也成为保护工作的一项基本任务。

从上述主体地位看，在非物质文化遗产保护中，传承人、社区民众是主要承担者和根本力量，政府是起着组织、管理作用的主导力量，都是发挥中心作用的保护主体。但实际中，政府部门具有话语权，一直处于显性的保护主体地位；传承人尤其社区民众因其民间、基础的地位，则处于边缘的保护主体地位。在这里，我们必须明确认知各民族群众的主体地位。

文化是民众的文化，没有广大民众的参与，文化便失去其赖以存在的基础。只有提高人民群众的保护意识，尊重民众作为文化创造者、持有者、传承发展者的文化权利，非物质文化遗产的保护工作才能有效和持久。问卷调查数据显示，69.96% 的内蒙古自治区民众认为非物质文化遗产很重要，具有文化底蕴；19.77% 的民众认为重要，接近生活；8.46% 的民众认为一般，属于过去，可有可无；只有 1.81% 的人认为不重要。另外，77.76% 的民众认为保护非常有意义，象征着文化软实力；14.73% 的民众认为先发展经济，然后再保护这些文化；6.46% 的民众认为意义不大，应重视当代文化；1.05% 的民众认为没有意义。这两组数据有着相似性，印证了内蒙古自治区广大民众对非物质文化遗产存在的意义有着客观的认识，都是潜在的文化保护主体，只是他们主动的保护行为还需要有效的带动。

（二）培育民众的主体意识，发挥民众的主体作用

非物质文化遗产作为一种生活文化，最为依赖的传承条件就是所属文化圈内广大民众的文化自觉，即从意识上对自己文化价值的肯定和自我珍视①。培育民众的文化主体意识，就是要让广大民众主动而有效地参与本地区保护和传承工作，认识并肯定非物质文化遗产内在的文化价值，激发他们对文化的自觉能动性和责任意识，自愿成为文化保护的主体。这是保护工作中不能轻视的问题。只有充分调动个人、企事业单位以及各种社会团体、专家的力量，唤起广大民众的保护意识和参与行动，才能高效地推动非物质文化遗产的保护和传承工作。

近些年内蒙古自治区保护工作实效，也证实了民众主体作用的基础性。乌珠穆沁长调是国家级非物质文化遗产项目，具有出类拔萃的文化品质，为加大对长调民歌的保护和宣传力度，东乌珠穆沁旗政府非常重视发挥传承人、民间协会和各族群众的主体作用。2006 年，东乌珠穆沁旗精心组织了由蒙古族牧民、在校学生、机关干部以及工人等 5000 人参加的长调合唱，极大地调动了普通民众参与活动的热情，提升了长调民歌在当地的影响力。旗政府还支持、协调乌珠穆沁旗长调协会举办长调大奖赛；开展长调民歌的资料收集与整理，出版宣传研究长调的相关著作等②；聘请蒙古族长调民歌国家级传承人莫德格，自治区级传承人陶克陶夫、查干

---

①　王文章主编：《非物质文化遗产概论》，教育科学出版社 2013 年版，第 289 页。

②　博特乐图：《经验与启示——蒙古族长调民歌的保护与传承经验两例》，《内蒙古大学艺术学院学报》2009 年第 2 期。

夫、斯琴格日乐、孟克为长调培训班亲自授课。这些群众性活动使蒙古族音乐瑰宝——长调深深扎根于乌珠穆沁草原，成为东乌珠穆沁旗广大牧民的心灵之歌。2019 年 8 月 13 日上午，为庆祝新中国成立 70 周年，东乌珠穆沁旗举办的"四季乌珠穆沁"金秋那达慕隆重开幕。活动期间，举行了长调专场演出即 2019 年度国家艺术基金蒙古族长调艺术人才培养项目锡林郭勒盟学员汇报音乐会，内蒙古艺术学院音乐学院院长博特乐图（杨玉成）教授、蒙古族长调国家级传承人扎格达苏荣、安达主唱毕力格巴特尔等嘉宾应邀出席。在系列活动"搏克超级联赛总决赛"开幕式上，千人合唱长调《都仁扎那》，成为引人瞩目的亮点，彰显了乌珠穆沁长调至高的文化地位和影响力，势必激发广大民众的文化自信和保护意识。

无独有偶，近年来赤峰市敖汉旗、通辽市等也依托本土的民族文化资源，不断创新发展民间文化艺术，通过不同途径调动广大民众参与其中。2017 年 9 月 10 日，由赤峰市敖汉旗文体局主办，敖汉旗民间文学联合会、民间剪纸协会承办的敖汉旗民间剪纸艺术创作展示交流会隆重举行，全旗 30 多名剪纸艺术人才和爱好者参加了展示交流活动。交流会不仅增进了广大群众对剪纸艺术的认识理解，也激发了他们对剪纸艺术的热忱。2020 年 10 月 16 日，为传播优秀民族民间文化，由通辽市委宣传部、通辽市群众艺术馆、内蒙古广播电视网络集团有限公司通辽分公司等多家单位共同举办了第三届通辽市农牧民文艺会演暨首届安代舞大赛。大赛得到社会各界大力支持，共有 48 支队伍、990 余人报名参赛，最小年龄参赛者 16 岁，最大年龄参赛者已有 70 岁。这次活动为广大人民群众搭建了安代艺术交流平台，让他们用安代舞蹈的方式庆丰收、颂祖国，展现农业新气象、农村新变化、农民新风貌，为安代艺术的进一步传承发展创造了更扎实的社会基础。

非物质文化遗产的保护工作不仅仅是某个单位或某个传承人的责任和义务，而是由政府主导、全社会参与、相关部门承担，多方努力才能更好完成的一项系统工程。政府的主要职责是通过采取各种有效措施、组织多渠道的宣传工作，让社会民众了解文化遗产的价值，鼓励他们自觉主动地参与文化遗产保护，提高其文化主体意识。文化主体意识是一种主动投入、自觉践行的理性态度，有利于建立民众广泛参与保护、勇于承担保护责任的有益局面，这是内蒙古自治区非物质文化遗产保护工作的坚实基础。文化认同是文化主体意识形成的基础，从自治区各盟市保护成功的经验可以看出：广大人民群众的参与程度是衡量非物质文化遗产保护成效的决定因素。只有充分理解和尊重社会公众的意愿，增进他们的文化认同感、自豪感和文化自信力，才能调动他们参与保护的主动性和创造性，从而使非物质文化遗产保护不至于成为"无源之水""无本之木"。

二　强化立法保护的成效，创新法律保护模式

非物质文化遗产主要指以口头的、技艺方式传承于民间的无形文化财富，具有不可再生性，是最需要保护的弱势传统文化；同时在其保护的过程中，又离不开权利主体行使权利以及对其开发和利用。这些工作都需要在有法可依的前提下进行。鉴于保护的复杂性、特殊性和持久性，政府必须制定相关法律和制度，明确利益群体的权利义务，不断完善相关政策法规。

（一）加强法律建设的针对性，细化、完善法规条例

对于内蒙古非物质文化遗产法律建设而言，由于《内蒙古自治区非物质文化遗产保护条例》出台时间较短，主要面临以下工作：

首先，需要进行具体贯彻与落实工作。一则，各盟市应依照这一条例结合本地区工作实况建章立制，将本地区保护工作纳入法制化轨道，以强化非物质文化遗产法律保护职责。如自省级保护法出台后，2018 年 5 月，昆明市实施《昆明市非物质文化遗产保护条例》，将保护任务与职责进一步明确化、具体化，有利于保护工作切实推进。二则，法律建设还要细化，现有条例需制定与之相匹配的法规、条例细则。当前，自治区应尽快出台《内蒙古自治区级非物质文化遗产代表性传承人认定与管理办法》，明确传承人标准、责任，完善合理的舆论监督体系。这既能保证政府的主导作用，又能加强大众的监督责任、尊重大众的知情权。另外，各类非物质文化遗产的认定、建档、保护和利用也需要遵循一定的规律和规范；政府、社会团体、科研机构、普通大众的保护职责，同样需要相应的法规予以明确；非物质文化遗产保护中出现的盗用、滥用现象更需要建立合理的法律保护制度。除此，加强工作制度建设也是非物质文化遗产法律保护中必不可少的措施。

其次，还应根据内蒙古的特殊区情，加强非物质文化遗产保护法的针对性。内蒙古作为民族区域自治区，保护少数民族传统文化也是民族区域自治作用的重要体现。对于自治区主体民族以及世居民族，省级以下地方性法规可以针对民族自治地区单独设立相关的保护条例开展整体性保护。

鄂伦春族、达斡尔族、鄂温克族等自治旗非物质文化遗产保护条例，可以对各民族非物质文化遗产权利的归属、主体确认、保护期限、专门管理机构等进行特别规定。2010 年 7 月，四川省实施《凉山彝族自治州非物质文化遗产保护条例》，标志着凉山州彝族非物质文化遗产保护、传承、发展已经步入规范化、法制化阶段。该条例在立法历程中，充分考虑了与本法有关的民族、宗教等问题，鼓励社会团体及个人参与到文化保护中来。2013 年，四川省又出台《甘孜藏族自治州非物质文化遗产条例》。贵州省自 2010 年制定《玉屏侗族自治县民族民间文化遗产保护条例》后，2016年又出台《紫云苗族布依族自治县非物质文化遗产保护条例》《镇宁布依族苗族自治县非物质文化遗产保护条例》《沿河土家族自治县非物质文化遗产保护条例》。中国台湾省的《原住民族传统智慧创作保护条例》以智慧创作专用权的形式规定了对原住民族传统文化特别权利的保护模式。①2010 年，新疆维吾尔自治区也专门设立项目单项保护条例即《维吾尔族木卡姆艺术保护条例》，为新疆主体民族优秀民间文化的保护提供了法律保障，也使其高质量生态环境的创建有法可依。2016 年 4 月，《甘肃省临夏回族自治州花儿保护传承条例》公布实施。这些法律建设思路值得内蒙古自治区借鉴和学习。如今，内蒙古自治区已开启了地方立法的步伐，通辽市制定颁行了《通辽市蒙古族音乐类非物质文化遗产保护条例》，于 2019 年 4 月 1 日起实施。这是一部专门保护蒙古族音乐类非物质文化遗产的地方性法规，实施效果还需要接受时间的不断检验和实践的反复考验。②

（二）推进法律保护的进程，探索法律保护新模式

在知识经济一体化的新形势下，知识产权日益成为最核心的产权，保护知识产权是人类文明进步的象征。非物质文化遗产由各民族集体创造，是不同民族文化认同、身份识别的特殊符号，各民族对其拥有无可置疑的话语权和使用权。保护民族知识产权就是保护民族的根本利益，就是保护知识产权所有者的人权，体现了公平、尊重的价值理念。现在，中国还没有完备的非物质文化遗产知识产权制度，非物质文化遗产盗用和流失现象

①　田艳、艾科热木·阿力普、百秋：《少数民族"非遗"法律保护机制的域外比较及启示研究》，《中央民族大学学报》2019 年第 2 期。

②　彭凯：《蒙古族音乐类非物质文化遗产的地方立法保护——以〈通辽市蒙古族音乐类非物质文化遗产保护条例〉为切入点》，《内蒙古民族大学学报》2020 年第 5 期。

时有发生。为了保护各民族的精神权益和物质权益，内蒙古自治区应借鉴其他民族文化大省非物质文化遗产法律保护的先进经验，根据内蒙古民族文化的独特性，探索可行、有效的知识产权法律保护途径。

传统意义上的知识产权主要包括著作权、专利权和商标权。内蒙古民间文学、传统表演艺术是不同民族以特有的语言符号、艺术形式活态展现民族历史、民族情感与审美理想的文化。这些项目的文字作品、口述作品以及音乐、舞蹈等艺术作品等归属于原创民族或传承人，如祝赞词、鄂温克族叙事民歌等可采用著作权法保护。传统技艺蕴涵着各民族独特的工艺、精湛的技法，传统医药是各民族医学智慧的总结，具有发明创造内涵与价值，如鄂伦春族狍皮制作技艺、科尔沁蒙医正骨疗法、阿拉善地毯织造技艺等可以采取专利权法进行保护。对于具有民族文化象征和品牌意义的项目及其作品，也可以通过注册商标予以法律确认和保护。2009 年，乌拉特中旗将体现乌拉特文化精髓的原生态民歌《鸿雁》（又名《鸿嘎鲁》），在内蒙古自治区版权局成功注册，使之成为展示和宣传乌拉特文化的特色名片。赤峰市巴林右旗《格斯尔》史诗有数百年传统，并形成一个聚合史诗演述、传说故事、祭祀民俗、那达慕、群众文化、生态保护为一体的格斯尔文化体系。2012 年，巴林右旗文化广电体育局成功注册"格斯尔"商标。这张精美的文化名片，有效提升了巴林右旗的知名度，也使《格斯尔》作为蒙古族民间文学桂冠的权益得到保证。另外，知识产权的客体是知识产品，属私权，主要针对具有典型的知识产权特征的文化遗产。对于一些不具有知识产权特征的传统民俗，如民族传统节日、传统礼仪等，则可以由国家颁布行政法，从公权角度进行保护，以弥补知识产权法的空缺，构建多层面的非物质文化遗产法律保护环境。

从现实角度讲，非物质文化遗产承载着不同民族专有的知识与技艺，在现代市场经济条件下具有较强的经济、法律的利益属性，应该以法律制度予以保护。内蒙古作为我国少数民族地区，各族群众法律意识还较低，运用法律手段进行民族文化遗产保护的能力较弱。只有完善各项法律法规体系和规划编制、全面建立督查评估制度、加强非物质文化遗产领域的廉政建设等多措并举，才能使自治区保护工作健康有序地进行。的确，也只有发挥法律的效力，才能真正保护非物质文化遗产所有人的发展权，达到民族文化传承、文化多样生存的根本目的。鉴往昭来，无论过去或是未来，法律保护都是非物质文化遗产保护的应有之义①，是实现文化传承、发展的必要手段。

三　立足文化生态视野，促进区域性整体保护提质增效

人类的社会实践总是随着人类认识的提升而发展。整体性保护就是随着人类对非物质文化遗产自身内在规律与特殊本质的进一步认识而探索出的一种保护理念和方式。非物质文化遗产是借助人的创造性活动而得以展现的活态文化，表现形式多样，其内容也涉猎广泛，本身就是多种要素的复合体。而且它还是特定生态环境的产物，在与各种环境的互动中发展、传承。所以，无论文化遗产本身还是其生存环境，都是一个不可分离的整体。整体性保护就是对文化遗产所有内容和生存环境进行综合保护，即对文化遗产所在地域的自然环境和人文环境、生产生活方式，以及物质文化遗产与非物质文化遗产的整体保护。这种保护可以使珍稀的民族传统文化在和谐的环境中得到延续和传承。

（一）注重文化生态，提高整体保护意识

每一个民族在自身历史发展、生产实践和特殊的地理环境中，都孕育了自己的民族文化，造就了种类繁多的非物质文化遗产。这些文化鲜活、流动，不是封闭、孤立的存在，总是在一定的自然环境、人文环境、经济环境中发展的，并与各种环境共同构成一个文化生态系统。非物质文化遗产在其中繁衍、生长，并与其他文化因素同构共存，合力维护系统平衡发展。这样，从文化生态维度阐释，任何非物质文化遗产都有其存在的特定的"生态场"，即形成其特有的自然和人文的、经济的整体性场景。这种生存特点决定了保护文化生态就是有效保护文化遗产，体现了整体性的保护理念。

文化生态是文化与自然生态、人文生态、经济生态的融合体。随着社会的发展，人们的生活环境发生了明显的变化，许多非物质文化遗产的生存环境受到了前所未有的冲击。比如，由于时代的发展，城市文化不断向农牧区渗透，一些看起来"过时"的民族文化逐渐被年轻人淡忘。又如，随着生态退化、自然环境异常，存在于农牧区的传统文化根基受到威胁，其生存的空间遭到破坏。那么，非物质文化遗产的保护就不能仅是保护一

---

① 冯晓青、罗宗奎：《我国少数民族非物质文化遗产保护的知识产权法因应——以内蒙古等少数民族地区为主要考察对象》，《邵阳学院学报》2015 年第 1 期。

种民族工艺或一种艺术表演形式，也要保护它生存的历史环境与人文环境。所以，对非物质文化遗产的科学保护要具有文化整体意识，从把握和保护其赖以生存的文化生态入手，即将其置于文化生态系统中，实现文化要素与文化生态环境的整体性保护。

（二）遵循文化发展规律，促进区域性整体保护

从文化生态视角看，非物质文化遗产作为文化生态系统中的要素之一，与其系统中的自然、人文环境是不可分割的有机整体。这种文化生态意识是文化保护理论的深化与进步，已成为促进文化遗产持续发展的核心和整体保护的理论指导。适应科学保护工作的需要，建立整体的文化生态视野，便成为非物质文化遗产保护的必然要求。否则，缺少文化整体理念，就会导致碎片化保护。这种后果势必将一个整体性文化结构人为地撕裂，破坏文化固有的整体风貌和系统价值，造成文化遗产更大程度的破坏。文化生态视野下的非物质文化遗产保护就是文化生态保护，不同于博物馆方式下标本式、化石式的保护，也不同于单体项目模式下的独立保护。它是指划定保护区域，将文化遗产保存在其所属的特殊局部环境中，使之成为活的文化，即实行区域性整体保护。《中华人民共和国非物质文化遗产法》第二十六条明确规定了非物质文化遗产区域性整体保护的可行性，为其具体实施提供了法律保障。针对内蒙古自治区的实情，非物质文化遗产多集中于草原牧区和大山森林地区以及半农半牧地区，这些地区自然生态功能退化较严重、传承链脆弱，建立民族文化生态保护区，实施区域性整体保护势在必行。

文化生态保护区是在我国文化生态保护建设中提出并不断完善的，它以自然、经济、社会三位一体的文化生态环境为依托，以活态传承的非物质文化遗产为核心，是实现民族文化整体性保护的区域。文化生态保护区建立的条件为历史文化积淀丰厚、非物质文化遗产资源集中、自然生态环境和人文生态环境良好；并具有鲜明的地方特色、民族特色。依据整体性保护理念，至 2020 年底，内蒙古已尝试建立了 13 个自治区级文化生态保护区，在此基础上，坚定文化生态保护理念、加大区域性整体保护的力度，必将推动有效保护的实践进程。

四 坚持民族文化传统与创新性相统一，拓展现代传承有效路径

非物质文化遗产具有传承性、动态性等特点。传承性是指它主要靠世

代相传保留下来，是一代一代劳动人民或以口述，或以师徒传习的方式不断积累和改进逐渐形成的，这种传承使其具有保存和延续的可能性。非物质文化遗产的动态性是指其注重以人的口头与行为的活态方式表现人的价值等精神因素，本身是一种动态的存在形式。另外，动态性还指它不是历史遗留下来僵化的文化化石，会随着自然、社会、历史和人文环境的变化而不断发生流变和创新。这就确定它始终处在发展中，是继承与变异、一致与差异的辩证统一。正是这些特性增强了非物质文化遗产现代适应能力，成为永续留存的文化臻品，也决定了对它的保护不单纯是标本化的圈存，还包括传承发展，这是文化保护的精义。不过，传承发展并不是放任开发利用，在传承发展中应注意以下两个问题：

（一）坚守本原性，保护民族文化传统

纯真、自然是人类永恒的追求，也是人类赋予文化至高的精神境界。非物质文化遗产的本原性就是"来自原处的可以留传的一切之整体，从物质形态上的持续、文化环境的'本体真实'到它的历史见证性"①。非物质文化遗产作为创生、发展于各民族传统生活中的活态文化，承载着一个民族的原始初性与文化渊源，即文化基因。它的本原性就是指民族文化基因，这是其文化价值所在，也是区别于其他民族文化的根本特质。保护其本原性实质上就是保护民族之魂，保护民族优良传统得以发展的文化根基。具体而言，就是最大限度地让非物质文化遗产在其产生和成长的原生环境下自然传承，以保持其可辨识和被承认的特质，不去人为地破坏其赖以生存的大环境。当然，这一原则并不是提倡将文化遗产固定在某个空间、与世隔绝。它主张在保持原有文化特色的基础上对接时代的步伐，即在保持其民族传统特性的同时，也要随着环境的变化不断推陈出新，寻找"活路"。如鄂伦春族艺术家把中国水墨画、版画技法与桦树皮镶嵌工艺结合起来，利用鄂伦春族神话传说创造出桦树皮镶嵌画，赢得市场的青睐，成功地挽救并传承了桦树皮制作技艺。

（二）科学开发，理性创新

非物质文化遗产是一个民族内在规定性和本质特征的表现，是民族文化延续发展的根源，对其保护是人类应有之责。然则，在社会文明不断演进的过程中，每一个民族都在变迁中不断创造自己新的文化传统。非物质

---

① 王文章主编：《非物质文化遗产概论》，教育科学出版社 2013 年版，第 307 页。

文化遗产的保护不能孤立地固化，要以发展创新的思维去传承，只有这样才能克服保护工作中的困境，使文化遗产自身具有"造血功能"而长盛不衰。

目前，内蒙古非物质文化遗产传承仍以自然传承模式为主。这种传承模式主要以"师徒相继""口传身授"为显著特点，以个体或群体接力式传承为主要方式。随着市场经济的发展和社会的进步，这种传承模式暴露出了传承动力不足、传承范围和影响力有限等问题。许多非物质文化遗产因此出现了传承断层的现象，一些甚至还面临灭绝的危险。为克服传承中的困境，在市场经济发展的大背景下，我们也应运用开发性保护模式，通过建立科学的产业化传承机制，最大化地发挥它们潜在的经济功能，使其服务于当代社会文化和经济建设，在变异中求得生存和发展。这里，非物质文化遗产的发展创新并不意味着随意开发和利用，而是在不损害其原有核心要素的基础上进行，倡导非物质文化遗产的生产性保护、产业化传承等生态保护方式。因为非物质文化遗产是不可再生的文化，一旦其本身具有的特质或属性被破坏，它将失去其卓殊的文化特色和吸引力。这就要求开发性保护必须尊重其特殊性，坚持以传承人的保护和活态传承为核心，尽量减少行政和商业力量的过度干预，避免非物质文化遗产变质变味。

归根结底，非物质文化遗产的保护应理清思路、把握重点，以对传承主体的保护为主，传承主体的保护又以传承人的保护为核心。各级政府、学界、商界、新闻媒体以及广大人民群众则是推动保护工作顺利进行的有效力量。只有将政府、学界、商界以及媒体，特别是广大人民群众的主动性调动起来，内蒙古非物质文化遗产保护工作才能够行之有效。同时必须完善和健全法律制度，保护工作在法律制度和框架内运行，才能持续、健康地发展。此外，保护工作还需与时代发展相契合，既要吸纳符合时代发展的新内容、新思维，又要坚守民族文化遗产的核心元素；既要保留有益的传统手段和方法，又要探索适应时代发展的新模式、新手段。

内蒙古非物质文化遗产生长于各民族独特的生活、人文和自然境域中，具有精神性、发展性、整体性。孤岛式、标本式的保护会损害其自身价值和生命力，保护工作应是系统的、活态的保护。这项工作长期而又艰巨，充满智慧与创造力，还需要凝心聚力。为此，我们对内蒙古自治区非物质文化遗产保护工作效果进行了问卷调查（图 3 - 15）。

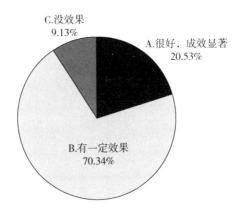

图3-15 您认为内蒙古非物质文化遗产保护效果如何？

数据显示：20.53%的自治区民众持肯定态度，认为保护效果很显著；70.34%的民众认为效果一般；9.13%的民众认为没有效果。这只是一个参照值。从整体看，目前自治区保护工作已取得可观的成果，不过，仍需要不断砥砺前行、探索科学的方法与路径，大力开展具有整体视野的文化生态保护。文化生态保护追求的是一种整体性、文化多元的价值取向，这不仅是非物质文化遗产保护范围的扩大，更是保护方法的革新，也是内蒙古非物质文化遗产保护的必由之路。

第四章 内蒙古非物质文化遗产的生态保护

20 世纪以来，由于生态环境的破坏而导致的生态危机，引起了全球的广泛关注，人与自然协调共生、社会可持续发展成为时代主题。文化作为人类文明的结晶与人类社会发展的力量源泉，也是生态环境的产物，其发展、进步也需要协调的文化生态环境。于是，文化的生态特性开始受到人类学家的重视与研究，文化生态学应运而生并为中国学界熟知、认同。文化生态学是生态学和文化学相互渗透结合的新兴学科，具有动态的、整合的方法论和认识论意义，它拓宽了文化研究的视角，为非物质文化遗产保护提供了科学的理论指导。内蒙古非物质文化遗产的生态保护就是指在文化生态理论指导下的具体实践，是探索民族地区文化保护与发展、继承与创新开辟的新道路。文化生态保护尊重文化的内生特性，符合人类文化发展的本质规律，体现出人类文化自觉意识达到一个新的高度。它促进我国对民族文化遗产保护从单体、静态模式走上整体、可持续发展的道路，是当代内蒙古非物质文化遗产保护的有效路径。

第一节 内蒙古非物质文化遗产生态保护的内涵

任何一种文化类型都存在于特定的生态环境下，任何一种有人类活动的生态环境都会产生特定的文化类型，二者互相关联，互相影响。文化的发展就是文化与其所处环境双向适应、不断走向本质统一的历程。这种文化与环境的不可割裂性，决定了每一个地域非物质文化遗产的保护，也必然要上升到对当地生态环境的保护。从文化生态视角探索非物质文化遗产的保护，是中国文化遗产保护工作的创新发展，也是一个新兴的、兼具理论与实践价值的研究课题。当前，中国非物质文化遗产生态保护尚处于初步实施的阶段，内蒙古自治区也正在尝试，对于其学术思路、目标、原则，还需要不断进行理论研究和实践总结，以切实推进其有效保护的进程。

一 内蒙古非物质文化遗产生态保护的理论基础和实践意义

非物质文化遗产生态保护是文化保护实践和理论研究不断探索的成果。自 20 世纪后期以来，随着社会文化转型、全球经济一体化以及工业化进程的迅速发展，文化同质化、自然环境恶化等社会问题凸现。尤其处于弱势文化地位的民族民间文化的不断消逝，给人类社会发展造成严重的文化危机，引起人类学家的高度警醒与反思。面对传统文化的整体性危机，如何应对挑战、化解矛盾，关键问题是打破传统观念，重构社会持续发展的理论依据。文化生态学顺应时代需要，在总结传统文化研究理论的基础上成为一门新的学科，为我们正确思考人、文化、环境之间的关系，理性认识文化发展规律、文化变迁及文化生态危机提供了理论基础。

（一）文化生态学的内涵与理论价值

文化生态学是人类学研究的分支，自 20 世纪美国人类学家斯图尔特最先提出文化生态学概念后，经发展、完善而形成一门新的交叉学科。之后，生态学、文化哲学、文化社会学、人文地理学等理论和方法的介入，不断发展了文化生态学的内涵与理论体系，使其具有更突出的现实价值。20 世纪中叶以后，随着文化研究向多学科渗透以及全球生态危机意识的增强，它在社会科学及自然科学领域研究中得到广泛运用与深入发展，成为非物质文化遗产保护的理论指导。

第一，文化生态学具有生态学理论和思维方式，拓宽了社会科学研究的角度。文化生态学旨在研究文化与生态环境的相互关系，是生态学产生并发展到一定阶段后与文化嫁接的一个新概念。它以文化和环境的耦合关系为基本问题，认为生态因素在文化生长中作用明显，环境与文化互相影响并形成文化生态。1955 年，斯图尔特在其专著《文化变迁理论》中完整阐述其文化生态学主要理论，即文化——生态适应理论。这一理论提出文化是由一个社会与其环境互动的特殊适应过程造成的，文化之间存在实质性的不同，文化特征就是在逐步适应环境的过程中形成的。因此，他认为文化与环境不可分离，处于相互作用的关系中。[①] 斯图尔特将生态学原

[①] ［美］朱利安·H.斯图尔特：《文化生态学》，潘艳、陈洪波译，陈淳校，《南方文物》2007 年第 2 期。

理首次引入人类文化研究中，超越了社会生态学和人类生态学偏重于人类生物学研究的视域，又与"环境决定论""经济决定论"区别开来，体现了研究范式的进步性。这种新的文化理论实质为文化之间适应关系①即文化生态关系，论证了文化的生态属性，开启了文化研究的新方向。

第二，文化生态学具有系统论思想，为文化研究提供了科学的理论指导。文化生态学将系统论引入理论构建，主张文化是一个系统整体，以文化生态系统作为研究对象。正如斯图尔特认为："任何社会的文化都构成一个完整的系统，在其中技术、经济、社会与政治结构、宗教、语言、价值观以及其它特征紧密地相互联系，但是文化不同方面受生态适应的影响并不相同。"② 由此可知，文化生态系统不仅是一个系统整体，即文化及其所在的环境构成的统一整体；又是一个复合的构成，包括人、文化、自然环境、经济环境、社会环境等。在这个系统中，各组成部分相互影响、相互作用，共同维护系统稳定演进，具有特殊的生态功能，体现了文化生态系统的本质属性。文化生态系统还有自己的结构，涵盖民族文化生态、区域文化生态、具体文化事项等宏观、中观、微观 3 个层次。③ 它强调以宏观视野为指导，立足于中观和微观层次研究，对文化进行整体研究与系统保护，具有突出的学术价值。

第三，文化生态学具有辩证法思想，对文化研究具有方法论意义。文化生态学以文化变迁为研究要点，认为文化本身不是静止的稳态结构，其生命力在于流动与活力，并在涨落的曲线中维系动态平衡。基于文化发展的基本规律，文化生态学主张文化变迁是文化生态系统演化的直接原因与动力，健康的文化秩序必须保证文化的流动，揭示了人类文化正是在与环境双向适应中不断完成演进的过程。文化生态学关于文化变迁理论的阐述，着眼于文化发展的宏观全局与总趋势，体现了流变创新的思想以及全面、联系、发展的观点，既强调文化因素的能动作用，也承认文化系统对文化发展的影响。这种观点有利于正确认识、解读文化的发展属性，对文化研究具有科学的方法论意义。

---

① ［美］托马斯·哈定等：《文化与进化》，韩建军、商戈令译，浙江人民出版社 1987 年版，第 20 页。

② ［美］朱利安·H. 斯图尔特：《文化生态学》，潘艳、陈洪波译，陈淳校，《南方文物》2007 年第 2 期。

③ 路幸福：《文化生态保护研究尺度与进展》，《成都理工大学学报》（社会科学版）2012 年第 4 期。

由此，文化生态学的理论意义在于：将人类文化置于包括自然、经济、人文等生态环境的多维空间中加以多层次、多侧面的立体透视，重新摆正了生态环境在人类历史上应有的位置。文化生态学源于人类文化学，但比起其他的人类学理论更加具体化和科学化。它把文化与自然环境、社会环境和经济环境视为一个复合结构，突出以生态、系统、辩证的方法研究文化的存在状态、发展以及文化与各环境因素之间的互动关系，为当代民族文化遗产保护提供了新的理论依据。

（二）文化生态学对内蒙古非物质文化遗产保护的实践意义

文化生态学论证其对于人类社会组织的作用、类型和意义，蕴含着一体平衡观、生态价值观、动态开放观的思想内核，不仅具有学术价值，还具有实践意义。

第一，文化生态学蕴含着一体平衡观，有利于内蒙古非物质文化遗产的完整保护。文化生态学主张文化与其生存环境共同形成统一的生态体系，即文化生态系统，包括人与自然关系、生活方式、经济形式、意识形态、价值观念、政策法规等要素。它认为每一种文化都有自己的文化生态系统，各要素相互关联、相互依赖，又制约其他文化要素的特点及运作，任何一个要素的分离都会造成文化生态系统的变迁，追求文化体系的完整性。文化生态系统整体特性告诉我们：非物质文化遗产的保护要用整体观念去对待文化生态中各组成要素，关注文化所滋生的民族生存环境，不能将具体文化事项与生存环境和背景割裂。否则，文化遗产所蕴含的民族价值观、心理特征无法体现，遗产本身就失去了原有的本质与意义。正是在这种文化生态理念的指导下，中国非物质文化遗产保护从孤本式、分散的保护发展到整体性保护，实现了跨越式进步，开启了生态保护的文化建设，即文化生态保护。文化生态保护尊重文化的传承和发展规律，重视其存续的社会背景、自然环境以及所承载的民族精神与情感所依存的生态环境，能够保证文化生态的平衡发展。这是符合文化自身特性的保护路径。内蒙古非物质文化遗产也是其自然环境、人文环境、经济环境的产物，深深扎根于不同民族的生产生活之中，体现着不同民族久远的历史和独具匠心的创造力。所以，它依存的生态环境是文化保护不可分解的部分。整体性保护是当前内蒙古非物质文化遗产保护的主流方向。

第二，文化生态学体现了生态哲学观，有利于内蒙古非物质文化遗产的科学保护。文化生态学借用生态学研究人与文化及文化之间的互动关系，是一种生态理性哲学，也是人类所处的整个环境的各种因素交互作用所形成的生存智慧。① 它认为每一种文化要素在文化生态系统中都有特定的位置和功能，依赖其他文化要素而生存；同时彼此又相互作用，影响着其他文化要素的生存与发展。从这个角度看，文化生态系统规范着各文化要素的行为方式，注重各文化要素和谐关系的构建，体现了生态文明理念。这也反映了文化生态学倡导文化生态协调的生态性保护，坚持互利共生的生态价值观。"生态性保护也是一种生态逻辑。生态性保护重要的特点在于用生态学的基本观点去观察现实事物，解释现实社会、处理现实问题，运用科学的态度去认识非物质文化遗产的研究途径和基本观点，建立科学的生态思维理论。"② 这一理论启示我们：非物质文化遗产是文化生态系统中的主要因素，其生存发展影响着自然环境、社会环境和经济环境，生态环境也势必对其生存发展产生相应的作用。

基于此，对它的保护应关照其生态属性，科学处理与自然生态的关系，协调经济发展与保护生态平衡之间的矛盾，保持文化生态系统的良性运行。非物质文化遗产与其生态环境都是不可再生的文化资源，当代自然资源的破坏带来的生态危机日益严重。这就从本质上规定了无论是对内蒙古非物质文化遗产进行保护，还是对其开发利用，首先是一种文化行为。文化遗产产业化开发不仅仅意味着经济效益的体现，还要关注自然环境的承载力、人文环境的协调。在实际保护中，我们要避免以牺牲自然、人文环境为代价换取经济利益的现实行为，应以文化生态环境的改善与优化为目标，以此推动健康、文明的保护实践，促进生态文化建设与社会可持续发展。

第三，文化生态学具有动态开放观，有利于内蒙古非物质文化遗产活态保护。文化生态学强调文化生存、发展与其环境存在着复杂的动态关系，认为每一个文化生态系统都是开放的，不断地与外界进行着能量和信息的交换。它指出文化无论生成、演变、发展，总是与其所处的自然环境、社会、历史变迁紧密相连，以动态的生命形式存在。这就阐明任何文化都必须根据时代的要求不断地调适、融入现实生活中，才能求得自身的延续与发展，文化保护应因时并进、动态实践。同理，与其他形态的文化

---

① 黄正泉：《文化生态学》上册，中国社会科学出版社 2015 年版，第 36 页。
② 刘永明：《从建设生态文明角度审视非物质文化遗产保护》，《西南民族大学学报》2014 年第 2 期。

一样，内蒙古非物质文化遗产也是处在与自然、现实、历史的互动中，不断生发、变化和创新，对它的保护也应正确处理民族性和时代性的关系，追求动态发展、整合创新的活态性保护。也就是指非物质文化遗产的保护应发挥其经济功能，依靠文化创意及当代科技优势进行文化再创造和再提高。这要求内蒙古非物质文化遗产保护应在立足于其精神内核、文化母体的前提下，融合现代化的元素，促使其成为富有民族历史文化特色、又饱含现代审美气息的文化产品。只有"实现民族性与开放性有机结合、原生性与产业性现实结合、观念性与商业性有机统一"[1]，才能符合现代社会变迁的文化需要，增强文化遗产自身的生存活力，促进文化生态系统的协调发展。

总归，从文化生态学出发，把非物质文化遗产的保护置于完整、流动、开放的文化生境中，非物质文化遗产的适应与发展便有了广阔路径[2]，其保护工作才能够进入可持续发展的运转轨道。文化生态学理性地解读文化生态系统内各文化因子之间整体协调、多样共生的关系，强调文化生态系统的动态开放、良性循环以及可持续发展。内蒙古非物质文化遗产生态保护正是在这一理论指导下，力求实现其有效传承与发展，为内蒙古民族文化的整体保护做出实际的贡献。

二 内蒙古非物质文化遗产生态保护的目标

文化生态学的核心概念是"文化生态"，这也是非物质文化遗产生态保护的要旨。自20世纪80年代，我国学者就展开了对文化生态内涵的讨论，各自理解有别。我们采取冯天瑜、方李莉等学者的观点，即文化生态是一个文化形态多元，文化价值多维，各种文化在相互关联、作用、影响中形成的动态有机系统。[3] 与自然生态系统一样，文化生态系统有它的结构与功能，也有平衡与失衡的问题。在这个系统中，系统结构的维护是文化生态系统平衡与演进的基础，系统结构的优化则是文化生态保护与研究的根本目标。内蒙古非物质文化遗产生态保护的最终目标也是改善、协调系统内各要素关系，形成良好的文化生态环境，以促进非物质文化遗产与其生境共生共进。这一目标不会是单一的取向，主要包括以下几方面：

---

[1] 黄永林：《"文化生态"视野下的非物质文化遗产保护》，《文化遗产》2013年第5期。
[2] 刘慧群：《文化生态学视野下非物质文化的自适应和发展》，《求索》2010年第3期。
[3] 杨东篱：《发展文化产业与构建良性文化生态》，《天府论坛》2011年第1期。

（一）形成文化共生机制，保护内蒙古民族文化的多样性

文化多样性创造了一个五彩斑斓的世界，使人类文化宝库百花齐艳、熠熠生辉。它形成人类文化发展普遍恒久的生命特征，其本身"是各民族不同的文化与特性得到应有的尊重的人道观、社会观、和平观、发展观"①。尊重文化多样性就是尊重人类文明的发展现实和基本规律。与自然界的生态规律一样，文化也存在"单一导致脆弱性，多样性产生稳定性"的特点，因而文化多样性还是保证人类应对各种挑战、促进人类可持续发展与保持文化活力的前提。文化多样性的生态作用显示了保护文化多样性对于人类存在发展的重要意义。非物质文化遗产"其特质既在于对人类历史文明的积淀，更在于它是未来文明的母体，孕育着未来文明的基因"②，是人类文化多元性发展的血脉和生成空间。这种特性就揭示了非物质文化遗产保护的本质就是保护文化多样性。孤本式保护忽视文化生态属性，不利于文化多样性生存，维护文化多元性的前提是文化共生，只有文化共生才能实现文化的多样性。

内蒙古非物质文化遗产生态保护正是建立在文化共生理念之上，超越了单一保护模式的不足，它认同每一个民族的文化都有自己的文化生态系统，不同民族文化与生存环境构成一个有机、互补的生态系统。这就为文化多样性保护提供了实践基础。内蒙古非物质文化遗产体现了内蒙古各民族民间文化亮丽的风采和不同的价值，充分展示着 55 个民族文化"和而不同"的生态统一，是中华文明多样性的生动体现。如蒙古族马头琴音乐、达斡尔族乌钦、鄂温克族驯鹿习俗、鄂伦春族赞达仁、满族服饰、朝鲜族泡菜制作技艺、汉族走西口歌谣等各民族文化遗产都典型地体现了本民族文化的特征，都具有独立的文化地位。内蒙古非物质文化遗产生态保护以多元共生、相互尊重为导向，珍视每一种文化的价值和存在的理由，致力于构建不同民族之间的生态联系。它注重对内不断增强民族文化内力，保护文化核心品质；对外通过教育、宣传、传习等多种措施，促进民族间文化认同，以建立不同文化之间的共生关系。最终目标是在共同价值观的基础上形成各民族文化共生共长的活跃机制，保护内蒙古民族文化及中华文明的多样性。这是内蒙古非物质文化遗产生态保护的根本目的。

---

① 向云驹：《世界非物质文化遗产》，宁夏人民出版社 2006 年版，第 81 页。
② 王金柱：《非物质文化遗产与文化生态建设》，《内蒙古师范大学学报》2007 年第 1 期。

（二）完善文化运动机制，保证内蒙古非物质文化遗产的有效传承

内蒙古非物质文化遗产多产生于生产力水平较低的农牧业时代，主要以封闭的师徒和家庭教育为传承路径，是各民族生活实践的文化表现。这些文化遗产蕴含着各民族独特的文化传统，成为维系各民族拥有共同情感体验、共同生活风俗、共同伦理意识和世界观的纽带，以及维护本民族尊严、促使民族振兴强大的精神支柱。保护工作的目的不仅要存活这些精神文化遗产，而且还要使其传承下去，成为延续民族文化的血脉。但随着现代化进程的快速发展以及自身原因，这些创生于经济欠发达、教育较落后的民族地区的弱势文化，因其原生环境发生变化，在当代的自然传承举步维艰，这给保护工作带来了挑战。

文化生态学视域下，文化与其生存环境等诸文化因素结成一个相互联系、相互影响的整体。每一种文化都是一个动态的生命体，各种文化聚合在一起，形成不同的文化群或文化链。文化生态系统就是通过文化链使其各组成部分发生关系并产生动态变化，是一个流动、运动的机体。[①] 在这个系统中，文化彼此互为生态条件，任何一种文化的消失都会影响其他文化的存在，甚至失去其吸收新质、提供能量的源泉。这就表明内蒙古非物质文化遗产生态保护不同于封闭式的文化保护和保存，必须注重文化生态系统中各种文化因素之间的内在耦合关系，不仅强调文化与环境之间的密切联系，也关注双方之间的制衡协调作用。面对环境的变化与外来文化的冲击，它必然会发挥文化生态系统的调节功能，促进文化不断调适或自适应，求得自身发展。另一方面，它还会帮助该文化稳定其外部环境，通过改善自然环境、人文环境和经济环境，激活文化的相关运动机制，突破其封闭、单一的传承路径，拓展其传承群体与传承路径。内蒙古非物质文化遗产正是通过这种调适功能，不断完善文化系统发展的动力机制，为民族的延续、文化创新提供持续的传承力量。

（三）发展文化再生机制，促进内蒙古非物质文化遗产的创新进步

21世纪人类将更加趋向全球一体化和文化多元化发展趋势。全球一体化是人类科学、信息网络、交通及经济发展的必然，文化多元化则因为人类在不同生活空间、聚合方式适应性的进一步扩展而日益明显。可以说，在现代经济全球化语境下，文化孤立自主的发展或脱离自身文化传统

---

① 吴圣刚：《文化的生态学阐释和保护》，《理论界》2005年第5期。

的发展都难以面向未来。非物质文化遗产是在各民族长期发展中形成并传承下来的，是一个民族的历史生命在现实社会中的传承延续，具有历史性；同时它在当代生活中被继承，又是一种"活"的文化，具有现实性。显然，这种传承不同于简单的继承，既要保护其民族特色的原真性，又要赋予其"新的生命活力"。

在当今全球化浪潮中，处于文化弱势地位的非物质文化遗产如何保持活力，已经成为文化保护必须面对的现实问题。就文化发展规律看，民族文化创新和发展的历程从未停止过，推动这一进程的无疑是自然环境、社会环境、经济环境等因素。这些环境的改变必然会带来新的物质、精神文化要素，如知识、观念、技术、生产工具及生活方式。这势必在一定程度上会造成文化要素的借用、整合，促使文化发生变迁。也就是说，异质文化的融合与本土文化的革新是文化关系中的动态因素，是各民族文化得以不断生发、永葆活力的必要条件。

"经济全球化"是非物质文化遗产不可回避的生态环境。这对于长期处于边缘文化地位的非物质文化遗产而言，既是挑战也是机遇，完全退避、保守不能自我保全。"任何民族文化都必须不断地调适或自适应，才能求得自身的延续与发展，非物质文化传承的实质正在于不断地达成其与民族生境的适应，以确保该文化的稳态延续与不断壮大。"① 并且新的文化不断创造，活跃了文化生态系统的运转，促进了文化再生与创新发展，体现了文化生态的动态本质。这也说明文化生态的功能不仅是要适应环境，更在于创新。② 所以，内蒙古非物质文化遗产生态保护有别于静态保护，尊重文化进化的内在规律与发展诉求，正视人类文化的自适应，是主动性、创造性的活动。它支持非物质文化遗产在传承民族文化精华的前提下，以开放的姿态与先进的异质文化交流、碰撞，以增加新质、增长新优势。同样，它也鼓励非物质文化遗产在坚守中寻求创新发展，在传承中弘扬民族文化个性的光辉，以实现文化再生，保持自身永续的生命力。这是文化保护工作的进步，也是内蒙古非物质文化遗产生态保护的目标之一。

（四）构建文化和谐机制，推动内蒙古社会的可持续发展

文化生态系统是一个复合的统一体，包括文化、自然环境、经济环境

---

① 刘慧群：《文化生态学视野下非物质文化遗产的自适应与发展》，《求索》2010 年第 3 期。
② 黄正泉：《文化生态学》上册，中国社会科学出版社 2015 年版，第 306 页。

和人文环境。在这个系统中，环境不仅能促进或阻碍文化发展，还会产生文化适应。文化的发展与其生态系统调适以求平衡是辩证统一的。只有保持良性的文化生态，才能促进各种文化的交流与创造，对与文化关联密切的各种经济、政治活动起到互为裨益的作用，从而产生正向的互动效力。良性的文化生态是指系统内各种文化协调、有序的存在状态，反映了文化发展的内在逻辑性和系统性。各种文化也只有在平衡的文化生态系统中才能健康发展。这是文化发展的内在要求，也体现了文化生态的和谐功能和重要意义。从内涵上看，文化生态和谐不仅包括人与社会和谐，还包括人与自然的和谐，文化与经济协调发展。它本质上就是社会和谐的基础，体现的是一种生态文明建设的理念，有利于社会的可持续发展。反之，文化生态的失衡，势必会造成社会危机。非物质文化遗产生态保护就是针对初期"破坏性"的开发利用方式，从生态文明与可持续发展的角度重新进行定位的，力求建立文化生态系统的和谐运行机制。

客观地看，文化生态其实质就是对在经济与文化的现代化背景所产生的文化生态危机的理性思考，也是对社会现代化的深刻反思。内蒙古非物质文化遗产生态保护以生态科学观、生态哲学观、生态伦理观为基础，重构人与自然、文化的关系，确定了非物质文化遗产的自然属性和自然权利。[1] 这种保护就是一种反思，契合了现代社会生态文明建设的需要，重视保持平衡、稳定和良性循环发展态势的文化生态。它倡导挖掘非物质文化遗产有利于生态文明建设的文化价值，科学利用现代科学技术并结合时代先进文化，使之成为自治区民族文化事业、特色经济和草原旅游发展中的优势资源。不仅如此，它还重视通过发挥其本身在当今内蒙古和谐社会建设、经济协调成长、社会可持续发展中的作用，使文化与自然环境、社会政治、经济系统形成健康的关联、互动，从而共同推动社会的可持续发展与整体进步。

总之，文化生态的内涵"即人类社会所创造出来的文化是一个相互统一、相互联系、相互作用的生态整体"[2]。正是由于它的多元性、差异性、本土性、民族性，人类文化才呈现出五彩缤纷的生动景象。也正因为不同

---

[1]　刘永明：《从建设生态文明角度审视非物质文化遗产保护》，《西南民族大学学报》2014年第2期。

[2]　林庆：《民族文化的生态性与文化生态失衡——以西南地区民族文化为例》，《云南民族大学学报》2010年第2期。

文化间的互动、互补、互进，人类文化才得以长盛不衰、平衡发展。系统性、有序性、协调性是良好文化生态最显著的标志。保持文化与自然环境、经济环境、人文环境以及相邻文化的系统性和有序性是文化生态优化发展的根本。内蒙古非物质文化遗产生态保护也从文化生态视角力求维护民族文化"多元一体"的生态统一，促进非物质文化遗产有效传承与创新发展。它以优化文化生态环境、实现文化生态和谐发展与整体平衡为目标，以推动内蒙古民族文化繁荣进步、生态文明建设以及社会可持续发展。

三　内蒙古非物质文化遗产生态保护的原则

非物质文化遗产生态保护是当代具有科学性、创造性的文化实践，目的是建立一个有利于文化传承和发展的文化生态环境。为了保证目标的实现，在生态保护的过程中应尊重非物质文化遗产本身的特性与发展规律，坚守一定的规则，才能进行有效的保护和传承。对于文化生态保护的原则，国内学者也进行了相关探讨。刘登翰、陈耕提出以人为本、文化物种的生命规律和分类保护、整体性保护、开放性4个原则。[①] 刘永明主张权利、发展2个原则。[②] 内蒙古非物质文化遗产根植于内蒙古历史文化发展过程特定的时空关系中，生长于自己特殊的民族生境中，有着自身的保护诉求，内蒙古地区非物质文化遗产生态保护应遵循以下原则：

（一）系统保护的整体性原则

生态保护的整体性原则是基于文化生态的整体特性而提出的，宗旨是倡导以全方位、多层次的方式来反映和保存非物质文化遗产的多样性。这一原则实际就是主张对非物质文化遗产的整个生态系统进行保护，包括生态整体与文化整体的保护。

首先，文化生态是一个整体，指文化与其所处的自然环境、经济形式、生产生活方式、社会组织、价值观念等构成浑然一体的文化体系。非物质文化遗产与其特定的文化生境相互依存，生态环境的变化必然会影响它的生存与发展。

其次，非物质文化遗产是一个整体。这一方面指各种文化遗产互为文

---

① 刘登翰、陈耕：《论文化生态保护—以厦门市闽南文化生态保护实验区为中心》，福建人民出版社 2014 年版，第 116—128 页。

② 刘永明：《权利与发展：非物质文化遗产保护的原则》（上、下），《西南民族大学学报》2006 年第 1 期、第 2 期。

化生态，尽管它们独具个性，具体形式、内涵、功能上有所不同，但都是文化多样性的生动体现，具有内在的统一性。内蒙古非物质文化遗产是居住在这片辽阔地域上55个民族在漫长历史发展过程中创造的优秀文化，是特定民族精神情感的衍生物，构成一个同生缘构的文化共同体。文化生态保护的核心是保护传统文化的多样性，也就是保护这样一个文化整体，使具有文化价值的非物质文化遗产在生态保护系统中都得到延续。从这个层面上解读，文化生态保护所营造的生态环境应当覆盖所有的文化遗产，这才是真正意义上的优化文化生态环境。另一方面，每一个具体文化事项从根本上说也是一种整体的生活方式。驯鹿习俗是敖鲁古雅鄂温克族在大兴安岭原始森林中形成的一种独特的生产和生活传统。这一文化事项并不仅仅是一个单一的表现形式，而是由紧密相连的文化要素组成的整体。从事狩猎和驯鹿饲养的敖鲁古雅鄂温克族猎民、象征吉祥的驯鹿、敖鲁古雅方言，以及由此产生的民俗礼仪、神话传说、歌舞、传统的驯养技艺、桦树皮驯鹿民族工艺等，都是敖鲁古雅鄂温克族猎民长期从事驯鹿生产的文化成果。它们都内含着敖鲁古雅鄂温克族的文化基因，构成了驯鹿习俗赖以生存的文化生态的重要内容。

文化生态保护理念产生于文化遗产保护实践。正是由于非物质文化遗产生存的系统性，决定了对其科学保护应从把握和保护其文化生态入手，遵循整体性保护原则。这要求在对非物质文化遗产具体事项进行保护时，除了其本体，还要对它生存的环境，即生活基础、生存空间、文化环境进行一同保护。内蒙古是一个多民族、多种生态环境和多元文化并存的地区，非物质文化遗产与这些自然生态环境、社会环境共同组成了彼此制约的文化生态系统。这种生态特性决定对内蒙古非物质文化遗产保护的着力点也应放在保护文化生态上，这既包括非物质文化遗产自身及整个文化遗产群，还包括其生存发展的系统环境。

（二）活态传承的生命原则

非物质文化遗产作为人类特殊的精神创造，是一种生命的存在，有自己的基因、要素、结构、能量和生命链。[①] 第一，文化传统和民族特性等基因要素是其生命之根，也是文化保护的基本依据。非物质文化遗产是一种有生命的文化体系，依存于特定的人群和生态环境中，蕴藏着各民族特

---

① 贺学军：《非物质文化遗产"保护"的本质与原则》，《民间文化论坛》2015年第6期。

有的文化传统。每一个民族在传承民族文化时，对本民族的文化传统都有强烈的认同感，这种文化传统是民族非物质文化遗产的生命，也是其传承的动力。第二，每一个族群的文化习俗不同，其生活方式也千差万别。尤其由于受到地域、气候等物质因素的影响，每一种民族文化只有在它的特殊地理环境中，才能放射出光耀的生命力，才能成为一种活的文化。这种生态特性使非物质文化遗产对其本土特殊环境有着较高的依存度，也决定了其本身历史价值和民族特性等基因要素，只有在这种特定环境中才能充分体现与激活。文化生态保护活态传承的生命原则正是这种内在规定性的直接体现与要求。

非物质文化遗产凝结着一定地域人民的文化本源、共同心理、生活方式等，是本土文化的独特表征和民族认同的精神依据。生命原则主张尽量在不改变传统的生产方式、文化原生的自然环境和社会环境的前提下开展文化生态保护，以保证文化遗产的精神内核能够得到母乳的滋养而活态传承。这一原则倡导本土性保护，即保护文化遗产的生命源头。它强调在开发利用的同时，注重维护文化的真实性与民族性、珍稀性与独有性；在社会变革和社会发展时期，尽可能地改善其依存的生态环境，以使其得到有效传承。否则，会不可避免地导致文化遗产人文价值的消减与文化基因的断续，生态性保护就会走入歧途。如漫瀚调和二人台都产生、流行于内蒙古中西部地区，有其特定的语言、曲调、情节与表演形式。离开这片地域、受众，脱离文化遗产固有的本土环境，它们承载的移民生活内涵和蒙汉交融的文化历史很难再现，其艺术特色也将失去原有的民间魅力。

非物质文化遗产的核心价值要素即民族文化传统，是其长久生命力的灵魂，它的存续有其特定的文化渊源和文化空间，与其所在的地域环境有着内在的生命联系。脱离原有的文化基础、人为地改造，就等于从根上肢解了它的有机生命，其真实性、生命力必然受到损害。正如蒙古族长调歌王哈扎布所言："从前歌手的歌声中可以听见青草的芳香，现在，只能听到宴席上的酒肉味道了。"[1] 不容置疑，缺少精神内质，文化的核心价值要素难以存续，非物质文化遗产就不再是"活"的生命存在。文化生态保护的深刻意义，在于通过对文化遗产及其生态环境的整体维护，达到延续文化核心要素的目的，其本身就体现了生命原则的内涵。内蒙古非

---

[1]　晓东、徐安：《哈扎布——草原上的长调歌王》，《中华遗产》2005 年第 5 期。

物质文化遗产生态保护也应遵循活态传承的生命原则，使非物质文化遗产存活于所属区域和环境中，以传承各民族的基因谱系。唯有这样，才能真实地体现内蒙古各民族的信仰习俗和价值观念，保证优秀的文化传统在现实生活中活态延续。

（三）以人为本的主体性原则

非物质文化遗产从本质上是人的生产、生活以及情感的精神表达，并以人为核心载体和媒介存在、传承的，与物质文化遗产有着明显的差异。在这个过程中，人始终居于核心地位，人的存在是其活态存续的最根本条件，这是由文化遗产的特殊性决定的。无论任何时代，文化传承、发展都需要广大传承群体的普遍支持和参与。同样，在当今非物质文化遗产生态保护的实践中，人民群众既是文化创造的主体，又是推动文化发展的主力军，应是文化生态保护的基础。刘登翰也指出："文化物种、文化生态环境和居于中心地位的人，是构成文化生态系统的三大要素。"[1] 这进一步明确了人是文化生态环境中最为关键的因素，强调了文化创造者在文化生态保护中不可动摇的地位。

以人为本的原则关注人的主体作用，认同人是一切社会活动的出发点和归宿点，符合人民大众是历史的主体和创造者的客观规律。如前所述，不同民族创造了不同的非物质文化遗产，是文化的创立者、拥有者，也是文化生态保护的最终受益者；人是文化遗产的继承者，更应是保护对象。这一原则阐明文化生态保护首要的因素是人，传承人群体是非物质文化遗产价值的活态存在，传承人的断代危机就意味着文化遗产的生存危机。形成于明末清初的乌力格尔，一直是表现蒙古族文化生活的主要方式与手段。进入 20 世纪 80 年代以后，由于许多知名的曲艺艺人相继去世、新的传承人接续严重不足，乌力格尔的发展空间受到限制。再加上，在现代化生活的冲击下，娱乐方式也趋向时尚化、多样化。特别是城市年轻人的兴趣点已偏离传统民族文化，乌力格尔艺术的生存和发展面临危机，活动阵地缺少、队伍青黄不接，演出也日渐萎缩。乌力格尔传承危机凸现了作为文化的创造者、后继传承人以及生存空间的主体人群在文化发展中的支柱作用。

从以人为本的原则出发，非物质文化遗产生态保护必须保护传承人的利

---

① 刘登翰、陈耕：《论文化生态保护—以厦门市闽南文化生态保护实验区为中心》，福建人民出版社 2014 年版，第 44 页。

益与权利，注重发展、培植本土"文化主体"，使之真正具有文化话语权且促进其全面发展。只有充分认识和尊重文化传承群体及个人的权利与主体地位，并尊重遗产所在区域传承人群体的现实需求，文化生态保护才会因公平达到有效保护的目的。其次，文化生态保护要明确民族文化所依托的社区民众才是文化生态保护不可或缺的能动主体，要充分发挥他们的聪明智慧和守护民族文化的责任感。当然，文化生态保护不仅应当依托当地群众，保护成果也必须最终服务于各民族人民，只有尊重文化的民族权利及发展诉求，才能保持文化鲜活的生命力。坚持以人为本的原则，在文化生态的保护实践中，不但能够使文化遗产得到生存与发展，而且还将极大地提高全体人民的文化素养和文化智慧，有利于文化生态环境的优化与文化遗产的创新。

（四）可持续发展的创新原则

文化生态是指民族文化与其所处的生态背景之间结成的相互依存、相互制约的耦合实体。在这个耦合体中，民族文化影响、建设着所生存的生态环境，使之拥有民族文化的特有属性，同时民族文化也通过对生态环境的适应机制，不断得到完善、发展。这意味着构成文化生态的相关链条一直处于变化之中，这种变化与其所依托的整个社会环境密切相关。如此，从文化生态视角看，社会环境变迁是不可避免的，非物质文化遗产必然面临着被选择。只有符合不同时代群体需要，有益于社会进步发展的文化遗产才能适应不断变迁的社会环境而生存、发展。文化生态保护不是维持原来的生态环境，而是保护文化生成最主要的条件。它的着力点是维护传统文化、民族文化与现代文化、当下环境的生态平衡，以保护非物质文化遗产不断生发的能力。这是文化可持续发展的生存法则。

"可持续发展就是一种体现人类社会代际公平、和谐共享的发展。""非遗保护实践是一种公认的必然的选择性实践，肯定无论是环境还是本体，都要坚持可持续发展的道路。"[1] 可持续发展的创新原则就是主张非物质文化遗产应随着文化生态的变化，主动与时代对接，进行自我更新，而且要求其发展必须以匹配自然和社会环境、维系社会运行、推动社会发展为最终目的。因此，非物质文化遗产的创新也必须以促进社会可持续发展为标准。具体而言，一方面，它肯定面对自然、社会环境的变化，延续文化核心价值传统、在传统基础上创新，才是文化生态保护的本质所在。

---

[1]　宋俊华：《非遗保护的契约精神与可持续发展》，《文化遗产》2018 年第 3 期。

另一方面，它也明确了非物质文化遗产生态保护的对象与经济、社会可持续发展具有本质上的一致性，能够使经济社会的发展建立在尊重文化特性、对文化差异持宽容态度的基础上，最终促进世界持久和平与公正。[①]《保护非物质文化遗产公约》也强调列入保护范围的是"顺应可持续发展的非物质文化遗产"，即指具有发展能力的文化遗产。这表明内蒙古非物质文化遗产创新面临的任务就是通过优化文化生态环境，使其在经历了历史沉淀和现代社会的选择，仍能保留并继续发扬光大、获得新生命，并为社会发展进步发挥其现代价值作用。

毫无疑问，文化生态保护着眼于文化的未来与自身创新力的提升，担负着规范文化发展的任务。文化生态保护的任务就是在尊重文化生存规律的基础上，构建以良性循环为前提的合理的文化生态，有效地推进文化的创新，永葆文化生命力的延续。它还要求文化生态理想必须是符合人类社会发展、进步的理想，既始终保持着基因谱系的连续性，又是传统价值观与现代理念交合转化的新生态。否则，文化生态系统内部将会产生错位与冲突，破坏自身的协调运行。由此而论，非物质文化遗产作为一种有生命的文化形态，其持续发展的过程应是人类不断调整和更新自身的文化生态系统，创造崭新的文化以适应人类生存的过程。可持续发展的原则秉持公正、和谐、发展的理念，显示着人类文化自身内在跃动的本性，体现了文化生态保护的本质意义。

原则在很大程度上涵盖着目的与意义，非物质文化遗产生态保护原则也涵盖了我们对内蒙古非物质文化遗产生态保护目的与意义的认识。以上诸项原则对于正确认识文化生态保护与科学开展文化生态保护工作具有指导作用，坚持这些原则能够保证保护工作不偏离其目的与宗旨。内蒙古非物质文化遗产生态保护就是在文化生态理论视野下遵循上述保护原则，通过保护各民族文化特性，保证非物质文化遗产生命的多元性、完整性、活态性与可持续性，促进其在当代社会的有效传承与创新。

第二节 内蒙古非物质文化遗产生态保护的思路

人类在创造文化的同时，也在不断地反思自己的文化，从而获得更加

① 刘永明：《权利与发展：非物质文化遗产保护的原则》（下），《西南民族大学学报》2006年第2期。

理性的认知。文化生态理论揭示了非物质文化遗产与其生态环境间密切的互动关系，阐明文化的发展实质是一个生态适应的过程。这就为人类提供了一种理性的文化整体观，促使人类认识到维护文化生态系统平衡的重要性。不过，学理层面的探索终究还是要落实到实践领域，伴随着人类思想认识的提高，文化生态保护实践成为当今非物质文化遗产保护的主要选择。它突破了传统的保护模式，是"对文化遗产项目与它所生存的自然与文化的生态环境协调与均衡的整体性保护"①，以营建一个促进非物质文化遗产协调发展的生态系统。这是人类非物质文化遗产保护实践的飞跃，可以为其创造充满活力的环境条件与最佳的社会保障，必将促进非物质文化遗产有效保护。内蒙古非物质文化遗产生态保护自 2009 年起步以来，至今已有 11 年时间，成绩与问题并存。根据问卷调查了解到，自治区广大民众对保护工作建议如下（图 4 - 1）。

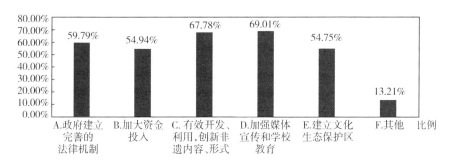

图 4 - 1　您认为内蒙古非物质文化遗产保护应采取哪些措施？

通过了解自治区民众对保护工作的期望，根据内蒙古非物质文化遗产特点及保护的现状，自治区文化生态保护应重点做好以下几个方面的工作：

一　遵循科学保护规律，深化文化生态保护的理论研究

文化生态保护就是在文化生态理论指导下的创新实践活动，与初期封存式的非物质文化遗产保护有一定区别。这就需要对新理论进行研究，改变旧的保护思维，树立整体的文化保护理念。文化生态学理论下，文化生态系统分为宏观、中观、微观 3 个层次的研究纬度，其中宏观研究以人类

———————————

① 刘登翰、陈耕：《论文化生态保护——以厦门市闽南文化生态保护实验区为中心》，福建人民出版社 2014 年版，第 121 页。

文化为视野，中观以区域文化为范围，微观则以具体文化事项为对象。实际上，这3个纬度既有相对性，又有密切的关联性，只是参照物与研究重心有所不同。内蒙古非物质文化遗产生态保护研究主要属中观层面区域文化研究范畴，这也是现代文化生态学研究的立足点。

目前，内蒙古自治区已开始非物质文化遗产生态保护实践，但对文化生态理论的认知与研究还存在不足。这表现在对文化生态理论内涵、文化生态视野下保护和传承机制、文化生态与产业化开发关系、文化生态保护原则与方法、文化生态平衡的内在机理等问题，还缺少充分的研究。从中国知网上论文数据，以及近几年内蒙古自治区已获准立项的国家社会科学基金项目、内蒙古哲学社会科学规划项目中有关非物质文化遗产生态保护的立项情况也可以看出，自治区文化生态保护理论研究仍落后于文化生态保护实践。理论是实践的先导，对保护工作科学、有效地进行起着最直接的引领作用。文化生态理论源自于国外，又是一个新兴领域，对于其理论普适性与特殊性的研究更为必要。这就使得文化生态学理论研究成为内蒙古非物质文化遗产生态保护的前提和出发点。

文化生态学作为一门新兴的交叉学科，虽然与其他相关学科有密切联系，但也有自己的理论体系。它注重研究文化系统与自然、社会系统间的互动关系以及文化生存发展的规律等问题，具有多维的观察视角，是当今文化保护实践重要的理论指导之一。这一理论反映了人类对文化多样性与生态环境的关注，有助于深化人们对文化的生态本质和文化多样性的认识，便于人类掌握文化生态规律进行生态文明建设，实现生态系统的科学维护。文化生态理论研究既有基础性研究，也有应用性研究。基础性研究偏重于对各种文化与环境变迁现象做出历史、生态、哲学层面的解释，是文化生态建设的根基，对于文化生态保护具有方法论意义。例如：文化生态理论下内蒙古非物质文化遗产变迁问题，文化生态系统构成及各要素关系问题，文化生态评价及特征等问题。这些问题的研究有利于强化文化生态保护理念，是厘清文化生态保护思路的必要前提。应用性研究与保护实际工作紧密结合，更具有现实价值。例如：运用文化生态学的理论与方法研究自治区非物质文化遗产的文化生态平衡发展，产业化开发与社会、经济发展协调并进，文化生态保护模式等问题都是研究的重点。在应用性研究方面，乌力更、孟荣涛等对于内蒙古文化生态保护区建设研究做出了开创性贡献。但自治区文化生态理论研究总体上还需要加强，尤其基础理论研究较为薄弱，还没有形成较成熟的研究氛围，在保护工作中理论指导作用并不明显。现阶段，我们应同时兼顾基础性研究与应用性研究，以进一步适应内蒙古非物质文化遗产生态保护事业发展的现实需要。

在理论研究方面，自治区科研机构与高等院校作为知识体系与信息资源汇集之地，都是内蒙古自治区最具有影响力和实力的学术研究机构。它们在专业人才、理论高度、研究方法、信息技术、图书资料、社会影响等各方面有着明显优势，是文化生态理论研究的生力军。在内蒙古非物质文化遗产生态保护过程中，各高校及科研机构应利用自己所长，发挥先锋队作用。第一，通过科研立项、论文论著的形式，吸取借鉴国内外成熟的相关成果和保护理论、保护模式，结合自治区自身具体实际进行有益的学术探讨，为政府开展文化生态保护工作提供决策参考。第二，主动与政府文化保护机构以及环保、经济、司法等部门加强横向联系，开展密切合作，探索非物质文化遗产生态保护的实践模式和有效路径。内蒙古处于我国生态脆弱地带，富有民族特色的游牧经济、草原文化都是自治区特有的文化生态要素。文化生态保护是基于内蒙古非物质文化遗产生态环境现状进行的理论研究与实践活动，具有较强的针对性和现实性，了解文化生态的变化与特殊性是研究工作的基础要求。第三，加强国内和国际的交流，通过学术会议、学术论坛等形式搭建科研平台，提高自治区文化生态理论研究的水平。成立于 2016 年的内蒙古师范大学非物质文化遗产研究院为自治区高校实现优势资源强强联合树立了榜样，走出一条跨地区、协同创新的研究模式。研究院借助国家权威学术机构在非物质文化遗产保护研究领域的资源优势，组织实施一批具有创新性、整体性和标志性的研究课题，通过构建国内外相关专家学者共同参与的研究团队，打造非物质文化遗产保护研究方面的高端智库。研究院聚集的相关专家学者在文化生态保护理论的研究成果，为内蒙古自治区文化生态保护实践提供了科学的理论依据和高水平的决策咨询，带动了自治区学术界对非物质文化遗产生态保护理论研究的深化。

文化生态保护的基础是树立文化整体保护理念。从理论上、思想上探索与重建文化生态保护的学理依据，是开展保护工作的首要一步。针对当前自治区保护工作而言，"改变人们的思想和观念，建立平衡的精神生态系统，以文化的视野、科学的态度来看待和对待非物质文化遗产才是更重要的"①。

① 丁永祥：《怀梆文化生态研究》，中国社会科学出版社 2011 年版，第 8 页。

这其实是一个文化自觉的过程。文化自觉是尊重和维护文化多样性的必由之路①，是汲取不同文化的优异特质、科学理念的契机，又是文化反思、文化发展的过程。学术研究实际上就是文化自觉的过程。因为对文化生态理论的研究，能够使我们认识到文化生态环境对于文化发展的不凡影响，以及文化多样性对人类社会进步的必要作用。这是我们认识文化发展生态规律的过程，也是理性反思自身文化、构建整体文化观的过程，有利于以动态、系统、可持续发展的视野建立非物质文化遗产保护体系。可以肯定地说，从学术层面上深化文化生态保护理论研究，是内蒙古非物质文化遗产生态保护重要的一环，建立在文化整体观、系统观基础上的保护实践是文化生态保护的出发点。内蒙古54所普通高等学校以及各科研机构作为中坚力量，应加强自治区文化生态保护的理论研究，以助力自治区非物质文化遗产生态保护实践。

二　发挥政府主导作用，增强文化生态保护的政策保障力度

文化生态保护中权利与义务的明确是开展工作的必要前提。首先，从文化属性看，非物质文化遗产是人类共享的财富。从文化功能看，非物质文化遗产对于个人、群体、社区、国家及整个人类都发挥着作用，具有身份识别、族群认同、保存历史记忆、维护民族文化主权等功能。文化的社会属性与多层次功能决定了保护主体的系统性，也确定了其相应权利与责任。文化主体在文化生态保护中都有义务，承担着不同的角色。其中，文化的承载者、传承者即"原生性主体"是主位的，关系文化遗产的活态传承，对文化遗产最具有话语权；政府、文化部门等"公共权力主体"②，主要处于决策、组织、统筹管理等宏观性和指导性层面。其次，文化生态保护倡导整体保护，重点是非物质文化遗产。从文化生态的视角看，除了非物质文化遗产本身外，与其相关的诸要素，物质文化遗产、自然环境、传承群体等都属于文化生态保护的范围。因此，文化生态保护不仅涉及文化部门，也包括教育、环保、城建、经济等行政主体的参与，要顺利完成保护工作，需要上述机构多方合作。这一过程中，政府部门具有强制的功能，能够发挥决策和组织能力，在保护工作中处于主导地位。

① 刘化军、郭佩惠：《保护文化多样性是文化自觉的重要主题》，《兰州学刊》2010年第5期。
② 吴兴帜：《文化生态区与非物质文化遗产保护研究》，《广西民族研究》2011年第4期。

　　这样，无论是其主体权力还是其组织功能，都决定了政府在文化生态保护中的重要作用。内蒙古是少数民族自治区域，资源有限、传统文化自身生存能力较弱，随着城市化进程的加快，文化生态保护与民族文化传承已经成为民族区域自治制度建设的实际内容。民族地区文化生态保护是一项具有创新意义的事业，也是落实民族区域自治权力的现实途径，政府作为文化生态保护的主体，应加强其宏观指导作用，为保护工作提供政策保证。如今，内蒙古虽然已开始进行文化生态保护的探索，设立了自治区级文化生态保护区，但总体上还缺乏专门管理，权利与义务不够明确，没有形成有效的监督机制，文化生态保护与建设工作有待于向前推进。

　　（一）强化政府管理职责，制定相关政策与法规

　　政府在文化生态保护中的主导作用，主要体现在保护机构、保护制度和保护立法建设等方面，是各级文化生态保护的有力保证。至 2020 年 12 月末，内蒙古自治区文化生态保护工作还隶属于非物质文化遗产保护工作中，根本性的规章制度基本上没有建立起来。随着自治区文化生态保护实践的开展，政府应在自治区文化和旅游厅非物质文化遗产处设立由政府领导负责的管理机构，进一步明确和细化政府的文化生态保护责任；在内蒙古非物质文化遗产中心设立专门执行机构，确保文化生态保护工作的具体落实。在此基础上，相关部门尽快出台《内蒙古自治区级文化生态保护区建设指导意见》《内蒙古自治区级文化生态保护区管理条例》，加强对文化生态保护建设工作的直接指导，规范自治区级文化生态保护区建设方向。除此，政府还要根据少数民族地区文化生态特点，完善文化生态保护的法律法规，制定符合民族地区实际的《文化生态保护区生态补偿办法》，以保障少数民族文化权和发展权，贯彻落实民族区域自治制度。

　　（二）建立保护工作反馈监督机制，制订考评等配套管理办法

　　文化生态保护实践涉及诸多要素，要想取得预期效果，必须加强保护过程的监控与效果评估。如此，政府对内蒙古自治区级文化生态保护区理应实行动态管理、定期考评，以便通过及时发现问题进行必要的调整、改进，避免重申报、轻保护的敷衍工作现象。现在，自治区保护工作跟踪评估和责任追究制度还不够健全。如对各文化生态保护区内大众参与程度、政策法规的制定和落实情况、传承人的素质与数量、学术研究理论水平等内容还需建立常态的跟踪制度；对设立的文化生态保护区建设的实际效果也要制定明确的指标体系进行定期的评估，以促进文化生态保护工作的有

效推进。2018 年 5 月，内蒙古非物质文化遗产保护中心开展了全区"千校计划"实施情况调查工作。本次调查工作主要针对全区 24 所中小学承担的蒙古族长调、呼麦、马头琴音乐 3 个国家级非物质文化遗产项目进校园活动中传承人参与、展示活动举办、相关材料配备等情况进行绩效目标考核，以此促进"千校计划"的施行取得实效。这是自治区保护工作规范化、制度化的得力举措，对于自治区非物质文化遗产学校教育的落实必然起到实质性推动作用。

（三）拓宽融资渠道，确保生态保护的资金投入

文化生态保护也是一项具体的务实工程，需要投入大量资金，财政支持是其中的物质基础。内蒙古是经济基础薄弱的西部少数民族地区，自治区很重视民族文化遗产的保护，克服困难不断增加非物质文化遗产保护资金。但由于文化生态保护时间较短，还没有专门财政预算建设经费，并且自治区级文化生态保护区多为典型的少数民族聚居区域，地方财政困难问题本身比较突出。这些问题导致自治区文化生态保护区建设速度较为缓慢。文化生态保护既有近期目的，又有长远目标，短时期内难以获得较高的经济利益，可从整体价值讲，社会意义大于经济意义。鉴于保护的紧迫性，内蒙古自治区政府应尽快设立文化生态保护区专项资金，出台《内蒙古自治区级文化生态保护区专项资金使用管理办法》，使资金保障制度化、明晰化，实现专款专用。同时，政府还要进一步发挥协调主导作用，通过帮助吸引民间力量的参与、鼓励企业等社会各界的投入以及促进产学研结合方式等增加建设资金，加快文化生态保护区基础设施的建设与升级。另外，政府还可充分发挥其信息前沿、影响权威的优势，引进国际扶贫项目。现在，我国西南、西北地区都有国际扶贫项目的引入，如世界银行秦巴小区扶贫项目、澳大利亚国际发展署援助重庆市黔江开发区综合项目等来自国际或政府间的扶贫合作。这些扶贫项目都将扶贫与生态保护目标相结合，是应该争取支持的一个方向。

非物质文化遗产生态保护作为一项官方主导的文化实践，在实施过程中，政府部门应重点发挥其组织协调、制度保障的功能，充分依靠群众。特别在价值观层面上，政府应积极引导少数民族群众对本民族文化的认知，并为民族文化纳入当代社会文化体系及在当代社会的传承提供相应的活动空间和组织力量。只有这样，内蒙古非物质文化遗产生态保护才能落到实处，真正发挥主导者在优化民族文化生态实践中的作用与价值。尤其

应正视现状，文化生态保护是一项能动的实践活动，现在正处于起步阶段。由于历史原因，自治区各族民众还没有形成高度的文化自觉，真正实现"原生性主体"自然传承本民族文化还需要一个过程。当今，内蒙古非物质文化遗产生态保护除了文化承载者、使用者的自觉意识和保护行动外，在很大程度上还需借助政府的政策、资金、立法的支持以及专家学者的智力参与，因而政府在其中的主导作用举足轻重。当然，随着保护工作步入正轨，逐渐淡化政府的主导角色，发挥其持续的协调、引导、综合服务作用，大力提高"原生性主体"的参与度和话语权将成为工作重点。

三　扩展传承空间，优化文化生态保护的人文环境

文化生态视野下非物质文化遗产都是特定的文化生态的产物，其延续与发展必须置于一个融洽的文化生态系统中，并与该系统中的自然环境、人文环境、经济环境等诸要素保持健康的共生性。这一理论指明了文化生态保护的主旨是文化生态环境的优化，以保证文化的活态传承。内蒙古非物质文化遗产多是少数民族民间文化，由于地域经济、社会发展的差异性，本身在一定程度上处于弱势地位。特别是随着现代化进程的加快及西方价值观的冲击，少数民族群众主体意识缺失、广大民众文化认知度不高及大众参与保护缺乏主动性，民族文化的生存空间日益萎缩，文化传承出现危机。可见，工业化、城镇化背景下的内蒙古非物质文化遗产的生态保护，还必须应对社会环境变化的新挑战，处理好文化生态保护与人文环境的关系，在现代化语境中重构民族地区的文化社会生态。

文化生态保护的目的之一是维护文化活态的发展、传承，不脱离民众生产生活的现实环境和特殊习俗。非物质文化遗产是传统文化在当代生活中的活态呈现，与特定民族的生活密切相连。这种生活性决定了社会民众对于它的发展和传承起着主要的推动作用，是文化生态保护的能动主体。换言之，非物质文化遗产的传承者、使用者、消费者就是其生存空间，生存空间越大，文化遗产种群越多，其传承的基础越厚实、动力更充足。这就需要构建全体民众共同参与的保护体系。据实际调研显示（图4-2）。

在文化生态保护中，保护主体对保护价值意义、内涵的认知必不可少，这是文化生态保护意识形成的基础。从问卷调查中我们可以了解到，目前自治区民众对于内蒙古非物质文化遗产生态保护的意义、内涵知晓现状：31.94%的民众不了解，59.89%的民众知道一些，只有8.17%的民

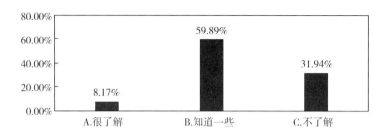

图 4 - 2　您对内蒙古非物质文化遗产生态保护了解吗?

众很了解。这些数据说明内蒙古自治区民众对于生态保护关注度还不高,对文化生态保护内涵还缺乏相应了解。这就需加强有关文化生态保护宣传与教育活动,以提升全社会文化生态保护意识与对生态保护内涵的认知度。

(一) 扩大宣传力度,增强文化主体的保护意识

文化生态保护的关键取决于保护主体的能动性,即主体意识,这是必须正视的文化生态保护真相。其一,非物质文化遗产的精髓与该项目代表性传承人连接在一起,传承人是非物质文化遗产的根。其二,它的使用者、消费者同样重要。民众的生产生活是它创生的土壤,广大民众的需要又是其生长的活力之源。这种关联性决定了发挥传承人以及广大受众等文化传承主力军的作用是生态保护的重要任务。在这个过程中,大力开展文化遗产日、文化节、主题展览等各种形式的宣传活动,充分发挥内蒙古自治区各级乌兰牧骑等社会公益团体的应有职能,广泛传播非物质文化遗产生态保护要义和文化生态保护中主体的中心作用,有利于唤起民众的文化生态主体保护意识。问卷调查也显示,自治区民众参与比例较多的宣传活动分别为:各类文化节,42.59%;传习馆、民俗博物馆,41.25%;非遗展示活动,24.9%。但自治区已开展的各种宣传活动,多以介绍非物质文化遗产事项、展示已取得的保护成就为主。从文化生态角度解读非物质文化遗产的生态系统及其对文化本身可持续发展的影响,阐释非物质文化遗产的生态法则和文化生态环境协调发展的保障等内容还需要进一步充实。这些内容能够帮助广大民众认识自身与文化生态环境之间的关系,促使他们参与良好文化生态的构建,成为内蒙古非物质文化遗产生态保护的支持者。

（二）普及学校和社会教育，促进保护主体的文化自觉

文化生态保护是一项全民工作，依赖于人们保护意识的建立和提高，没有强烈的保护意识就不会有自觉的保护行为。文化认知作为文化认同的基础，是产生文化保护意识的前提，也是创建良好人文环境的途径之一。这就使得文化生态教育成为文化生态保护的迫切需要。在现代条件下，广大民众的文化认知主要依靠以学校教育为主的多种教育形式。随着非物质文化遗产保护日益成为社会主要思潮之一，广大民众也萌生了较强烈的重新认识传统的愿望，推行非物质文化遗产教育有了现实需求。如内蒙古民众对于加强非物质文化遗产学校教育的愿望较高，调查问卷显示：56.56%的民众认为很有必要；41.16%的民众认为可以，但利用业余时间；2.28%的民众认为没有必要。针对此，自治区各类学校应发挥自己的优势作用，加强文化生态教育。2014年以来，内蒙古自治区已开展了"千校计划"，各盟市部分学校也举办了各种非物质文化遗产入校园活动，取得一定反响。各类学校应借助这一良好的契机，将文化生态保护的相关内容有机纳入课程教学中，在普及非物质文化遗产知识的同时，使学生进一步认识非物质文化遗产生态环境失衡的危害性与维护的重要性，培育学生文化生态保护意识与责任感。另外，非物质文化遗产传承人和工作人员的专业培训、民俗博物馆、传习所传授等也是文化生态教育的直接形式。这些措施不仅可以使自治区各族民众充分了解自己民族文化的起源、价值和互为依存的诸生态环境因素，也能够帮助他们理清不同民族文化以及与自然、社会、经济环境间的生态关系，增进不同民族文化之间认同和交流，形成活跃的人文生态环境。

民族地区文化生态的优化，首先要确立非物质文化遗产在现代社会中的地位，并在此基础上培育广大民众的文化自觉与主体意识，建立民族传统文化在当代社会的传承机制。文化自觉强调认知自身文化，同时也注重自身文化的反思，是"在文化实践、文化反省、文化创造中所体现出来的一种文化主体意识和心态"①。它有助于人们理性地认识不同民族文化特有的价值功能，建立共存共荣的文化观，共同担负起保护不同民族文化的历史责任。这就决定了文化生态保护成败的关键，就在于能否培养一代又一代具有文化自觉、文化自信、文化自强的人。这既包括培养具有自觉意

---

① 刘化军、郭佩惠：《保护文化多样性是文化自觉的重要主题》，《兰州学刊》2010年第5期。

识的传承人，还有具有责任意识的广大民众。由此，保护工作重要的一环应是大力开展有目的、有计划的文化生态保护宣传教育活动，引导他们投身于优化文化生态建设的实践中。内蒙古非物质文化遗产生态保护的有效进行，重点也是促进各族民众的文化自觉，从而引发他们对内蒙古民族文化生态保护的使命感，并把这种认知内化为自身信念和行动指南，在新形势下、新环境中自觉成为文化生态保护与传承的新生力量。问卷调查数据显示：44.30%的内蒙古自治区民众选择担任非物质文化遗产保护的参与者，39.73%的民众选择宣传者，18.82%的民众选择旁观者。共同行为是民众文化认知的升华和文化责任意识的体现。建立在文化普遍认同和合作基础上的文化生态保护事业，将有利于增进不同文化之间的真正对话，增强各民族间团结与合作，从而为非物质文化遗产创造更广阔的传承空间。这是当前内蒙古非物质文化遗产生态保护的关键所在。

四 保护自然环境，修复文化生态保护的物质基础

文化生态理论下，非物质文化遗产的生态环境不只是一个空间概念，而是既有自然、社会，又有文化元素的有机整体，且各种要素休戚相关、彼此制约，有着深层的复合因果关系。在这个有机体中，非物质文化遗产作为一种生活智慧，是不同民族对自然环境选择与适应的产物，甚至自然条件直接成为其物质载体。可以说，复杂多变的自然生态造就了民族文化的多样性。同时自然环境作为各民族的生存空间，在长期适应和改造过程中，人与自然之间已形成一种和谐的关系，并通过传统文化表现出来。也就是指非物质文化遗产本身具有保护生态环境、维持生态平衡和可持续发展的功能和作用。文化生态的延续得益于自然生态的平衡性与多样性。从文化生态系统的可持续发展角度看，自然环境作为相对稳定的因素，对整个文化种群的变迁作用较小。但对于文化个体，尤其对自然环境依存度较高的非物质文化遗产，自然环境却具有举足轻重的效力，长此以往也必然影响文化的多元并存。自然环境的变化还会引起人们生产、生活方式的改变，造成文化生存空间的压缩，甚至打断其内在的生态链，从而破坏文化生态系统的平衡。这在自然生态环境十分脆弱的少数民族地区表现更为突出。

20世纪末以来，随着市场经济和城市化进程的加快，内蒙古自然生态的脆弱性日渐显现。超载放牧、过度采伐以及对土地资源不科学的开发利用，造成环境污染、草原沙化日益严重、森林采育比例失调。如锡林郭

勒盟草原退化明显；科尔沁、鄂尔多斯、乌兰察布、巴彦淖尔等草地大部分沙化；大兴安岭林区森林覆盖率不断下降，原始兴安落叶松基本消失，珍稀的东北虎、马鹿等国家级一、二类保护动物数量锐减。内蒙古自然生态系统的破坏，不仅造成草地、森林生态功能和效益的减退，也致使与其密切相关的民族传统生产、生活方式发生裂变。再加之，受现代生活观念的吸引，近10年来内蒙古城镇化水平逐年稳步提高，城镇化率一直高于全国平均水平。2014年城镇化率达到59.5%[①]，位于全国31个省（自治区、直辖市）的第11位；2016年内蒙古城镇人口为1542.1万人、乡村人口为978.1万人，城镇化率达61.2%[②]；2019年内蒙古城镇人口1609.4万人，乡村人口930.2万人；常住人口城镇化率达63.4%，比上年提高0.7个百分点。[③]内蒙古自治区是全国人口较少的地区，人口密度是每平方千米21人，远低于全国平均人口密度每平方千米142人。牧区城市化改变的不只是周围的生活环境，也使自治区少数民族人口分布大分散、小集中的特点越来越明显，民族文化核心区域范围缩小。[④]这势必会影响他们的生活内容以及文化结构，导致少数民族所创造的非物质文化遗产脱离原有的社会基础、失去依赖的物质载体而陷入传承困境。文化多样性也受到不同程度的威胁。当然，人类也承受着自然环境恶化带来的负面影响。面对草原自然生态恶化造成的社会危机，提高民众生态意识、保护自然生态多样性、加强生态文明建设，便成为自治区文化生态保护的一项紧要任务。

（一）培育科学的生态意识，构建人与自然的共生关系

自然环境是文化的母体，更是人类的母体，人与自然相互依赖、双向建构，是人类社会最基本的关系，也是文化生态系统中重要的功能耦合关

①　内蒙古自治区统计局：《内蒙古自治区2014年国民经济和社会发展统计公报》2015年6月16日，内蒙古自治区政府网，http://www.nmg.gov.cn/fabu/tjxx/tjbg/201506/t20150616_457855.html，2020年10月11日。

②　内蒙古自治区统计局：《内蒙古自治区2016年国民经济和社会发展统计公报》2017年3月22日，内蒙古自治区政府网，http://www.nmg.gov.cn/fabu/tjxx/tjbg/201703/t20170322_604110.html，2020年10月11日。

③　内蒙古自治区统计局：《内蒙古自治区2019年国民经济和社会发展统计公报》2020年3月23日，内蒙古自治区政府网，http://www.nmg.gov.cn/art/2020/3/23/art_1569_309622.html，2020年10月21日。

④　乌力更：《内蒙古民族文化生态保护区建设面临的问题及对策》，《理论研究》2012年第3期。

系。任何文化生态都是建立在自然环境的基础上，良好的文化生态必然尊重自然生态的规律，其正常运行必然是各层次的和谐发展。在文化生态构成的各种关系中，人作为文化的创造者，是文化生态中具有能动性的主体要素，人与文化耦合是文化生态正常运行的基础条件。另一方面，"任何一种文化都需要所处自然生态系统的支撑，同时又要方便于相关民族利用生长于其间的生命物质和生物能"①。文化与自然环境之间也存在着相互影响的对应关系，人、文化、自然之间应是平等、共生的关系。如此，从文化生态视角审视人与自然关系，"保护好大自然的必要性是不言自明的，因为这是人类生态系统存在的首要条件，没有人类生态系统的存在，文化本身将终止"②。我们应以自然和谐观、科学环境观、科学发展观、科学生态价值观等去指导文化保护实践，规范自己的行为，构建人、文化与自然共生共荣的和谐关系。

每一种文化生态都是针对不同的自然环境而构建，都有自己不同的归属地和归属民族，超越了自然生态系统的法则就面临着失效的风险。生态危机并非是现代社会的产物，它是人类社会的历史现象，伴随着人类自发的生产和生活活动而产生。在社会的发展中，必须正视的事实是，人类作为社会、经济、自然复合系统的组织者和调控者，其实践活动不仅有积极的正面效应，还有消极的负面效应。当前，人类所面临的环境污染和生态危机、资源枯竭等问题，正是负面效应在一定时空尺度上的集中体现。化解生态危机的关键在于重视自然环境的生态规律与生态价值。这需要改变人类对自然环境的功利主义价值观，重新定位人与自然的关系，真正树立起科学的生态意识。

"生态意识"是依据对生态科学知识的提炼和升华而形成的、特定的原则作为参照，去进行观察与思考的主体性意识③，它有益于我们以自然平等观、科学生态价值观关照人与自然的关系。文化生态保护就是为了保持文化的可持续发展，强调人与自然和谐共处，主张人类社会行为方式和制度应注重生态性、系统性原则。在文化生态保护中，文化生态意识应成为促进文化可持续发展的核心。这就要求不断开展生态文明道德观、价值

---

① 罗康隆：《生态人类学的"文化"视野》，《中央民族大学学报》2008 年第 4 期。
② 《第欧根尼》中文精选版编辑委员会编：《文化认同性的变形》，商务印书馆 2008 年版，第 83 页。
③ 王维：《人·自然·可持续发展》，首都师范大学出版社 1999 年版，第 286 页。

观的宣传教育，以培育现代人的生态思维模式和生态文明的理念，从而改变重生产轻环境、重开采轻保护的传统发展观，践行绿色低碳的生活方式。内蒙古非物质文化遗产包含着各民族自身对自然关系的合理认知与亲情理解，体现着朴素的生态伦理思想，对于形成人与自然和谐共荣的生产生活方式有着正面的启示作用。这是自治区进行文化生态教育的有效资源，应充分挖掘其生态价值，将其纳入学校教育的轨道，实现其培育民众生态意识的教育价值。

（二）保护民族特有的生产方式，发挥其对自然生态系统的调节作用

文化与环境存在着一种动态平衡和相互适应的关系。任何一个民族文化的形成，都与其经济环境息息相关，而经济形态又是其生存环境决定的，因此，由之产生的生产方式与当地自然环境具有紧密的适应性，包含着一定的合理性。如对草原自然环境的适应，产生了蒙古族畜牧业经济形式；鄂温克族、鄂伦春族长期对大兴安岭特殊自然环境的适应，形成了以狩猎为主的生产方式。这些生产方式与草原、山林等自然环境要素进行着友好互动，保持着一种默契的平衡，并且由各民族将其整合、内置于富有鲜明民族特色的精神文化遗产中，天然地维护着当地生态平衡。基于这种特殊的功能属性，从深层次理解，民族传统生产方式实质上就是一种生态文化，是少数民族适应自然环境、与自然和谐相处的结晶。的确，在畜牧业、狩猎业生产方式下，蒙古族和鄂伦春族等民族不用刻意强调生态保护意识，其本身的生产活动、技术和经验就是有利于生态平衡的经济行为和文化行为。这样，从文化生态角度讲，保护民族生产方式在一定程度上就是保护民族地区的自然生态环境。

保护自然生态必须正视生态系统的自然本质，不能超越其承载阈限，要护卫它的自然生存平衡。尤其在民族地区现代化建设中，违背自然生态规律、破坏生态环境，势必影响民族传统的生产和生活方式。这种行为最终将造成民族文化生态的失衡，根本上不利于各少数民族经济文化的发展和繁荣。生态人类学的田野调查资料也充分证明：当地世居民族构建的文化生态大多是稳态和可持续利用的，是与特定自然生态环境相适应的。游牧生产、生活方式与草原生态系统相适应，狩猎经济类型与森林生态系统最协调。在草原、森林自然环境中，农业、工业生产都会破坏其原有的结构，使其丧失自我调节功能，甚至造成生态灾难。这提示我们，无论何种经济形式都不能超越自然生态法则，只有符合生态规律的生产方式才是人

类和谐社会的组成部分。所以，保护少数民族地区的自然生态环境，必须立足于民族文化生态。只有深入研究当地民族的生态观、价值观等文化背景，探讨该民族传统生态与自然资源保护的内在联系，我们才能找到有效地解决或缓解这些矛盾与冲突的途径。

保护民族传统的生产方式并不是简单地回归游牧、游猎生活。游牧民族与现代化接轨既是自身发展诉求，也是必然前景，重点是无论何种选择都必须尊重草原生态环境的生命力。以草地为主的自然生态环境创生了内蒙古以畜牧业为主的生产方式，培育了自然环境与其地域民族文化的祥和，保持和充盈了传统文化的张力。在追求可持续发展的今天，我们应继续发挥其调节自然生态的功能，使蕴含其中的生态思想重新焕发出生命活力，为非物质文化遗产提供适宜的生活根基，创建人、自然、文化和谐共荣的文化生态。

（三）加强生态文明保护和制度建设，维护自然生态系统平衡

人类社会无论过去、现在，还是将来，都不可能彻底脱离自然生态系统而超然存在。自然环境对人类生存的重要性决定了自然生态保护的意义，也使人类认识到人类社会与所处自然生态系统和谐共生必然是主流趋势。从文化生态角度审视，人类文化与自然环境都是文化生态系统的子系统因素，运行过程中的错位都可以在相互调适中得到修复，即人类社会完全能够通过文化适应建立起新的和睦关系，实现与生态系统的协调共存。面对当前生态危机的挑战，我们应从反思中采取正确的措施，改正偏离的因果关系、修复受损的生态系统，在尊重文化生态自然属性的基础上进行生态文明建设。内蒙古草原生态环境是自治区非物质文化遗产的生命之根，又是我国北部生态安全屏障。《2017 年内蒙古自治区政府工作报告》明确指出 2018 年 12 项工作重点之一：深入实施三北防护林、天然林保护、退牧还草和区域绿化等重点生态工程，完成营造林 1400 万亩、种草3000 万亩。落实新一轮草原生态补奖政策，完善禁牧和草畜平衡制度，加强自然保护区、生态功能区和野生动植物资源保护。[①] 至 2020 年，内蒙古自治区政府每年都将生态保护建设作为重点工作，并实施具体生态修复工程。锡林郭勒盟东乌珠穆沁旗政府也积极响应，提出着手推动乌珠穆沁野

---

① 内蒙古自治区人民政府：《2017 年内蒙古自治区政府工作报告》2017 年 1 月 24 日，内蒙古自治区政府网，http://www.nmg.gov.cn/art/2017/1/24/art_ 4213_ 240986. html，2020 年 5 月 27 日。

生动植物栖息地或保护区建设，组织实施好京津风沙源治理、重点区域造林绿化和沙地、湿地、水系等重点生态修复工程，持续推进乌珠穆沁沙地、乌拉盖湿地、乃林郭勒流域综合治理和宝格达山水源涵养林建设工程，进一步巩固扩大生态建设成果。到 2022 年，草原植被盖度达到 60% 以上、森林覆盖率稳定在 3.5% 以上。① 这些措施的贯彻实施不仅有益于草原生态环境的改善和草原生态系统多种效能的充分发挥，也将利国利民、恩泽后代。

为了保证生态环境和资源的合理开发与利用，还必须制定、遵守相应的法律和政策。一方面，各级政府要完善严格的环境保护制度，把资源消耗、环境危害、生态效益纳入绿色评价指标体系，建立环境保护责任追究制度。另一方面，各盟市要严格执行已经 4 次修订的《内蒙古自治区环境保护条例》，使环境保护工作同经济建设和社会发展相一致。《2017 年内蒙古自治区政府工作报告》指出，"全面落实主体功能区规划，坚守生态保护红线。建立项目环评与规划环评联动机制；开展环境污染第三方治理，发展生态环保产业；以零容忍态度，严厉打击环境违法行为；深入实施环境保护督察制度，实现自治区对盟市督察全覆盖"。《2018 年内蒙古自治区政府工作报告》强调："牢固树立'绿水青山就是金山银山'的理念，加大呼伦贝尔等重点生态地区退耕还林还草力度；完成生态红线划定工作；建立河湖名录，全面实行河长制、湖长制。"② 《2020 年内蒙古自治区政府工作报告》坚定不移地"把保护草原、森林作为首要任务"，进一步加强绿色内蒙古建设。"开展大兴安岭及周边地区退耕还林还草还湿试点，推进退化草原生态修复国家试点；完善生态环境保护制度体系，划定并严守'三区三线'，编制实施国土空间规划。建立生态系统生产总值评估体系和碳汇储备评估机制。"③ 这为内蒙古自治区生态文明建设明

① 东乌珠穆沁旗人民政府：《2018 年锡盟东乌珠穆沁旗政府工作报告》2018 年 3 月 21 日，内蒙古自治区政府网，http：//www.nmg.gov.cn/zwgk/zfggbg/ms/XilingolLeague/201808/t20180802_230916.html，2021 年 1 月 25 日。

② 内蒙古自治区人民政府：《2018 年内蒙古自治区政府工作报告》2018 年 1 月 24 日，内蒙古自治区政府网，http：//www.nmg.gov.cn/art/2018/1/24/art_ 4213_ 210151.html，2020 年 5 月 27 日。

③ 内蒙古自治区人民政府：《2020 年内蒙古自治区政府工作报告》2020 年 1 月 20 日，内蒙古自治区政府网，http：//www.nmg.gov.cn/art/2018/1/24/art_ 4213_ 210151.html，2020 年 5 月 27 日。

确了方向，也必将制约人对自然环境利用的自由度，有助于改善当代非物质文化遗产生存的自然基础环境。

20世纪以来，人类面临的生态危机实质上是人与自然关系恶化的结果，人们已经意识到保护环境对人类自身的利害关系。进入21世纪，全球化发展越来越快，环境问题更加突出，可持续发展成为人类共同的目标。2017年，党的十九大报告更加明确地指出：坚持人与自然和谐共生，建设生态文明是中华民族永续发展的千年大计。这也是当今自治区文化生态保护的主要内容。内蒙古自治区是我国典型的生态脆弱地区，草原生态环境作为内蒙古各民族生长的摇篮与文化孕育的土壤，其作用更显重要。它不仅为草原民族提供衣食之源，还为民族文化遗产提供了生长的空间和养料，也成就其特有的文化式样与艺术神韵。也正是因为文化与自然环境之间的互生关系，自然生态环境的破坏必然会改变文化遗产的生存环境，直接或间接地影响文化多样共生的存在，造成文化生态系统的失衡。如世代居住在大兴安岭的敖鲁古雅鄂温克族，生存补给源自于这片茫茫林海。他们住的是用桦树杆和树皮搭成的"仙人柱"①，过着狩猎和饲养驯鹿的生活，创造出狩猎民族独有的传统文化。如今在现代化建设中，森林自然生态发生了变化，敖鲁古雅鄂温克族的生产生活也因此改变，驯鹿习俗、桦树皮制作技艺、仙人柱（也称撮罗子）等非物质文化遗产也面临着生存困境。从这些事实看，自然生态问题本质上是一种文化危机，保护自然环境也就是保护民族文化活态生存的物质基础，维护人与自然和谐的文化生态。这是内蒙古非物质文化遗产生态保护的基础。

五 促进文化与经济的可持续发展，改善文化生态保护的社会条件

文化生态理论有着严密的理论逻辑和实证基础，它从关注文化问题延展到关注社会、经济问题，是理论视野的突破。文化生态学理论下，在文化产生的过程中，自然环境起着基础性作用，人文、经济环境起着主导性作用，文化相互影响、彼此之间具有制约作用。这一理论采用系统的观点审视人类文化的前行，阐明了文化与自然、经济、人文环境的复合结构及动态关系，揭示了文化生态系统的运行规律。由此可知，文化变迁是文化

---

① 《鄂温克族简史》编写组、《鄂温克族简史》修订本编写组：《鄂温克族简史》，民族出版社2009年版，第8页。

生态系统演化的直接原因与动力，影响文化变迁的根本原因是由于经济基础的变化引起生产力水平发展的结果。

确实，在文化生态环境中，最易变的是经济和人文环境，文化发展的持续性也最容易受此影响。内蒙古非物质文化遗产与各民族特定的经济形态和生产方式紧密相连，许多民族文化就是自然经济的产物。随着社会的发展，各民族经济和生产方式也会发生变化，市场经济会取代自然经济，现代生活方式会取代传统生活方式，民族传统文化转型是必然的。但民族文化的转型并不意味着民族文化的解体，而是在开放、发展中创新再生，获得延续的价值和力量，以适应文化生态环境的现代化。换言之，文化变迁既是文化生态系统演替的核心内容，又随着文化生态系统的演替而发生。[1] 当前内蒙古非物质文化遗产生态保护不是远离现代经济，而是促进文化遗产与现代经济生活良性互动，重构其合理性。因此，其重心应是科学开发非物质文化遗产经济功能，进一步探索产业化保护方式，发展生态化经济模式，以促进文化遗产保护与经济发展协调并进。

（一）科学开发民族文化遗产经济价值，提高其服务现实的功能

内蒙古非物质文化遗产深深植根于草原生态环境，是各民族共同创造的独具异彩的民族民间文化，无论是外在标识特征，还是内在的精神特质，都具有草原民族的文化品质和艺术风格。蒙古族火不思、鄂伦春族剪纸、鄂温克族巴彦呼硕敖包祭祀、达斡尔族昆米勒采食习俗、满族服饰等，都以各民族独特的想象力，展现了壮美的草原文化的品格魅力。由于社会变迁，它们虽然与当代生活产生了一定的距离感，但其中许多文化遗产因其稀有性以及永恒的传承性，仍具有可发展的经济价值。文化生态视野下，内蒙古非物质文化遗产始终存活于各民族的生命环链中，是不同民族文化的原生态历史遗存，也是不断发展、创新的活态文化。也就是说这些文化遗产在传承过程中，最根本的生存之路是服务于社会需要，即主要依靠自身产生经济效益，以保障自己适应社会发展趋势和时代变迁。基于此，在现代环境下适应市场经济原则、运用市场经济手段，结合文化遗产的经济价值属性进行合理开发，与更好地保护和发展非物质文化遗产的要求相符合。

《王昭君传说》是自治区级民间文学类非物质文化遗产，极富地域特色和民族文化内涵，在内蒙古民族文化产业建设中显示了特有的经济价

---

① 江金波：《论文化生态学的理论发展与新构架》，《人文地理》2005 年第 4 期。

值。王昭君传说发端于王昭君的故乡湖北兴山县，盛传于内蒙古，是广为人们熟知的民间文学形式，距今已有 2000 多年的历史。它以突出昭君维护民族团结的历史功绩为主线，具有深刻内涵。其一，昭君出塞传递了民族亲善，弘扬民族团结的正能量，符合时代发展的主旋律。其二，它蕴含着中原与边疆文化交流与对话的要旨，具有跨越时空和民族的广泛性。其三，勤劳智慧的昭君形象具有永久的传承性，在民众中有很高的认可度。正是由于昭君传说深刻的内涵以及与时代主题的一致性，不断与昭君的史实以及相关的遗址、文学、书画、舞蹈，现代的影视、民俗、商标等表现形式相互衍化，成为自治区民族文化大区建设中的特色资源。1999 年，呼和浩特市开始创办以"弘扬昭君文化增进民族团结促进经济发展"为主题的中国·呼和浩特昭君文化节，至 2020 年已成功举行 21 届。该文化节就是汲取了昭君传说之和、美为精神内核，在全民共享文化盛宴的同时，通过展示独具民族和地域特色的文化，促进了呼和浩特市与国内外的经济文化交流，为昭君文化注入新的时代内涵。2008 年，昭君文化节入围首届"十佳节庆中华奖"；2011 年，荣获中国"十大品牌节庆"称号。伴随着昭君文化节的深入开展，昭君文化成为内蒙古经济建设中标志性文化品牌，以昭君命名的企业及品牌不断出现，如呼和浩特市昭君大酒店、昭君酒等。《王昭君传说》从中也获得更多民众的传颂，更加深入人心，在良性的文化生态环境中不断增强自身的生命力。

无疑，内蒙古非物质文化遗产具有潜在的经济价值。这也证明：通过市场化、规模化的运营，将有条件的非物质文化遗产资源转化成为文化生产力，可以释放其本身所蕴含的经济能量，能够在满足人们精神消费的同时，以经济效益来增强其自我延续、自我生存的能力。这是市场经济条件下繁荣发展民族传统文化的途径之一，也是内蒙古非物质文化遗产在当代市场化经济环境下自身生存、发展的诉求。这种途径有利于发挥其经济价值、带动地区旅游商贸活动，从而改善经济环境，以维护文化生态系统的平衡稳进。

（二）调整自治区经济发展模式，积极支持生态经济

社会经济系统的发展是以自然生态系统所能提供的资源为基础的，同时也以其承载力为限度条件。少数民族地区有着资源差异性明显的文化优势，也并存着生态环境脆弱的客观现实。这些地区的经济发展必须关注人类、自然环境、文化遗产的共生互利关系，维护文化生态的可持续发展。内蒙古以往的经济发展模式主要依托自然资源开发和重工业高速增长，不

仅造成生态环境和自然资源的较大破坏，也影响了以草原生态环境为根基的非物质文化遗产的生存、发展。随着传统资源型经济模式带来的经济结构失调与自然生态危机的双重挑战，探索科学的经济发展模式、维护经济发展与文化传承的和谐共进，成为新常态下内蒙古经济改革的迫切任务和自治区文化生态保护的突出问题。经济发展方式的转变有赖于经济结构的调整，即由主要依靠增加物质资源消耗向主要依靠科技进步、劳动者素质提高、管理创新转变，增加知识、文化、科技含量较高的第三产业比重，以此带动自治区经济向高水平发展。

社会发展是历史的必然，民族地区走向现代化也是其发展的未来方向。文化生态学视野下，少数民族地区的现代化不一定通过大规模的工业化、城市化道路来实现，可以走生态经济发展模式。"生态经济就是在生态环境的可承受范围内进行经济开发，形成一个自然、经济、社会良性循环的生态系统"①。它兼顾经济发展与生态保护，具有资源利用的高效性和发展的可持续性的显著特点。很显然，发展生态经济有助于从根本上解决经济社会发展与保护生态平衡之间的矛盾，实现经济和社会的可持续发展。依靠自治区优质的非物质文化遗产资源和生态资源，大力发展文化产业、旅游业等第三产业就是其中有效的途径。

文化产业是一种以满足人们精神文化需求为目标的新兴产业，注重文化的社会属性与经济属性的高度结合。内蒙古非物质文化遗产产业是自治区文化产业的重要组成部分，它以非物质文化遗产资源为核心要素，是按照市场原则从事文化产品和服务的创意、生产和销售的经济活动。较之于资源型经济模式，这种经济方式契合社会可持续发展需要，有助于经济、社会、自然环境协调发展，应是自治区经济转型、模式调整的发展方向。因此，要想持续推动自治区经济增长，应该走"生态化经济模式"，通过对非物质文化遗产资源进行科学规划与适度开发，使文化产业切实成为自治区经济新的增长点，促进内蒙古传统经济发展模式的转型，改善经济和社会生态环境。

文化生态并不是一个族群、一个地域性民族的原始文化状态，而是它的生活方式和价值取向。每一个民族的文化都有相应的文化生态，保护和

---

① 万信琼、王海：《生态化背景下少数民族地区文化产业的发展路径突围》，《贵州民族研究》2017 年第 8 期。

传承民族文化必须与文化生态紧密结合起来。可持续发展的文化生态系统是人类理性反思、创造新文化以适应人类生存境遇的过程，体现了人类富于自我意识的自觉以及不断超越自身的文化诉求。文化生态追求良性态势，以保证文化系统内能够形成合理的运动机制，良性的文化生态会产生一种内在的文化自律。这种自律一方面规范着既有文化因素的创造性发展，另一方面也制约着整体生态中恶性因素的产生与蔓延①，从而促进文化生态保护持续、有效地推进。内蒙古非物质文化遗产生态保护也是自然生态、人文环境及经济、政治生态等各种变量系统的交叉、统一，追求文化"可以同社会的政治、经济系统之间形成良性的关联、互动，相互影响，相互支撑，共同推动社会的整体进步和发展"②。总体上，它需要从时间与空间两个维度进行立体审视，以深化文化生态理论为前提、充分发挥政府主导作用为保障；以优化人文环境为关键、保护自然环境为基础、营造良好的经济环境为重心，实现构建良性循环、可持续发展的文化生态系统的保护目标。

第三节　内蒙古文化生态保护区的现状与建设对策

　　文化生态保护区建设作为我国非物质文化遗产生态保护工作的一项重要举措和具体实践，"是对于生态保护到区域划定的文化生态保护区保护，是从特殊的民族生态文化保护到具体或普遍民族文化生态保护的一种发展和成熟"③。它遵循动态、整体性保护的科学理念，标志着我国非物质文化遗产保护迈上了一个新台阶。2005 年 12 月，《国务院关于加强文化遗产保护的通知》（国发〔2005〕42 号）指出：加强少数民族文化遗产和文化生态区的保护，重点扶持少数民族地区的非物质文化遗产保护工作。对文化遗产丰富且传统文化生态保持较完整的区域，要有计划地进行动态的整体性保护。这一重要文件进一步明确了少数民族地区非物质文化遗产生态保护的建设方向，也为少数民族地区文化生态保护区的建立提供了政策

---

　　① 黄云霞：《论文化生态的可持续发展》，《南京林业大学学报》（人文社会科学版）2004 年第 3 期。

　　② 杨冬篱：《发展文化产业与构建良性文化生态》，《天府新论》2011 年第 1 期。

　　③ 陈华文、陈淑君：《中国文化生态保护区的实践探索研究》，《浙江师范大学学报》2016 年第 2 期。

支持。内蒙古是我国非物质文化遗产丰饶的少数民族地区，但经济文化整体落后于东部沿海及其他发达地区，生态环境十分脆弱，文化生态保护区的设立更具有实践意义。

一　内蒙古自治区文化生态保护区现状

划定文化生态保护区是非物质文化遗产整体保护的有效方式。经过专家论证与实地考察，我国自 2007 年以来共设立了 24 个国家级文化生态保护（实验）区。内蒙古自治区很注重践行非物质文化遗产的生态保护，遵照国家级文化生态保护区模式，于 2009 年开始文化生态保护区建设。至 2020 年 12 月，自治区政府已分三批设立了 13 个自治区级文化生态保护区，为内蒙古非物质文化遗产区域性、整体性、活态性保护迈出了探索的步伐。

（一）内蒙古文化生态保护区的设立及分布特征

2009 年 12 月 31 日，内蒙古自治区人民政府办公厅公布第一批自治区级文化生态保护区名单（内政办发〔2009〕130 号），确定 6 个自治区级文化生态保护区[1]（表 4 - 1）。

表 4 - 1　　　　内蒙古第一批自治区级文化生态保护区名单

序号	名称	盟市
1	鄂温克族自治旗锡尼河布里亚特蒙古族文化生态保护区	呼伦贝尔市
2	根河市敖鲁古雅鄂温克使鹿文化生态保护区	呼伦贝尔市
3	东乌珠穆沁旗游牧文化生态保护区	锡林郭勒盟
4	乌审旗蒙古族文化生态保护区	鄂尔多斯市
5	鄂托克旗文化生态保护区	鄂尔多斯市
6	额济纳旗土尔扈特蒙古族文化生态保护区	阿拉善盟

2010 年 12 月 28 日，内蒙古自治区人民政府办公厅公布第二批自治区级文化生态保护区名单（内政办发〔2010〕104 号），确定 8 个文化生态保护区[2]（表 4 - 2）。

---

① 内蒙古自治区人民政府：《内蒙古自治区人民政府办公厅关于公布第一批自治区级文化生态保护区的通知》2009 年 12 月 31 日，内蒙古自治区政府网，http：//www.nmg.gov.cn/zwgk/zfxxgk/zfxxgkml/zzqzfjbgtwj/202012/t20201208_ 314633. html，2021 年 1 月 29 日。

② 内蒙古自治区人民政府：《内蒙古自治区人民政府办公厅关于公布第二批自治区级文化生态保护区名单的通知》2011 年 1 月 17 日，内蒙古自治区政府网，http：//www.nmgzfgb. gov. cn/information/nmgzb20/msg6774102608. html，2017 年 6 月 23 日。

表4-2 内蒙古第二批自治区级文化生态保护区名单

序号	名称	盟市
1	莫力达瓦达斡尔族自治旗达斡尔文化生态保护区	呼伦贝尔市
2	科右中旗蒙古族说唱艺术文化生态保护区	兴安盟
3	巴林右旗格斯尔文化生态保护区	赤峰市
4	库伦旗安代文化生态保护区	通辽市
5	阿巴嘎旗潮尔道文化生态保护区	锡林郭勒盟
6	鄂尔多斯文化生态保护区	鄂尔多斯市
7	阿左旗阿拉善和硕特蒙古族文化生态保护区	阿拉善盟
8	乌拉特中旗乌拉特文化生态保护区	巴彦淖尔市

因第二批将鄂尔多斯市全境设为自治区级文化生态保护区，第一批中的乌审旗蒙古族文化生态保护区、鄂托克旗文化生态保护区不再单列，整体纳入其建设范围。至此，二批自治区级文化生态保护区共设立12个。

2014年1月18日，内蒙古自治区人民政府办公厅公布了第三批自治区级文化生态保护区名单（内政办发〔2014〕6号），决定将呼伦贝尔市鄂伦春自治旗鄂伦春族文化文化态保护区、鄂温克族自治旗民族文化生态保护区列为第三批自治区级文化生态保护区①。第一批锡尼河布里亚特蒙古族文化保护区因此不再单列，整体纳入鄂温克族自治旗民族文化生态保护区建设范围。至2020年12月，经过整合并建，内蒙古共有13个自治区级文化生态保护区（表4-3）。

表4-3 内蒙古自治区级文化生态保护区统计名单及分布（13个）

序号	名称	所属盟市	所属文化圈	民族特色
1	鄂温克族自治旗民族文化生态保护区	呼伦贝尔市	大兴安岭	鄂温克族
2	根河市敖鲁古雅鄂温克使鹿文化生态保护区	呼伦贝尔市	大兴安岭	鄂温克族
3	东乌珠穆沁旗游牧文化生态保护区	锡林郭勒盟	大兴安岭	蒙古族
4	额济纳旗土尔扈特蒙古族文化生态保护区	阿拉善盟	阿拉善	蒙古族
5	莫力达瓦达斡尔族自治旗达斡尔文化生态保护区	呼伦贝尔市	大兴安岭	达斡尔族
6	科右中旗蒙古族说唱艺术文化生态保护区	兴安盟	大兴安岭	蒙古族

① 内蒙古自治区人民政府：《内蒙古自治区人民政府办公厅关于公布第三批自治区级文化生态保护区名单的通知》2014年1月18日，内蒙古自治区政府网，http://www.nmg.gov.cn/zwgk/zfxxgk/zfxxgkml/zzqzfjbgtwj/202012/t20201208_314798.html，2021年1月29日。

续表

序号	名称	所属盟市	所属文化圈	民族特色
7	巴林右旗格斯尔文化生态保护区	赤峰市	大兴安岭	蒙古族
8	库伦旗安代文化生态保护区	通辽市	大兴安岭	蒙古族
9	阿巴嘎旗潮尔道文化生态保护区	锡林郭勒盟	大兴安岭	蒙古族
10	鄂尔多斯文化生态保护区	鄂尔多斯市	阴山	蒙古族
11	阿左旗阿拉善和硕特蒙古族文化生态保护区	阿拉善盟	阿拉善	蒙古族
12	乌拉特中旗乌拉特文化生态保护区	巴彦淖尔市	阴山	蒙古族
13	鄂伦春自治旗鄂伦春族文化生态保护区	呼伦贝尔市	大兴安岭	鄂伦春族

这 13 个自治区级文化生态保护区具有良好的草原文化生态，是培育民族文化发展的优选地域。保护区总面积约 43 万平方千米，占自治区总面积的 37%，主要涉及内蒙古 8 个盟市。

通过列表可知 13 个自治区级文化生态保护区的总体特征：

第一，从空间分布看，保护区多集中于东部的大兴安岭文化圈。市域层级：呼伦贝尔市 4 个，锡林郭勒盟 2 个，阿拉善盟 2 个，鄂尔多斯市、兴安盟、赤峰市、通辽市、巴彦淖尔市各 1 个。文化区域层级：大兴安岭文化圈 9 个，占总数的 69.2%；阴山文化圈、阿拉善文化圈各 2 个，分别占总数的 15.4%。这样，自治区级文化生态保护区空间分布与内蒙古非物质文化遗产空间分布特征具有相似性。但从空间上解读，由于以蒙古族为主的少数民族聚族而居、迁徙游牧，驻牧地遍及自治区各地，以此建立的 13 个文化生态保护区分布呈分散状态，保护工作相对复杂、繁重。

第二，从文化特色看，这些保护区主要以蒙古族、"三少"民族传统文化为主。其中，展现蒙古族传统文化特色的文化生态保护区 9 个，占总数的 69.2%；展现鄂温克族传统文化特色的 2 个，占总数的 15.4%；达斡尔族和鄂伦春族各 1 个，分别占总数的 7.7%，显示了文化保护区具有鲜明的草原风格和民族特色。这些保护区不仅民族特色显著，还具有稀缺性、代表性。如额济纳旗土尔扈特蒙古族文化生态保护区为内蒙古自治区保留土尔扈特蒙古族传统文化最完整的区域；鄂温克族自治旗是我国最早成立的少数民族自治旗，文化保护区具有独特的森林狩猎文化特色；达斡尔文化生态保护区建立于全国唯一的莫力达瓦达斡尔族自治旗境内，展现了与众不同的达斡尔族传统文化，都是具有活态特色的人类学范本。另外，中部从乌兰察布市到巴彦淖尔市，包括呼和浩特市和包头市地区，没有设立自治区级文化生态保护区。这些地区是蒙古族与中原汉族文化融合之地，近代以来农业开发较早、城镇化水平较高，是内蒙古现代工业经济发展最快的地区。这一地区具有明显的移民文化特点，也拥有可以被提炼的文化特质，与内蒙古东西部地区少数民族文化有着不同特征。

第三，从保护范围看，自治区文化生态保护区以行政区划为单位。一般文化生态保护区是按照民族文化类型，或不同文化特色建立的。由于文化与行政区域边界往往不一致，其他省的一些文化生态保护区往往跨了几个行政区域，或者行业管理区域。内蒙古自治区级文化生态保护区界线比较明晰，没有跨盟市建制，管理目标相对明确。如乌拉特中旗乌拉特文化生态保护区、阿巴嘎旗潮尔道文化生态保护区等都在1个具体的旗县级行政区域内，最大的鄂尔多斯文化生态保护区也在1个市级行政区域内，有利于保护工作的系统规划。不过，内蒙古文化生态保护区是以蒙古族游牧文化、"三少民族"游猎文化为特点设立的，游猎活动按季节移动，活动区域较大。比如敖鲁古雅鄂温克使鹿文化生态保护区和鄂伦春族文化生态保护区，范围在阿里河林业局、吉文林业局、满归林业局、金河林业局、根河林业局等多个林业局管辖的事业区内，还建有多个自然保护区。这就使得自治区各文化生态保护区综合协调工作依然重要。

（二）内蒙古文化生态保护区建设现状

内蒙古13个自治区级文化生态保护区设立后，先后开始了实践探索。各所属市、旗在申报自治区级文化保护区时，都成立了以政府负责人为组长的非物质文化遗产保护领导小组。2009年，东乌珠穆沁旗成立非物质文化遗产保护工作领导小组，进一步确立了旗文化馆、文物所、博物馆的职责和任务；鄂温克族自治旗也成立了非物质文化遗产工作领导小组，由旗人民政府分管副旗长任组长；2015年，库伦旗成立了非物质文化遗产保护中心。在此基础上，各保护单位进行了相关的建设工作，主要体现在以下几个方面：

第一，开展文化生态保护区的文化资源普查与追踪工作，这是文化生态保护区建设的首要工作。自治区各保护区所属市、旗县在具体落实保护政策后，都开展了田野调查工作。他们以文化资源普查的工作形式，搜集、整理濒临失传的非物质文化遗产资源，形成了较完整的非物质文化遗产资源名录体系和代表性传承人名录体系，并建立文化资源档案和数据库。鄂尔多斯市开展了卓有成效的普查、整理、保护等工作，明确了保护对象的类别，进一步摸清了保护区内文化资源的数量、种类、生存状态。2020 年，该市有国家级项目 6 项、自治区级 92 项、市级 212 项、旗区级 160 项；国家级传承人 9 人、自治区级 99 人、市级 280 人、旗区级 248 人。巴林右旗也在全旗范围内全面开展非物质文化遗产普查工作，形成了较为完整的四级名录体系。2020 年，该旗拥有国家级项目 1 项、代表性传承人 1 名；自治区级项目 13 项、代表性传承人 15 人；市级项目 27 项、代表性传承人 44 人；旗级项目 114 项、代表性传承人 108 人。科尔沁右翼中旗在政府相关职能部门努力工作下，着力构建全旗非物质文化遗产保护传承体系，较全面地掌握了保护区文化资源现状。目前，该旗拥有国家级项目 4 项、自治区级项目 14 项、盟级项目 38 项、旗级项目 23 项；拥有国家级传承人 4 人、自治区级传承人 13 人、盟级传承人 178 人、旗级传承人 195 人。对非物质文化遗产资源进行有序的调查、整理，能够为文化生态保护区开展工作奠定坚实的基础。

第二，进行文化生态保护区传承场所等基本设施的建设。为挖掘、培养后备传承人，各保护区逐步建设保护传承工作的有效平台和坚实阵地。2015 年 12 月 21 日，鄂温克族自治旗文化馆作为鄂温克族民歌的保护单位，与 10 处传承基地的法人代表举行了基地命名签字仪式。传承基地将借助鄂温克旗乡镇苏木及学校的传承优势，通过教、学、演的形式开展鄂温克族传统民间音乐、民歌的授徒传艺、教学培训的"活态"传承活动，使鄂温克族民歌得到本土生态保护传承。2017 年 2 月，"歌恩一兰"达斡尔族非物质文化遗产传承基地在莫力达瓦达斡尔族自治旗成立。它是由达斡尔族众多民间艺术家和传承人共同参与组建而成，主要以达斡尔族非物质文化遗产项目的挖掘、整理、保护、传承、培训和研究等工作为主，并与相关课题配合，开展相关保护项目的策划、实施。阿拉善左旗和硕特蒙古族文化生态保护区是目前我国保留和硕特蒙古族传统文化最为完整的地区。为延续文脉、培养传承人才，阿拉善左旗文化馆分别在蒙古族中小学、部分苏木建立了阿拉善长调民歌、阿拉善地毯织造技艺、陶布秀尔、沙力搏尔式摔跤、萨吾尔登、查玛、蒙古族象棋等 17 个传承基地。2019 年 9 月 28 日，阿拉善左旗非物质文化遗产传承保护基地揭牌成立。传承基地与传习所是文化生态保护区非物质文化遗产集中展示的窗口，起着文化交流、共享的重要作用，有助于加强非物质文化遗产传承队伍建设。

2016 年 7 月，东乌珠穆沁旗成立乌珠穆沁长调传习所。经过近 2 年的教学实践，该传习所学员的演唱技巧水平不断提高，并通过参加各种大型艺术活动，进一步扩大了乌珠穆沁长调的社会传承力量。2016年7月，根河市在敖鲁古雅鄂温克族乡正式成立市非物质文化遗产传习所，为鄂温克族传统文化爱好者创造了自由沟通的学习环境。2019年8月，巴林右旗建成总建筑面积3000平方米的格（萨）斯尔传习所。为了更好地保护和传承潮尔道，阿巴嘎旗政府投资600万元，规划建设总面积为3500平方米的潮尔道传习所。2020年6月30日，该传习所建成并举行揭牌仪式。建成的传习所承担着潮尔道的宣传、培训、研讨和交流的重任，有利于传播、展示民族文化魅力，也有助于传承人发挥枢纽作用，为阿巴嘎潮尔的保护传承与发展创新注入新的活力。

第三，开展文化生态保护区非物质文化遗产宣传和研讨活动。为扩大影响力、提高保护水平，2012年，巴林右旗承办了首届中国《格斯（萨）尔》文化高层论坛。2013年，该旗与全国《格斯（萨）尔》工作领导小组、国际史诗学会、中国社会科学院民族文学研究所、内蒙古民族事务委员会联合主办了《格斯（萨）尔》与口传史诗国际研讨会。2016年6月16日鄂温克族自治旗举办为期1周的非物质文化遗产保护成果展，以庆祝全国第十一个文化遗产日。鄂温克抢枢、鄂温克族柳条包营造技艺、鄂温克族索伦部服饰等30余项的传承人现场展示了高超的手工技艺，使前来参观的民众更加直观地体验和感受到保护区非物质文化遗产的魅力和其所蕴含的历史文化价值。鄂伦春自治旗政府也充分利用每年公历6月18日的篝火节，进行民族非物质文化遗产展演，至2020年已持续举办23届。每年的这一天，鄂伦春族人民都要点燃篝火，以高歌乐舞欢庆民族节日。文化生态保护区代表性非物质文化遗产赞达仁、鄂伦春族狍皮制作技艺、鄂伦春族剪纸的知名度，随着年复一年的篝火节不断提升。

为深化乌拉特文化生态保护区和鸿雁文化品牌建设，乌拉特中旗政府组织、创作推出大型民族歌舞剧《鸿嘎鲁》，完成了乌拉特民歌收集整理工作，并通过"鸿雁文化艺术节"进行持续宣传。2019年6月19日，乌拉特中旗草原生态旅游节暨第八届鸿雁文化艺术节拉开帷幕。活动期间举办了敖包祭祀、那达慕、万马会、中蒙文化交流周等140余场次各具地方民族特色的群众性文体旅游活动，充分展示了乌拉特草原特有的蒙古族非物质文化遗产风采。2020年6月27日，科尔沁右翼中旗在图什业图亲王府开展乌力格尔、四胡、马头琴等演出活动，通过打造民族特色活动，让游客近距离体验、感受经典的科尔沁民族文化，增进对蒙古族说唱艺术文化生态保护区的了解。

文化生态保护区是内蒙古非物质文化遗产整体保护工作的有力举措。内蒙古设立的 13 个自治区级文化生态保护区，符合国家级文化生态保护区建立"以保护非物质文化遗产为核心，对历史文化积淀丰厚、存续状态良好，具有重要价值和鲜明特色的文化形态进行整体性保护"的精神。这也是自治区文化遗产保护工作有益的尝试。文化生态保护区的建立，有助于发挥非物质文化遗产增进民族团结、民族文化创新、教育传承等多重价值，提高其对区域社会经济发展的支持与辐射力，促进当地经济协调和可持续发展。因此，这是一条推动区域内非物质文化遗产有效保护与健康发展的道路，只是现在内蒙古文化生态保护区建设起步时间不长，无论保护观念还是实践上，还没有步入正轨。如何做好保护区建设，我们应该从多角度综合考量与规划。

二　内蒙古文化生态保护区建设存在的问题

文化生态保护区的设立，无疑对于少数民族文化遗产保护具有积极意义。内蒙古民族文化多元而特色鲜明，有着珍稀的民族文化生境，但在当代市场经济化、城市化的进程中，文化生态的系统性遭到不同程度的破坏。内蒙古文化生态保护区的设立"实际上就是在市场经济导致的均质化社会里建立一个差异化空间，使草原文化在这里能够生生不息地延续"[1]，从而形成了 13 个富有草原特色的非物质文化遗产整体保护的特定区域。目前，由于缺少可资借鉴的经验，以及相关因素的制约，保护区工作还存在着一些误区。

（一）文化生态理念模糊与保护工作碎片化

文化生态保护不同于非物质文化遗产项目保护，正确理解和把握文化生态保护区的精神内质，是有效开展工作的基本保证。内蒙古自治区级文化生态保护区确定后，所属盟市、旗虽然进行了相关工作，但在实际建设中，还存在着一些问题。这体现在，相关部门对文化生态保护内涵、理论认知不够，工作人员对于文化生态保护区作用、工作性质以及文化保护区

---

① 马威、邱泽媛：《文化生态保护区的"空间生产"——以东乌珠穆沁旗"那达慕"节日为例》，《中南民族大学学报》2013 年第 4 期。

建设原则缺乏清晰的认识。这些问题导致文化生态区建设没有实质性进展，保护工作还有待于超越。

首先，保护工作单一、分散。文化生态保护区是一个有着明确目标的文化建设工程，是对非物质文化遗产及相关文化生态要素进行的整体保护，而非一个项目或项目自身的保护。目前，自治区各文化生态保护区大多没有制定明确的建设规划，工作缺乏计划性，存在着一定应时性、碎片化现象，总体上没有脱离原来传统保护模式的藩篱。这主要表现为对非物质文化遗产的单项保护工作做得很出色，包括东乌珠穆沁旗长调民歌、库伦旗安代舞、科尔沁右翼中旗乌力格尔、莫力达瓦达斡尔族自治旗传统曲棍球竞技等代表性项目。保护区通过各种形式进行宣传、展示，它们的影响力确实得到提升。但文化生态保护不等同文化遗产保护，不只是对民族传统文化的"单项"保护，应该是对非物质文化遗产和存续空间的自然生态、人文生态及社会生态环境的整体保护。"文化生态区建设，保护的指向是'文化生态'，不是单纯的'名录''传承人'保护。"① 二者着力点不同、维度有别，不能简单地视为等同。

其次，统筹管理不到位，没有形成保护合力。内蒙古 13 个文化生态保护区有着其内生性结构的民族文化生态，保护区不是单纯意义的"文化 ＋ 生态"，更不是简单划片进行保护。保护工作也不是一项孤立的文化保护工作，应综合考量，多方合作。它需要将文化生态保护与振兴地方经济、保护自然环境和促进科学发展等区域发展目标进行整合，在保护和利用、传承与创新之间寻找平衡。保护的目的是创造有利于文化与自然、历史环境与生态环境、物质文化遗产与非物质文化遗产可持续发展的条件。各保护区工作现仍处于各自疏离状态，非物质文化遗产保护仍为文化部门的主要任务，没有形成环保、教育、城建、林业等部门通力协作的良好格局。

（二）专项资金缺乏与基本建设迟缓

文化生态保护区的建设和发展涉及文化、经济、环保等各个领域，需要大量资金的持续支持，如传习所、传承基地建设，传承人补贴与文化遗产宣传，自然资源与物质文化遗产保护等都需要投入相关经费。这是文化生态保护区建设的基本保障。当前，我国文化生态保护区仍是政府主导、

---

① 祁庆富、史晖主编：《少数民族非物质文化遗产研究》，中央民族大学出版社 2015 年版，第 75 页。

政府投资为主。2018 年，山东潍坊市获得国家级非物质文化遗产保护专项资金 882 万元，除了国家级传承人和项目及传习中心普及教育补助外，"齐鲁文化（潍坊）生态保护实验区"项目为 450 万元。自 2011 年被列入国家级文化生态保护实验区，至 2018 年该项目 7 年来已经累计获得国家级非物质文化遗产保护专项资金 5165 万元，有力地支持了潍坊市文化生态保护事业的发展。

内蒙古现有文化生态保护区均为自治区级，国家没有相关拨款。2020年之前，文化生态保护区建设还未纳入自治区国民经济社会发展规划，没有专项资金。各保护区建设费用归于原财政预算的非物质文化遗产保护经费中，由各个保护区所在盟市、旗负责建设。这 13 个文化保护区都是典型的少数民族地区，以畜牧业、狩猎业为主，经济本身较为单一、薄弱，GDP 增速较慢。而且除了鄂尔多斯市外，其归属地又多为贫困地区。据统计，库伦旗、科尔沁右翼中旗、巴林右旗、莫力达瓦达斡尔族自治旗、鄂伦春自治旗为 2017 年国家级贫困县；阿巴嘎旗、阿拉善左旗、鄂温克族自治旗、乌拉特中旗是 2017 年自治区级贫困县。这些地区经济发展的现实诉求高于城镇化程度较高的地区，在现代化发展的进程中更为突出。这种经济现状制约了地方对自治区各文化生态保护区建设的经费投入，使各保护区开展工作的主动性与积极性受到相应限制，造成自治区文化生态保护区建设进展缓慢。

据调研得知，从 2020 年起，内蒙古自治区非物质文化遗产保护专项资金已新增 2000 万元，其中 1000 万用于文化生态保护区建设。这对于文化生态保护建设是有力的支持，将会逐步开创自治区文化生态保护新的局面。

（三）群众参与形式化与保护区示范作用不明显

文化生态保护区作为一种新的保护模式，第一次将文化与其生存的环境结合起来，探索、建立了文化与诸环境要素之间互利共生的空间关系。它设立的深层意义是通过系统保护自然遗产、物质和非物质文化遗产，促进区域经济、社会和文化的全面协调发展。内蒙古 13 个文化生态保护区为少数民族繁衍生存的依托地，多属偏远地区的森林、草原地带，以文化开发促进地方经济发展的需求十分迫切。文化生态保护区建设的作用之一就是提高保护区民众的生活质量，增加当地民众的收入，让保护区各民族群众从中得到所属利益。这就要求在文化生态保护区建设中，应保证作为原生文化传承空间的民众的主动参与，关注各族民众动态的文化生活需求。尤其对少数民族损失的经济利益，政府要进行有效补偿，以提高民众对非物质文化遗产的认同感和对保护区的依附性。

内蒙古自治区 13 个文化生态保护区都是世居少数民族生活的典型区域，自然生态特殊、民族生产生活方式传统。在文化生态保护区建设中，为改善少数民族的生活条件和保护自然环境，政府实行生态移民、禁猎、圈养畜牧、退牧还林等政策。但在实施过程中，后续政策一定程度上存在着对当地群众利益补偿不到位、民族文化风俗弱化的问题，从而影响了民众保护文化遗产的自愿行为。如敖鲁古雅鄂温克使鹿文化生态保护区，鄂温克族使鹿部落移民驯鹿圈养、禁猎损失补偿，猎民子女毕业后就业保障等承诺没有完全兑现，猎民的生产生活没能得到切实的保障。[①]

额济纳旗土尔扈特蒙古族文化生态保护区是自治区于 2009 年最早命名的保护区之一。保护区内胡杨林风景区原本为土尔扈特部牧民的牧场，在退牧还林政策下，成为胡杨林保护区并开发成旅游胜地。原住牧民离开胡杨林和草场到城市生活，生活条件是有一定改善，每人每月得到 1000 元移民补偿金。但这仅够牧民日常生活支出，随着物价普遍上涨，生活压力反而增加。并且胡杨林被圈作旅游景区，也未起到应有的保护作用。原来土尔扈特部牧民放养的山羊可以吃胡杨幼苗，能起到间苗作用，而圈起来的胡杨林已经灌木丛生了。[②] 文化生态保护区倡导注重文化的生态性及自然与人文的和谐。土尔扈特蒙古族千百年来积累的生产生活智慧，保护着脆弱的额济纳旗的自然生态，现在由于保护和开发反而功能消减。另外，随着生活方式的改变，土尔扈特部牧民祭灶、祭火等传统习俗也无法进行，活态传承流于形式。这在一定程度上反映了民族文化生态保护区没能充分体现引领与示范意义。

事实证明，文化生态保护区建设不是"非此即彼"的思维方法。真正的保护应以民族生存和文化保护为前提，要尊重保护区民众的话语权和利益诉求，使他们成为文化生态保护区的建设者，而不是疏离者。"文化生态保护区建设的实质是在一定空间范围内约束和规范人的行为，以维护有利于传统文化传承发展的环境。""评估文化生态保护区建设成效的根本在

---

① 梁雪萍：《生态移民的文化困境研究——以敖鲁古雅使鹿鄂温克民族为例》，《黑龙江民族丛刊》2017 年第 2 期。

② 孟荣涛：《土尔扈特蒙古族文化生态保护区建设研究》，《内蒙古宣传思想文化工作》2013 年第 9 期。

于，良好的文化生态是否可以维护，当地人民群众是否从中受益，社区民众能否通过文化生态保护区建设而提升参与感、认同感和获得感。"①

　　内蒙古文化生态保护区存在这些问题，主要缘于相关部门对文化生态理念的认知缺失，还没有真正理解非物质文化遗产生态保护的含义。这导致保护工作的实际操作存在着政策的偏差和具体措施的移位，造成保护区建设工作中群众参与弱化的现象。加上专项资金的短缺、科学管理机制的缺位，在一定程度上影响了保护区建设的规范性与有效性。这些虽然是文化生态保护区建设初级阶段不可避免的困难，但必须重视有可能和已经带来的连锁影响。这是今后自治区文化生态保护区工作中必须关注的问题。

三　内蒙古文化生态保护区建设对策

　　每一个地区都有适应当地生态环境而形成的特定文化形式，每一个民族都拥有本群体创造的特定文化体系。文化生态保护区的设立就是充分考虑不同民族、不同文化生态本身的文化脉络、活态分布、遗产联系，也充分尊重了传统意义的文化区域格局。② 民族文化生态保护区是我国文化保护模式的创新，互动于民族文化遗产生存发展的自然环境、人文环境、经济环境中，以促进民族地区文化传承与经济发展的共生共荣。这种模式也将成为中国民族政策的新实践，是中国把握文化生态保护与可持续发展的辩证关系中迈出的重要一步。内蒙古文化生态保护区建设需因其特殊性进行设计，在坚持整体保护、以人为本、活态传承、创新发展原则的前提下，正视文化生态保护区存在的问题，采取积极务实的对策以发挥其应有的作用。

　　（一）加强专业职能建设与学术指导，规范文化生态保护区管理工作

　　文化生态保护区的建设是对特定区域内各种文化形态进行着整体性保护的系统性项目，工作较复杂、科学性要求较高，需要配置完善的组织、管理机制和专业人员与专职工作机构。针对自治区文化生态保护区建设迟缓的现状，应首先加强管理机构的建设。

　　第一，成立文化生态保护区建设领导小组。文化生态保护区建设应在保护范围的确定上充分考虑社会发展、行政管理等具体问题，各盟市应建

---

① 李晓松：《文化生态保护区建设的时间性和空间性研究》，《民俗研究》2020 年第 3 期。
② 索南旺杰：《〈文化生态保护区建设中的地方范本〉——以热贡文化生态保护实验区为例》，《青海省社会科学》2012 年第 3 期。

立1个地方一级即盟市级领导机构来协调保护区不同部门的利益关系，以推进文化保护区工作的整体建设。目前，各保护区虽然在申报之初都成立了以政府负责人牵头的非物质文化遗产保护中心，但并不是专业的文化生态保护区建设领导小组。后来，又因行政职务更替、变迁，保护中心领导机构也不够健全。这就需要进一步建立具有实体性的生态保护区建设领导小组，明确保护职责，加强保护区组织、管理职能。

第二，各文化生态保护区应建立具有独立建制的工作机构。该机构由上级部门直接进行行政管理，机构内工作人员需具备相关的文化生态保护理论知识，能以整体的视野制定系统的文化保护区宣传计划。这有助于保护区以非物质文化遗产为核心、注重与物质文化和自然环境协同保护的观念开展工作，做到及时发现问题、总结经验。为此，保护区应制定可行的培养计划，开展多种形式的专业人员和管理人才的培训，提高保护区工作人员的专业素质与能力，有效地推动保护区建设工作。除此，保护区还需成立专家学术委员会，借助专家对保护区的工作进行全面的政策解答、决策咨询，对文化保护区规划、理论研究等进行学术指导和智力支持。这可以保证文化生态保护区建设的系统性、科学性，避免出现保护工作方向性的错误。

第三，完善各文化生态保护区规划与制度建设。文化生态保护区建设应具有前瞻性与全局性视野，需要进行科学论证和合理规划。现阶段，由于自治区层面上还没有形成顶层设计思路，各盟市除申报前制定的"文化生态保护区规划纲要"外，各文化保护区大多还缺少具体的建设规划。为了提高工作的时效性，内蒙古自治区应先行出台《内蒙古自治区文化生态保护区总体建设规划》《内蒙古自治区级文化生态保护区管理办法》。各保护区据此制定出符合自身实际的建设规划，通过具体的指标体系、项目支撑体系、保障体系和实施措施等，改变保护工作碎片化的状态，"化虚为实"、切实步入文化生态保护的实践轨道。如今，鄂尔多斯市人民政府已于2017年出台了《鄂尔多斯文化生态保护区建设规划（2017—2020年）》（鄂府发〔2017〕76号），明确保护区建设目标：到2020年，全市文化遗产保护工作整体达到全国先进水平。其中，包括建立市、旗区、苏木乡镇、嘎查村、传承户五级文化生态保护体系，实现旗区都有市级以上文化艺术之乡或民间文化生态保护区、乡乡（苏木镇）都有非物质文化遗产传习展示场所、村村（嘎查）都有非物质文化遗产代表性传承人或传承户的目标等。在此基础上，该规划还具体提出建设一个鄂尔多斯文化生态保护区指导中心、五个特色文化生态保护区，一批非物质文化遗产展示馆、百个传习所，培养千名非物质文化遗产传承人（户）等指标体系。这对该保护区建设具有规范作用，也明确了实施方向。2019 年，莫力达瓦达斡尔族自治旗也编制了《达斡尔族文化生态保护区保护总体规划》以及各类别非物质文化遗产的保护规划、各级非物质文化遗产名录代表性传承人的保护规划和实施细则，有助于推动文化生态保护区建设的进程。

　　文化生态保护区建设是新理念下的文化保护实践，设计并制定具体的规章制度是有序推进生态保护区建设的必要条件。"目前我国在文化生态保护立法方面相对滞后，尤其缺乏高阶位、专门性立法保障，因此影响了文化生态保护区管理的法治化进程。"① 内蒙古自治区也面临着这些问题。2021 年 6 月 10 日，内蒙古自治区文化和旅游厅正式印发《内蒙古自治区级文化生态保护区管理办法》，决定自 2021 年 9 月 6 日起施行。由于自治区各文化保护区总体规划编制工作相对滞后，与其相关的具体建设条例、管理办法等规章制度以及针对文化生态保护区建设配套的法律法规基本上也没有建立起来，保护工作大都在以前的政策与制度下进行。如 2014 年，根河市政府出台了《关于加快敖鲁古雅鄂温克民族事业发展的实施意见》和《细则》。《鄂伦春自治旗鄂伦春民族民间传统文化保护条例》经自治区十二届人大常委会第十一次会议批准，已于 2014 年 10 月 1 日起施行。这对鄂伦春族原生态狩猎文化保护起到应有的作用，但文化生态保护毕竟不同于传统非物质文化遗产保护。在此基础上制定《鄂伦春族文化生态保护区条例》将进一步突出重点，有利于明确自然环境与人文环境、经济环境协调统一的整体保护格局，切实起到文化生态保护区建设的制度保障作用。

　　（二）强化媒体宣传，提高文化生态保护区的认知度与学界的关注度

　　文化生态保护区的设立使保护工作"从消极的标本式保存、冻结的博物馆保护方式。转变到积极的公众参与保护，在日常生活环境中形成有生命力的保育机制"②。这里强调的重点是文化生态保护区作为当地民众的

---

　　① 郑自立：《民众受益视域下的文化生态保护区建设研究》，《中共山西省委党校学报》2020 年第 4 期。

　　② 张松：《文化生态的区域性保护策略探讨——以徽州文化生态保护实验区为例》，《同济大学学报》2009 年第 3 期。

生活区，民众的参与和认同是保护区良好的文化生态最基础的标志。据内蒙古社会科学院《敖鲁古雅鄂温克使鹿文化生态保护区调查报告》显示，2012 年在敖鲁古雅鄂温克使鹿文化生态保护区民众中针对"您对敖鲁古雅鄂温克使鹿文化生态保护区了解多少"的问题调查时，仅有 3% 的被调查对象选择了"了解很多"，57% 的被调查者选择"了解一些"，40% 选择了"不了解"。① 统计数据说明该文化生态保护区多数民众对被命名为自治区级的敖鲁古雅鄂温克使鹿文化生态保护区了解很少，甚至不了解。2018 年，我们也在全区范围内进行相关问卷调查（图 4－2），其中不了解内蒙古非物质文化遗产生态保护的民众占比 31.94%，知道一些的民众占比 59.89%。两组数据结果具有共同的趋向性，反映了自治区民众对文化生态保护区了解度不高，这种现象的存在势必影响保护区民众参与保护工作的自觉性。

第一，建立文化生态保护区官方网站。2020 年底前，内蒙古非物质文化遗产保护中心网站对文化生态保护区一直进行着综合性宣传和报道，并已设有文化生态保护区专栏。但专栏只列 13 个保护区名单，关于文化生态保护区具体实态以及发展跟踪信息还处于空白状态。2021 年重建之后的该中心网站，并未再设置文化生态保护区专门板块。而 13 个自治区级文化生态保护区所属市、旗人民政府由于缺少专门的非物质文化遗产保护机构的设置，各官方网站大多没有专门性或综合性的宣传栏目。据调查数据显示（图 3－8），自治区民众了解内蒙古非物质文化遗产的主要途径为广播电视（66.44%）、报纸杂志（34.7%）、相关展览（27.09%）。这体现了电子类媒体在民族文化传承中的显著作用。

对保护区认识缺失会直接影响保护区各族群众对新生事物"文化生态保护区"的认同，而广播电视、网络平台又是自治区广大民众了解民族文化的主要途径。在各文化节和文化遗产日等展示宣传的基础上，自治区主管部门与各盟市、旗县媒体应加大对全区和所辖文化生态保护区专门宣传的力度，建立文化生态保护区官方网站。专门网站或专门栏目可以对各保护区的历史文化生态、保护范围与对象、重点区域、主要非物质文化遗产项目、代表性传承人以及发展建设的动态进行实态报道。再者，精心策划、制作富有创意的专题纪录片，让更多民众了解所在文化生态保护区建设进展、分享建设成绩，扩大社会共识，促进、深化他们对保护区建设的认同。这对于提高文化生态保护区的影响力具有直接的舆论导引作用。

第二，建立持续推进的文化生态保护区论坛。每一个文化生态保护区都应该建立 1 个保护论坛，每年或每两年举行 1 次研讨会。论坛内容可以就文化生态保护区综合性的文化现象、各自保护区文化生态独特性、保护区非物质文化遗产科学开发利用等开展学术研讨。这可以提高文化生态保护区的知名度与关注度，扩大文化生态保护区建设的学术影响。论坛可以由保护区，也可由地方政府，或者与高校及研究机构共同举办。论坛的目的是通过文化交流借鉴各保护区有益的建设经验和先进的保护模式，规范文化生态保护区的工作，共同探讨生态保护区建设中遇到的实际问题。这一措施能够借助国内外高校和研究机构的学术关注与支持，加强对保护区民族文化生态形成、变迁以及现代背景下民族文化生态系统有序发展的研究，使学者、专家成为文化生态保护区的研究者与实践者，提升各文化生态保护区的工作质量。正如 2018 年中央电视台"文化和自然遗产日"特别节目"非遗公开课"中北京大学高丙中教授所言：传播是非遗保护的基本方法和重要举措，广泛的非遗传播能为非遗保护凝聚成全社会的文化共识，为传承发展非遗奠定更加厚实的基础。[1]

（三）完善文化主体保护机制，增强文化生态保护区的传承内力

文化生态系统中，人、生态环境和非物质文化遗产构成一个互相依赖、彼此制约的整体，三个要素缺一不可。其中，人是核心要素，因为人具有主观能动性，非物质文化遗产是人创造的，并依赖人传承、发展，人的态度、行为会对文化生态的构建产生相应的影响。文化生态保护区的建立就是对承载文化的特殊地域进行科学规划，增强文化保护与原生地民众生产生活和独特民族习俗的结合度，为文化的活态传承建构稳定的文化生态环境。这一创新举措突出了文化主体（包括当地居民、传承人群体）的保护功能，弥补了传统保护工作中的弱项环节，强调保护区发展的自觉性。根据这一初衷，在自治区文化生态保护区建设中，也要秉持以人为本的理念，建立文化主体保护的有效机制，发挥在文化保护区建设中的主体力量。

---

① 张玉玲：《非遗传播：怎样凝聚关注的力量》，《光明日报》2018 年 7 月 10 日。

第一，以保护区民众为依托，尊重少数民族的自身诉求。

文化遗产与文化主体间的"鱼水关系"，决定了文化的真正传承离不开原生地民众广泛的参与保护，特别是文化生态保护区非物质文化遗产保护，更需要发挥保护区民众的主体功能。内蒙古现设立的13个文化生态保护区都是蒙古族、达斡尔族、鄂温克族等少数民族最为聚集的地区，且多为少数民族自治区域。保护区内各民族有着共同的价值观、情感模式、行为规范，经过世代积淀、传承，成为具有鲜明民族特性的精神文化遗产。正是保护区内这些原住民族居民的创造、承载、创新、延续，遗产才从传统走向现代，成为民族文化精粹。这说明在非物质文化遗产生态保护中，保护区民众是具有"活水"功能的文化生态因素，直接关系到民族文化生态的活性。只有保护和激活民众的力量，才能使文化生态保护区起到应有的作用。

因此，在保护区建设中，应科学划定文化核心区与开发区。在文化核心区中，要全力维护少数民族的生产生活方式。少数民族民众的社会生活既是产生物质和非物质文化遗产的源泉，又是其汲取营养的土壤。维护保护区少数民众传统的生活方式，可以防止少数民族文化主体的转移与流失，保证少数民族文化核心区的规模与主体地位。如敖鲁古雅鄂温克使鹿文化生态保护区内敖鲁古雅鄂温克族乡，经过生态移民，2003年8月整体搬迁到根河市西郊3千米处，行政区划面积1767.2平方千米。2014年，全乡总户数458户，其中猎民62户；全乡总人口1454人，鄂温克族290人，占全乡人口19.9%。生态移民使"使鹿部落"逐渐进入现代化城镇生活，在改善生活环境的同时，也带来民族文化模式同化、民族风俗弱化等问题①，造成一些猎民传统的失落。这个民族是中国最后的"使鹿部落"，其民族文化尤其非物质文化遗产具有唯一性，在其民族文化存续、传延中，核心文化区与原生居民必然起着关键作用。所以，保护他们与驯鹿共生的游猎生产生活方式，就是保护构成使鹿鄂温克族集体意识的基础与族群认同的原生根脉，也是保护原生居民的生活土壤。这对于文化稀有、人数较少的民族更为重要。近些年来，乡政府根据敖鲁古雅乡居民的意见，积极恢复民族传统民俗活动，不断采取措施促进驯鹿养殖业的规模

① 梁雪萍：《生态移民的文化困境研究——以敖鲁古雅使鹿鄂温克民族为例》，《黑龙江民族丛刊》2017年第2期。

化和科学化，已日渐成效。这对于维护特有的传统文化的生态空间起着巩固作用。在文化开发区中，则应遵循保护区当地民众利益优先的原则。保护区民众作为区域文化感化下的浓缩个体，在区域文化传承中不只有义务，更具有权利。保护区建设应体现其主观能动性，使之成为受益者，而非旁观者或受损者。这就要求在保护区规划、决策中充分尊重他们的意愿和权力，提高他们在文化开发建设中的参与度，帮助他们从精神价值的认识到经济价值的获取，从而生发自愿保护民族文化的行动。此外，在建设过程中，我们还要考虑少数民族文化的适应性和延续性，在规划时遵循少数民族文化发展的特殊规律，防止文化基因的断裂。

第二，加大扶持力度，提高传承人的发展能力。文化生态保护区以非物质文化遗产保护为核心任务，传承人是文化遗产的直接延续者，保护民族文化遗产应该从保护传承人的生活为起点。自治区文化生态保护区内传承人大部分都生活在牧区，多数都年事已高、生活困难、身体状况堪忧。这导致一些珍贵的民间艺术或传统技艺，时刻面临着因传承人的离世而失传的危机。巴林右旗格斯尔文化生态保护区就存在着这一困境，由于《格斯尔》史诗一直以来都由民间的职业史诗艺人传承，在当代传承断代的问题较为突出。20世纪80年代，全国有近300位职业史诗艺人。但民间艺人居无定所，没有固定的收入来源，这在很大程度上制约了他们坚守的信念与自觉性。金巴扎木苏是巴林右旗《格萨（斯）尔》说唱艺人中的杰出代表，2018年入选国家级代表性传承人。他的徒弟绝大多数都是以放牧为生的牧民，因困于生计，只能把演唱《格斯尔》作为一种爱好。加之，《格斯尔》篇幅宏大，需要对古典蒙古语和蒙古族民俗进行系统的学习，现在能够独立说唱《格斯尔》史诗的仅有20余人。同样，敖鲁古雅鄂温克族乡自2003年全面禁猎以来，随着生产生活方式的演变，许多年轻人不再热衷于民族文化，为数不多的传承人和民间老艺人已年逾古稀。如今"能够熟练掌握传统文化技艺者寥寥无几，现只有年过八旬的猎民安道老人能够制作桦皮船，只有安道老人和格力斯老人能够制作玛鲁神神像，而这二位老人至今还没有真正的'接班人'，传承人老龄化、后继无人已成为棘手的难题"①。

① 朴今海、朴贞花：《人口较少民族非物质文化遗产的保护与传承——基于东北地区的调查》，《中南民族大学学报》2020年第6期。

国家历来高度重视民族非物质文化遗产的保护与传承工作，2019 年 7 月 15 日，习近平总书记来到赤峰市博物馆，观看了巴林右旗古典民族史诗《格萨（斯）尔》说唱展示，并同传承人亲切交谈、合影留念。他指出要重视少数民族文化保护和传承，支持和扶持《格萨（斯）尔》等非物质文化遗产，培养好传承人，一代一代接下来、传下去。① 参加《格萨（斯）尔》说唱展示的 86 岁的金巴扎木苏表示"作为一名传承人，我要尽自己最大的努力培养好接班人，让《格萨（斯）尔》一代一代传下去。"巴林右旗政府也积极采取多项措施扶持《格萨（斯）尔》的传承工作，已培育自治区级传承人 3 名、市级传承人 4 名。敖干巴特尔、乌兰巴特尔、敖特根花、尼玛敖斯尔、色拉西、敖特根巴雅尔、朝鲁蒙等《格斯尔》史诗演述艺人，也被全国《格萨（斯）尔》工作领导小组办公室授予第一批"格斯尔奇"称号。但这是一项持续跟进的工作，是文化生态保护区面临的现实问题。

内蒙古 13 个自治区级文化生态保护区集中着全区数量最多、最优秀的非物质文化遗产传承人群体，包括遗产持有者、传授者和继承人，他们是民族文化遗产重构的原动力。文化生态保护区中心工作之一就是提高传承人的文化地位、激发传承人的文化自信，保证文化的传续。其一，应从物质、精神等多方面加大支持传承人的力度。现在，内蒙古自治区只有国家级传承人享有每人每年国家补助金 2 万（原来 1 万），自治区级传承人5000 元的资助经费。建议保护区应给盟市级、旗县级传承人以相应经费支持，建立与四级名录体系同步的传承人补贴制度，保证各级传承人的基本生计和文化传习。其二，建立非物质文化遗产代表性项目传承场所。文化保护区除了综合性传习所外，应健全代表性项目专业性传习所，发挥代表性传承人承上启下的作用和引领价值。特别对于具有突出贡献的传承人，自治区及传承人所属盟市还应给予其荣誉称号和政府奖励性津贴，在职称评定时予以政策倾斜，以提高他们的社会声誉，更好地培养后备传习人才与继承人。其三，在物质关怀的基础上，采取传承人引导性、开发性保护模式。各级传承人的认定不是要怜悯和同情传承人，传承人保护也不是施

① 新华社：《习近平在内蒙古考察并指导开展"不忘初心、牢记使命"主题教育时强调：牢记初心使命贯彻以人民为中心发展思想 把祖国北部边疆风景线打造得更加亮丽》2019 年 7 月 16 日，中国政府网，http：//www. gov. cn/xinwen/2019 – 07/16/content_ 5410342. htm，2021 年 1 月 7 日。

舍和捐赠，最重要的是增强他们的自信心与发展能力。引导性保护"指政府以政策咨询、知识推介、发展设计等方式协助传承人找到发展之路的一种保护方式"，开发性保护将传承人"作为社会经济增长的一个积极因素加以运用的一种保护方式"①。这两种保护方式注重传承人的文化创造力，有助于培养文化传承的坚守者。保护区可根据传承人的具体状况，将其纳入社会发展的轨道，以创造新的传承空间，让传承人有尊严、有收入。

概而言之，文化生态保护区建设，提高传承人的发展能力仍是重点任务，要秉承以人为本的保护思路，使文化传承主体成为文化生态保护区的踊跃参与者、真正受益者和实际传承者。只有保护区民众主体意识提高，才能真正形成文化生态保护区建设可持续发展的局面。

（四）发挥生产性保护作用，促进文化遗产保护与地方经济的协调发展

不断探索新的保护方式是我国非物质文化遗产保护工作创新发展的标志之一，体现了作为文化资源大国应有的责任担当。生产性保护方式就是伴随着我国非物质文化遗产保护实践的深化，在尊重文化遗产本身特殊规定性的基础上提炼出的一种分类保护方法。它与抢救式保护、整体性保护和立法保护构成我国非物质文化遗产保护制度中多向度的方法体系。从结果上讲，优质的非物质文化遗产都是人类生产的英华，呈现出精神生产和物质生产两种模式。其中，前者表现为以民间文学、传统音乐、民俗等符号化形式进行文化阐释，后者表现为传统技艺、传统美术以及传统医药等以物质形态的产品传承着文化的建构意义。但这些物态化产品并不是简单的形式存在，在被生产和使用过程中，凝聚其中的精湛技艺和特殊的炮制工艺表达着特定区域民族的价值观念、创造力和文化理想。生产性保护主要针对传统技艺、传统美术以及传统医药等项目的保护。这类文化遗产都具有共同特点，其文化传承原本是通过物化形态的生产性方式世代传承的，其生产过程具有不可迁移性，必须在生成地完成。生产性保护就是适应这类文化遗产的生产特性，以其技艺传承为核心，将它们置于所赖以产生的生产实践中，借助生产、流通、销售等手段将其转化为文化产品的保护。这是一种符合非物质文化遗产本质的可持续性的保护方式。

2012 年 2 月，《文化部关于加强非物质文化遗产生产性保护的指导意

---

① 孙正国：《论非物质文化遗产传承人的类型化保护》，《求索》2009 年第 10 期。

见》正式将生产性保护纳入国家非物质文化遗产保护实践的轨道。2017年3月，《国务院办公厅关于转发文化部等部门中国传统工艺振兴计划的通知》（国发办〔2017〕25号）指出在促进中国传统工艺传承与振兴的同时，引导非物质文化遗产生产性保护示范基地发挥示范引领作用。同年6月6日，《国务院办公厅关于印发兴边富民行动"十三五"规划的通知》（国发办〔2017〕50号）强调推动边境地区传统工艺振兴，支持非物质文化遗产生产性保护。2017年，《内蒙古自治区非物质文化遗产保护条例》也进一步明确了生产性保护的现实作用，使其成为自治区非物质文化遗产保护的方式之一。

　　生产性保护作为我国一项制度化的非物质文化遗产保护方式，是继代表性名录制度、代表性传承人制度和文化生态保护区制度后提出的，与我国保护工作实践要求相符合。当前，文化生态保护已成为我国非物质文化遗产保护的主流方向。文化生态视野下的非物质文化遗产保护倡导的是协调发展的保护模式，即是一种良好的政策机制下专家意见与社区民众行动的一种平衡，社会发展的经济价值与文化价值协调发展的模式。文化生态保护区作为生态保护的有效方式，旨在营造非物质文化遗产生存发展的"活水源"，建设的重点是保证其活态传承，以促进地方经济协调发展。生产性保护与文化生态保护区建设的目的具有高度一致性，"是切合手工技艺存在形态和传承特点，可以不断'生产'文化差异性的一种生态保护方式，或者说，这其实就是努力遵循非物质文化遗产自身规律的社会文化实践"①。

　　内蒙古自治区13个文化生态保护区聚集着大量适合于进行生产性保护的各级非物质文化遗产项目与掌握核心技艺的传承人。如国家级代表性项目有敖鲁古雅鄂温克使鹿文化生态保护区与鄂伦春族文化生态保护区的桦树皮制作技艺，科尔沁右翼中旗蒙古族说唱艺术文化生态保护区的蒙古族拉弦乐器制作技艺和科尔沁蒙医药浴疗法，鄂伦春族文化生态保护区的鄂伦春族狍皮制作技艺，阿拉善左旗阿拉善和硕特蒙古族文化生态保护区的阿拉善地毯织造技艺、烤全羊技艺，东乌珠穆沁旗游牧文化生态保护区的蒙古族勒勒车制作技艺，等等。这些生产生活方式类文化遗产都

① 吕品田：《重振手工与非物质文化遗产生产性方式保护》，《中南民族大学学报》2009年第4期。

是古代游牧文化、狩猎文化的创造，很大程度上是基于当时民众的生活需要产生的，具有较强的实用功能。虽然它们的产品制作多属于劳动密集型微利行业，与现代生活也产生了不同程度的错位，但技术含量较高。在自治区文化生态保护区建设中，各地保护区应支持对具有使用价值、审美价值的生产技艺类项目采取生产性方式保护，使其在生产生活实践中不断适应新的文化生态环境而获得延续的生命力，实现文化保护与经济发展的互通互利。

生产性保护的实质就是扶持保护基地与传承人继承传统、发展生产，适应现代需求。为了发挥非物质文化遗产生产性保护的示范带头作用，文化部于2010年、2014年先后命名了二批国家级非物质文化遗产生产性保护示范基地，涉及41单位、39项国家级非物质文化遗产名录项目。2014年，阿拉善左旗恒瑞翔地毯有限责任公司获此殊荣。这也是目前为止内蒙古自治区唯一的国家级生产性保护示范基地，保护项目为阿拉善地毯织造技艺。该公司是一家由阿拉善地毯艺人和资深民营企业家联合组成、专门从事阿拉善传统民族工艺产品阿拉善仿古地毯及相关类产品生产经营的民营企业。其后，各省（自治区）也陆续确立省级生产性保护基地，如山西省建有14个省级非物质文化遗产生产性保护基地，西藏自治区有12个自治区级生产性保护示范基地。2018年5月，文化和旅游部、工业和信息化部发布《第一批国家传统工艺振兴目录》（文旅非遗发〔2018〕12号），内蒙古自治区蒙古族刺绣、阿拉善地毯织造技艺、蒙古族服饰制作技艺、达斡尔族服饰制作技艺、鄂温克族服饰制作技艺、鄂伦春族狍皮制作技艺、和林格尔剪纸、包头剪纸、蒙古族拉弦乐制作技艺、蒙古族勒勒车制作技艺、蒙古族马具制作技艺、蒙古族牛角弓制作技艺、桦树皮制作技艺等13个项目入选，为振兴传统手工艺创造了有利的空间平台。

内蒙古自治区积极响应文化部《中国传统工艺振兴计划》，也很重视非物质文化遗产生产性保护工作，将相关内容列入《内蒙古自治区"十三五"文化改革发展规划》，对实施生产性保护的项目加大了田野调查力度。至2020年8月，"设立了自治区传统工艺工作站7个、非遗扶贫就业工坊8个"。在此基础上，内蒙古应以自治区级文化生态保护区为主，或以作用发挥好、社会影响广的传习所为基础建立自治区（省）级生产性保护示范基地，深入开展生产性保护实践。"从发展模式来讲，生产性保护提倡摒弃'过去输血式''嵌入式'的发展模式，注重'内源式发展'与'参与式发展'"①。设立自治区级（省级）示范基地可以调动各文化生态保护和传承人的主观能动性，提高保护区民众参与的自觉性，通过改善民生，推动非物质文化遗产保护和区域经济发展的双赢。示范基地可根据各保护区及各传习所实际条件因地而宜，采取保护示范基地（公司）+传承基地、保护示范基地+传习所+文化生态旅游、保护示范基地+传承人工作室或作坊、传承人+保护示范基地+学徒等模式与市场有效对接，以发挥生产性保护的积极作用。

任何一种文化遗产都寄予了人类对事物本质和规律的认识、探究。传统手工艺就是以物化的形式表现认知，体现了各民族对宇宙世界的科学探索与合理利用，是各民族创造力和较高科技水平的有力见证。这就意味着非物质文化遗产生产性保护并非单纯的物质生产，还包括对蕴含其中的精神内涵的延续。保护的根本原则在于对凝聚着民族优秀品质、创造力的核心技艺与文化价值的保护。阿拉善地毯织造技艺是中国民族工艺的一朵奇葩，象征着地处大漠深处的阿拉善蒙古族的创造智慧。阿拉善地毯用料独特，以阿拉善土种绵羊毛为原料。这种羊毛具有鳞粗、洁白、圈黄少、物理性能极好的特点，是风沙弥漫、地脉干燥的阿拉善盟的特产。地毯制作经过 10 道工艺，纯手工织作，环保而科学；尤其数百年来坚持植物染色，显示了蒙古族亘古至今的生态理念。正是由于没有受化学染剂的腐蚀，阿拉善地毯具有弹性强、光泽度好、隔潮耐磨的性能，在大漠戈壁自成一家。阿拉善地毯系横"8"字缩扣，图案以中华传统吉祥纹样为主，寓意深沉、淳朴；其艺术特色是"暗中漂"，即色彩的基调柔和素雅，在灰暗中均匀添彩。因此，它以古香古色的风格而著称于世，历来被行家们尊为仿古地毯技艺的鼻祖。阿拉善地毯是匠心独运的工艺品，镌刻着阿拉善蒙古族的艺术才华与科学创造力。其中，纯手工制作技术、10 道工艺和"横'8'字缩扣"编制技法是生产性保护坚守的根本，对内蒙古民族地毯工艺技术的发展和创新有着直接的促进作用。阿拉善左旗恒瑞翔地毯有限责任公司比较完整地继承了阿拉善仿古地毯的传统技艺，特别是在最具传统特色的选毛、染色、图案、编织工艺上严格遵循祖制，为保护阿拉善地毯织造技艺付出了艰辛的努力。如今，他们的产品获自治区级工艺美术

---

① 麻国庆、朱伟：《文化人类学与非物质文化遗产》，生活·读书·新知三联书店 2018 年版，第 113 页。

产品铜奖，已远销国内 10 多个省市和地区，显示了阿拉善地毯制作技艺极高的当代价值和传承意义。

非物质文化遗产作为民族文化认同的标志，其主要功用是作为文化基因的衍生价值意义。因为它是人类生产生活式样的动态延续，重构并维系着民族文化生态系统的平衡发展。无论以精神生产方式，还是以物质生产方式；或以意象化的专门符号，或以具态化的物质载体，它们都传递着人类对历史、现实以及对自然、生命的认知感悟与价值判断。所以，现代生态环境并不是非物质文化遗产的末途，对其保护重在促进其发展，推动它向现代化文化生态系统适应性地转型，即未来指向的发展性保护。① 生产性保护就是文化再生产的具体形式，"除了其他保护方式都具有的社会价值之外，突出的价值是活态传承价值和经济价值"② 它注重在坚守传统工艺流程的整体性与核心技艺真实性的基础上，适应现代的文化生态环境，促进文化遗产通过走向市场服务民众。这种保护方式不仅可以使传承人获得一定的经济收入，使其拥有继承和发扬传统技艺的经济基础，还可以吸引一批学艺者和从业者，促进传统技艺通过物态化成果得到广泛的传播和持续发展。

事实上，当今学界对生产性保护存在着不同观点，我们认为生产性保护重在保护，与文化产业规模化发展有一定差异，要区别两者的内涵与外延。首先，生产性保护模式下非物质文化遗产项目的产品是通过传承人的纯手工技艺体现其文化内涵的，具有明显的标识性。它的生产过程对原生地也有着密切的联系，如阿拉善地毯织造技艺的土种绵羊毛、桦树皮制作技艺的桦树皮等关键性物质原料，都决定其生产的高成本与一定的规模。其次，我们主张在坚持真实性、整体性等原则的前提下，结合现代生活方式的审美需求，进行生产方式的新颖性改造及色彩图案的创新性设计，使生产技艺类非物质文化遗产更容易转化为文化产品。再次，我们也提倡以传承人高超的技术、精湛的工艺服务社会群体，提高其在当代生产生活中存续的合理性。很明显，这毕竟又是与市场连接的保护形式，与民间文学、传统音乐等精神类项目通过市场运作、文化创意走向产业化具有一定联系。鉴于此，对一些具有特定宗教文化功能的传统技艺、传统美术项目进行生产性保护时，我们应把握其边界，谨防过于艺术品化、产业化。其

---

① 胡慧林、王媛：《非物质文化遗产保护："从生产性保护"转向"生活性保护"》，《艺术百家》2013 年第 4 期。

② 杨洪林：《非物质文化遗产生产性保护研究的反思》，《贵州民族研究》2017 年第 9 期。

实，文化产业也是当代非物质文化遗产发展传承的一种必要途径，对具备产业开发条件的项目，通过市场化手段科学地运营，也会为其自身带来不失本色的蓬勃生机。

"文化生态保护区建设是一项立足现实、着眼未来的利国利民的系统工程"①，注重文化的活态传承，也追求民族经济的可持续发展，是更高形态的经济。生产性保护把资源权和生存权联系起来，兼顾经济效益与文化精神、文化传承与社会发展，即把文化保护与民族经济发展联系起来。这能够使保护区民众具有获得感，有利于促进内蒙古非物质文化遗产开发与利用的生态性循环。从这个层面上讲，生产性保护同样着眼于文化生态保护区的未来，关注民族文化生态建设与经济协调发展，是内蒙古文化生态保护区建设的明智之举。各保护区应响应内蒙古自治区党委关于实施乡村振兴的战略，在深入分析、归纳分类的基础上，对具备参与市场交换、可转化为经济效益的生产技艺类项目实施生产性保护。只有这样，才能帮助保护区农牧民走向共同富裕，增强农牧民的幸福感、获得感、安全感，实现民族优秀传统文化的创造性转化。

相关实践也证明了文化生态保护区生产性保护方式的有效性。国家级羌族文化生态保护区在建设中坚持非物质文化遗产生产性保护，既活态传承，也实现群众增收，具有较好的示范作用。如今的羌绣不再只限于民族传统围裙和头帕的绘饰，也为都市的时尚手袋、钱包锦上添花，甚至直接成为展现民族艺术魅力的装饰画。若保护区民众从事全职绣娘工作，每月可收入 3000 元左右，强于农耕收入。不言而喻，文化传承并非只是唱歌跳舞，还饱含着有温度的人文内涵。羌绣生产性保护的意义，不仅表现在成功存活了稀缺的民族文化基因，还体现在促进它与时代接轨，使保护区群众受惠、对民族文化充满自信。这种文化自信，得益于羌绣生产性保护让保护区人民成为遗产的真正主人，从而使他们对民族传统文化产生荣誉感和责任感。

（五）突出自治区民族资源优势，推进内蒙古国家级文化生态保护区建设

文化生态保护区建设是文化生态保护理念的具体实施，体现了多维度、全方位融合的整体思维。当前，我国针对不同民族和地区的文化生态，推进的国家级文化生态保护（实验）区建设已取得显著成效。内蒙古自治区还

---

① 宋俊华：《关于国家文化生态保护区建设的几点思考》，《文化遗产》2011 年第 3 期。

没有国家级文化生态保护（实验）区，应整合自治区优势民族文化资源，在自治区级文化生态保护区的基础上，不断提升建设水平，促进其跃升式发展。

第一，合理规划定位，借鉴国家级文化生态保护（实验）区的宝贵经验。

为保证质量、明确方向，2010 年《文化部关于加强国家级文化生态保护区建设的指导意见》（文非遗发〔2010〕7 号）中规定申报国家级文化生态保护区的 5 项条件：1. 传统文化历史积淀丰厚、存续状态良好，并为社会广泛认同；2. 非物质文化遗产资源丰富、分布较为集中，且具有较高的历史、文化、科学价值和鲜明的区域、民族特色；3. 非物质文化遗产所依存的自然生态环境和人文生态环境良好；4. 当地群众的文化认同与参与保护的自觉性较高；5. 当地人民政府重视文化生态保护区建设工作，保护措施有力。2018 年 12 月 10 日，文化和旅游部正式颁布《国家级文化生态保护区管理办法》（2019 年 3 月 1 日起实施）①，进一步明确设立国家级文化生态保护区的 7 项条件：1. 传统文化历史积淀丰厚，具有鲜明地域或民族特色，文化生态保持良好；2. 非物质文化遗产资源丰富，是当地生产生活的重要组成部分；3. 非物质文化遗产传承有序，传承实践富有活力、氛围浓厚，当地民众广泛参与，认同感强；4. 与非物质文化遗产密切相关的实物、场所保存利用良好，其周边的自然生态环境能为非物质文化遗产提供良性的发展空间；5. 所在地人民政府重视文化生态保护，对非物质文化遗产项目集中、自然生态环境基本良好、传统文化生态保持较为完整的乡镇、村落、街区等重点区域以及开展非物质文化遗产传承所依存的重要场所开列清单，并已经制定实施保护办法和措施；6. 有文化生态保护区建设管理机构和工作人员；7. 在省（区、市）内已实行文化生态区域性整体保护两年以上，成效明显。这就为各省（自治区、直辖市）国家级文化生态保护区建设指明了方向，具有非常高的实践价值。

文化生态保护区是针对我国疆域辽阔、多民族共生，各民族文化差异性较大的特点建立的独特区域，以实现对非物质文化遗产动态、整体性保护。依据上述条件，截至 2020 年 6 月，经过 13 年的探索，我国已设立 7 个国家级文化生态保护区，17 个国家级文化生态保护实验区，涉及 15 个省、1 个直辖市、1 个自治区。其中 11 个保护（实验）区是以民族地区或

_____

① 中华人民共和国文化和旅游部：《国家级文化生态保护区管理办法》2018 年 12 月 10 日，中国政府网，http://www.gov.cn/gongbao/content/2020/content_ 5467515. htm，2020 年 12 月 11 日。

少数民族地区主体民族为主而建的（表4-4）。

表4-4　国家级文化生态保护（实验）区名单（截至2020年6月）①

名称	所属省（自治区）	保护实验区批复时间	总体规划批复时间	保护区批复时间
闽南文化生态保护区	福建省厦门市、漳州市、泉州市	2007.06	2013.02	2019.12
徽州文化生态保护区	安徽省黄山市、绩溪县；江西省婺源县	2008.01	2011.03	2019.12
热贡文化生态保护区	青海省黄南藏族自治州	2008.08	2011.01	2019.12
羌族文化生态保护区	四川省阿坝藏族羌族自治州茂县、汶川县、理县，绵阳市北川羌族自治县、松潘县、黑水县、平武县	2008.10	2014.03	2019.12
羌族文化生态保护实验区	陕西省宁强县、略阳县	2008.10	2014.03	
武陵山区（湘西）土家族苗族文化生态保护区	湖南省湘西土家族苗族自治州	2010.05	2014.03	2019.12
客家文化（梅州）生态保护实验区	广东省梅州市	2010.05	2017.01	
海洋渔文化（象山）生态保护区	浙江省象山县	2010.06	2013.02	2019.12
晋中文化生态保护实验区	山西省晋中市，太原市小店区、晋源区、清徐县、阳曲县；吕梁市交城县、文水县、汾阳市、孝义市	2010.06	2012.07	
齐鲁文化（潍坊）生态保护区	山东省潍坊市	2010.11	2013.05	2019.12
迪庆民族文化生态保护实验区	云南省迪庆藏族自治州	2010.11	2013.02	
大理文化生态保护实验区	云南省大理白族自治州	2011.03	2017.05	
陕北文化生态保护实验区	陕西省延安市、榆林市	2012.04	2017.05	
铜鼓文化（河池）生态保护实验区	广西壮族自治区河池市	2012.12	2017.01	
黔东南民族文化生态保护实验区	贵州省黔东南侗族自治州	2012.12	2017.01	

---

① 中国非物质文化遗产保护中心：《国家级文化生态保护（实验）区（截至2020年6月）》，中国非物质文化遗产保护中心网，http：//www.ihchina.cn/shiyanshi.html#target1，2021年1月2日。

续表

名称	所属省（自治区）	保护实验区批复时间	总体规划批复时间	保护区批复时间
客家文化（赣南）生态保护实验区	江西省赣州市	2013.01	2017.01	
格萨尔文化（果洛）生态保护实验区	青海省果洛藏族自治州	2014.08	2017.01	
武陵山区（鄂西南）土家族苗族文化生态保护实验区	湖北省恩施土家族苗族自治州，宜昌市长阳土家族自治县、五峰土家族自治县	2014.08	2018.04	
武陵山区（渝东南）土家族苗族文化生态保护实验区	重庆市黔江区、石柱土家族苗族自治县、彭水苗族自治县、秀山土家族苗族自治县、西阳土家族苗族自治县、武隆县	2014.08	2018.04	
客家文化（闽西）生态保护实验区	福建省龙岩市长汀县、上杭县、武平县、连城县、永定区，三明市宁化县、清流县、明溪县	2017.01		
说唱文化（宝丰）生态保护实验区	河南省宝丰县	2017.01		
藏族文化（玉树）生态保护实验区	青海省玉树藏族自治州	2017.01		
河洛文化生态保护实验区	河南省洛阳市	2020.06		
景德镇陶瓷文化生态保护实验区	江西省	2020.06		

　　以上国家级文化生态保护（实验）区除了 2 个以单独县级行政区域设立外，都以地市级或跨地区为单位建立的。面积最大的是藏族文化（玉树）生态保护区实验区，26 万平方千米；人口最少为格萨尔文化（果洛）生态保护实验区，不到 20 万人。无论区划范围大小，各保护区都是经过科学规划、整合而成，文化资源丰富，有着自己个性鲜明、存续状态良好的文化形态。保护区内现主要有汉族、藏族、回族、土族、白族、羌族、蒙古族、苗族、土家族等 23 个民族，都保留着历史形成的民族文化传统。这些文化传统深深地扎根于整个保护区各民族的生产生活中，通过物质与非物质文化遗产的形式较完整地传承着。并且，各保护区均有着与文化相适应的自然环境与人文环境，充分体现了文化生态保护区整体、

活态保护的目的与示范作用。

内蒙古是我国民族文化最为富有的地区之一。驰名中外的草原文化汇聚了 55 个民族的创造力，各民族传统文化卓尔不群、个性分明，尤其一些非物质文化遗产的影响力超越了国界，具有无可比拟的文化价值。至 2020 年 12 月底，内蒙古自治区已建立的 13 个自治区级文化生态保护区，各具有不同的地方特色，为进一步申报国家级文化生态保护区奠定了基础。然而也应正视，自治区文化生态保护区建设与国家级文化生态保护（实验）区还存在着一定差距。如从内蒙古典型的区域文化特色角度审视，自治区已设立的 13 个保护区规划整体性不强、分布较分散。这表现在，现设立的 9 个蒙古族民族文化生态保护区，分别展现了蒙古族乌珠穆沁部、科尔沁部、鄂尔多斯部、乌拉特部等地域文化，但保护区区域范围较小、功能不够健全。整体上看，各保护区没能较完整地、突出地体现出蒙古族厚重的民族文化底蕴。这就需要我们依据国家级文化生态保护区的基本条件，借鉴其他省、自治区的成功范本，系统分析内蒙古民族文化生态特点，合理划定能够较集中体现自治区民族文化优势的相对完整的文化生态空间，提高建设质量和成效。

第二，突出主体民族特色，重点推进内蒙古国家级文化生态保护区的建设。

每个文化生态保护区都是特殊的，都有着自己独特的背景和历史，都受到不同的地理条件、社会发展和人文环境等诸多因素的影响，从而形成迥异的文化特征。也正是各具特性的文化生态保护区才保证了文化的多元化，成为培育人类文化多样性的重要场域。我国国家级文化生态保护区立足于文化的多样性、活态性，是在不同地区、不同生态环境中探索出的文化保护模式。它核心的着力点是文化的差异性，即文化特色。

已设立的国家级文化生态保护（实验）区都有着自己代表性特征的文化，或以民族文化，或以文化类型，或以地域文化，或以文化式样等。它们都是"在一定区域内存在的一种具有独特发生发展历史、与自然生态环境等紧密相连，拥有可以被概括或提炼的文化特质或特色的文化形式"①。羌族文化生态保护（实验）区是我国第一个将单一民族整体文化作为保护

---

① 陈华文、陈淑君：《中国文化生态保护区的实践探索研究》，《浙江师范大学学报》2016 年第 2 期。

对象的文化生态保护区。以羌笛、羌绣、羌年为代表的非物质文化遗产和以羌寨、土碉等为代表的建筑文化及以卧龙自然保护区、三江生态区等为代表的自然文化遗产等，都内外相合地展现了保护区的民族文化特色。海洋渔文化（象山）生态保护区有着不同于游牧和农耕文化的特征，陕北文化生态保护实验区反映了黄土高原区域的乡土文化。这进一步明确了文化生态保护区的要旨是文化特色的充分呈现。

内蒙古是以蒙古族为主体民族的少数民族自治区，有着自己典型的文化特色，即众多北方民族创造的草原文化。草原文化以蒙古族代表的游牧文化为主体文化，这主要体现于非物质文化遗产方面。至 2020 年 12 月底，在已颁布的四批国家级名录中，在全国 55 个少数民族中，蒙古族拥有国家级项目 45 项，仅次于藏族 68 项，位列第二位。[①] 这些数据是以国家级名录中非物质文化遗产 10 大类型统计的，按照批次计算，内蒙古共有蒙古族国家级项目 55 项（内蒙古共 81 项），凸显了蒙古族文化的重要地位。这证明了以蒙古族为代表的游牧文化是草原文化的中心内容，是区别于其他区域文化的特殊性所在，有着与农耕文化与海洋文化迥异的个性，应是内蒙古自治区文化生态保护区建设的主导方向。

通过自治区文化生态环境分析及非物质文化遗产空间分布可知：呼伦贝尔市、锡林郭勒盟是自治区国家级和自治区级项目拥有数量最多的盟市；大兴安岭文化圈是非物质文化遗产最为集中的地区。锡林郭勒盟拥有国家级项目 13 项，包括祝赞词、潮尔道－蒙古族合声演唱、潮尔道－阿巴嘎潮尔、阿斯尔、搏克、勒勒车制作技艺、蒙古包营造技艺、祭敖包、那达慕、乌珠穆沁婚礼、蒙古族服饰、奶制品制作技艺（察干伊德）、蒙古族刺绣。这些项目全部为蒙古族非物质文化遗产，突出地表现了蒙古族畜逐水草、车马为家和肉奶为食、皮毛当衣的游牧文化内质。不仅如此，区域内有内蒙古自治区唯一的世界文化遗产"元上都遗址"，内蒙古藏传佛教四大庙宇之一的"班智达葛根庙"（贝子庙），还有我国最典型的温带草原和锡林郭勒草原国家级自然保护区。这些条件形成具有鲜明个性且较为完整的蒙古族游牧文化生态体系，与国家级文化生态保护区的要求有着相同性。

---

① 肖远平、王伟杰：《中国少数民族非遗名录及传承人统计分析》，《西南民族大学学报》2016年第 1 期。

　　呼伦贝尔市也是多民族聚居地，拥有国家级项目 17 项。其中，14 项为内蒙古"三少民族"项目，包括鄂温克族叙事民歌、鄂温克族萨满舞、抢枢、鄂温克族服饰、驯鹿习俗，达斡尔族服饰、扎恩达勒、鲁日格勒舞、乌钦、传统曲棍球竞技，鄂伦春族赞达仁、桦树皮制作技艺（鄂温克族、鄂伦春族）、鄂伦春族狍皮制作技艺。这里民族文化生态独特，"三少民族"主要居住于呼伦贝尔市东部的大兴安岭地区，在民族语言、自然环境、宗教信仰、生产生活方式以及民俗等方面有着较高的相似性。加之，这些民族人口较少、文化稀缺，一些非物质文化遗产具有不可复制性。因此，建立文化生态保护区，实施生态保护具有人类学的特殊意义。

　　基于自治区文化生态分析，建议突出重点，分步实施。首先，积极申报国家级"蒙古族游牧文化（锡林郭勒盟）生态保护区"。保护区范围以东乌珠穆沁旗、西乌珠穆沁旗为核心区，阿巴嘎旗、锡林浩特市、正蓝旗为重点区域，覆盖锡林郭勒盟全境。其次，科学规划国家级"达斡尔族鄂温克族鄂伦春族文化生态保护区"。保护区范围以呼伦贝尔市根河市敖鲁古雅鄂温克族乡、莫力达瓦达斡尔族自治旗、鄂伦春自治旗、鄂温克族自治旗为中心，覆盖阿荣旗（查巴奇鄂温克族乡、得力其尔鄂温克族乡、音河达斡尔鄂温克民族乡）、扎兰屯市（达斡尔民族乡、萨马街鄂温克民族乡）。文化生态保护区是民族文化保护的有效路径，已建成的热贡、徽州、羌族等国家级文化生态保护区都是成功范例。内蒙古应借鉴这些省（自治区）文化生态保护区建设的先进经验，立足于自身民族文化特色，客观地进行民族文化生态分析，从源头上和根本上准确界定文化生态保护区的功能意义。在此基础上，自治区还要进一步规范保护区管理与专业保护工作，推进自治区文化生态保护区的建设步伐，不断提高整体水平。

　　文化生态视野下，每个民族文化都是在特定的生态条件下成长发展和演变的，文化生态是民族文化生存和发展的必要条件。各民族文化之所以有差距，主要是因为它们赖以生存的文化生态不同造成的。民族文化资源受破坏主要是由于文化生态受到破坏引起的，一旦文化生态遭到破坏，民族文化资源就会发生变异或丢失。非物质文化遗产的生态保护就是要保护民族文化各组成要素及所处生境，形成民族文化正常运行的内部运行机制，维护文化与生存环境间的制衡关系。内蒙古是多民族地区，少数民族在其历史发展进程中，在不断应对自然生态环境时，构建了特有的民族文化生态。为了有效地开展内蒙古非物质文化遗产生态保护，我们必须准确认知少数民族文化生态的生成特征，尊重民族文化的传承与发展规律。对于文化生态保护区建设，所属保护单位应该树立文化生态理念，用系统性思维由点到面、统筹推进，加强针对性和实效性，促进从项目化跃升至整体化。"文化生态保护区是在文化整体观框架下的一种积极探索与实践——文化生态保护区建设的核心内容，是以非物质文化遗产为核心，着眼于维护、修复和滋养一个区域性的文化生态，有计划的、动态的整体保护"①。只有坚持文化整体观，自治区文化生态保护工作才能不断提高文化治理能力，创造可持续发展的文化生态，进而实现"遗产丰富、氛围浓厚、特色鲜明、民众受益"的建设目标。

---

① 麻国庆、朱伟：《文化人类学与非物质文化遗产》，生活·读书·新知三联书店 2018 年版，第 105 页。

第五章　内蒙古非物质文化遗产的传承发展

非物质文化遗产作为民族传统的象征，蕴含着民族的文化根源，代表着民族文化的精神高度，其价值意义深远。它的传承关系着民族文化血脉的延续、民族文化整体可持续发展，也有助于当代社会主义先进文化的建设、和谐社会的构建。它的创新发展则可以更好地利用高品质的民族文化遗产激发民族创造力、聚合民族凝聚力、滋养民族生命力，建设好中华民族共有的精神家园。两者有着内在的必然性和同一性，体现了非物质文化遗产历史性与现实性的高度结合。并且就其实质而言，非物质文化遗产本身就是人类文化传承、创新的结果。它之所以能够世代传续，关键是得到各民族成员的正确把握，将不同时代的精神文明融入其中。内蒙古各民族创造的非物质文化遗产，经过长期的历史积淀，是中华民族文明成就的生动体现。我们应始终不渝地坚守既有文化传统，同时也需秉持传承、发展的理念，更好地发挥其核心价值与时代价值。尤其在建设民族文化强区的进程中，我们要使它们成为各民族历史记忆的当代文化续存，并作为文化基因进入中华民族精神和意识结构的深处，"为形成较为完整的中华文化基因的理念体系努力"[①]。

第一节　内蒙古非物质文化遗产的有效传承

非物质文化遗产具有鲜活、持续运动的特征，始终显现为以人的活动而存在的动态传承过程。它是现存的民族传统文化，其生命存在的特质就是"传承"。但非物质文化遗产传承不单指保存、延续，尽可能使其延长

---

① 丁元竹：《"十四五"时期非物质文化遗产系统性保护相关政策措施研究》，《管理世界》2020 年第 11 期。

生命，它还包括发扬精华，剔除不符合社会发展的内容，进行文化整合。从这一点看，非物质文化遗产传承是一个文化传播的过程，也是一个文化选择和文化超越的过程，体现了人类文化整体发展的必然要求。

一　内蒙古非物质文化遗产有效传承的前提

有效传承是非物质文化遗产保护工作的终极目标，也是一个内涵深刻的文化共享过程。文化传承广义上可理解为"指文化在民族共同体内的社会成员中作接力棒似的纵向交接的过程。这个过程因受生存环境和文化背景的制约而具有强制性和模式化要求，最终形成文化的传承机制，使民族文化在历史发展中具有稳定性、完整性、延续性等特征"[①]。非物质文化遗产传承就是通过各种途径，在不断达成与不同时代文化生境的适应中得到延续、承继而世代流传。传承是非物质文化遗产保护的根本目的，内蒙古非物质文化遗产保护归根结底就是为了保证其有效传承，成为后世的共享文化。不过，文化传承不是简单的一蹴而就。要达到有效传承的目的，我们应遵循文化遗产的生成逻辑和发展演变的内在规律，也需要正视问题、坚定信心、勇于承担责任。

（一）认识非物质文化遗产传承的本质特性

传承性是文化发展中共有的规律性特征，当代非物质文化遗产的濒危性或生存危机的实质就是传承危机。非物质文化遗产不同于物质文化遗产，它的传承具有自己的特征，缓解其传承危机需要了解它的传承特性和机理。这种传承性"指非物质文化遗产所具有的被人类以集体、群体或个体的方式一代接一代地继承或发展的性质"[②]。这就明确了非物质文化遗产是不同民族、群体创造性实践的集合体，存在于世代相传的生产生活中，表现为不断流传和持久继承的存在状态。因此，无论是民间文学中英雄史诗、民间故事，传统表演艺术中民歌、舞蹈，传统美术中剪纸、刺绣，还是传统技艺、民俗礼仪等文化式样，都是通过创造者、承载者的口传身授得以动态传播且为后世承袭。可以说，传承是非物质文化遗产生命力的象征，传承的终止意味着其生命力的消逝。而传承之所以延续，是因为它具有突出的文化价值，能为不同时代接纳与共享。

[①]　赵世林：《云南少数民族文化传承论纲》，云南人民出版社 2011 年版，第 14 页。

[②]　牟延林、谭宏、刘壮主编：《非物质文化遗产概论》，北京师范大学出版社 2011 年版，第 34 页。

　　非物质文化遗产是人类具有特殊性的文化形式，这种特殊性在传承过程中有所体现。其一，它是以人的技艺、身体行为、口述语言等抽象的交流方式进行的。鄂温克族民间故事、蒙古族英雄史诗《格萨（斯）尔》等民间文学离不开人的口说言表；俄罗斯族民间舞蹈、敖鲁古雅伊堪、达斡尔族扎恩达勒等传统表演形式离不开人的音唱身演；蒙古族诈玛宴、回族婚礼、朝鲜族花甲礼等民俗礼仪离不开人的参与遵行。传承方式的无形性决定了它对传承人具有不可分离性，也使其存在十分脆弱。其二，非物质文化遗产大都动态地存在于各民族的生产生活中，表现形式差异化，传承途径多元化。传承途径主要有"群体传承；家庭（或家族）传承；社会传承；神授传承"①。多元性的传承途径有着不同的作用，是实现非物质文化遗产传承的有力保证，随着社会发展与民众生活环境的变化，传承途径也自然会趋向更多的选择。其三，非物质文化遗产传承是一种精神层面的传播过程，依附于活体的人而动态存在，传承的内容为特定民族的知识、观念、心理与情感。这不仅需要传承人掌握、理解这些知识、观念，还需要他们认同、接受、热爱。所以，传承主体的自觉意识是传承过程中的关键因素。其四，非物质文化遗产为个人或集体的文化创造，都是一定时代和环境的产物。在不断的传播中，它总会因社会环境的变化及传承人的创造能力而发生变异，传承结果呈现出继承和发展的统一。这是文化传承发展的必然趋势。传承方式、途径、过程、结果的无形性、多元性、专门性、变异性作为非物质文化遗产特殊性的具体表现，也是其传承特有的本质特征。充分了解这些本质特征，对开展有效保护传承工作具有指导作用。

　　无可置疑，动态传承性是非物质文化遗产的本质特性。每一种非物质文化遗产都是以各民族特有的实践活动、智慧情感、观念表述为载体，通过技能和知识的传承，成为时至今日依然鲜活的民族文化事项。内蒙古非物质文化遗产也是在上承下继中实现其文化价值和精神传递，成为民族文化复兴、创新发展的源泉和动力。非物质文化遗产的传承本性体现了它的价值与作用，也揭示了不断优化传承环境、拓宽传承途径、维护其常态化传承运行，是保护工作的本义所在。

　　（二）重视内蒙古非物质文化遗产传承的紧迫性

　　内蒙古非物质文化遗产富有区域特点，生存于独特的地理、人文、经

---

① 刘锡诚：《传承与传承人论》，《河南教育学院学报》2006 年第 5 期。

济环境中，有着自己融通历史与现实、传统与现代的特定生存环境。这种特殊的文化生态是其传承空间。但文化生态是由诸多变量构成的，各种环境因素失调就会破坏传承的有序性，容易导致传承链的断裂。内蒙古地处我国西北边疆，无论经济、区位以及文化等方面，都与其他省份存在较大差距，在现代化、市场化的大环境下抵御能力较弱，文化生态变化明显。

以内蒙古 3 大文化圈之一的阴山地区为例，区域范围自东向西主要包括乌兰察布市、呼和浩特市、包头市、鄂尔多斯市、巴彦淖尔市、乌海市。这一地区属内蒙古中西部，是农牧文化的交接地带，阴山南北两侧在自然景观和生产方式上差异显著。这里还处于我国北部交通枢纽地区，地理位置特殊，容易受到外来文化的冲击。20 世纪末以来，随着全球一体化和城市化进程的加快，阴山地区日益成为内蒙古政治、经济、文化的中心地带，非物质文化遗产的文化生态发生了较大变化。首先，城市化、工业化快速发展带来的土地不合理利用以及自然生态本身的脆弱性，造成阴山地区的自然生态系统失调，水土流失、土地退化加剧。其次，人们价值观念也受到当代文化的影响，对源自农牧业文化土壤的传统文化兴趣日渐淡漠。再者，非物质文化遗产属无形文化遗产，容易随时代迁延与变革而被人们忽略或忘却。这就造成非物质文化遗产的存在基础受到明显削弱，传承人趋向高龄化，传承空间日渐萎缩。至 2020 年 12 月，阴山地区共有国家级非物质文化遗产项目代表性传承人 16 位：冯来锁（1965.03）、武利平（1960.02）、霍伴柱（1956.12）、段建珺（1973.06）、奇附林（1953.11）、哈勒珍（女，1950.11）、额尔德尼森布尔（王卫东）（1952.08）、刘静兰（女，1955.04）、马成士（1946.10）、古日巴斯尔（1947.01）、苏亚乐图（1965.11）、何小菊（女，1963.03）、高乐美（1934.01）、郑蝴蝶（女，1956.09）、郭日扎布（1942，已故）、曹纳木（1943.09）。这些传承人平均年龄达 64 岁，最大者 84 岁。

除了老龄化外，在市场经济环境下，随着社会价值观的变化，传统文化的后继认同者逐渐减少。以国家级代表性项目"梅日更召信俗"为例，这一文化事项具有唯一性和代表性，其存在意义早已超越了宗教本身，成为无价的人类文化遗产。现在，它的生存和发展却面临着严峻的挑战。梅日更召于清代最繁盛的时期有 1000 多名喇嘛，中华人民共和国成立初期寺内还有 500 多名喇嘛，2011 年寺内只有 9 名喇嘛。据实地调研了解到，2015 年召庙仅有 6 个小喇嘛，多来自锡林郭勒盟；至 2020 年 12 月，召内喇嘛不到 20 人，且不稳定。梅日更召从创建至今的 300 多年间，已历经九位转世活佛。九世活佛斯·孟克巴图自 1990 年 12 月返寺主持教务至今，现年已 68 岁。随着自治区对梅日更召信俗保护工作的重视，共评定自治区级传承人 3 人，即嘎拉鲁（1934，已故）、孟克巴图（1952.11）、特木吉勒图（1968.10）。然而由于时代变迁、社会转型，原来相对封闭的文化环境被打破，多数年轻人倾向于选择现代生活方式。如今愿意从事艰苦、寂寞的传统文化传承工作的后继者较少，梅日更召信俗传承内力严重不足。现在召庙正常的功课与重大节日的法会有时难以进行，已经到了传承艰困难继的边缘。

内蒙古非物质文化遗产承载着各民族连绵的历史，存在于许多杰出传承人的技艺、精神中，是难以估价的民族文化财富。传承人群体是其薪火相传的载体，特定的自然生态和人文环境是它们赖以生成、生长、传承的基础。一旦文化生态平衡紊乱，文化传承也会陷入困境，尤其承载着其文化智慧的传承人群体的消减，必然会直接影响文化遗产的有效传承，甚至随之消失。针对目前内蒙古非物质文化遗产传承的紧迫性，应采取行之有效的措施改善失调的文化生态，为其传承创造必要的生存空间和传承环境。认识文化传承的紧迫性是开展有效传承工作的前提之一，也是当代内蒙古非物质文化遗产保护传承工作应重视的问题。

（三）正视内蒙古非物质文化遗产传承的责任

内蒙古非物质文化遗产是宝贵而稀有的社会公共文化资源，保护传承这些民族文化遗产是内蒙古社会各界应尽的责任与义务，政府部门、保护机构、传承人群体、社会团体、广大民众等都是传承主体。当前，有效融合各方力量、创造传承的内生性结构力量以形成传承的规模效应，是急需解决的问题，更是各文化传承主体应正视的责任和承担的义务。其中，政府部门居于主导地位，有效传承的推进与政府的领导决策、政策保证、合理分工、监督管理有着密切的关系。这说明其职责的发挥对于社会整体传承机制的形成起着主干作用。

2016 年 12 月，内蒙古自治区人民政府办公厅印发了《内蒙古自治区"十三五"文化改革发展规划》（内政办发〔2016〕207 号），围绕建设民族文化强区建设，提出了内蒙古自治区文化建设发展目标：到 2020 年，使民族优秀传统文化传承体系更加健全，文化遗产抢救、保护进一步加强。此规划不仅将文化遗产保护提到新的高度，在传承机制、场馆建设、学校传承、文化生态保护等方面对非物质文化遗产保护工作也进行明确要求。第一，全方位推进非物质文化遗产保护。第二，探索自治区非遗传承发展新模式，支持各盟市探索适合自身特点的非遗普及教育，逐步形成家族、学校、社会传承链。第三，拓展非遗展示传播的有效途径，在自治区、各盟市和其他富集地区建设展示馆；建立全区非遗电子地图等。①《2020年内蒙古自治区政府工作报告》仍然将"加强文物保护利用和非物质文化遗产传承"作为2020年10项重点工作之一。这些都体现了自治区政府勇于担当传承民族文化责任的态度，也进一步明确政府对民族文化建设的战略部署，对于内蒙古非物质文化遗产保护传承具有深远的意义。

责任源于自觉，行动体现自觉。内蒙古非物质文化遗产传承是自治区民族文化大区建设的核心内容之一，政府在其中起着组织、指导作用。他们勇立文化潮头、担当文化先锋的强烈使命感，自觉用优秀的民族传统文化引领社会思潮、社会进步的责任意识，势必在内蒙古民族文化传承中构筑精神文明高地，推动和促进民族文化的发展进步。落实到实际行动中，一方面，内蒙古各级政府部门应该充分发挥中心作用，正确把握非物质文化遗产保护传承工作的主旨，科学地进行方向性指导和规范。同时，政府还要大力行使政府行政职能，通过有效形式鼓励、吸纳民间力量的广泛参与，以调动社会群体的主动性、创造有利的传承条件。另一方面，社会各界人士也应站在新的历史高度，提高对发展繁荣民族传统文化重要性的认识，不仅要有责任心，而且要从实际行动上给予大力支持。如此，才能形成保护合力，共同创建新时期内蒙古非物质文化遗产保护传承良好的社会氛围。

"传承"的生命特性决定了非物质文化遗产的保护就是以传承为中心任务的保护，也就是在保护中促进其传承，在传承中强化其保护。不过，传承也是一个复杂过程，有诸多要素构成，传承途径尤为重要。当前，学者们对于传承途径有着不同认识。我们认为从历时性来看，主要分为传统传承途径和现代传承途径两类。其中，前者包括以家族、师徒为形式的传承人传承和民族群体传承，属于自然传承，应称之为"民族自我传承"。后者则呈现出多种形式，如学校教育传承、博物馆传承、数字化传承、传统媒介（广播、电视、报刊等）传承、社会公共事业团体传承等，也称为

---

① 内蒙古自治区政府办公厅：《内蒙古自治区"十三五"文化改革发展规划》2017年2月10日，内蒙古自治区政府网，http://www.nmg.gov.cn/zwgk/zdxxgk/ghjh/fzgh/201702/t20170210_ 292520.html，2020年12月3日。

社会传承。

从效果看，传统传承途径最能体现文化自身的天然魅力，无论过去抑或当代都是非物质文化遗产主要的传播形式，也是其最本真、最理想的传承途径。然而，一切现存的文化都是在人与自然、人与社会、人与历史的互动中，不断延续、生发和变化。自然状态传承途径所关涉的生态环境也都在发生嬗变，特别在当前环境下民族自我传承面临着严峻的挑战，无法正常完成文化传承的任务。这就有必要深入探讨非物质文化遗产更有效的传承途径。我们应在深化传统传承途径的同时，积极拓展现代传承路径，将二者有机结合起来，共同推进自治区非物质文化遗产的有效传承。对于传承途径，从不同角度划分会有不同的种类，况且各地区文化遗产也有自身的区域特色，重点也不同。我们认为在内蒙古非物质文化遗产传承中民族自觉传承、学校教育传承和数字化传承应值得关注。

二 内蒙古非物质文化遗产有效传承的根本途径——民族自觉传承

传承作为文化延续、进化的规律性活动，涉及文化承载者、传承者、文化享有者、传承途径、传承空间等要素。非物质文化遗产作为一种特殊的文化样态，其传承亦然如此。所以，我们应关注它的内在特质和现代社会的文化语境，掌握其在特定时期的文化价值和历史使命，探索适合不同地区非物质文化遗产的传承途径。从内在属性看，内蒙古非物质文化遗产包含着一个民族的文化创造、集体想象力、群体情感，构成民族文化赖以生存的文化系统，不断促进民族的发展与进步。这是它最本质的价值归属，也是各民族最应担负的历史传承使命。其次，内蒙古非物质文化遗产以少数民族文化表现形式为主，各少数民族都有自己的宗教信仰，民族传统文化也具有明显的宗教色彩与内隐性，适合于民族自我传承。这是由内蒙古非物质文化遗产的内在属性与历史使命决定的。因此，面对文化生态环境的变化，民族文化传承应该成为政府保护的重点，但更需要激励创造文化遗产的民族共同体内的社会成员世世代代不断地自觉传承，以达到持续发展的目的。

文化传承中，最重要的是传承载体的存在，无论何种传承途径，都以传承人为核心要素。传统传承途径更是如此，传承链的协调运行是传承活动有序进行的保障，传承人的健康存在是传承途径通畅最基本的条件。现在，内蒙古自治区政府已采取积极措施在经济上、文化地位上给予传承人大力支持，建立四级传承人名录体系。代表性传承人命名后，自治区按照国家相关政策对国家级和自治区级传承人进行经济补助，也明确了传承责任与义务，并为其传承活动开展创造良好的环境条件。《内蒙古自治区非物质文化遗产保护条例》第三十九条规定："旗县级以上人民政府文化主管部门可以在非物质文化遗产分布较为集中、传承基础较好的地区，设立传承基地。传承基地可以下设传习所和传承户。"自治区各级代表性传承人与非物质文化遗产有着密切的亲缘关系，都掌握着民族特殊的技能和文化传统。从传承的有效性与主体责任看，这些传承人不仅仅是内蒙古民族文化创造力、精湛技艺、民族知识的承载者，更是质效最佳、职责最本位的传承者。他们应借助政府给予的政策和经济支持，主动弥合文化传承的断裂，自觉地为民族传统文化的弘扬、发展起到引领作用。

在当代民族文化传承的研究中，多数学者关注政府对于民族传统文化的重视与支持。不可否认这很重要，但同时民族自觉性在其中的作用也大有可观，"民族自觉传承"更值得关切，即创造文化遗产的民族自愿承担传承使命、主动进行的文化传承。它与自然状态下的民族自我传承有一定区别，是民族自我传承在现代的升华，具有文化自觉的深刻含义。这是内蒙古非物质文化遗产最根本的传承途径。当然，自觉传承并不是放弃传统传承途径、拒绝政府及社会力量的携持与帮助。这种传承是指传承群体（包括各级传承人及文化所属族群），尤其是代表性传承人在政府保护性政策的支持下继承传统传承途径优势并超越其局限，不断提高责任意识、创造意识、主体意识，激活民族文化传承的活血之脉。

（一）提高传承群体的责任感，增强文化传承的自觉性

非物质文化遗产具有明显的活态性，不仅是现实生活的一部分，也是过去生活方式的延续。特别是它的历史文化内涵是通过人的活动展现出来，直接传达给受众的，在传达过程中，往往还会有互动和交流。这就使非物质文化遗产传承从根本上最讲究人本体之间的代际传承。民族自我传承是一种原初的非物质文化遗产传承途径，在农牧业文明时代的民族文化遗产传承中一直起着主要作用，当今仍是广泛受到关注和重视的传承途径。这种传承方式是在"身体在场、切身互动中进行的"①，传承人不仅具有较高的悟性，对其恒心毅力也有严格要求，是文化遗产活态而有效的

---

① 李菲：《身体与传承：非物质文化遗产研究的范式转型》，《思想战线》2014 年第 6 期。

传承方式。现代传承人应遵循非物质文化遗产自身内在发展规律，保持文化传承的活态性和有效性，坚守传承人应具备的意志品质和传承者高度的责任意识。只有传承人群体具有强烈的保护责任意识，非物质文化遗产传承才会进入良性的自觉状态。

自治区传承工作的推进与一批优秀传承人的自觉担当有着直接的关系，自治区级传承人满古梅（女）就是其中的代表。她一直主动、热心地承担鄂伦春族文化的保护与传承责任，成为鄂伦春族狍皮制作技艺忠实的守护者。满古梅很早就开始跟随母亲学习狍皮制衣、制靴等传统狍皮制作工艺，技艺纯熟。2007 年，在自治旗首届鄂伦春族民间工艺师大赛上，她被评为"鄂伦春族民间工艺师"。为了不使民族技艺失传，满古梅教她的小儿子何国志学做兽皮、桦皮制品。如今，何国志已建起了手工艺品经销店，通过网络博客、QQ 空间等方式宣传鄂伦春族工艺品，开创了祖辈未曾涉及的新领域。作为传承人，满古梅积极参与鄂伦春族文化的宣传展示活动，自豪地成为鄂伦春族文化形象的代表之一。2009 年 8 月，她在第十一届亚洲艺术节为参观者现场讲解狍皮制衣、制靴等生活用品的历史文化知识并演示其制作技艺，获得第十一届亚洲艺术节执委会颁发的荣誉证书。2011 年，满古梅赴马耳他参加"中国内蒙古文化周"展示活动，将鄂伦春族传统文化第一次带出了国门。2017 年，当地政府投入建设"鄂伦春乌力楞"景区项目，将鄂伦春族文化浓缩于此，并建立起鄂伦春非物质文化遗产传承基地，65 岁的满古梅成为传承基地的名人。2019 年 12 月 5 日，她做客四川美术学院，与来自中国艺术研究院、中国社会科学院、东南大学和四川艺术学院的专家学者进行了现场交流、对话和工艺展示，使广大师生深度领略了鄂伦春族传统"手工文明"的内涵。现在，68 岁的满古梅仍忠实地履行着作为传承人的职责。她的学生遍布国内外，多数是来自北京、天津、上海、广州等地的大学生，还有一些香港和美国的手工技艺爱好者。鄂伦春族狍皮制品作为代表作品，也经常参加中国非物质文化遗产博览会和赴世界各地展览，不断地展示着狩猎民族文化的独特美感与绚丽风采。

传承人，尤其代表性传承人作为民间文化精英，对非物质文化遗产的情感往往源自于内心深处的文化认同，已超越了谋生计的层次，是一种心灵的认可与融入。他们传承的是不只是技艺，更是一种民族精神和智慧。这是一种文化自觉的传承，这种自觉源自于他们对文化传承有着正确的理解和崇高的使命感，所以能够达到艺术创造的境界。

　　有着"戈壁歌王"美誉的巴德玛是阿拉善长调国家级代表性项目传承人。阿拉善长调因其戈壁环境雄浑辽阔，具有内蒙古西部地域风格。巴德玛的歌声明亮高亢，真正表达出了西部蒙古族人民的心声和纯朴豪爽的思想感情，也淋漓尽致地表现了阿拉善长调、短调民歌的风格、特点和技巧。2007年9月，她与哈扎布、宝音德力格尔等新中国第一代杰出蒙古族长调歌唱家一起被内蒙古长调艺术交流研究会授予"达尔罕道钦"（长调歌王）荣誉称号。作为国家级代表性传承人，巴德玛对于传承长调艺术有着一种强烈自觉意识和使命感。1993年4月，她筹划、成立了阿拉善民歌协会并担任主席，积极组织当地学者抢救、搜集、整理阿拉善民歌。2008年8月，她总编出版5卷本《阿拉善蒙古民歌集》，收录阿拉善地区和硕特、土尔扈特、喀尔喀各部原生态民歌1000余首，阿拉善民歌人物335人。这是蒙古族传统音乐遗产保护工程中一项重大成果。2016年12月以来，她一直担任内蒙古艺术学院"文化部民族民间文艺发展中心北方草原音乐文化研究与传承基地"阿拉善长调民歌传承驿站的指导教师，孜孜不倦地为阿拉善长调的保护与传承人的培养工作着。2020年11月4日，为表彰其突出贡献，在传承驿站年度总结大会上，内蒙古艺术学院音乐学院博特乐图院长向巴德玛、额日格吉德玛两位艺术家颁发学院聘书，阿拉善盟群众艺术馆馆长胡群向她们颁发了荣誉证书。多年来，巴德玛不计功利、始终如一地承担着传承民族文化的任务，因为对她来讲这是一种乐趣和源自心灵的热爱，更是一种不忘初心的责任意识。正如她所言："草原、民歌和我是一体的，放牧也可以唱歌啊，大草原就是我的舞台。"

　　使命感和责任意识是民族自觉传承应有的理性精神。传承人勇担民族传承重任，自觉践行民族文化传承责任，是民族自觉传承正能量的充分体现。为了表彰对我国非物质文化遗产传承做出突出贡献的各级代表性传承人，2012年至2014年，中国非物质文化遗产保护中心已进行三届"中华非物质文化遗产薪传奖"评选活动。内蒙古自治区已有6位国家级代表性项目传承人获此殊荣：乌兰（蒙医药）、刘静兰（包头剪纸）、宝音德力格尔（长调民歌）、布林（马头琴音乐）、莫德格（长调民歌）、罗布生（格萨〔斯〕尔）。2019年12月29日，伴随着"天苍茫，歌声扬，心中升起的是他那守护民族史诗的太阳；白发苍，情悠长，手中奏响的是他那接续文化生命的希望"的揭晓词，《格萨（斯）尔》国家级代表性传承人金巴扎木苏被评为由文化和旅游部非物质文化遗产司指导，光明日报、光明网主办的"2019 年非遗年度人物"。2020 年 12 月，蒙古族服饰国家级代表性传承人娜仁其其格、马鬃绕线蒙古唐卡自治区级代表性传承人格日勒、鄂尔多斯婚礼国家级代表性传承人曹纳木、赤峰市非物质文化遗产保护中心主任陈玉华等 4 人，入选"2020 年非遗年度人物"100 位候选人名单。

民族文化的自觉传承正是依靠大量优秀的传承人的坚守，并引领广大民众传递不灭的薪火而代代相传。它不仅能延续民族文化事项本身，还传递了民族群体意识与使命感。民族自觉传承是内蒙古非物质文化遗产传承不可缺少的选择，也是最具价值的传承途径。

（二）充分发挥传承人群体的创造性，彰显文化传承的价值

内蒙古非物质文化遗产多通过传统传承方式传承，具有明显的封闭性，也正因此，它保持了自身的独特魅力。可是，传统传承方式在当代开放的环境下有其优势，也有局限。它主要为家族父子相承、拜师收徒传承方式，多以口传身授、一对一单线形式进行。这种方式传承范围较小，有时还因特殊技艺有一定限制，掌握人数有限，不利于文化广泛传播。所以，在当代文化生态嬗变中，传承人应建立新时代的传承理念，认识到非物质文化遗产是极为稀缺的，唯有坚持保护与传承并重才能使其免于流逝。他们还应领悟到保护和传承它的真正主体是广大民众，在一定条件下应采用不同程度公开的传授模式，以扩大传承基础。这不仅能使他们在传承过程中绽放自己卓越的创造能力，还能广纳不同文化的长处，进一步完善、发展本民族优秀文化，不断推动文化遗产在更广阔的空间里播种开花。这其中需要广大传承人及传承群体具有博大的文化胸襟和超越传统的民族智慧。

安代舞国家级传承人那仁满都拉，从 1958 年开始向吉木彦、额尔敦巴拉两位老安代传人学习安代舞。为了推动安代舞的传播，他不拘于传统，从旧安代舞的 50 多种曲子中精选出 13 个最有代表性的曲子，作为常用曲子普及推广。另外，他还把旧安代舞仅有的三四个动作进行提高、改变，创新成为适合于现代社会的 20 多个新动作。1966 年，那仁满都拉开始组建业余乌兰牧骑演出队并担任导演。期间，他向老一代安代舞传人学习，精进传统技艺；同时又把旧的安代舞动作、唱词、曲子加以改进，增添新时代生活内容。除此，他还培养了很多安代舞艺人，并逐步把安代舞搬上了舞台，扩大了安代舞的传承基础和影响力。如今，他秉承安代舞的

传统艺术精髓，不断探索艺术的创新，推出新的作品，如《双庆丰收》《万岁人民》《万岁安代》等。这些创新的安代舞保留着其原生态意蕴，有着热烈欢腾的歌声和节奏强烈的踏地舞步，顿足、挥舞手臂、甩绸巾相结合，以集体舞、舞台艺术以及中小学课间操的形式成为当代库伦旗民众生活的内容之一。

优秀代表性传承人在传承过程中，对民族文化遗产内涵有着独特认知，更加讲究文化技艺的精细，能够赋予文化遗产无限的新生力量，进一步提升其民族特性与精神品质。国家级代表性项目传承人齐·宝力高，是一位充满激情、技艺超凡的马头琴音乐大师。他一生热爱马头琴，执着于马头琴音乐的艺术追求，为蒙古族马头琴艺术的传承与发展做出了卓越的贡献。为了高质量的传承发展，他智慧地吸取了西方小提琴的演奏技巧，成功地改制了传统马头琴的琴体以及其声源，统一了弓法和指法。2005年，他创建了世界上第一支马头琴乐队——野马乐队，突破了马头琴只有独奏和伴奏的局限性；2011年10月，成立了齐·宝力高国际马头琴学院，弟子6000余人，遍布世界各地。他不拘于成规、视野开阔，还不断融入时代发展的新内涵。如今，《锡林河》《马头琴之歌》等已成为蒙古族人民心中最熟悉的乐曲，《万马奔腾》《草原连着北京》《草原赞歌》也成为人们认识马头琴音乐的经典之作。

作为马头琴大师，齐·宝力高志存高远、胸襟宽广，致力于"让马头琴走上正规化高等艺术教育之路；让马头琴始终走在世界音乐的前列，用自然、和平的声音带给全世界人民感动、感激与感恩。"他是至今为止在维也纳金色大厅举办专场马头琴音乐会的唯一一位中国演奏家，近年来还率领野马马头琴乐团与中国国家交响乐团一起，在国家大剧院、北京音乐厅、上海音乐厅等音乐殿堂以及北京大学、中国音乐学院、纽约艺术大学等高校举办了数场马头琴交响音乐会和艺术交流活动。老骥伏枥仍不忘使命，2019年11月9日，75岁的齐·宝力高又带领野马马头琴乐团在北京世纪剧院再度奏响经典的《万马奔腾》，倾情演绎吃苦耐劳、一往无前的"蒙古马精神"，为中华人民共和国70华诞献上最诚挚的祝福。齐·宝力高大师一生坚守为马头琴而生的信念，将自己对艺术的激情、蒙古族人民对生活的热情以及对马头琴的无比深情倾注于旋律中，完美地诠释了马头琴音乐极高的文化价值，是传承人自觉传承最杰出的代表之一。

非物质文化遗产具有恒定性和活态流变性的传承规律。恒定性是指人类智慧、思想、情感和劳动创造积淀形成的生产、生活方式和思想、情感表达方式，形成一定群体人们共同遵守践行的一些规则。这些规则具有集体维持的特性，世代相传，因之具有一定的恒定性。但是，随着时代、环境、生活条件、审美趋向等变化，整个传承链条上每一个环节的传承者都会把自己的独特体验融入其中，所以整个传承过程又不是凝固不变的。非物质文化遗产始终是在继承和创造的统一性中发展，这就是它的恒定性和活态流变性。[1] 正因如此，民族文化的有效传承不仅需要广大传承人群体精益求精的匠心精神与孜孜不倦的意志品质，还应认识文化本身的流变性，做文化的发展者而不是固守者，不断提高文化传承的质量。尤其是优秀传承人不仅肩负着延续传统文脉的使命，代表着传承实践能力的最高水平，对于非物质文化遗产的创新发展、确保其传承内在动力的持久恒定起着领航者的作用。在当代文化传承中，他们更应在自身良好素质和已有的社会基础上，将文化创造力融入传承实践中，突出传承人的历史地位，实现传承集群效应。[2]

（三）强化传承群体的主体意识，激发文化传承的内力

非物质文化遗产具有群体性特征，也有其活的灵魂。这集中体现为由创生并传承它的民族或族群在自身长期奋斗发展和努力创造中，凝聚成的特有的民族精神和心理积淀，成为其成员共同信仰和所遵循的核心价值观。内蒙古库伦族的安代舞、托克托县的双墙秧歌、鄂尔多斯市的顶碗舞、新巴尔虎左旗的蒙古马耐力赛、阿拉善右旗蒙古族赛驼等等，都是一种由群体传承而得到延续的文化遗产，寄予了特定地域族群的价值追求。这种特征使它们无法从特定地域的民族群体中抽离出来，对其原创主体（包括传承人、传承群体）所在民族、文化背景、自然地域有着强烈的依附性。另外，内蒙古非物质文化遗产中还有被视为民族或地方人群日常生活中具有礼仪或神圣性意义的文化形式，如民俗类、传统体育类项目成吉思汗祭典、鄂伦春族篝火节、满族婚俗、达斡尔族扳棍赛、回族摔跤等。它们创生时就以特定的民族群体参与形式出现，这些非物质文化遗产传承不能脱离其民族生活实践，其价值与意义只有通过民族群体活动才能体现、分享。

---

① 王文章：《非物质文化遗产保护研究·自序》，文化艺术出版社 2009 年版，第 9 页。
② 孙正国：《论非物质文化遗产传承人的类型化保护》，《求索》2009 年第 10 期。

　　基于内蒙古非物质文化遗产有相当数量的门类是以群体传承形式存在，在非物质文化遗产传承中，我们应当注重民族群体主体地位的培育，树立人性的文化尺度。这就要求既尊重民众文化传承的自发性、自主性和文化个性，又要为民族群众文化活动的蓬勃发展提供广阔的舞台，以增强原生居民的文化归属感。在现代形势下，内蒙古非物质文化遗产消亡的一个直接原因，就是日益流失的原生地民众人口。这一群体数量较大，"是未来代表性传承的重要人选，是代表性传承人遴选的基础"。他们的流失势必直接"影响了少数民族非遗所属社会的文化生态，撼动少数民族非遗传承和发展的社会根基，使代表性传承人面临无徒可选、无徒可授、'人亡艺绝'的危险"[①]。确实如此，随着他们与原有的乡村、牧业生活渐行渐远，空间距离最终导致文化与心理的隔膜，致使文化内源性动力缺乏、传承基础的空心化。所以，当代文化遗产的保护传承，无法脱离当地原生民众而单独保护，否则文化将失去其最具营养的民族土壤，保护既无意义，传承也无从进行。而留住原生地民众、培育其主体意识最直接的手段，就是传统民俗礼仪等民间群体文化活动的开展，民众的自觉参与。这其实就是让非物质文化遗产保护深入各民族人民的日常生活中，让他们在其中便能感受到本民族非物质文化遗产的无穷魅力，自觉生发出对民族文化的自信，从而提高对本民族文化的认同感。

　　宝格德乌拉，蒙古语，意为"神山""圣山"，位于新巴尔虎右旗阿拉坦额莫勒镇正南45千米处，海拔922.3米。它是我国草原上自然形成的最大的"敖包"，千百年来成为降福与庇护这方水土的蒙古族的神圣领地。宝格德乌拉祭祀从1738年开始延续至今，已有280多年的历史，每年农历五月十三和七月初三都会举行，是呼伦贝尔草原上规模最大、最典型的民间祭祀活动。祭祀期间，身穿节日盛装的牧民们自发而来、聚集在宝格德圣山，祈祷草原风调雨顺、五畜兴旺。2017年8月23日，由新巴尔虎右旗文体新广旅游局、新巴尔虎左旗文体新广局主办，新巴尔虎右旗、新巴尔虎左旗乌兰牧骑承办的宝格德乌拉祭祀盛会暨民族文化交流演出在圣山脚下举办。祭祀当天，数万牧民群众来到祭祀地点为草原祈福，来自全国各地的游客也循着历史的足迹走进圣山观光、游览。为增添文化

---

　　① 李虎：《论传承人流动与少数民族非物质文化遗产保护》，《中南民族大学学报》2018年第5期。

氛围，主办方还设置了搏克、赛马、射箭等活动供游客参与，呈现了草原特有的文化魅力。这种极具民族文化特色的祭祀活动吸引了大批游客前来体验巴尔虎蒙古族文化、习俗和风情，推动了文化与旅游的融合发展，也引发了旅游者对巴尔虎蒙古族保存下来的非物质文化遗产的欣赏和赞叹。这势必能够唤起当地蒙古族人民对自己民族文化的自豪感，以及作为文化拥有者的主体归属感，有利于他们滋生传承民族文化的自觉意识。

文化遗产是见证一个民族历史，体现民族精神、繁荣民族文化的基础，一个民族的文化根基源于其独特的精神文化。非物质文化遗产所形成的心理积淀是民族精神记忆，是族群赖以生存与发展的内驱动力。面对民族传统文化传承的困境，政府的政策保证与资金资助是外力，过分依赖会导致民族文化自身发展能力的弱化。只有民族自我觉醒、自愿坚守，尤其传承人群体作为文化主体，在国家和自治区各级政府的支持下，主动发挥传承主体作用，民族文化传承才能真正完成。

达尔扈特是鄂尔多斯部专门守护成吉思汗陵的人们，也是国家级非物质文化遗产成吉思汗祭典的传承群体。现有国家级传承人王卫东（额尔德尼森布尔，1953.08）、郭日扎布（1942，已去世）2人，自治区级传承人额尔定斯迪（1966.03）、巴布扎布（1969.10）2人。达尔扈特的主要任务是护陵和祭祀，遵守族内男子世代相袭的祖训，如今已历经近800年历史，传至第38代、39代。国家级传承人郭日扎布是达尔扈特第36代传人，坚持守陵逾60年。他的儿子哈斯其劳是第37代传人，衣钵相传、坚守如初。他说："我希望能给孩子们灌输一种思想，这是一份神圣的工作，从小对小孩进行正面引导这个文化，告诉他们达尔扈特人忠诚、守信，有坚定不移的信念，让后代有自豪感更有使命感。现在有好几个孩子虽然在外面上大学，但是都表示愿意回来从事这个工作。"

正是达尔扈特传人几百年持之以恒的坚守，成吉思汗祭典才能够较完整地延续下来。我们曾前往达尔扈特人聚集区"布拉格嘎查"进行调研，成吉思汗陵就位于此地，在国家的关怀下于1954年重建。这里自然环境曾遭到破坏，经过自治区和鄂尔多斯市政府的综合治理，嘎查（村）现在草原生态恢复良好，各牧家乐文化旅游业发展迅速，达尔扈特人的生活有了明显的改善。但随着社会变迁、现代文化的冲击，达尔扈特群体自身的思想意识也发生一定变化，传承群体不断萎缩。在这样境遇下，正如著名的蒙古族学者色音所言："达尔扈特人这一传承人群更需要冷静思考、提高自己的担当意识，更加强化传承保护珍贵的非物质文化遗产的使命感，让古老的成吉思汗祭奠活在当下，留给后人，让它永远地传承和发展下去。"他指出："作为非物质文化遗产的传承人群，达尔扈特群体理应超越祭司身份，更加增强文化自信和文化自觉，这样才能担当起时代赋予的神圣使命，更加自觉主动地投入到传承和保护国家级非物质文化遗产的实践中。"①确实，只有各民族成员具有强烈的文化主体意识、自觉地延续，民族文化才能生根发芽、枝繁叶茂、永续传承。

非物质文化遗产对于民族而言，是民族智慧、民族发展的印记；对于群体而言，是一个群体的集体意识、文化归宿。这种文化形态具有坚固性与脆弱性并存的特性。一方面，源于创造非物质文化遗产的民族或族群内部成员世代相袭的自觉、认可和坚守，文化表现出坚固性。另一方面，随着社会的发展和时代的变迁，创造非物质文化遗产的民族或族群内部成员在外界的强烈干扰下，自觉认同不断弱化，文化又表现出脆弱性。这种脆弱性导致非物质文化遗产生存境遇改变，面临传承链断裂、本体遭受干扰和破坏等冲击。内蒙古非物质文化遗产也将必然面临随着自然和社会人文环境演化而被传承或被中断延续的可能。自觉传承是一种具有生命内力的传承方式，也是民族文化遗产未来发展的根本之路。这条路意义深远，需要非物质文化遗产所属族群成员不断强化民族自信，增进民族文化的自我认同，成为民族文化的真正主人。同时他们也要客观地面对现实，积极参与、接受新时代的传承方式，不断增强文化解释权，促进自觉传承的民族脉动。

三　内蒙古非物质文化遗产传承的必要途径——学校教育传承

21世纪以来，随着工业化、城市化进程的加快，根植于农牧业生产生活的非物质文化遗产正面临着急剧的流变，以家庭、师徒传承为主要形式的传统传承途径也接受着严峻的挑战。拓宽传承路径、保护这些濒危的活态文化已成为我国文化部门和学术界的焦点问题。学校作为教育阵地与文化传承的基地，理应成为民族非物质文化遗产有效保护的途径。但是，由于学校教育历来以主流文化为价值取向，非物质文化遗产多属于民间文

---

① 色音：《论蒙古族非物质文化遗产传承人群的历史贡献与当下使命——以鄂尔多斯地区达尔扈特群体为例》，《石河子大学学报》2016年第3期。

化，其学校教育传承地位长期处于弱势。内蒙古作为少数民族地区，科技经济不发达、学校教育水平相对落后，理性的非物质文化遗产教育意识和系统的操作机制还较缺乏。教育是文化的翅膀，文化是教育的灵魂。在知识经济一体化的当下，非物质文化遗产传承危机产生的原因之一是与现代教育体制的脱节。由此，解决危机的途径之一，就是应使它们在各级各类学校教育中占有相应的文化地位。

（一）内蒙古非物质文化遗产学校教育传承的现实性

学校教育是系统地、有计划地进行文化传承和培养人的过程，因而也是选择文化的过程。① 内蒙古非物质文化遗产的学校教育也应是有目的、有意识地培养人才的实践活动，具有促进人的发展的教育人类学意义。这也是其当代发展的现实诉求。

第一，民族地区当代素质教育发展的内在要求。素质教育是我国当前教育改革的主题。它以全面提高全体学生的基本素质为根本目的，要求从知识、情感、价值观方面培养学生的能力，以注重形成人的健全个性为根本特征。内蒙古非物质文化遗产许多优秀的成果包含着科学的民族文化知识、精熟的工艺技能、健康的审美情趣以及正确的道德伦理内涵，能够提高人的人文素养、培育人们良好的品质，是优质而独特的素质教育资源。可民族地区的教育无论是普及度还是水平较为有限，加之非物质文化遗产非主流的文化地位，一直以来在自治区学校教育中处于边缘境地。学校是青少年集中的教育场所。将非物质文化遗产纳入学校教育，有助于培养学生对本民族文化的认同感与自豪感，形成理性的文化价值观，也有利于陶冶学生的情操，培育他们的爱国情怀和民族精神。从这个层面上讲，内蒙古非物质文化遗产的学校传承可以发挥其育人、育德的教育功能，能够促进人的终身发展，是教育自身发展规律和自治区素质教育的内在要求。

第二，民族地区非物质文化遗产持续传承的必要途径。内蒙古非物质文化遗产大多创生于经济不发达的边远地区，以各民族群体自己创造的原生态、内生的教育活动（如民族传统习俗、宗教仪式等）形式在民间或民族内流传和延续。但在今天市场经济条件下，原有的非正式的民间教育形

---

① 普丽春：《少数民族非物质文化遗产教育传承研究——以云南省为例》，民族出版社 2010 年版，第 170 页。

式受到严重冲击，非物质文化遗产传承的固定空间被打破，导致文化传承出现了断裂。保护这些脆弱而又珍稀的文化遗产，不仅仅是文化部门的重点，也是教育机构义不容辞的责任。目前，内蒙古自治区 28.61%（图 3-8）的民众是通过学校教育知晓非物质文化遗产的，比例并不高。基于此，将内蒙古非物质文化遗产纳入各级学校教育，进行系统的、科学的传播，能够使广大青少年学生在持续的正规教育中认识其独特的文化价值，逐渐消融民族文化与现代学校教育的距离感。重要的是学校教育还可以帮助他们从小树立保护意识，并内化为自觉的心理传承，形成代代相传的文化群体。所以，只有借助学校课程教学平台，形成非物质文化遗产的传承链条，才能把传承落到实处。也就是说，"学校应成为民族文化遗产的传承、发展、创造的主体，成为文化遗产的学习地，成为文化资源可持续发展的重要桥梁、重要基地"[1]。从这个角度讲，学校教育传承应是目前内蒙古非物质文化遗产保护的最佳形式之一，是建立文化生态保护区之外的另一条有效的保护途径。

第三，民族地区文化生态平衡发展的必然前景。各民族文化多样存在和交流是文化生态系统协调运行的重要特征，也是民族地区社会发展的根本要求。内蒙古非物质文化遗产鲜活地表达着不同民族的文化特质，传承它们就是保护、维系文化生态系统的协调性。然而，这些文化遗产一直是在较为封闭的环境下自然传承，限制其开放性与交流性。"在全球化发展的今天，不再存在封闭的文化系统，所以，每个地方性的非物质文化遗产的传承人和传播者未必只是当地民众，其可以来自不同的地区、不同国家的人们共同传承与传播。在人类的知识系统已经世界化了的今天，不同国家和不同地域文化的交融与互动，将会是人类世界未来发展的大趋势。"[2]这是良性文化生态发展的必然选择。学校作为人类文化传承和传播的主渠道，具有广泛的文化传播能力，无疑是民族传统文化走向普及化、国际化的场所。将优秀的非物质文化遗产纳入学校教育，可以彰显其特有的文化价值与影响力，促进文化多样性交流、融合与创新，增强民族文化在新时期的适应性，有利于形成"多元一体""和谐共容"的文化格局。

内蒙古是一个拥有 55 个民族的边疆地区，民族文化丰富多彩。自治

---

[1] 王文章主编：《非物质文化遗产概论》，教育科学出版社 2013 年版，第 101 页。
[2] 方李莉：《论"非遗"传承与当代社会的多样性发展——以景德镇传统手工艺复兴为例》，《民族艺术》2015 年第 1 期。

区最大的工业城市包头市，是一个蒙古族、汉族、回族、满族、达斡尔族、鄂伦春等 31 个民族共同聚居的移民地区。现在，全市除普通中小学，还建有 14 个民族中小学。各级学校是各民族青少年最为集中、共同学习的场所，更是互学互鉴、增进文化共识的最佳空间。包头市蒙古族中学建于 1962 年 11 月，是包头市唯一一所采用蒙汉两种语言授课的完全中学。学校除蒙古族外，还有汉族、回族、达斡尔族等学生。成立于 1984 年 9 月的包头市回民中学，是内蒙古自治区西部仅有的一所以回族学生为主体的完全民族中学，也容纳着汉族、蒙古族等其他民族学生。包头市第九中学更是包含着汉族、蒙古族、满族、达斡尔族、鄂温克族、回族等多民族的大家庭。内蒙古非物质文化遗产代表不同民族的文化想象力，是草原文化传统的鲜活表征，构成中华文明最具活力的部分。将这些优质的非物质文化遗产引入学校教育，体现了尊重多民族文化的平等权利，有助于促进各民族的文化自觉，增强对中华文化的认同。这样，最终会形成以各民族文化的特异性与适应性并存共生的文化格局，维护文化多样性发展的生态平衡。

（二）学校教育在内蒙古非物质文化遗产传承中的作用

学校作为教育传承的重要形式，是最发达、最完备的文化传承场，也是民族文化走向科学化、规范化的场所。它具有系统进行民族文化传承、促进民族文化的整合和完善功能[1]，相对于社会教育和家庭教育具有明显的传承优势。比较而言，在学校层面上开展非物质文化遗产教育，能够保证它在民族地区现代教育体系中得以系统地传承和发展，形成具有民族文化基因特色持续发展的生态空间。

第一，培养较高素质的非物质文化遗产传承人。随着时代的发展，由于相关因素的制约，内蒙古非物质文化遗产传承内力弱化，后继者缺乏，国家和地方政府也采取了相关措施，有意识地培养传承人。但学校是培养人才的主要场所，尤其青少年时期是非物质文化遗产的习得和养成的黄金时期。据《内蒙古自治区 2020 年国民经济和社会发展统计公报》显示，内蒙古自治区现有普通高等学校 54 所，在校学生 48.7 万人；普通高中 305 所，在校学生 40.6 万人；普通初中 711 所，在校学生 66.2 万人；普通小

---

[1]　曹能秀、王凌：《试论以教育促进民族文化传承的方法》，《云南师范大学学报》2010 年第 2 期。

学 1652 所，在校学生 138.2 万人。这些集中于大中小学的青少年是文化传承的未来力量，是自治区民族文化遗产创造发展的主体。将非物质文化遗产有效地引入学校教育中，可以使学生得到专业训练，培养学生对民族活态文化的兴趣和责任意识，还能使他们得到系统的文化知识积累，成为具有较高文化素质和优秀品德的传承者。正如《格萨（斯）尔》传承人敖特根花说："讲解《格萨（斯）尔》的历史，教孩子们演唱，是希望他们更了解蒙古族的历史与文化，形成正确的历史观、国家观、民族观。"她是《格萨（斯）尔》国家级代表性传承人金巴扎木苏的徒弟，随着"非遗进校园"的活动开展，每月 1 次到内蒙古赤峰市巴林右旗查干诺尔中心小学为学生教唱《格萨（斯）尔》。在传授演唱技艺的同时，她将格斯尔史诗蕴含的家国一体、民族团结的理想有机融入教学中，为培养素质优秀的《格萨（斯）尔》传承人奠定了良好的基础。

第二，改善自治区非物质文化遗产传承的生态环境。非物质文化遗产传承是关系到各民族群体和全社会的公共事业，需要政府及民众的互动协作，更需要面对历史、现实与未来的理性而健康的文化心态和文化环境。内蒙古地处我国西部，经济发展具有明显的资源开发型特征，建设资源节约型、环境友好型社会的任务尤为紧迫。非物质文化遗产是内蒙古各民族古老的文化记忆，绽放着草原民族特有的智慧风采；也是内蒙古特定历史环境和自然环境的产物，与其文化生态环境存在着相互制约的关系。为此，文化保护倡导遵循文化生态法则、注重优化文化遗产传承环境的整体性保护。这种新的理念与模式既是非物质文化遗产不可再生性与文化生态性的本质要求，也是保护的有效途径，还有助于自治区生态文明建设与经济可持续发展。不过，这些深刻内涵需要系统的教育传授。非物质文化遗产在学校的教育传承，拓宽了其原始封闭的传承方式，能够使内蒙古各族青少年认识文化生态环境的系统性及文化生态保护的必要性。这不仅可以提高青少年对非物质文化遗产存在价值的认知和自觉的文化生态保护意识，通过他们代际传播，还可以逐渐形成全社会自发、自主保护非物质文化遗产的意识与行为，营造文化生态保护与传承和谐的社会环境。

第三，提升自治区非物质文化遗产研究的水平。学校不仅具有文化传承的功能，也具有文化研究与创新的能力。各级学校汇聚着高素质人才，尤其大学拥有较多具有专深的理论知识和前沿科学视野的研究型群体，能够提供各种现代科技手段和文献资料，在文化产学研一体化方面有着毫无疑义的优势。内蒙古非物质文化遗产富有游牧文化的风采，也有农耕文化的特色，还因农牧交错的地理环境具有多元文化融合的地域性，但学界从非物质文化遗产视角进行的理论研究较为薄弱。这在一定程度上造成内蒙古非物质文化遗产保护整体上还缺少文化生态的视野，有待于探索新的保护路径。将内蒙古非物质文化遗产融入学校教育，可以利用民族地区学校的人才智力资源和现代化技术条件，不断创新表现形式、深化文化内涵。学校也可以发挥自身学术力量、科学研究优势，从民族非物质文化遗产自身传承规律出发，不断拓展其保护和传承的研究视角，提高传承人培养的专业质量。这样，既能从学理上解决非物质文化遗产学的理论研究问题，也有利于从实践上探索其传承发展的途径，提高其服务地方、推动民族地区经济发展的能力。

（三）内蒙古非物质文化遗产学校教育传承的对策

自 2014 年内蒙古自治区实施"千校计划"以来，非物质文化遗产在学校教育中实际上还未形成有效的传承机制，在一定程度上还存在着传承动力不足、传承目的敷衍、传承内容碎片化的现象。进一步探索学校教育传承的途径与对策十分必要且具有现实意义。鉴于内蒙古特有的文化生态环境，在开展学校教育传承过程中，我们要充分考虑非物质文化遗产的民族性、地域性、多样性，立足于本地区民族文化资源而采取行之有效的教学方法，以落实民族文化遗产的校园传承。

第一，整合优秀的民族文化资源，保证非物质文化遗产学校传承的常态化。内蒙古各级学校现行的课程体系分为 3 级，即国家课程、地方课程和校本课程。后 2 类课程是不同地区、各级学校在实施国家课程的前提下，根据特定地区的课程资源自主设定的。2005 年，我国政府就大力倡导"教育部门和各级各类学校要逐渐将优秀、体现民族精神与民族特色的非物质文化遗产内容编入有关教材，开展教学活动。"内蒙古现在共有 54 所高校，部分高校开设了一些地方课程与校本课程，但在较大程度上不是本着传承非物质文化遗产的目标而开设，课程中非物质文化遗产的融入度以及传承的目的性较低。而中小学由于升学压力，师资缺乏、基础条件和设施相对落后，加上缺乏系统的教学方案和教学目标，一些非物质文化遗产教育课程更是无法落实。自治区各级学校应该积极响应国家和自治区的号召，改善这一教育现状，主动承担应有的教育传承责任。

　　首先，将非物质文化遗产课程纳入学校教学计划，构建常规的民族文化课程。针对目前内蒙古学校教育现状，各级学校应在与非物质文化遗产关联度较高的教学科系，以民族课程形式列入教学计划中。大学的民俗学院、历史文化学院、音乐学院、文学院、美术学院等，可以将体现内蒙古民族文化精髓、符合社会文化发展规律的非物质文化遗产内容有机融入校本课程中，构建相关的课程链，形成常态化教学的课程体系。在内蒙古各少数民族聚居的旗、乡的中学、小学、幼儿园，可以充分利用科技信息资源，凭借多媒体现代化教育手段，逐步探索开设本民族音乐、体育、舞蹈、口头文学、手工艺制作等非物质文化遗产方面的校本课程。这可以使广大青少年从小就受到民族优秀传统文化的熏陶，在寓教于乐中学到深厚的民族传统文化知识，实际掌握一门专业的民族文化技能。同时，这种途径还能够提高各民族文化传承人的素质以及拥有民族文化的自豪感，为自治区非物质文化遗产营造一个基础的、持续的学校传承环境。

　　呼和浩特市第十四中学开设非物质文化遗产校本课程以及传承实践，取得了很好的效果。为了推动校园民族文化遗产传承，该学校借助"呼和浩特文化人才（库）百人百组百万人带动工程"，于2015年10月将书法、国画、搏克、蛋雕、空竹、剪纸、布贴画、武家泥塑等非物质文化遗产项目成功引入，开设了相关校本课程。学校每周邀请项目传承人走进校园亲自授课，引起了学生极大的兴趣。该工程还在学校开展呼和浩特市非物质文化遗产知识讲座、播放国家级项目纪录片、传承人项目展示等活动，让学生们直观地认识、了解遗产。学校通过这些传统文化艺术活动，开阔了学生的视野，促进了学生德、智、体、美全面发展。多年来，随着校本课程的持续开展，有力地推进了民族传统文化走近青少年，还带动了许多家长参与了解，这在一定程度上培育了一批潜在的传承者，进一步夯实了民族文化传承的基础。

　　其次，编制非物质文化遗产的教育教材，保证教学效果。非物质文化遗产是以口耳相传的文化形态，没有文本。要把这些特殊的文化遗产导入学校教育，系统地传授给学生，必须有教材支撑。各级学校应充分利用自治区非物质文化遗产的资源优势，编写课程教材，以提高教学的实效性。大学主要根据设置的课程编制教材，进行系统教授；中小学基础教育阶段，以编写民族民间文化的乡土教材为主，注重非物质文化遗产的启蒙作用。当然，在内容的选择上，应优先以内蒙古国家级和自治区级非物质文化遗产为主，突出对本土文化基因的认知。这样可以发挥先进和品质出色的文化遗产在教育传承中的优势作用，有助于落实自治区"千校计划"，以保证非物质文化遗产传承不流于形式。

科尔沁艺术职业学院蒙古族安代舞的学校教育传承实践具有操作性，值得借鉴。内蒙古通辽市科尔沁艺术职业学院是一所以举办专科层次高等职业教育为主的艺术类学校，与内蒙古艺术学院一样，舞蹈系均有蒙古族安代舞课程的设置，还编写有安代舞的专门教材。舞蹈专业教师通过编排安代舞基础训练、步伐训练、单一表演性组合训练、风格型组合训练以及综合表演性组合训练等系统的安代舞蹈的架构，培养了一批批安代舞的专业人才。[①] 这为从舞蹈专业人才层面传承安代艺术提供了坚实的基础，也形成了一种通过专业艺术院校层面对专业型艺术人才进行"安代"传承的范式。

第二，构建协调发展的联动共生机制，提高非物质文化遗产传承的质量。从文化生态系统看，非物质文化遗产传承与学校教育研究作为两个互为影响的因素，彼此之间存在相互制约的耦合关系，只有相互作用、产生合力，才能促进双方发展。内蒙古非物质文化遗产是地域文化的标识，代表一个地区和民族的文化特质，是学校学科建设的优势资源；学校教育是非物质文化遗产传承的现代路径之一。两者之间具有较高的契合点。学校应积极寻找切入点和结合点，有目的、有计划地将非物质文化遗产融入学校优势学科建设中。尤其大学应当开展创建以优秀文化遗产为主要内容的特色学科，以增强正向的耦合作用。目前，内蒙古大多数高校开设了选修课程。但不少学校还没有真正把非物质文化遗产传承当作一个学科进行建设，也没有开发其中的优秀项目增强特色学科建设，致使学校还缺乏传承非物质文化遗产的内在动力。高等教育应该具有"传承文化的功能，文化适应的功能，创造文化的功能"[②]。自治区各大学应利用人才优势和研究条件，进行非物质文化遗产资源的深度挖掘和整理，并以此为契机落实到学科创新发展的层面。只有相互对接，才能发挥非物质文化遗产教育与特色学科建设良性的耦合作用，形成共生发展的有效机制。内蒙古艺术学院在蒙古族传统音乐传承和学校教育研究的实践方面，能够起到较好的示范作用。

---

① 包妮娜：《安代舞的传统形态及传承》，硕士学位论文，中央民族大学，2011年，第50页。
② 潘懋元主编：《多学科观点的高等教育研究》，上海教育出版社2001年版，第120页。

内蒙古艺术学院是内蒙古自治区唯一一所独立设置的本科高等艺术学府，2015 年 4 月在内蒙古大学艺术学院基础上独立设置。该校音乐学院专任教师 113 名，其中具有博士学位教师 10 名，硕士学位教师 69 名，师资力量雄厚、人才济济。根据非物质文化遗产保护、民族音乐创新发展等需要，音乐学院把蒙古族传统音乐的保护与传承有机融入学校教学与科研的全过程当中。首先，探索民族传统音乐传承与学校教育相结合的创新模式。学院设立长调、马头琴、呼麦、四胡等蒙古族音乐特色专业；创立民族音乐传承班、安达班、乌兰牧骑班等专项实验班；引进和组建安达组合、内蒙古青年马头琴乐团、潮尔乐团等民族音乐实践团队，打造出一条"以团队培养团队"的民族音乐创新班模式。其次，充分发挥高校文化传承创新的优势与作用。音乐学院还借助学校在内蒙古民族音乐教育、研究领域中的重镇地位，建成内蒙古民族音乐传承驿站、安达民族音乐传承创新与传播中心、中国—中东欧国家民族文化艺术传承与交流中心等平台。内蒙古民族音乐传承驿站下设科尔沁史诗传承驿站、乌珠穆沁长调与马头琴传承驿站、巴尔虎长调传承驿站、阿拉善长调传承驿站等 8 个分驿站。该驿站采取"流动站"的工作模式，关注濒危乐种、珍奇乐种的传承人的抢救、保护，不断把具有精绝技艺的民间艺术家请进驿站，进行传承和研究工作。2015 年该驿站挂牌建立文化部民族民间文艺发展中心北方草原音乐文化研究与传承基地，其传播功能和国内外影响不断扩大。在此基础上，学院积极开展科学研究，申请并立项 2019 年国家艺术基金"蒙古族马头琴音乐传承与教育人才培养"项目和"蒙古族长调艺术人才培养"项目。这些高水平课题进一步提升了特色学科建设的层次与水平，使学院成为内蒙古民族音乐学校教育传承与"学院式"人才培养的高地。

传统音乐类非物质文化遗产是内蒙古民族文化的精华，对它的研究不仅会强化学校教育中非物质文化遗产认知教育的弱项，也有助于学校突出自身学科优势。不仅如此，随着学校草原音乐文化品牌形象和影响力的提升，具有研究潜质的教师势必更加关注其发展，还会从不同视角与学科领域进行研究与探索。这又可以为内蒙古非物质文化遗产保护提供科学的理论指导和符合本土实情的传承路径，促进其健康发展。

第三，打造非物质文化遗产校园文化，形成良好的教育传承氛围。内蒙古自治区非物质文化遗产涵盖了国家级名录中 10 种类型，这些文化遗产能够提升学生的审美意趣，使学生拥有艺术的心灵世界和真善美的人格，是学校开展校园文化活动的基础。通过传承人进课堂的形式将非物质文化遗产引入校园，既可以活跃校园活动，又能够带动文化传承，这是一种全新的传承方式。

2016 年 5 月 11 日上午，内蒙古农业大学职业技术学院"非遗进校园"系列活动在艺术系展厅拉开了帷幕。国家级代表性传承人、和林格尔剪纸艺术家段建珺走进校园，与大学生现场剪纸互动，共同体验了中国传统剪纸的魅力。2017 年 3 月 31 日上午，主题为"寒食节里看非遗，传统技艺代代传"的体验活动走进了内蒙古师范大学。和林格尔捏面人代表性传承人姜果绿、莜面饮食制作技艺代表性传承人樊秀英和青城德兴源烧麦代表性传承人王智等，为现场的百余名中外大学生和小学生现场传习、展示传统面点制作技艺，让广大同学深切地感受到蕴含其中的民间生活智慧。2020 年 7 月 9 日，国家级非物质文化遗产代表性项目蒙古族服饰传承人、锡林郭勒盟正蓝旗"蒙元吉颂"民族服饰店负责人其木格应邀走进正蓝旗蒙古族高级中学，为该校学生上了一堂别开生面的民族服饰技能课。学生们通过近距离体会民族传统文化、传承技艺以及手把手的教学，更加了解和珍惜民族文化，增强了民族自豪感。不难看出，这些活动有利于激发学生对地方传统文化的热爱，提高年轻一代的保护、传承意识，体现了学校参与非物质文化遗产传承的现实意义。针对此，自治区草原英才、内蒙古社科联委员董杰也呼吁："如今，全社会都在营造非遗传承的良好氛围，积极弘扬中国优秀传统文化，提高其生命力，各级各类学校更需要进行传统的教育、传统的传承，这是中国文化发展的重要途径。学校应该成为文化传承的主阵地，这是国家的文化战略，也是民族发展的必由之路。非遗进校园是近年来的一项国家战略，希望今后非遗传承更多地进入课堂和教材中，将文化传承由知识普及扩大到技能培训和学术传播等更为深广的领域。"①

在尊重教育、倡导知识共享的今天，学校必然会成为非物质文化遗产的传承地和研习地。内蒙古各级学校应积极响应、落实自治区"千校计划"，通过传统美术展、传统音乐会、民间戏剧和曲艺活动，以及组织学生举办民间手工艺技能比赛、定期聘请非物质文化遗产传承人到学校授课

---

① 边辑、玉堃、曹艺：《呼和浩特非遗传承人走进高校开展传习体验活动》2017 年 3 月 31 日，内蒙古师范大学新闻网，http：//news. imnu. edu. cn/info/1011/2777. htm，2021 年 1 月 2 日。

和举办讲座等多种方式，展示自治区非物质文化遗产的独特风采，在学校形成一种互动参与的传承氛围。这不仅能够活跃学生的学校生活、提升校园文化建设的质量，也有助于提高自治区非物质文化遗产的文化地位，培养具有多元文化意识和弘扬本土文化的创新人才。

第四，发挥学校图书馆和多媒体的作用，增强非物质文化遗产的传承效能。非物质文化遗产存在于一种活态的文化环境中，其表现形式与一定的文化空间密切相关，缺乏文字依托，其自身难以保存。学校应利用图书、档案管理的优势，开展相关的保护与传承工作。首先，图书馆是学校保存知识、传承文化的机构，在文献资料收集、整理、保存以及档案建设上具有较好的经验和条件。非物质文化遗产的记录保存主要有文字记录和声像记录两种手段。文字记录在今天"读图时代"和现代技术手段普遍运用的当下，依然具有不可替代性。这种记录方式可以抵达哲学高度，可以深入背景、因果，成为一种解释，可以表达记录对象的心理、愿望、情感①，仍是记录资料的必要方式。自治区各高校应发挥其在文字资料整理和保存中的职能，加强对地方性知识文字资料的收集、整理、保存工作，设立地方非物质文化遗产特色馆藏、特色档案库。据调查，自治区各高校大都还没有建立专门的非物质文化遗产档案管理体系，也缺少以非物质文化遗产为主体的馆藏建设。自治区各高校应重视将活态文化物化为有形的文献进行保存，进一步建设相关的专业文献保存体系，以促进自治区非物质文化遗产的多层面保护。同时，学校图书馆还要对以多媒体方式记录的活态文化资源进行收集与分类整理保存，为学校非物质文化遗产教育教学和研究提供有力保障。

除此，自治区学校尤其高校作为文化传播的场所，拥有网络、数字化新技术，在文化宣传方面具有强大的影响力。各高校应该发挥多媒体技术的特长，强化非物质文化遗产传承的力度。如学校可以联合其他文化事业机构建立专业化程度高、信息量大的非物质文化遗产专题网站，构建具有资源共享、文化遗产交流的服务平台。最值得推荐的范例是：内蒙古艺术学院（原内蒙古大学艺术学院）音乐学院利用学校多媒体网络资源建立的"草原音乐文化传承与研究驿站联盟"微信公众号（caoyuan yinyue2015）。

---

① 周耀林、戴旸、程齐凯等：《非物质文化遗产档案管理理论与实践》，武汉大学出版社2013年版，第169页。

这个驿站联盟成立于 2015 年，是宣传内蒙古民族音乐的专门网络平台，主要致力于蒙古族及北方草原音乐文化的研究、保护、传承、发展以及传统音乐的文化互动、学术交流。6 年来，该驿站联盟全面宣传了内蒙古传统音乐类非物质文化遗产保护实践成果，增强了内蒙古民间音乐的影响力，也为自治区高校树立了传承民族文化的典范。

　　非物质文化遗产保护的最终目的是为了有效地将其传承下去，而不是仅仅停留在保护这个阶段。实事求是地讲，要真正使内蒙古非物质文化遗产世代传承并发挥社会作用，还是要将其纳入教育体系，形成稳定的民族文化教育的生态传承系统。教育的本质是通过文化教育过程使文化得以社会遗传和再生，在学校教育日益大众化的现代背景下，其应当成为内蒙古非物质文化遗产的社会性传承方式。唯有学校，尤其是大学教育的积极参与及大学教授、学者和学生的共同努力，生态性建构民族非物质文化遗产教育传承体系，使其和谐地活跃在大学教育生态系统中，非物质文化遗产适应、传承和创新的本质才能淋漓尽致地展现和实现。① 当然，学校教育也不可能完全承担自治区非物质文化遗产传承的重任。有些非物质文化遗产的发展传承需要特定的文化空间，并不是整齐划一的课程传授能够替代。加之内蒙古非物质文化遗产多具有宗教性和独特的生活性，有些也难以适应以文本为媒介的学校教育。这就决定了内蒙古非物质文化遗产传承除了学校教育外，还要继续借助民族宗教活动与家庭教育等传统传承途径，结合数字化传承途径全方位、有效地传承。

四　内蒙古非物质文化遗产传承的必要途径——数字化传承

　　非物质文化遗产作为不同时代精神文明的产物，担负着保持民族文化独特性和维护世界文化多样性的神圣使命，必然随着时代的演进日益受到人们的关注，保护方法也会不断拓展革新。具体而论，非物质文化遗产保护、传承方法与不同时代的经济水平密切相关，在一定程度上反映了不同时代科学技术的发展程度。同样，文化遗产传承方法的时代性，客观上也体现了一个国家、地区对文化遗产保护的重视程度。现代语境下，信息化已成为世界发展的大趋势，数字技术是信息技术的主要手段。它具有传统媒介无可比拟的技术优势，已成为推动人类社会进步和文化共享的助力

---

　　① 刘慧群：《文化生态学视野下非物质文化的自适应与发展》，《求索》2010 年第 3 期。

器，也为非物质文化遗产保护传承由传统向现代跨越提供了技术支持。2010 年，文化部启动"中国非物质文化遗产数字化保护工程"，并列为"十二五"规划项目，将其提升到国家战略地位。2011 年，《中华人民共和国非物质文化遗产法》进一步将非物质文化遗产数字化保护置于法律规定框架之内，体现了国家对其的重视程度。为了提高保护水平，在传统传承途径遭遇困境的现实中，充分利用数字化技术保护、传承自治区非物质文化遗产，已成为适应科技时代发展的必要途径。

（一）数字化传承非物质文化遗产的优势

经过对文化生态的关注与探讨，内蒙古非物质文化遗产已开始进入区域性整体保护阶段，为了实现有效传承，探索多元化的保护和传承途径，已成为自治区各界关注的课题。数字化是社会经济和科学技术迅速发展的标志之一，主要指以虚拟现实为代表的数字摄影、三维信息截取、高保真全息存储、多媒体与宽带网络等技术。非物质文化遗产数字化就是运用上述现代化技术手段对其进行高效保存、保真展示和动态传播，具有优越的保护技术品质。

第一，提高了非物质文化遗产资源的存储量和质量，实现永久保存。人类保护非物质文化遗产的实践就是期望它能够在现实环境中存活，继续被使用、传承，成为永续流传的民族文化精华。然则，从文化生态角度看，不可回避的现实是，非物质文化遗产生存环境的承载力与自然环境一样是有限的，文化遗产在传承中也存在被选择的可能。这是文化生态自发调节、自我更新的要求。[1] 为了实现长久保护，自治区采取了文字记录、图片拍摄、采访录像等方式加以保存，对脆弱的、极易流失的非物质文化遗产的抢救和传承起到应有的作用。可这些传统媒介也有自身的不足，随着时间流逝容易自然磨蚀、老化失效，导致载录其中的文化信息逐渐遗失，影响永久保存和利用。数字化技术可以超越这些缺陷，不仅可以更高质量地采集信息，还能智慧地存储相应信息，弥补传统方法长效性和品质性不足的问题。一方面，数字技术主要采用数字化硬盘录像机、录音机和数字扫描仪、数字音频工作站 DAW 等数字设备，为记录、保存信息提供了强大的现代科技支持，如二维三维图文扫描、数字摄影、高保真全息技术等。这不仅使获得的非物质文化遗产信息更加真实、形象，还可以把传

---

[1]　杨程：《非物质文化遗产保护的生态学透视》，《西南民族大学学报》2012 年第 10 期。

统档案资料转为数字格式，提高了存储信息的品质。另一方面，数字技术介质主要为硬盘或光盘，适于长期保存，而且体积小、容量大，图文信息转换灵活。在实际应用中，它们既方便采集、无限复制，还有利于编目、排序，利用数据库来管理。这就使存储的非物质文化遗产信息更加完整有序，提升了其存储的安全性。

这里还需要正视，随着文化生态环境的变迁，一些非物质文化遗产虽有着至高的文化价值，但与现代社会生产力和人们的内在需要产生了差距。这种现状不可能使其在生活中广泛生存，采取留在"记忆中"的保护方法也是一种理性的选择。鉴于此，保护和传承非物质文化遗产，需要秉持实事求是的态度对其进行明确区分。对于自身已经没有生存环境的非物质文化遗产，只能按照文物形式保护下来。这是不以人的意志为转移的，我们只要做到真实记录和相对完整的保存，就是对历史文化的负责。如勒勒车制作技艺是蒙古族走向文明的标志，蕴含着民族的智慧与朴素的生态伦理内涵。可随着蒙古族社会的发展，它在如今的现实生活中已失去古代畜牧业时期广阔的生存空间。作为一种游牧文化创造，对它采取数字化保护的方式，实现其永久保存，也是最佳的一种传承途径。

第二，增强了非物质文化遗产认知的便捷性和时效性，拓展共享范围。非物质文化遗产是民族集体文化认知的结果，闪烁着人类感悟自然、创造生活的智慧之光，本身就是一种共享的精神文化财富。由于它生存在人类共享生活中，保护和传承也必然在共享中进行。数字化技术的本质就是开放、共享和兼容，契合了非物质文化遗产共享属性，为其在当代的传播开辟了更具发展性的空间。数字化技术在信息传播途径上主要为互联网，移动网络（如手机）、数字电视等，具有远程共享性，可以为传播提供更加开放、覆盖更广的平台。这不仅能够实现非物质文化遗产信息的异地交流，还拓宽了其传统的口传身授、个体传播的范围，发展了具有广泛传播意义的大众传播。其次，这些信息平台都具有同步性。随着4G、5G时代的到来，移动互联网（手机）成为人们获得信息的主要途径，人们通过微信、网站、微博等信息分享平台，可以突破时空、地点的限制，互相学习与交流。这就让非物质文化遗产的传播与认知更为便捷，更具有时效性，尤其还符合现代年轻人接受信息的认知方式，也扩大了非物质文化遗产传播的范围。据数据显示，截至2020年6月，我国网民以青年为主，20—29岁网民、30—39岁网民占比分别为19.9%、20.4%，高于其他年龄群体；而且学生最多，占比 23.7%。^① 这是一个不容忽视的数字信息资源，充分证明在新媒体发展的今天，"非遗从公益性的公共文化事业正在成为一项可以共享的精神文化财富"^②。

第三，增强了非物质文化遗产传承的现代性和活态性，提升传播效果。非物质文化遗产的数字化传承是一种现代理念，体现了文化与现代科学技术的高度结合。数字技术是现代信息技术最重要的组成部分，展现了当前所处时代的科技优势与特征，如虚拟建模是最具代表性的数字技术，在非物质文化遗产保护中应用前景广泛。这种技术运用计算机，可以将文化遗产项目在虚拟世界中进行重新设计，以声、影、光、电等多种效果的方式复原再现历史远景。它能够较全面、形象地展示民间文学、传统手工技艺、民俗等项目的制作过程、表演场面。这种技术还可以"虚拟身体"，再现身体行为在静态文本中所无法传达的动态情景，更好地记录口头表达、器物使用和其他身体行为在内的整个过程。相比传统展示方式而言，这种展示技术突破了传统媒介的简单复制和线性呈现，运用多种媒体立体展示，更具交互性、体验性，是适合多样性群体的传播方式。如口头流传的蒙古族英雄史诗，多是远古时代的文化遗存，主要依靠民间艺人口头传承，没有文本。史诗久远的历史与时代背景、壮阔的场面、独特的风格、奇幻的神话传说等内容，可以通过虚拟场景建模技术复制、还原。当代人在模拟的原始社会背景中就能够深切地感受英雄史诗的艺术震撼力和超越时空的文化价值。这是有效的文化保护传承方式，体现了现代科技发展进步的时代特征。

《非遗中国行》是中央电视台 2016 年推出的首档常态固定播出的国家非遗影像背书栏目。这一栏目最大特点是采用多媒体数字技术，用纪录片的方式对我国非物质文化遗产进行客观、真实、系统的记录。它制作的目的就是让民族文化遗产借助大众传媒走向更普遍的人群，通过大众传播促进传承。《非遗中国行·走进内蒙古》于 2018 年 5 月 22 日正式启动，在内蒙古选择 10 个非物质文化遗产项目进行拍摄制作。这期节目以专业电

---

① CNNIC（中国互联网信息中心）：《（第 46 次）中国互联网络发展状况统计报告》2020 年 9 月 29 日，中华人民共和国国家互联网信息办公室网，http：//www.cac.gov.cn/2020 - 09/29/c_ 1602939918747816. htm，2020 年 12 月 21 日。

② 马知遥、刘智英、刘垚瑶：《中国非物质文化遗产保护理念的几个关键性问题》，《民俗研究》2019 年第 6 期。

视影像手段为项目影像背书，采用镜头语言、准确的文字解说、同期采访等形式，多角度勾勒马背民族的历史文化发展脉络，以展现内蒙古历史文化与现代文明的融合。这是一种全景式的发现方式，可以让更多人关注非物质文化遗产，更全面地了解、认识它们的文化内涵。

2020 年 12 月 31 日，国家图书馆中国记忆项目中心制作的 48 部非遗纪录片正式上线。本次活动主要通过线上平台以影像的方式立体展示国家级非遗代表性传承人的技艺风采、珍贵记忆与点滴生活。观众不仅可以访问展映专区（ich. nlc. cn）观看影片，参与国家图书馆官方微信、微博等平台互动的观众还有机会获得该馆设计的文创纪念品。这种方式极具传播性与互动性，生动地呈现传承人的精神家园，增强了优秀民族文化的活态性，体现了现代科技助力文化传播的优势，是传统文化现代传播努力的方向。

（二）内蒙古非物质文化遗产数字化传承的现实思考

文化的发展始终与科学技术的进步密切关联，两者是互生互进的关系，反映了文化生态发展的规律。现代数字技术的介入，为非物质文化遗产保护传承途径带来革新，既提高了文化遗产的保护水平，也符合当代大众群体认知需求。2018 年 6 月，我国网民规模已达 8.02 亿，互联网普及率 57.7%，较 2017 年末增长 3.8%。其中，手机用户达 7.88 亿，网民通过手机接入互联网的比例高达 98.3%。① 截至 2020 年 6 月，我国网民规模已达 9.40 亿，互联网普及率 67.0%。其中，手机用户达 9.32 亿，网民通过手机接入互联网的比例高达 99.2%。② 至 2017 年年底，内蒙古自治区"移动电话用户 2841.2 万户，增长 15.0%。年末互联网用户 2854.3 万户，增长 15.9%。其中，移动互联网用户 2360.3 万户，增长 15.4%；互联网宽带用户 494 万户，增长 18.4%"③。2019 年年末，内蒙古自治区互联网

---

① CNNIC（中国互联网信息中心）：《〈第 42 次〉中国互联网络发展状况统计报告》2018 年 8 月 20 日，中华人民共和国国家互联网信息办公室网，http：//www. cac. gov. cn/2018 – 08/20/c_ 1123296882. htm，2020 年 12 月 21 日。

② CNNIC（中国互联网信息中心）：《〈第 46 次〉中国互联网络发展状况统计报告》2020 年 9 月 29 日，中华人民共和国国家互联网信息办公室网，http：//www. cac. gov. cn/2020 – 09/29/c_ 1602939918747816. htm，2020 年 12 月 21 日。

③ 内蒙古自治区统计局：《内蒙古自治区 2017 年国民经济和社会发展统计公报》2018 年 9 月 28 日，内蒙古自治区政府网，http：//www. nmg. gov. cn/art/2018/9/28/art_ 1622_ 231684. ht- ml，2020 年 12 月 11 日。

用户 3289.0 万户，增长 3.5%。其中，移动互联网用户 2606.5 万户，增长 2.2%；互联网宽带用户 682.5 万户，增长 8.6%。移动互联网接入流量 24.4 亿 GB，比上年增长 70.9%。① 从这些数据中可以看出，以互联网、手机为中心的智能设备已成为"万物互联"的基础。在高科技发展的今天，内蒙古也应采用数字化技术传承方法，促进非物质文化遗产快速、海量、高真、有效的传承，将无法生存的文化遗产以生动逼真的方式保存住，弥补永远消失的遗憾。这应是民族文化延续的必要途径。

第一，完善内蒙古非物质文化遗产资源数据库。数据库是非物质文化遗产保护的基础与前提。内蒙古非物质文化遗产数量大、种类繁多，自治区很重视相关资源的管理工作，已在规模化的普查工作基础上进行了相应的数据库建设。截至 2016 年底，内蒙古非遗中心共保存纸质非物质文化遗产资料 1300 余卷，文字资料 1100 余万字，图片资料 5 万余张，各类视频资料 930 余小时，音频资料 300 余小时，数字资源总量约 30TB。② 该中心还安装了"中国非物质文化遗产普查数据库"系统和媒体资源管理系统，建立 12 个盟市级非物质文化遗产普查资源库，其硬件设施已达到基本数据库建设要求。另外，特色数据库建设也取得一定成效。2018 年，国家级非物质文化遗产代表性项目抢救保护成果《达斡尔乌春》专辑正式出版发行。该专辑由内蒙古非物质文化遗产保护中心联合"歌恩一兰"达斡尔族非物质文化遗产传承基地共同完成。他们在搜集整理的 200 余首乌春（乌钦）的基础上，对其中具有一定代表性的传承人和民间艺人进行了录音、录像而形成此成果。这是目前国内发行的第一部附有国际音标、蒙古文和汉文 3 种文字的 DVD、CD 专辑，共收录呼伦贝尔市莫力达瓦达斡尔族自治旗 13 位传承人民间艺术家说唱的 39 首乌春，具有突出的传承价值。

数字化保护作为一种保存民族文化遗产的现代手段，最终目的仍是传承这些优秀的文化遗产。当前，自治区非物质文化遗产数据库数字化存储量虽然达到一定规模，但还缺乏系统化和实际应用。

首先，应加大投入应用力度，增强实用性。一方面，相关部门要利用

---

① 内蒙古自治区统计局：《内蒙古自治区 2019 年国民经济和社会发展统计公报》2020 年 2 月 29 日，内蒙古自治区政府网，http://www.nmg.gov.cn/art/2018/9/28/art_ 1622_ 231684.html。

② 中国非物质文化遗产保护中心：《专访内蒙古非物质文化遗产保护中心主任贾凡》2017 年 7 月 20 日，中国非物质文化遗产网，http://www.ihchina.cn/Article/Index/detail？id = 7577，2021 年 1 月 15 日。

数字技术对非物质文化遗产资源及时存储、科学分类，建立基于网络传输的系统完备的资料性符号库和素材数据库，使自治区非物质文化遗产数据数字化管理成为一项常态化工作。另一方面，相关技术部门还要深入开发自治区非物质文化遗产数据库管理系统，将其应用于自治区及各盟市的中心网站和博物馆、图书馆。这样，才能便于学界进行科学研究、广大民众普遍认知，从而发挥更为有效的技术作用。

其次，对原有非物质文化遗产资源进行数字化转换。至 2020 年年底，自治区拥有文化馆 120 座，公共图书馆 117 座，博物馆 178 座，档案馆 103 座。① 这些文化馆、图书馆、档案馆是自治区非物质文化遗产资源的主要保存地，但原有的资料大都以文字、图片、录像等传统媒介进行资源收集与保存。这些资料保留着过去文化遗产的存在状态、传承发展、保护成果等相关信息，对于保证各民族非物质文化遗产传承资料的完整性起着基础作用。因此，在现有资源常态数字化收集、管理的同时，应加快对原有传统媒介资料的数字化过程，建立系统的数据库，以实现其永久保存和资源共享，使自治区非物质文化遗产资源得到较完备的传承。

第二，推进内蒙古非物质文化遗产数字化博物馆建设。数字化博物馆指对非物质文化遗产的信息资料进行数字加工与整理，在进行系统化的分类与编辑之后存入数据库，通过互联网、数字电视、无线通信等平台进行传播。这是一种更适合面向大众的传播途径，广大用户可以通过搜索或链接的方式快速获取相关信息。它最大特点是将多种数字化格式的非物质文化遗产信息整合在一起，更具形象性和系列性。其一，它展示的内容不仅仅是静态的，还可以通过虚拟方式将这些资源进行重新设计，以活态的方式动态地呈现非物质文化遗产的内容与精髓。其二，它展示的内容更加周详、全面，方便大众更加立体地了解其生成、发展的脉络以及存在状态、传承人资料、文化生态要素和表现过程等具体内容。毋庸置疑，数字博物馆不同于普通博物馆，能够为广大民众了解内蒙古各民族的非物质文化遗产提供更具活力的认知空间。

在当前互联网技术革新的大背景下，数字资源的存储、检索与传播方式都经历着快速的迭代，非物质文化遗产数字化保存与基于主流社交媒体的公

---

① 内蒙古自治区统计局：《内蒙古自治区 2020 年国民经济和社会发展统计公报》2021 年 3 月 1 日，内蒙古自治区政府网，http://www.nmg.gov.cn/art/2018/9/28/art_1622_231684.html。

众账号，承担着信息传播的门户作用。2018 年 9 月 1 日至 9 月 30 日，"中国传媒大学文化产业管理学院非遗展示传播研究团队"开展"省级非遗专题微信公众号"调查研究。调研结果得知，目前全国（包括港澳台地区）共有 19 个省级非物质文化遗产保护机构已经开设非遗专题微信公号，内蒙古非物质文化遗产保护中心为其中之一。① 这反映了自治区很重视基于移动终端的新媒体传播渠道。的确，内蒙古非物质文化遗产保护中心成立以来，紧跟时代步伐，运用多媒体、网络资源等加强了对自治区非物质文化遗产的宣传。2009 年，该中心开通了汉文版网站（www. nmgfeiyi. cn），2014 年又开通蒙古文版网站（www. ombbso. cn）。现在，该中心已建立了蒙汉双语门户网站、蒙汉双语手机网站和官方微信公众号等多种现代化信息网络平台。其官方微信公众号原为"内蒙非遗"（fy-0471），2019 年 9 月 6 日改名为"非遗内蒙"；2020 年 7 月 15 日新注册微信公众号"内蒙古非物质文化遗产保护中心"（ichnmg），并于 2021 年 1 月 21 日启用。这些网络平台进行了一系列相关信息的宣传和展示，成为自治区民众了解内蒙古非物质文化遗产最重要的媒体窗口。至 2020 年年底，中文版门户网站分别设有政策法规、新闻动态、名录项目、传承人、保护载体、非遗视界、学术交流等各种内容板块，其中新闻动态板块下设国家新闻、区内动态、UNESCO 动态等栏目。这些板块栏目能够比较全面地反映自治区非物质文化遗产相关信息、保护工作进展与现状。

与此同时，通过内蒙古非物质文化遗产保护中心网站和官方微信公众平台的传播面貌，我们也能看出其中还存在着数字化程度不高、多媒体影像展示内容缺乏、相关信息更新迟缓的问题。另外，网站也没有使用虚拟现实等新技术增加互动性和参与性。如内蒙古非物质文化遗产保护中心汉文版网站，2018 年 9 月 10 日与 2020 年 12 月 20 日，我们先后两次浏览其界面时，政策法规板块相关信息停留在 2014 年 5 月 13 日。学术交流板块链接学术前沿目录，也只有 2014 年 6 月 26 日发布的内容。非遗视界板块链接的项目展播、活动展示两个项目，前者只有 4 个展播，打开链接只有标题，没有影像；后者列出 4 次，日期均为 2014 年 8 月 5 日。2018 年 10 月，"中国传媒大学文化产业管理学院非遗展示传播研究团队"发布《省

---

① 杨红、李晓飞：《省级非遗专题微信公众号调查报告》2018 年 10 月 23 日，中国非物质文化遗产网，http：//www. ihchina. cn/Article/Index/detail? id＝7309，2019 年 1 月 15 日。

级非遗专题微信公众号调查报告》。该报告结果显示"内蒙古非遗"公众号于调研周期内，在发布期次、频率、阅读量以及视频、音频、动态图技术上，与北京、浙江、四川、上海、云南、河北等地区有一定差距①，仍处于初创阶段。这些现状影响了内蒙古非物质文化遗产保护中心网站相关信息传播的效果。自治区还有待于建设功能齐全、信息丰富、更替及时的数字化博物馆，以实现非物质文化遗产传播、传承向现代化保护方式的跨越。

对于数字博物馆建设，国内较为成熟的经验就是利用已有的各级网站。自治区应利用内蒙古非物质文化遗产保护中心网站这一网络平台，加快建设非物质文化遗产数字博物馆，将数字化的相关资源进行共享。这不仅省人力、物力、财力，还可以提高工作效率，达到更为有效的传播效果。② 尤其将音频、视频格式的声像资源进行在线展示，可以使学习者通过点击浏览、观看，直接实现文化的形象感知，增强自治区非物质文化遗产传播效果。

第三，积极开发非物质文化遗产保护的数字应用技术。由于非物质文化遗产的数字化保护起步较晚，行业标准、各地实践与应用研究都处于试点与探索阶段。内蒙古非物质文化遗产数字化保护也多以挖掘文化遗产资源和简单的数字化再现为主，仍面临着现代化信息技术介入不足、传播方式单一等问题，与真正意义上的数字化保护还有一定差距。2020 年年末的内蒙古非物质文化遗产保护中心汉文版网站仍以图片、文字为主，项目目录数据库、多媒体数据库等数字化应用技术尚待开发。保护载体板块虽下设文化生态保护区目录，但只有名单，没有链接具体内容，也缺少数字媒体技术、网络地理信息系统（WEBGIS）定位等技术的运用。这在一定程度上限制了阅读者信息的延伸认知和立体感知。名录项目板块已按《国家级非物质文化遗产名录》的 10 类划分，列出 2015 年 12 月 18 日之前的部分项目，但按照层级点击，国家级与自治区项目均无链接内容。并且此板块还缺少内蒙古已公布的六批完整的自治区级名录。2021 年 6 月重新建设的该网站栏目进行了精简，画面清晰，但非遗名录、传承人栏目仍存在覆盖面有限、缺少完整名录的问题。此外，项目影像资料也不足，数字化技

---

① 杨红、李晓飞：《省级非遗专题微信公众号调查报告》2018 年 10 月 23 日，中国非物质文化遗产网，http：//www.ihchina.cn/Article/Index/detail？id＝7309，2019 年 1 月 15 日。

② 周耀林、戴旸、程齐凯等：《非物质文化遗产档案管理理论与实践》，武汉大学出版社 2013 年版，第 249—251 页。

术含量还需不断提高。基于此，培养相关人才，大力开发数字化应用技术，开创自治区非物质文化遗产现代化传承新局面，是自治区非物质文化遗产数字化保护面临的现实问题。

首先，积极开发数字化获取技术。在信息采集、存贮过程中，工作人员要不断地开发、改进数码照相、三维扫描技术，以数字化的文字、音频、影像、图像等形式进行采集，以准确、完整地保存非物质文化遗产的信息资源。其中，不同类型项目具有不同特点，也应探索不同的数字获取技术，像安代舞、查玛舞等舞蹈类项目，可利用动作捕捉技术建立舞蹈动作数据库。针对相关数据、资源的获取，自治区非物质文化遗产保护中心还应进一步开发基于互联网数字化资源检索技术和动态连接技术。这可以按照国家级非物质文化遗产 10 种类型划分，输入关键词检索数据库；也可按自治区 12 个盟市分类查看，使民众能够通过网络传播获得共享的多媒体数字化信息资源。

其次，提升数字化展示技术。在信息展演中，鉴于非物质文化遗产的活态性，应利用多种数字媒体综合进行可视化表达，尤其要注重其知识可视化表达，主要包括知识源层、知识描述层、可视化表达层和知识应用层。[①] 这就需要积极开发知识可视化技术、虚拟场景建模技术、虚拟现实技术，通过虚拟复制和复原文化遗产所依存的文化生态空间，以接近生活实态、立体化方式展现非物质文化遗产的传承脉络以及所要表达的精神世界、物质世界。如虚拟现实技术可以将蒙古族马鞍具制作技艺所依存的自然环境、生产方式和制作过程、手工技艺、传播方式以及传承人背景资料等内容进行全面展示。民众可以通过虚拟逼真的场景真实地了解这一技艺的基本内容，精美的马鞍造型和高超的工艺也可以使他们深深领悟马背民族对马的无比挚爱之情和万物平等、一体和谐的价值观。另外，在传播技术上，要兼顾非物质文化遗产个性与共享性。一要注重运用互联网位置服务、网络地理信息系统（WEBGIS）、云计算机等技术建立集成应用和综合服务平台。二要开发手机 APP、网页、3D 虚拟场景的沉浸式体验技术[②]，以及学校远程教育、网络学院等现代化教学传播手段，为推动自治区非物质文化遗产保护和传承助一臂之力。

---

① 黄永林、谈国新：《中国非物质文化遗产数字化保护与开发研究》，《华中师范大学学报》2012 年第 2 期。

② 巫宇军：《非物质文化遗产保护的瓶颈及对策》，《民族艺术研究》2016 年第 3 期。

第四，重视传承人在数字化保护中的纽带作用。数字化保护在文化资源存贮、可视化表现、传播宣传方面有着明显的优势，但终究仍属于静态保护性质。它所传达表现的多为物化层面的信息，给人印象最直接的是数字技术带来的视觉冲击。非物质文化遗产是一种民族记忆、文化积淀，生长存活于各民族生动的现实生活实践中，并随着传承人富有个性的想象力进行着不断的创新。它不仅表现为多样文化形式，还传递着不同民族深沉的情感、独特心理和价值理念等思想内涵，是有着深刻的精神追求的特殊文化，数字化保护也应对其给予足够的文化深层关照。而传承人是文化意义的建构者，也最具有对文化内涵的解释权。这就意味着数字化保护中传承者是保持非物质文化遗产活态传承最关键的因素，掌握地方性知识的传承人及持有者理应成为数字化保护的主体。

内蒙古非物质文化遗产数字化保护也应倡导"参与式数字化保护"模式①，广泛吸纳传承人深度参与数字化项目产品的设计与开发。这不仅可以确立他们的主体地位，帮助传承群体挖掘自身的技艺资源、文化创造资源，还可以保证数字化传承内涵式发展。不过，从目前自治区各级传承人实际看，大都缺乏相关数字技术，独立完成数字化保护工作难以实现，很大程度上还需要数字化技术人员协作共同完成。尽管如此，非物质文化遗产数字化保护也应注重技术与文化本身的密切结合，不能远离文化本源，强调传承人和数字技术间相得益彰的互动。具体到实践中，数字化保护既充分发挥现代化数字技术的优势，也尊重传承人的主体作用，使传播的数字化非物质文化遗产的知识信息与其本身真实的文化形式及所要表达的精神内涵具有较高的一致性。这也是文化生态保护的必然要求，有益于最终实现文化遗产的有效传承。

非物质文化遗产传承的出发点是要增强民族文化的底蕴，保持和优化民族文化的生态环境。内蒙古非物质文化遗产有着自己独特的文化价值，为各民族共同拥有，对它的保护、传承也必须与民族意愿、自然生态和社会人文环境相结合，充分发挥传统传承与现代传承途径的优势。所以，总体以民族自觉传承为根本、学校教育传承为基础、以数字化传承为保证，构建多元、立体的传承体系，形成非物质文化遗产保护途径的多元化格

---

① 宋俊华、王明月：《我国非物质文化遗产数字化保护的现状与问题分析》，《文化遗产》2015年第6期。

局，保证民族文化活态传承发展。

而且，现代意义上，非物质文化遗产"传承要在现代化进程中完成，并将其纳入现代化进程。关键的问题在于，人们能不能在非遗文化中激发其能量和重新拾回人性本源中的激情，只有这样才能实现真正的传承。"①这是非物质文化遗产传承的本质要求。内蒙古非物质文化遗产是各民族活态历史的传承，它不仅需要通过族群间的交流、认同而延续，还要与不断变化的自然、人文、经济环境相互调适，共同维护着其文化生态系统平衡。应该说，它的传承是一个动态、融合、重构的过程。这也反映了文化传承实质上也是一个文化增值的过程，还包含着开发利用、创新发展的内涵。

第二节　内蒙古非物质文化遗产的创新发展

从历史发展的角度看，非物质文化遗产是一个世代绵延的文化传承过程。在这一过程中，它既要保留其历史的元素或基因，这是其恒定性的要求；又不可避免地受到当代文化的影响，融入每一个时代的内涵和生活元素，从而具有明显的活态流变性。这是其传承发展的基本规律，非物质文化遗产正是在不同时期的变迁中锻造完善、淬砺致臻。所以，从真正保护的目的出发，我们还要科学地思考和研究其内在的精神内涵，从中寻找对当代生活观念、思维方式还有延续价值和作用的元素，促进它与现代社会的交流互动而存活、发展。也就是说，对于非物质文化遗产而言，保护传统固然重要，创新发展也被提升到更高的认识层次，创新与发展是最好的保护和传承。这是一个文化超越的过程，也是当代非物质文化遗产有效保护与传承的实践理念，包含着跨越传统、吸纳新生的文化精神。内蒙古非物质文化遗产创新发展面临的首要问题是科学认知文化创新发展的深刻内涵，正确把握文化保护与文化传承的内在关系，以进取的姿态探索创新发展的新路径。

一　非物质文化遗产创新发展的意蕴阐释

非物质文化遗产作为民族文化传承之脉，是人类具有精神情感的文化纽

---

① 丁元竹：《"十四五"时期非物质文化遗产系统性保护相关政策措施研究》，《管理世界》2020 年第 11 期。

带，也是各民族优秀文化成果在当代社会的活态呈现。它凝聚了历代各民族的文化智慧，是不同时期民族创造力的集合体，其本身就是活态传承的价值体现，还以不断创新发展的生动实践，展现了人类文化前行的规律和方向。

（一）文化自觉是文化创新发展的动力

文化生生不息，随着时代的发展和社会的变迁不断成长。非物质文化遗产更是一种历史与生活交织、充满着生命力的传统文化，积淀着不同时期各民族的科学认知、价值追求、审美理想。这种文化积淀就是文化创造、吸纳新生活力的结果。这就内在规定了非物质文化遗产保护并不是固化的保存，而是在保护的基础上进行不断的文化创新。否则，文化如果无法焕发新的生机活力，将逐步失去其价值功能和生命延续能力。文化创新的目的实质上就是促进传统文化与当代社会相适应，提升传统文化的质量，并使之发展为新的高一级文明。这个过程的实现，需要具备理性的文化精神即文化自觉。

文化自觉"其意义在于生活在一定文化中的人对其文化有'自知之明'，明白它的来历、形成的过程，所具有的特色和它的发展趋向，自知之明是为了加强对文化转型的自主能力，取得适应新环境、新时代文化选择的自主地位"①。费孝通论述的文化自觉富有深刻的内涵，包括民族文化自我认知、对话与交流、认同与选择，更注重创新与发展。首先，文化自觉就是"各美其美"，自觉发现、弘扬自己民族传统文化之生命力所在。其次，以开放的文化心理"美人之美"，欣赏不同文化之独特性。再者，"美美与共"，学习、选择不同文化的先进因素，使民族文化成为不断发展的文化。然后，达于"天下大同"，实现民族文化共同进步。这就指明文化自觉作为一种文化意识，实质是一种内在的精神力量，是对文明进步的强烈向往和不懈追求，是推动文化繁荣发展的思想基础和内生逻辑。同时，文化自觉也是一种具体实践，追求的是民族文化的自身认知，也是人类文化的自我认知。这既是民族文化自立发展的创新之路，也是人类文化共同发展、共同繁荣之路。文化自觉的不断实现伴随着文化的创新与发展，每个民族的文化创造都具有创新价值。

民族文化的发展需要文化自觉，需要文化的传承与创新，文化创新是文化发展的根本要求，没有文化创新就没有文化发展。文化自觉内在地包

---

① 费孝通：《关于"文化自觉"的一些自白》，《学术研究》2003 年第 7 期。

含着文化创新，为文化创新奠定了理论基础，没有文化自觉就没有文化创新，从而也就没有文化发展。[①] 历史和现实表明，一个民族的觉醒，首先是文化上的觉醒，很大程度上取决于文化自觉的程度。可以说，是否具有高度的文化自觉，关系到文化自身的振兴和繁荣，也决定着一个民族的命运。习近平总书记在党的十九大报告中指出："文化是一个国家、一个民族的灵魂。文化兴国运兴，文化强民族强。没有高度的文化自信，没有文化的繁荣兴盛，就没有中华民族伟大复兴。要坚持中国特色社会主义文化发展道路，激发全民族文化创新创造活力，建设社会主义文化强国。"这一论述进一步阐明了没有高度的文化自觉，就不可能有高度的文化自信，更不可能有强大的文化创新发展动力。

非物质文化遗产作为民族优秀的文化成果，具有深厚的民族文化传统，其传承更多的是通过它的持有者群体心理和行为的自觉投入得以实现，甚至作为族群的一种传统义务而完成。这就决定了它的传承及其创新，首先是文化主体应生成明晰的内在认知，尤其作为文化主体代表的传承人群体自愿将传承活动变成自己意志和意识的对象。一则，他们主动发掘本民族文化的精华，加以发扬光大。二则，他们要通过不断进行文化交流与对话，积极吸收时代先进因素，促进民族文化的时代性转型、创新性发展。这是一种文化自觉，是文化发展创新的前提。文化创新发展的根基就在于人的文化自觉，指包括传承人群体在内的广大主体民众对保护实践活动的深刻自觉，这是当代文化自觉的内在张力。

基于文化自觉的重要性而言，面对经济社会的快速发展、外来文化的浸入与现代文明的冲击，内蒙古非物质文化遗产的创新发展，最重要的是提升广大文化主体民众的文化自觉，使他们理性地表达文化选择和行为的价值取向，形成新的文化追求。这是文化自觉的内在要求，有助于实现民族文化的创新发展和自我超越，也是内蒙古非物质文化遗产传承和创新发展的根本保证。

（二）文化多样性是文化创新发展的源泉

文化本身是一个动态的、开放的、不断积累、不断创新的过程，只有在与现实生活实践的互动中才能有效地传承。文化创新是文化发展的实质，也是民族文化发展的未来前景，其中文化多样性是其动力源泉。文化

多样性是"指文化在不同地区和时期有不同表现形式，内涵着民族多样性、宗教多样性和文明多样性"①。是文化发展的根本规律，也是文化创新的现实基础和生成空间。

首先，文化多样性是文化创新发展的动力。任何一种文化都是有着自身精密结构和独特功能的整体，都有其特殊价值，这是其生存的依据。文化多样性就是各种文化多样价值的生动体现。非物质文化遗产作为各民族集体生活及长期得以流传的民族文化活动与成果，是各民族历史生命的记忆、各民族艺术创造力的结晶与社会和谐、平衡发展的内在动力，都具有独立的价值。其中，基本价值是整个价值体系的核心和基础，时代价值是文化遗产与时代对接的重要资本；核心价值越大，其时代价值同比增长，转化为直接的经济效益也就越大。丰富的文化价值体现了非物质文化遗产在人类及民族历史与现实中独特而多元的作用，是人类文明发展进步的动力，也成为文化创新的目标。文化创新发展就是推动文化各种价值的深度融合，有效激活其潜在的文化功能，实现文化价值的增值，更好地服务于社会。以此而论，文化多样性作为人类文明的宝贵财富，代表了文化对人类社会的积极作用和价值，既是文化创新发展的资本，又是文化创新的动因。

其次，文化多样性是文化创新的源泉。每一种民族文化都是绝无仅有的智慧财富，都是所属民族独特的思维在每个时代留下的印记。文化多样性保存了各民族的创造灵感、古朴素材、纯真情感，是当代文化创新发展的源泉和精神参照。内蒙古非物质文化遗产"鲜活生动地传承着丰富的历史文化，是民族的生命动力、精神家园、情感依托，是民族文化复兴、民族文化整体可持续发展的源泉"②。它蕴含着蒙古族、达斡尔族、鄂温克族、鄂伦春族、汉族、满族等多民族文化的遗传因子，是民族文化多样性的生动展示。这些民族精神财富以不同的文化样态表达着各民族文化的原始初性、文化神韵，彰显着各民族天才的想象力和无与伦比的艺术技巧、精湛的手工技艺，是文化创新发展源源不断的活水。

其三，文化多样性是文化创新的生态空间。文化多样性的意义不仅反映在储存了文化的生命能量，还体现在推动了不同文化间的互动、沟通，活跃了文化生命力。这符合人类文明与进步的必然要求，因为文化互动虽

---

① 贾乐芳：《从文化多样性到文化生产力》，《理论导刊》2009 年第 12 期。
② 王文章主编：《非物质文化遗产概论》，教育科学出版社 2013 年版，第 79 页。

然是异质文化间的碰撞，但并不意味着文化冲突与对立，而是促进了文明互鉴、文化互补。人类文化就是在多元文化的交流与碰撞中得到创新和发展。中华文明持续进步发展，也是始终贯穿着"多元一体"的宽怀理念，秉承着"和而不同"的包容精神，海纳百川、创新融合，为实现世界文化的繁荣做着锲而不舍的努力。这充分证明文化多样性作为人类社会发展的根本属性，是文化生态平衡的灵动体现和文化创新的发展空间。文化创新也只有在多样性的生态环境中进行并得以实现，才能增强文化的现实生存能力，维护文化的多样性文化生态。

每一个民族都有自己的文化传统和特色，文化的多样性能够激发文化发展的活力。非物质文化遗产作为优秀传统文化在当代活态呈现的主体内容，为我们提供了文化传承之脉、文化创新之魂、文化发展之源，显示了文化多样性的生态价值。内蒙古是一个拥有 55 个民族的自治区，幅员辽阔。这里不仅有我国面积最大的草原自然景观，各民族还在这片神奇的土地上创造了令人瞩目的民族文化，尤其非物质文化遗产特色鲜明，更是人类可贵的精神财富。它们不仅凝聚着独特的民族思想，折射着多元的文化风采，是促进新时代文化交流和创新的动力和源泉，也为文化创新发展提供了多样性文化生态空间。内蒙古非物质文化遗产的创新发展应该尊重不同群体文化多样性的存在，充分认同多民族文化存在的合理性，博采众长、汲取时代文化的先进养料。唯有如此，才能增强本民族文化的活力，促进内蒙古民族文化多元一体的和谐发展。

（三）文化传承是文化创新发展的核心

非物质文化遗产是各民族文化品格和文化特性的活化石，是民族精神纽带，也是人类文化发展的血脉。当代非物质文化遗产保护的要义就是保证其传承链的完整和有机循环，即实现文化传承使命。非物质文化遗产的本质特征是历史的，甚至是原始的，可这并不意味着与现代文明相抵触。相反，把历史古朴与当代进步相结合、用历史的厚度去充盈现代节奏、用现代思维去延展历史的底蕴，才能最大限度地发挥文化遗产的价值，实现更好的传承。正因如此，文化创新作为文化保护的手段，应具有高瞻远瞩的长远眼光，还必须建立在传承基础之上，才能让民族文化命脉以有效的方式和不竭的生命力代代相传。这是由文化传承使命决定的。

第一，文化传承是文化创新的目标。

每一个民族的非物质文化遗产都蕴藏着本民族不可重复的文化传统。

它们以民族特殊的文化形式述说着民族的历史，展示着这个民族生息繁衍的生动印迹，其价值是无法用金钱和物质来衡量的。蒙古族服饰、汉族的炕围画、满族婚俗、鄂温克族瑟宾节、达斡尔族萨满斡包祭等都保留了该民族传统文化的特质，以民俗的形式折射着民族的个性和群体特征，是各民族风貌的生动写照。鄂温克族桦树皮制作技艺、鄂伦春族兽皮制作技艺、蒙古族烤全羊技艺、俄罗斯族列巴制作技艺，包头剪纸、蒙古族刺绣、达斡尔族哈尼卡，还有蒙古族搏克、鄂温克抢枢、达斡尔族传统曲棍球竞技，等等。各类项目也闪动着各民族创造性思维的光芒，形象地记录着各民族的聪明才智和文明历史，体现出该民族独具特色的文化发展足迹。它们虽然具有不同表现形式，但都以不同方式活态传承着民族历史与文明成果。毫无疑问，动态传承是非物质文化遗产的根本特性，非物质文化遗产保护的首要任务是传承，文化创新也必然以文化传承为目标。

第二，文化创新促进文化传承。

文化传统是一个民族情感和集体意识的历史沉淀，也是当代精神和价值取向的现实凝聚。它自身的价值与当代文明之间保持了双向的影响，是文化传承与文化创新的结晶。从这一结果看，文化传承不是简单的延续，是通过文化的生产与消费而实现升华的过程，与文化创新具有内在关联性。在这个过程中，非物质文化遗产中蕴含着该民族的精神特质和民族基因，经过历史的积淀并传承下来的，是所属民族的灵魂和民族文化的核心。这是文化价值体系的支撑，是保护传承坚守的民族传统，理应也是文化创新的基石。文化创新就是弥合传统文化与时代的疏离感，修复断裂的文化传承链，建构体现非物质文化遗产"精神"与"灵魂"的传承体系，发扬光大文化传统。因此，要提高内蒙古非物质文化遗产传承发展水平，坚定民族文化自信，关键就是要坚持在保护与传承的基础上创新，在创新中保护、传承中发展。换言之，传统文化需要与时代跟进，更需要基于自身根基对其他民族的文化、外来文化、优秀的现代文化进行吸收。只有做到继承和发展、传统和现代相结合，才能升华直至文化的再创造。

如何在保护与传承的基础上促进创新发展，学者们对于蒙古族长调的研究最为深入。虽然他们的观点有一定差异，但趋同的看法是："长调民歌必须进行自身的调试来适应新的社会环境，融入新的文化结构当中，才可能进一步生存发展。这种过程，首先需要价值的转换以及功能的适应。"①
确实如此，长调保护并不意味着原封不动，实际上包含了保存与发展两方面的内容，应准确把握保护的内涵意义。从保存的角度看，为了保证蒙古族民族音乐文化基因库的相对完整性，必须及时对古老的乐种或曲目进行收集、整理、记录、保存工作，使生存衰微的民族文化瑰宝得以留存。当然，这还需要国家和自治区层面有力的政策和法规支持，以及全社会对长调突出文化价值的认同。这样才能保持长调在中国音乐语言体系中的独特地位，避免其传承出现断裂。从传承发展的角度考虑，长调自身应主动面对时代发展和社会变迁，置身于现代文化语境下进行创新，以探寻自身的传承发展之路。这需要长调传承人在坚守固有的原生态意境和品质、保持其"活态"传承的同时，利用现代音乐技术手段和传播模式来丰富长调的旋律、扩展它的生存空间和影响。这是任何艺术形式在发展过程中都会面临的问题，也是终极追求。当代环境下，蒙古族长调民歌在内容、表演形式、语言、传播方式等诸多方面，不断推陈出新，注入新的活力。这是长调民歌在当代创新发展的理性思考，也应是有效传承之路。

正如以上所论，文化创新发展是文化保护的必要途径。它需要文化主体的文化自觉，以多样性文化生态环境为基础，承担着促进人类社会文化发展的历史任务。非物质文化遗产作为一个个标识鲜明的文化符号体，虽然会有多重的文化内涵，但都是围绕着核心价值因素而产生的。核心价值体现了民族文化的内在特性，不仅是保护和传承的根本，也是创新和发展的源泉。文化无论如何创新、流变，都不能失去其核心价值，否则背离其民族文化传统即失去了民族个性，文化就会因缺少活力而无法进步。内蒙古有着芬芳妍丽的非物质文化遗产，在推进其创新发展的过程中，既要吸纳其他各种文化的优秀成果，又要保持自己的地域和民族文化特色。坚守这一原则，文化创新才能促进文化发展传承，走向文化超越。

二 内蒙古非物质文化遗产创新发展的建议

从非物质文化遗产传承的本质讲，其活态流变性是绝对的。这表现为：在实际传承中，每一代传承人在继承基因不变的同时，会将自己的感悟、才思融入其中，使其传承的文化遗产事项留下个性特色。而传统文化

① 博特乐图：《蒙古族长调的传承与保护》，《内蒙古大学艺术学院学报》2011 年第 2 期。

在社会变迁中也必然要适应新的环境、与时代交互作用，不断打上时代的印记，从而推动文化的再造与传承。举凡有着悠久传承历史的非物质文化遗产事项，必然都是切合时宜、创新发展的典范。所以，作为传承人，不仅要继承蕴含其中的工艺、技艺、文化内涵，坚守其文化基因，还要深刻地了解非物质文化遗产的历史发展脉络，领悟历代优秀代表性传承人的传承经验、发展智慧以及与时代的关联性。同时，这也要求创新开发主体应具有远见明识，树立完整性传承的理念，不能随意割裂文化遗产本体要素。如此，非物质文化遗产的创新发展才有坚实的根基，也能更好地体现创新发展的价值。

创新就是在探索中发展。客观地看，非物质文化遗产象征着历史，是一种岁月的积淀，具有较强的年代感和历史纵深感。这使它与现代人的生活经历和成长过程存在着一定的距离，也增加了其在现代社会传承发展的难度。为了达到传承目标，对现存的内蒙古非物质文化遗产，就要突破历史的局限、汲取不同时代的营养，用新科技、新思维赋予其新的生命、新的活力、新的形态。

（一）内容创新

就非物质文化遗产本质内容而言，精神因素作为一种内在意义追求，是它的灵魂和最终价值指向。精神因素是构成非物质文化遗产所有文化元素的核心体，体现了文化的本真性和完整性，形成文化的呈现形态以及认知归属，也影响着它的物化形态变迁轨迹。从这个意义上看，对文化遗产精神层面的探析，能够洞悉不同时期的群体和个体的社会意识和文化特性，探寻传统文化发展的基本规律，进而指导当代文化建设。由此观之，精神因素在根本上决定了非物质文化遗产的价值取向，是其创新发展的关键所在。非物质文化遗产内容的创新本质上就是指精神创新发展，就是对其历史精神、民族特质的提炼和弘扬，这是其创新发展的核心部分。

非物质文化遗产内容创新主要是有机融入时代元素，以增强其传承人类文明成果、参与时代文化建设以及凝聚民族文化共识等能动作用和精神价值。时代元素包括符合人类社会发展主题、展现社会主义先进文化和彰显民族文化特质等内容。内容创新主要表现为：其一，非物质文化遗产中精湛的手工技艺、独特的艺术形式、传统的民族美术等，是当代文化产业中取之不尽、用之不竭的宝藏，也是文化创新的核心竞争力。我们可以适时融入具有时代气息的内容素材。其二，为了扩展传承空间、延长文化生命力，传承人可以发挥其创造才能，主动与当代审美价值对接，将展现时代美和大众认同的文化元素有机嵌入非物质文化遗产中，使其重新焕发生命活力而获得新的文化积淀和发展。

民俗作为一种文化传承现象，渗透于人们的日常衣食住行中，有其内在的恒定性，但作为民族精神的符号化表达，也应与时代脉搏共振，以获得新的生命能量。象征着吉祥、喜庆、平安的脑阁是一种盛行于呼和浩特市土默特左旗的民间习俗，表达了普通民众对美好生活的热爱与期盼。这种民俗最早兴起于唐代黄河流域的中原地区，于清朝初期从晋北地区传入内蒙古地区，至今已有 300 多年的历史。它是适应乡村劳动人民娱乐需要而产生的民族共享文化，每当春节或重大节庆之时，在舞台上或者街头进行表演、巡游，辅之以扭秧歌、推彩车、舞龙狮、踩高跷，场面热闹、欢乐。脑阁选材广泛，既有《八仙过海》等民间神话传说；《阿勒坦汗与三娘子》等内蒙古历史文化故事；还有骑马、摔跤、射箭等蒙古族那达慕活动内容等。音乐、道具根据表演主题，既有安代舞曲、弓、箭、马鞭、哈达、银碗，又有二人台曲子、唢呐、锣鼓、钹镲。服饰、造型也因表演故事的不同而变化，富有农牧交错地带的区域文化特色。

脑阁是内蒙古中西部人民喜闻乐见的民间活动之一，但随着首府经济的迅速发展和城市化进程的加快，极具乡土气息的民俗在当代传承中受到越来越大的冲击，面临传承的难题。为此，土默特左旗政府加大了保护力度，土默特左旗脑阁队自己也进行了探索与创新，积极与现代社会衔接，不断增加鲜活的时代内容。脑阁形成初期主要以敬神祭祀、祈福消灾内容为主。改革创新之后的脑阁逐渐演变为祈愿丰收顺遂、民殷国强、团结安乐的主题，在选材上也超越萨满教范围，融入了富有时代进步意义的文化元素，涌现出一批新形式、新内容的表演作品。如呈现欣欣向荣、祥和幸福之民族风貌的《吉祥草原》；展现祖国航天科技新飞跃、振奋民族精神的《神舟六号飞船》；充满和谐梦想与民族力量、洋溢着中华民族热情和美好祝福的 2008 年《奥运会福娃》，都体现出古老的民间习俗日新月异的时代感和创新性。其中，《吉祥草原》以高超的技艺、精彩的表演，于 2006 年获得中国民间文艺（民俗类）山花奖。2008 年，土默特左旗脑阁入选国家级非物质文化遗产名录，展现了其生命活力。如今，脑阁随着社会的发展不断改进完善、传承壮大，成为富有草原文化特色和独具艺术魅力的精品民俗，深受内蒙古广大人民群众的喜爱。每年昭君文化节、国际草原文化节以及元宵节等大型活动和节庆日，脑阁都是必不可少的表演项目，不断演绎出新的时代影响力。

同样，国家级传承人段建珺在和林格尔剪纸艺术的创新与发展上也做出了可贵的探索。段建珺早期剪纸作品《金莲鹿》《鹿头花》《鹰踏兔》等，主要反映了古代北方草原民族的生命崇拜、图腾崇拜观念，极具历史文化价值。在此基础上，他将现代艺术审美内涵和当代草原欣欣向荣的发展风貌，以及契合社会主义核心价值观之人民富强和谐、民族团结友善等主题，融合于传统剪纸艺术中，创作出具有草原特色的内蒙古剪纸品类。他的作品剪风犀利劲爽、清新明快、刚柔相济，在民族剪纸艺术的传承创新中成就斐然，如达到较高艺术境界的作品《套马》《春到草原》《昭君桥》《草原骄子》等获得全国性艺术奖。其中，1999 年《套马》荣获"庆祝建国 50 周年全国剪纸展"金奖，2000 年又荣获"中国剪纸世纪回顾展"一等奖。《草原雄鹰》《搏克手》等草原风情系列作品还作为礼品送到美国、加拿大、丹麦、瑞典、日本等 10 多个国家和地区，成为国际文化友好交流的载体。2003 年，由段建珺创意、设计，与学生共同完成的巨幅剪纸《赞歌》，被毛主席纪念堂永久收藏。2004 年，他的作品《老箭手》获首届国际民间剪纸展金奖，《沸腾的草原》获中国第七届艺术节金奖，同年他被授予"中国十大神剪"称号。2005 年 6 月，内蒙古文联、内蒙古民间文艺家协会授予段建珺"内蒙古民间工艺美术大师"称号。2007 年 10 月，他的《吉祥草原》又荣获第三届国际剪纸艺术节金奖，在剪纸爱好者和广大农牧民中间广为流传。中国民间剪纸研究会原会长、中央美术学院博士生导师靳之林有感于段建珺的剪纸艺术，为其题词"美传天下"。北京大学教授段宝林将段建珺的剪纸作品誉为"充满灵性的草原生命的赞歌"。现在，经过不断的创新发展，和林格尔剪纸已成为全国民间剪纸著名品牌，是草原文化的精美名片，走向更广阔的世界。2020 年 1 月，在中国农历的庚子鼠年来临之际，英属泽西岛邮政推出一套具有中国剪纸元素的"鼠年大吉"生肖邮票。其中，剪纸中的老鼠造型各异，神采姿态生动灵活，体现出中国民间特有的诙谐幽默。这套邮票中的剪纸图样就是由段建珺耗时近半年创作而成，其设计灵感来自中国民间的神话故事"鼠咬天开"和"老鼠嫁女"，彰显出浓浓的中国式吉祥和喜庆的文化氛围。

文化传承实践证明：非物质文化遗产作为一种历代变迁中的发展文

化，无论是民间文学，或是传统表演艺术、传统技艺等表现形式，只有创造性地融入现实生活，才能成为当代文化的有机组成部分，延续传承命脉。确实如此，非物质文化遗产内容创新并不是单纯用新时期的观念来衡量其历史价值，而是发挥其时代价值，使其实现现代化新生。只是，时代价值的发挥也不能背离文化的核心价值，任意利用现代观念凭空去创造一种完美理想的文化精神，最终会因缺少文化底蕴而失败。非物质文化遗产内容创新的主旨是如何将其内含的民族传统、精神素养、文化意义等有机地融入时代的审美因素，以整合成更具有民族特色的文化标识。唯有如此，非物质文化遗产才能经受住强势文化和时代的冲击、考验，更能激发起人们的民族情感和文化认同。

（二）形式创新

形式因素作为非物质文化遗产的物化形态，对其存在与发展同样具有不可忽略的作用。一则，形式是它的文化标签，是其所有文化信息的直接表达，是精神意义的形象体现。二则，作为可触可感的存在，形式直接与外界产生作用并做出适时的改变，是它的外在保护屏障。这就说明非物质文化遗产形式创新价值表现为：既能从其中可以提炼出民族传统元素，融入当代的文化建设中，给当代文化创造注入更多的历史文化特质和民族特色；其形式层面上又有较大的可创造性空间，在一定条件下可以进行适当的转化和开发，创造出经济价值。形式创新包括表现形式和传播形式两个方面。

首先，表现形式创新。非物质文化遗产的形式创新主要体现在声音、造型、图案、材料等媒介。因时代变迁和社会发展，许多优秀的民族文化遗产的生存环境发生了很大变化，面临着严峻的形势。如何走出困境，一直是保护传承的难关，更是文化部门和传承人长期探索和急需解决的问题。非物质文化遗产并不是既成性形态，而是处于不断的活态发展、演变、生成的历史中。从它的未来方向看，其生命力与受众真心的喜爱程度紧密相连，最终它还是要走入当代社会大众生活，与代表新兴的、主流的社会生活方式进行有机结合。这就要求文化主体应以"创新"思维和意识来重新审视它所蕴含的文化内涵，将之转化为适应当前文化审美诉求的表现形式。在此基础上，他们还要利用新的科学技术、借鉴不同文化的表现方法来完善其表现手段，增强其感染力和影响力，使之成为开在时代生活中的"文化之花"。当然，表现形式创新也必须恪守以其文化精神观照为核心的原则，不能偏离其本原的意义。反之，被随意扭曲或置换，非物质文化遗产将会因失去其生发之源而逐渐被人们所遗忘。只有坚守其本原的文化元素，才能获得恒久的价值，蒙古族呼麦就走出一条新型的创新发展之路。

无与伦比的艺术精品代表着一个时代、一个民族的最高科技水平，本身就蕴含着文化创新的资本，最能激发人们不懈追求的欲望和创新的兴趣。蒙古族呼麦作为一种高超的喉音演唱艺术，就是蒙古族天才的发明创造，标志着蒙古族音乐艺术在声学规律的认识和掌握方面出现了质的飞跃。这主要体现在它的多声部形态的唱法是对人体发声器官的有效开发，在人类歌唱艺术史上是少见的，是一种科学的发声方法。在千百年的历史发展过程中，呼麦作为蒙古族文化的艺术载体，经过世代积淀，具有独特的音乐表现力，引起世界各国人类学、文化学者极大兴趣。但这种神奇的喉音艺术由于受特殊演唱技巧的限制，曲目不够广泛，在其传承过程中也吸引了许多民族音乐家和声乐艺术家走上创新之路。

2008 年，身为国家级非物质文化遗产传承人的呼麦大师胡格吉勒图出版了呼麦专辑《天籁之音》。他认为保留原生态呼麦的同时，可以借助蓝调、摇滚等音乐表现形式，在古老的呼麦中融入现代元素，并做了探索和尝试，取得显著成效。2013 年 10 月，我国著名作曲家恩克巴雅尔将呼麦引入电影《季风吹过草原》，由蒙古国首席呼麦那仁巴达尔胡演绎主题曲《爱过以后》。歌曲以出神入化的喉音技巧、精妙绝伦的气泡音与极其传神的哨音，结合长调、马头琴等蒙古族元素，走出了多声部艺术音乐融合创新之路。知名的"安达组合"进一步创新，将蒙古族呼麦、冒顿潮尔、长调、短调、马头琴、史诗、托布秀尔以及多种蒙古族特有的打击乐，结合其他音乐与音声形式，以一种世界性、时尚性的音乐语言展现了蒙古族音乐永恒不朽的生命活力与鲜明的民族个性，唱响于国内各大音乐舞台。2020 年 10 月 28 日，继上海音乐学院、清华大学、中国音乐学院等专场音乐会后，安达组合在浙江音乐学院大剧院又为 700 多名师生献上其精绝的呼麦作品，获得至高的赞誉和经久不息的掌声。不仅如此，他们的足迹还遍布 30 多个国家，曾连续 10 年在全美巡演，成为蒙古族传统音乐成功走向世界的典范。还有昂沁组合、杭盖乐队、奈热组合、扎木契组合等，也不断活跃在世界呼麦的舞台上，相信神奇的呼麦还会给人们带来更多创新的惊喜。

其次，传播形式创新。非物质文化遗产表现形式的创新固然重要，但真正让它"活"起来，传播方式的创新亦必不可少。非物质文化遗产创新实质上是一个与现代社会有效对接、获得广泛传承的过程，其中关键的一环就是扩大它在当代发展的社会基础，并发挥其社会影响。为此，我们应在把握文化传统精髓的基础上，诉诸时代的审美意愿，借助更为科学的现代信息技术构建文化传播平台，使它得到更多分享与交流者。这样，才能使非物质文化遗产真正"活"起来。

传统农牧业时代，非物质文化遗产主要依靠人际传播途径。传统的传播方式有其隐蔽性，与当代开放、共享的时代环境存在着较大的距离。随着新媒体时代的到来，尤其是移动智能终端的普及，对传统的传播方式带来了挑战，自然也为其提供了新的机遇和技术支持。基于现代生态环境的发展，适应现代话语体系需要，创新传播形式成为当代民族传统文化发展新的选择。这也预示着在新的时代背景下，如何用新形式、新内容让边缘化的非物质文化遗产重新回到观众视线，不仅关乎其传承与保护，更是传统文化在继承中创新的必由路径。因此，非物质文化遗产应紧密结合现代大众群体的审美感受，创新传播方式、提升设计感，积极利用新的媒体形式进行创作。如在宣传策划时可以利用诸如海报、"MV"、短视频等年轻人更易接受的"青春化宣推"形式，借助网站、微信、微博等网络传播平台，提升传播的接受度和使用黏性，进一步扩大非物质文化遗产保护的宣传范围。同时这也要求在传播方式创新过程中，无论传承人还是新媒体，都不能随意破坏非物质文化遗产的核心要素，也不能用科技取而代之。他们可以通过加大与互联网的融合，进行宣传推广、市场营销、经营运作，为其传播插上新科技的翅膀。

2017年，《光明日报》率先创新运用网络传播非物质文化遗产，推出30场"致·非遗　敬·匠心"大型系列直播节目。这一节目总观看人数达3000万人次，吸引了许多爱好者的视线，尤其为年轻人打开了一扇关注和了解传统文化的窗口。另外，在中国非物质文化遗产保护中心和中国非物质文化遗产保护协会的指导下，2015年10月，国家非物质文化遗产网络交易平台"e飞蚁"上线以来，运营良好。"e飞蚁"依托国家非物质文化遗产产业数据库，是一家以非物质文化遗产为主题的垂直电商。它实行1+N战略，以O2O模式为传承人和非物质文化遗产产业构建了全方位的推广平台。该平台采用的是和淘宝网一样的线上线下联动模式，线上交易平台对接的是线下"前门·华韵"等国家非物质文化遗产产业园。对于真伪问题,每一件作品都有"身份证",可以通过国家非物质文化遗产产业数据库追溯其流通的过程。这样,"e飞蚁"平台能够帮助传承人拓宽市场和推广品牌,使他们能够有更多的精力和时间专心创作。[①] 这是我国非物质文化遗产领域"互联网+"的先行实践,这一成功的案例为内蒙古非物质文化遗产在当代传播方式的创新提供了有益的借鉴。

近几年来,内蒙古自治区也不断尝试创新传播形式,以营造全社会共同参与、关注和保护传承优秀传统文化的浓厚氛围。2020年6月13日,内蒙古自治区文化和旅游厅在内蒙古展览馆主办非物质文化遗产大型线上宣传活动。其中,在人民网、新华网、凤凰网、今日头条、抖音等新媒体平台推出的"让生活更健康——内蒙古非遗影像"云展播,内容涉及传统体育、传统医药、传统技艺等16个项目,观看人数突破170万人次。在展览馆广场,主办方又设计出蒙古族搏克、蒙古马耐力赛、鄂温克抢枢、蒙古族象棋、达斡尔族传统曲棍球竞技等5个项目动漫形象,与广大在线民众进行云互动。该活动还启动"内蒙古非遗馆"电商平台上线仪式,接入淘宝、京东、天猫等电商平台进行直播销售。这不仅有助于提高传承人的网上销售能力,解决非遗产品销售难、渠道窄的问题,也通过互联网+文化推广模式,让"土文化"走上网红路,有效地提升了自治区非物质文化遗产的知名度与影响力。

(三)转换功能

非物质文化遗产作为一种文化形态,倡导内容和形式的创新,目的就是要能动地、创造性地融入当代生活,发挥其特有的文化功能。从功能看,非物质文化遗产都是从人民生活需求出发创造的文化,无论历史还是今世的,传统或是现代的,都是适合当时社会生活的产物。诚然有其历史感,但作为一种安静的文化力量,它特有的古朴的自然美、生态美、道德美和独特的智慧美、民族个性美,在现代社会中对于平衡都市人的精神生活、推动现代社会可持续发展仍具有无可置疑的价值。今天的创新发展就是要让它重回当代生活,发挥其应有的作用。这就必然需要站在今天社会的审美和需求角度来创新地继承,实现其功能的转换。内蒙古自治区是一个非物质文化遗产富集区,但由于长期处于边缘文化或非主流文化的地

---

① 李婧:《非遗创新到底应"新"在何处?》,《中国文化报》2015年8月8日。

位，大多数民众对于许多非物质文化遗产具有较明显的陌生感和距离感。当代非物质文化遗产传承发展中的创新就是要采取融合方式，充分利用非遗＋文创、非遗＋教学研究、非遗＋旅游、非遗＋科技、非遗＋扶贫、非遗＋特色小镇等多种形式，使其有温度、有质感、有创意地走进生活、贴近公众，从而发挥多元服务现实的功能。

非物质文化遗产是一个民族远古至今的历史足印，都留有民族文化的原始踪影，也都是民族文化创新发展的成果。斡包节，也称"祭斡包"，作为达斡尔族的传统节日庆典，也是历经千百年历史长河洗礼的传统民族文化。它源于达斡尔族原始宗教信仰萨满教，"斡包"即指在地势高峻的山冈上用石头堆砌的圆丘，喻义天地、山林、河湖诸神之所在。每年5月的春祭、8月的秋祭，达斡尔族人民都要前往"斡包"杀牲、举行盛大的祭奠仪式，虔诚表达他们对神灵恩赐的感念、对甘霖祥瑞的向往。因此，传统斡包节一直是"以山为父、以水为母"的达斡尔族人民最重要的宗教祭祀活动，其仪式本身也是萨满教祭祀仪式的典型范本。

中华人民共和国成立之后，为了传承民族文化传统，国家将每年6月28日的斡包节定为莫力达瓦达斡尔族自治旗唯一的民族节日。多年来在该旗委、旗政府的重视下，斡包节具有了丰衍的现代内涵和功能意义。每年除了传统的祭祀祈福祝愿外，它都要借助自治旗美丽的自然风光，以婉转悠扬的木库莲、热烈欢快的鲁日格勒舞等民族传统艺术，以颈力赛、波依阔、射箭等传统民族体育活动向人们展示达斡尔族优秀的民族文化。

随着与时代衔接，古老的节日逐渐实现了功能转型与拓展，从单纯的祭祀活动转变为传播达斡尔族文化的盛宴，具有新时期增强民族自豪感、促进社会和谐进步的现实作用。在2012年第三届中国民族节庆峰会上，斡包节获得了"最具特色民族节庆奖"，被列入呼伦贝尔市旅游节庆活动之一，成为莫力达瓦达斡尔族自治旗旅游宣传的文化品牌，具有了明显的经济价值。2016年，莫力达瓦达斡尔族自治旗政府以斡包节为契机，成功举办了达斡尔冰钓节、达斡尔罩鱼、赛马等民族特色节庆活动，有效地增强了其品牌文化内涵。斡包节也由此吸引了八方宾朋，成为远近闻名的民族旅游盛会。该自治旗旅游局还邀请了国内外旅游媒体，全方位、多角度展示本民族富有魅力的旅游资源，进一步提升了斡包节的旅游价值功能。2017中国达斡尔·斡包节暨"瑟瑟仪"如期举行，2017年全年实现旅游

收入 8.98 亿元，同比增长 16.5%；旅游总人数达 95.9 万人次，同比增长
12.2%。① 2019 年斡包节系列活动成功举办，全年接待游客 99.4 万人次，
实现旅游收入 9.3 亿元。② 显而易见，随着传统斡包节原始祭祀功能的减
退，它的另一个意义就是具有对莫力达瓦达斡尔族自治旗民族文化建设和
旅游产业发展的助推功能，走出了一条"非遗 + 文创""非遗 + 旅游"的
创新道路。这也充分说明文化创新实际上也是文化扬弃、文化再生、不断
融入现实的过程。

非物质文化遗产功能的转化，仍要关照其内在的文化精神，要以其核
心符号与人文精神为本，结合时代发展进行功能优化和时代价值的创新性
提升。那达慕，蒙古语，意为"聚会"，是蒙古族传统节日主要的表现形
式，有着历久弥新的文化积淀。据 1227 年竖立的《成吉思汗石碑》（今藏
于俄罗斯圣彼得堡埃米尔塔什博物馆）记载：蒙古汗国第一次西征征服花
刺子模后，就举行过大型的庆祝盛会。此后蒙古族人民相沿成俗，凡战争
获胜、节日庆典、盟旗聚会等重要时刻都隆重举行那达慕。传统那达慕有
特定的举行时间和地点，主要以"男儿三艺"（骑马、射箭、摔跤）为固
定项目。元代的那达慕在进行传统项目的同时，也进行祭祀活动。清代的
那达慕为政府定期组织，以民间娱乐竞技、庆祝丰收为主要内容，还增加
了集市贸易、物资交流等经济内容。中华人民共和国成立以后，那达慕不
断吸纳现代文明成果，成为集娱乐竞技、商业贸易、表演旅游、表彰庆典
等多层内容为一体的盛大聚会，焕发了新的生机和活力。2010 年、2012
年、2018 年，鄂尔多斯市还举行了 3 届鄂尔多斯国际那达慕大会，标志着
那达慕已走向国际化。如今，随着社会的发展，那达慕在现代传承中已突
破特定场域的限制，趋向于现代那达慕，具有多元功能。

以内蒙古自治区锡林郭勒盟乌珠穆沁地区那达慕为例，为适应现代多
层次文化主体的需要，现在已实现了不同目的的服务。敖包祭祀那达慕以
年为周期举行，它在现代传承过程中，既适应蒙古族民间信仰活动，也满
足了牧民生活水平提高后的娱乐需求，是具古老性、传统性的蒙古族文

---

① 莫力达瓦达斡尔族自治旗人民政府：《2018 年政府工作报告》2018 年 3 月 2 日，莫力达瓦
达斡尔族自治旗政府网，http：//www.mldw.gov.cn/openness/detail/content/5a98a4b1d9e5dc680f0000.
html，2020 年 12 月 20 日。

② 莫力达瓦达斡尔族自治旗人民政府：《2020 年政府工作报告》2020 年 1 月 19 日，莫力达瓦
达斡尔族自治旗政府网，http：//www.mldw.gov.cn/openness/detail/content/5c6e1acdd9e5dc000d000000.
html，2020 年 12 月 20 日。

化。政府举办的那达慕规模较大，主要基于政府主导的经贸洽谈和各类庆典活动；旅游那达慕以文化为桥梁、经济唱戏，旨在发展草原旅游；民间那达慕则服务于蒙古族牧民家庭的各种庆祝活动，保留了大量纯粹的原始文化要素；都市那达慕满足移民至城市的新一代蒙古族追寻祖先生活和牧区记忆的需求。① 2019 年 8 月 3 日，为庆祝中华人民共和国成立 70 周年，"辽阔草原、锡林颂歌"那达慕在锡林浩特市举办。身着节日盛装的牧民们从四面八方汇聚一堂、载歌载舞，喜迎祖国华诞，共庆农牧业大丰收。这次那达慕盛会内容丰富多彩，文体赛事及商贸活动有 13 项，尤其开幕式盛况空前，现场聚集了 2200 多人，参加仪式马匹 200 余匹。开幕式上，西乌珠穆沁旗白马连方队的 70 匹白马首先亮相，以草原人民特有的风貌展现了新时代蒙古马精神。蒙古长调、祝赞词、马头琴共同演绎草原儿女对伟大祖国和吉祥草原的祝福。最后，13 个旗县市（区）火炬手在那达慕主会场进行圣火传递，并点燃圣火盆，拉开那达慕比赛序幕。此次那达慕圣火传递之旅于 6 月开始，将全盟各地那达慕庆祝活动连接起来，形成特色线路产品，成为至今锡林郭勒盟那达慕文旅系列活动的特色标签。2020 年 5 月，锡林郭勒盟文体旅游广电局启动"锡林郭勒那达慕"品牌文旅系列活动，其中重点为 7—8 月的锡林郭勒美食那达慕、锡林郭勒马文化那达慕。该系列活动以原生态旅游、健康旅行、低密度人群为核心标签，结合浓郁的民族文化和特色民族体育项目，集中力量打造锡林郭勒盟原生态草原民族风情旅游特色品牌。这些活动的开展，有利于提升锡林郭勒盟草原旅游的美誉度和综合性价比，逐步恢复锡林郭勒盟旅游产业并带动文旅产业升级发展。

很明显，如今的那达慕大会已不是草原牧民单纯的娱乐活动，更具有增进民族团结、振奋民族精神和对外开放的时代内容。它以活态的节日民俗形式传承着蒙古族精神、文化特质，建构着本民族的知识体系，影响着一代又一代蒙古族人民的成长。而且它还在不断融入现代文明的过程中，实现了内容更新、结构重构，进一步提升了文化功能，更加具有蒙古族核心文化的价值和意义。

文化生态视域下，那达慕根植于内蒙古草原特有的文化生态环境，逐

---

① 张曙光：《文化生态视域下那达慕的传承与保护》，《内蒙古大学艺术学院学报》2010 年第 3 期。

水草迁徙的游牧生活是它生存的生态基础和根本力量，敖包信仰是其持续发展的精神动力。这决定了那达慕传承发展最根本的任务是保护好草原生态环境及精神内核。若此，那达慕才是鲜活的、有文化内涵和吸附力的，才是蒙古族文化的象征符号和认同标志。它的传承、扩展和衍生也才有根基。当然，由于社会发展等因素带来的草原生产生活方式的变化，以及那达慕传统内涵的变迁，我们也应该予以足够的关注。具体而言，那达慕的保护和传承既要重视它的传统形态、保护它的生命之源和本质特征，也要关注它的外延扩展，不断形成多元组织、多样主题的新型形态。这样，才能使那达慕逐步从牧区走向都市、从草原走向世界，从而将它打造成具有精品、世界意义的蒙古族文化符号。也只有这样，那达慕才能充分发挥其现代价值，成为当代社会中具有多重功能的蒙古族文化的典型代表。

总而言之，非物质文化遗产的核心价值是文化传统。"文化传统是否能在现代仍然发挥精神凝聚力，关键在于能否使今天的人们也像先人那样从其中找到特有的、共享的经验和由之而生的归属感，即能够以现代的形式和内容表达非物质文化遗产的价值理念，这也是评判非物质文化遗产传承体系有效性的关键"[1]。也就是说，非物质文化遗产创新的根本是以现代生活为基准，让饱含民族智慧精华的文化遗产走进现代人的生活、为现代人所用，才能重构其合理性和价值意义。同时，非物质文化遗产本身所凝结的文化传统，是实现其创新性发展的根基，是其衍生品的核心价值和市场竞争力所在。因此，非物质文化遗产的创新要在保持文化认同和符号价值不变的前提下，依托当代的文化形式表达、融进必要的技术支持、利用独特的民族特色增进大众的认同，创造出既富有民族精神，又贴合时代特色的现代性文化产品。这是激发它的生命活力，促使其在当代得到传承延续和保护的根本生存之道。

"在全球经济一体化发展的今天，整个人类社会的政治结构、经济结构和文化结构都在发生巨大变化。""以非物质文化遗产为代表的民族的文化传统，正成为一种人文资源，被用来建构在全球一体化语境中的民族政治和民族文化的主体意识，同时也被活用成当地的文化和经济新的建构方式，不仅重塑了当地文化，同时也成为当地新的经济的增长点"[2]。从上

---

① 王水维、许苏明：《非物质文化遗产价值生成机制研究》，《艺术百家》2014 年第 5 期。
② 方李莉：《论"非遗"传承与当代社会的多样性发展——以景德镇传统手工艺复兴为例》，《民族艺术》2015 年第 1 期。

可以看出，文化创新发展是当代文化保护的现实问题，也是实现文化建构的过程。当前正值全球经济一体化的时代，产业化发展已成为文化创新的重要理念，对传统技艺、传统医药和传统美术进行的生产性保护已取得相应的成果，进一步发展文化产业应是非物质文化遗产生态保护的途径之一。内蒙古非物质文化遗产作为内蒙古各民族千百年来创造发展的文化财富，是最能体现民族文化多样性和独特性的文化形态之一，将它置于密切相连的文化生态中进行产业化开发，是其创新发展的重要方向。

三　文化生态视野下内蒙古非物质文化遗产产业化创新发展的路径

文化产业是人类经济社会发展到较高阶段的产物，文化需求为其根本动力。伴随现代经济的发展、教育的加强，人们在对非物质文化遗产所具有的特殊意义和文化内涵有了深刻的认知后，对其开始转向精神层面的消费。这为其产业化发展创造了机遇。非物质文化遗产产业化实质上就是对其经济价值的开发利用，这既是应对生存危机的路径，也是对现代环境适应的创造性过程。

内蒙古非物质文化遗产具有显著的文化价值和民族个性，能够契合知识经济时代人们多样化、多层次的精神文化需求。根据问卷调查数据显示（图4-1），67.78%的内蒙古民众认同非物质文化遗产产业化创新开发路径，这从一个侧面说明其产业化开发利用的现实意义。同时我们也认为内蒙古非物质文化遗产具有文化生态属性，与所处的生态环境存在着互相依存、彼此制衡的耦合关系，其生存和延续的实质就是不断自我调整、适应环境的过程。① 所以，内蒙古非物质文化遗产产业化作为一种文化经济活动，既要遵循市场经济规律，更要尊重当代文化生态平衡发展的原则。它的重点是以独特的文化生态系统为基础，以优化文化生态环境为目标，如此，才能促进文化生态系统的良性发展，获得自身发展、经济效益与社会效益的共赢。

（一）秉持生态文明价值观，注重开发文化生态旅游

文化生态学具有典型的生态学意义，主张文化与其生存的自然环境、社会环境和经济环境构成统一的生态系统。它认为系统内部有着独特的反馈调控机制，自然环境是文化创生的基础，人类对环境的利用和影响是通

---

① 刘慧群：《文化生态学视野下非物质文化的自适应与发展》，《求索》2010年第3期。

过文化的作用而实现的，注重人与自然、文化的和谐，体现了生态文明价值观。① 在生态文明价值观导引下，非物质文化遗产产业化必然追求文化完整性、人与自然的理性关系，应是生态文明建设的有效途径。在国民经济中，旅游业是经济发展与环境保护之间冲突最少的产业，属绿色经济，是文化产业的重要选择。内蒙古是我国旅游资源大区，近年来旅游规模有了一定发展，但整体水平不高。这主要因为片面追求商业利益忽视了文化的生态属性及自然环境的承载阈限，造成旅游模式单一、趋同化较严重，也使一些非物质文化遗产项目逐渐失去其原有的特性。面对文化生态系统的失衡，以可持续发展为核心目标的生态旅游开发势在必行。

文化生态旅游是生态旅游的重要组成部分，指以良好的生态环境为基础、以旅游地的民俗风情和特色文化为主要景观发展的旅游。这种旅游尤为强调维护文化与自然、人文环境的协调关系和保护文化完整性。它从新的文明观和哲学的高度看待旅游，体现了经济发展、环境价值和社会进步并重的经济观念，是旅游业可持续发展的方向。这就要求我们在开展文化生态旅游时，首先要科学认知低碳经济、可持续发展和社会效益的整体关系，重视支撑旅游业快速增长的草原生态环境和民族文化资源的承载力，保护文化旅游产业生态系统的可持续性。其次，我们还要理性控制经济利益的限度，避免民族特色旅游变成"以蒙古包、勒勒车、寺庙、蒙古袍、苏力德、哈达以及鞍马等文化要素为外在形式的纯粹的符号……而不是草原环境和游牧文化内涵本身"②。内蒙古非物质文化遗产源于各族人民不同的生活和生产实践，独具民族特色。如蒙古族鄂尔多斯婚礼、那达慕，鄂伦春族、达斡尔族、鄂温克族的民俗风情，以及汉族双墙秧歌、俄罗斯族巴斯克节等都是内蒙古旅游业发展的核心竞争力，也是最具优势的文化生态旅游资源。不仅如此，许多非物质文化遗产如祭敖包、祭泉、祭火、祭神树等，敖鲁古雅鄂温克族撮罗子、达斡尔族斡包节等本身就蕴含着深刻的生态伦理观和社会和谐理念，对人与自然协调发展具有生态教育价值。利用这些富有人文内涵的非物质文化遗产资源，发展文化生态旅游，可以提高内蒙古旅游资源的竞争力，促进文化资源转为文化资本。更有意

---

① 刘永明：《从建设生态文明角度审视非物质文化遗产保护》，《西南民族大学学报》2014 年第 2 期。

② 孟和乌力吉：《草原旅游与环境保护——兼论包头市希拉穆仁草原旅游业》，《内蒙古民族大学学报》2012 年第 6 期。

义的是，这种旅游还能以文化特有的生态文化价值，使游客在领略各民族文化生态美与独特魅力的同时，自觉承担起保护文化生态平衡和文化完整性的责任，有利于推动当今的生态文明建设。

非物质文化遗产的经济价值取决于文化价值，文化价值决定着文化产业的市场需求，并影响着文化产品与服务的价值判断，制约着文化产业的发展走向。文化生态旅游作为非物质文化遗产产业化的路径之一，发挥了非物质文化遗产资源塑造性高、延续性强的环保特性，是一种可持续经济发展模式。它在遵循市场化经济运行规律的同时，还尊重非物质文化遗产不可再生的特殊性及文化价值，能够理性地处理文化与生态环境间的关系。这既保证了文化传统和历史文脉的完整性，又符合资源节约型社会的发展要求，有益于文化生态系统的协调发展。据《内蒙古自治区 2014 年国民经济和社会发展统计公告》数据显示：2014 全年自治区接待入境旅游人数 167.1 万人次，国内旅游人数 7414.9 万人次。[①] 2018 年全区接待入境旅游人数 188.1 万人次；国内旅游人数 12856.1 万人次，比上年增长 12.2%。[②] 4 年来国外游客和国内游客分别增长 11.2%、42.3%，尤其国内旅游平均每年以 10.6% 的速度增长。2019 年全区接待入境旅游人数 195.8 万人次，增长 4.1%；国内旅游人数 19316.7 万人次，比上年增长 50.3%。[③] 这组数据说明内蒙古非物质文化遗产的文化产业具有较广阔的市场空间，以非物质文化遗产发展文化生态旅游存在着日益增长的文化需求，可以成为内蒙古经济可持续发展有力的助推器。

（二）保护民族文化基因，提升草原文化品牌优势

文化生态学追求原生文化基因的保护，认为文化生态系统具有遗传性基本特征，从而使得某一民族或地域的文化传播持续地保持着其民族或地区特色，呈现出特有的稳定性。遗传性是文化动态变异的基础，即便是在与时俱进的不断创新过程中，其文化核心要素即民族文化特性也经世保留下来[④]，成为区别于其他文化圈的标识。文化生态系统的遗传特征提示我

① 内蒙古自治区统计局：《内蒙古自治区 2014 年国民经济和社会发展统计公告》2015 年 6 月 16 日，内蒙古自治区政府网，http://www.nmg.gov.cn/art/2018/9/28/art_ 1622_ 231684.html。

② 内蒙古自治区统计局：《内蒙古自治区 2018 年国民经济和社会发展统计公报》2019 年 4 月 19 日，内蒙古自治区政府网，http://www.nmg.gov.cn/art/2018/9/28/art_ 1622_ 231684.html。

③ 内蒙古自治区统计局：《内蒙古自治区 2019 年国民经济和社会发展统计公报》2020 年 3 月 23 日，内蒙古自治区政府网，http://www.nmg.gov.cn/art/2018/9/28/art_ 1622_ 231684.html。

④ 黄永林：《"文化生态"视野下的非物质文化遗产保护》，《文化遗产》2013 年第 5 期。

们：原生文化基因是民族发展的源泉、维系民族存在的底线，也是最具价值优势的"核心物"。在当代市场经济下，品牌是商品的标志，也是一种文化个性、文化优势的符号表达，具有无形资产价值。民族文化必须通过品牌的构建来强化其文化特性，从而使文化产品实现其经济价值。文化生态下的内蒙古非物质文化遗产产业化也应注重保存孕育民族文化的遗传基因，坚守民族文化之本。只有在这一前提下进行文化产品创造和市场化经营，才能突出其品牌特性，传承与发扬其赖以为人类提供认同感和历史感的核心精神内涵。

草原文化体现着内蒙古民族文化的鲜明特性，是内蒙古走向全国和全世界的第一品牌，也是内蒙古文化产业最有力的"文化资本"。但现代草原文化中非物质文化遗产的开发利用相对滞后，精品供给能力偏弱。这主要表现为：鄂尔多斯婚礼类的精品并不多见，草原文化的品牌优势不明显。内蒙古非物质文化遗产根植于内蒙古各民族生产生活实践，是草原文化的精髓。虽然随着历史变迁，大部分已经趋向符号化，却仍深藏着一个民族的文化生命密码，传承着民族特有的认知方式、性格特质和审美意识，是民族精神的外化符号。如成吉思汗哈日苏勒德祭祀、鄂温克族服饰、达斡尔族木库莲、鄂伦春族斜仁柱制作技艺等都是各民族存在、集体意识的精神表达。创新性发展，可以促进文化交流、繁荣，还能充分发挥这些优秀文化具有号召力的民族意识，增强中华民族共同体的凝聚力、感召力，提升自治区文化软实力。

安代舞是蒙古族舞蹈的活化石，形成于明末清初的科尔沁草原库伦旗，以"蒙古舞之魂"的美誉成为蒙古族最为耀眼的文化标识。它起源于宗教舞蹈，主要特点为以歌伴舞，后随着好来宝、祝赞词等多种文化形式的融入，逐渐发展为自由地表达蒙古族民众思想愿望、内心感情的群体舞。千百年来，安代舞以强烈的自娱性、浓郁的民间本色和"癫狂之舞"的特点，成为民族传统舞蹈艺术的代表作。通辽市库伦旗为了不断展现其独特的文化风采，依托"中国安代艺术之乡"文化品牌，传承与创新并进。1988年，库伦旗乌兰牧骑创作并演出的《安代传奇》被自治区文化厅命名为"科尔沁蒙古剧"。2010年，由科尔沁叙事民歌《达古拉》改编的第一部草原歌舞剧《安代之恋》登上舞台，推动了安代文化产业化创新发展的历程。在此基础上，通辽市歌舞团以安代文化最经典的情节为蓝本，于2011年编创大型民族舞剧《安代魂》，表现了科尔沁蒙古族人民顽强抗争的安代精神。2012 年，首场展演拉开了"伊泰情"第九届中国·内蒙古草原文化节的序幕，让"蒙古族第一舞"从内蒙古草原走向全国。2017 年 8 月 8 日，内蒙古自治区成立 70 周年庆祝大会，库伦旗千人安代舞惊艳亮相，再一次让世界瞩目。如今，安代舞已成为通辽市及自治区的文化品牌，通辽市仍坚持创新进取，不断丰富农牧民群众的精神文化生活。2020 年 10 月 16 日，为庆祝第三个中国农民丰收节，进一步营造"决胜全面小康、决战脱贫攻坚"的浓厚氛围，通辽市委宣传部、通辽市文化旅游广电局、通辽市群众艺术馆等共同主办第三届通辽市农牧民文艺会演暨首届安代舞大赛。开幕式上 1400 人在辽河岸边共舞安代，共唱《我和我的祖国》，载歌载舞表达通辽市各族群众热爱祖国、热爱家乡、热爱生活的精神面貌和风采，发挥了优秀民族文化凝心聚力的时代价值。

《2016 年内蒙古自治区政府工作报告》指出，十二五期间"民族文化强区建设成效显著，文化事业繁荣发展，文化产业增加值年均增长18%"，"草原文化影响力、传播力显著增强"。2020 年，内蒙古自治区政府仍将"传承中华优秀传统文化、红色文化，推进草原文化创造性转化、创新性发展"作为重点工作内容，坚持"加强文物保护利用和非物质文化遗产传承。"这充分说明内蒙古非物质文化遗产产业的创新发展，有利于增长文化自身的生命力，对于增强草原文化的整体实力具有明显的作用。

2015 年 7 月，由内蒙古社会科学院承担"内蒙古民族文化建设研究工程"课题，开展了内蒙古文化符号调研，评出 10 大文化符号。其中，马头琴、那达慕、蒙古包、成吉思汗、蒙古文、敖包等文化符号映射着非物质文化遗产的精神寓意，具有草原文化的象征意义。这些优秀的非物质文化遗产深藏着各民族文化的原生根脉，是内蒙古民族文化延续的生命之源，也是草原文化品牌建设的特色资源。内蒙古非物质文化遗产产业可以发挥这些文化符号的文化示差作用，将浸透其中特有的民族价值观和浓郁的民族审美取向附加到各类文化产品中，并融入新时代先进文化。这可以扩展其载体的丰度，从而打造出更多具有草原民族个性的精品，让它们像鄂尔多斯婚礼、安代舞一样化作草原文化的华彩名片，成为内蒙古非物质文化遗产产业发展的标志性成果。

文化产业极富个性化特征，在国民经济结构中为典型的第三产业，对优化经济结构起着助推作用，也是一种特殊的文化形态和高级的经济形态。发展文化产业需要突出其品牌特性，文化品牌是民族文化产业可持续发展的前提。尤其在文化产业同质化竞争激烈的今天，文化消费已超越传统物质形态意义上的使用价值，更加关注文化的象征意义即符号价值，打造知名品牌建设便成为民族文化产业的必然选择。内蒙古是一个以蒙古族为主体的多民族聚集区，非物质文化遗产作为各民族身口相传的原生文化，大多数表现为各种文化符号的活态聚合。它们以特有的方式表达着草原民族的生活方式和精神世界，富有文化意义上的表征价值。因此，内蒙古非物质文化遗产产业化的途径之一，就是深度挖掘非物质文化遗产的符号价值，以其内在的民族特性强化其文化身份标识作用，充分展示草原文化的品牌效应，以适应文化生态系统平衡稳定的发展要求。这能够彰显内蒙古非物质文化遗产的个性美与精神气质，提升草原文化整体的品牌优势，创建一条富有民族和地域特色的非物质文化遗产产业化道路。并且这条路径还可以壮大内蒙古文化产业，使之成为自治区经济的支柱产业，从而促进内蒙古经济结构的有效调整。

（三）动态推进跨界融合，开拓民族文化创意产业

文化生态学从动态角度解读文化的变迁，认为文化生态系统具有开放性，会因内外部环境的变化而不断演变；文化必须随着科技进步和需求变化不断地整合与调整，主动寻求新时代的生存与发展空间。内蒙古非物质文化遗产产业近几年有了一定发展，但文化产品科技含量和附加值不高、缺乏创新，导致竞争力不足。创意是依靠创意人才的智慧、灵感和想象力，借助高科技的技术优势对传统文化资源的再创造。它有利于提高非物质文化遗产本身参与市场的能力，为文化产业提供创新思路，成为当代文化产业发展的关键。创意源于民族传统文化，但又不是其简单的复制。所以，文化生态下的非物质文化遗产产业化运作，仍需要处理好文化遗产"本真性"和追求"创新性"的平衡，借助现代信息科技以及相关产业创新民族传统文化形式，发展文化创意产业。具体而言，就是要在保存文化遗产核心因素的前提下，探索跨界融合创新模式，以多元、高科技的文化产品样态展现内蒙古非物质文化遗产的特殊价值，增强其市场竞争力。

在人类文明发展的进程中，各种文化、各类艺术是相互借鉴、交融、流动的，正是它们之间的有效互动，才演变成新的文明体系。"跨界"的本质就是整合与融合，"跨界融合创新模式"即指根据非物质文化遗产技艺特征来选择设计师与传承人共同牵手进行的跨界创作。这种模式的主旨

就是在不同文化之间、不同领域之间、不同专业之间构建起"1＋1＝∞"的文化艺术效应，以有效地推进非物质文化遗产的创新发展。文化创意产业是以文化为基础、以创意为核心、借助现代数字技术，依赖创意人的个性创意产品与服务获取大众的喜爱而取得价值的。内蒙古多元的非物质文化遗产蕴含着独具民族特色的创意文化基因，是当代自治区文化产业的创意资源宝库。挖掘这些创意元素，融合互联网、新媒体、高科技等手段，能够提升文化遗产的影响力，延伸文化产业链，增加文化产品的附加值。国家级非物质文化遗产《巴拉根仓的故事》的产业化创意运作是一个跨界融合模式成功的实例。

《巴拉根仓的故事》作为蒙古族民间文学的代表作品，以爱憎分明、足智多谋、诙谐风趣的人物形象巴拉根仓为主线，在蒙古族群中享有极高的知名度。2010年，内蒙古安达文化传媒有限责任公司根据此民间传说故事进行创新，创作出品了52集原创动漫作品《巴拉根仓传奇》。该动画片在表现方式上采用了二维、三维数字技术，通过丰富的镜头画面和动感的角色表演，将"非遗的相关内容从正常的视知觉领域移除，通过新手段新方法的介入，重新构造人们对它的认知，并寻求扩大认知的广度和深度，不断地与观众深度互动和融合，产生梦幻般超时空体验的'陌生化'效果"①。在音乐上，它还有机地融入呼麦、马头琴等艺术元素，做到蒙古族草原文化特色与现代技术的有机结合，实现了传统文化的跨文化、跨媒介传播。这是蒙古族历史上第一部带有深厚的蒙古族文化底蕴的原创动漫作品，得到广大青少年尤其儿童的喜爱，并制成蒙汉双语版，获得了极大成功。在此基础上，该公司又推出与动画片同名的漫画，着重打造"巴拉根仓传奇"品牌形象，开发系列衍生产品，以期将其发展成内蒙古民族民间文化的标杆"品牌"，使其经济价值得到最大限度的开发。内蒙古著名作家薛彦田编著的《正说巴拉根仓》，是一部大型蒙古族民间故事集，4卷共80余篇，2012年由内蒙古人民出版社出版。这部故事集继承了蒙古族民间口头语言的精华，集民族智慧、讽刺幽默为一体，恰当地运用了比喻、夸张等手法，具有超高的艺术价值和欣赏价值，增强了《巴拉根仓的故事》的社会传承引力。

---

① 孟醒、王芳雷：《文化自觉语境下蒙古族非物质文化遗产与动画互动发展刍议》，《当代电影》2019年第9期。

文化创意产业具有高融合性、高增值性与显著的联动性，能够形成以创意为龙头、以内容为核心，驱动文化产品联动开发的经济循环链条。[①]这是新兴的文化业态，也是一种与新时代相适应的发展范式。它改变了传统的产业模式，不仅提高了"非遗"衍生品的创作设计水平，拓展其需求模式，还把传统因素转化成极具吸引力的现代品牌，能够创造出富有竞争力和市场开拓力的经济效益。并且文化创意产业也是非物质文化遗产产业化发展的高端目标，其文化产品是原生型的，即原生文化基因的创意产品。这种产品体现的是人文精神与经济属性双重尺度，符合文化生态发展的内在规律。从这个角度讲，大力发展文化创意产业，能够拓展内蒙古非物质文化遗产在当代社会的传承空间，提升文化产业的质量，促进内蒙古文化产业的优化升级。它也有利于非物质文化遗产与科技、信息、金融等相关产业的融合，形成规模经济效益，培育出自治区经济新的增长点，推动文化生态系统活跃运转。

（四）维护多元文化共生共荣，推动民族特色经济发展

文化生态学主张文化多样性价值观，强调多元文化共存、差异互补，以维护文化生态系统的良性发展。这种价值观揭示了文化发展的根本规律，为文化本身及社会可持续发展提供了理论基础。根据文化生态学理论，非物质文化遗产产业化经营应与自然、社会、经济互利共生，构建一种共生缘构关系[②]。也就是说，文化产业既要重视文化遗产的可生长性，利用自治区非物质文化遗产潜在的经济附加值创造经济效益，提高其生存能力，还要兼顾其公益责任，加强文化遗产与区域经济的互动性和促进性。它最终目的是通过合理的产业化开发将文化遗产的价值优势转化为文化生产力，依靠其社会影响力和知名度带动持有地经济的发展。"特色经济是市场经济的优质部分，是以特定的地域空间为载体，以特色要素为基础，以特色产品为核心，以特色产业为依托……进而使区域体现为本身的区域特色的经济。"[③]它最大特征的是独有性，如独有资源、特殊技术、特殊工艺、创新能力等，强调发挥区域比较优势和区域特色。这不仅有利于发挥自治区优势的文化资源，节约自然能源，还能够给地区经济带来差别化利益，并带动相关产业的发展，形成密集的产业群。显然，这是能够

---

① 柏定国、陈鑫:《论文化产业的商业模式》,《福建论坛》2012 年第 10 期。
② 刘志成:《文化生态学:背景、构建与价值》,《求索》2016 年第 3 期。
③ 阎恒:《论特色经济》,《中州学刊》2001 年第 5 期。

促进文化遗产再生与社会同步发展的经济模式，也应是内蒙古非物质文化遗产产业化的立足点，有利于维护互利共生的文化生态格局。

首先，特色经济发展成长依赖于地区内具有特色和优势的要素禀赋。内蒙古非物质文化遗产是各民族在特定区域、空间存在的一种生态文化，是区域文化发展的特殊印记。大兴安岭地区桦树皮制作技艺、驯鹿文化、科尔沁草原蒙古族正骨技术，农牧交错地带的莜面制作技艺、荞面制作技艺等，都具有浓郁的地域文化特色，是其他地区不能再造和模仿的。毫无疑问，利用这些民族优势文化资源，开发特色产品、发展特色经济，是内蒙古培育特色产业的实践方向。

驯鹿习俗是我国独有的国家级非物质文化遗产，也是敖鲁古雅鄂温克族最具优势的特色资源。这种文化资源是狩猎鄂温克族在漫长岁月中创造的精神财富，饱含其特有的审美观和生活情趣，成为本民族典型的标识符号，在各民族中具有唯一性。而且驯鹿是一种高寒地区的珍稀动物，全身都是宝，肉可吃、奶可饮、皮能制革，鹿茸、鹿鞭更是名贵的药材，是敖鲁古雅鄂温克族的主要经济来源之一。无疑，驯鹿文化和经济发展是最佳结合点，有利于培育区域特色经济。这就需要政府保护和扶持鄂温克族驯鹿经济，在敖鲁古雅鄂温克使鹿文化生态保护区发展驯鹿养殖业，增加驯鹿数量。其一，通过产业开发，打造天然饲养的驯鹿系列产品，如鹿茸片、鹿心血、鹿胎膏、鹿筋片、鹿鞭片、鹿心片等多种药品、食品、滋补保健品、化妆品和有机肥料等。以此提高鄂温克族猎民的收入水平，调动他们饲养驯鹿的积极性。其二，建设特色旅游项目，以大兴安岭特有的冰雪、森林等自然景观为依托，借鉴欧美国家发展旅游业的经验，打造融民俗、森林冰雪景观、狩猎、休闲度假等多种旅游形式为一体的旅游胜地。其三，发挥区域资源优势，以堪称一绝的桦树皮制作和兽皮制作技艺，创作各种驯鹿角饰品、根雕等民族工艺品；利用都柿（野生蓝莓）、雅格达（红豆）、柳蒿芽、鸭嘴菜、蒲公英等山野产品，开发旅游特色食品。除此，当地政府还要举办具有民族特色的文化艺术活动，如驯鹿文化节、民族服饰表演、舞台剧演出、篝火晚会等，以带动特色旅游业发展。

2019年，根河市人民政府积极发展特色产业，充分发挥驯鹿引种繁育中心的作用，与中国特种动物研究所合作，进行内部提纯扶壮，促进了驯鹿种群发展壮大。同时，市政府还大力发展文旅产业，做大做强"中国冷极""敖鲁古雅"旅游品牌。根河市 2019 年旅游人数达到 135 万人次，同比增长 13%；旅游收入 16.39 亿元，同比增长 5.9%。《2020 年根河市人民政府工作报告》仍强调：加快文旅产业升级，围绕"中国冷极、使鹿部落、林海雪原"等特色资源和比较优势，做好旅游发展顶层设计，推进以敖鲁古雅景区、根河源国家湿地公园、伊克萨玛国家森林公园等景区景点为支撑的旅游发展格局。可见，特色经济能够因地制宜，有利于形成驯鹿养殖业的良性循环，在实现民族整体脱贫、促进根河市经济持续发展的同时，也能使驯鹿习俗得以传承延续。

其次，特色经济必须以特色技术为内核。特色技术、特殊工艺是影响区域特色的主要因素，不仅决定区域优势产业的专业化领域，也决定了特色产业和特色经济的生命周期。内蒙古民族民间文化传承了祖辈在长期生产、生活中创造的特有的先进科学和生产技术，为发展自治区特色民族经济提供了难得的文化资源。蒙医正骨疗法作为内蒙古国家级传统医药类非物质文化遗产，是蒙古族传统医学的代表，其精髓"三诊""六则""九结合"的诊疗技术具有较好的市场影响力。内蒙古科尔沁左翼后旗是传统蒙医正骨术的发源地，1976 年成立的整骨医院，现已发展成内蒙古自治区乃至全国唯一一所以蒙医药理论为基础、以蒙医整骨为品牌特色的三级甲等专科医院。医院将传统蒙医正骨疗法与现代医学相结合，与北京中医药大学东直门医院、北京医院骨科建立了协作关系，开展了脊柱外科、关节镜手术、人工关节置换术等诊疗项目。其中关节镜和人工关节置换术填补了科左后旗骨科技术的空白。2016 年 11 月，医院受邀参加了由北京协和医院、301 医院和积水潭医院牵头的全科医学协作平台，并被确定为国际骨伤诊疗中心华北协作示范中心，体现了蒙古族传统医学对发展特色民族经济的支撑作用。

内蒙古非物质文化遗产是一定的"文化生态"环境下形成的活态文化，根植于传统的畜牧业、游猎业以及农业的生产生活中。但随着现代化社会的快速发展，原有生存空间日渐萎缩，市场日益成为非物质文化遗产重要的传承载体与传播空间。所以，适应文化生态环境的变迁，运用市场经济手段，结合文化的价值属性进行产业化开发，才能保障其存续与发展。特色经济的产业化经营正是发挥了非物质文化遗产的经济价值作用，使其依靠自身产生的效益获得新生，维护了多元一体的文化生态。而且内蒙古是少数民族自治区，经济整体发展一直相对落后，优质的文化资源利用率较低。特色经济的产业化经营还能促进区域比较优势转化为竞争优势，突出特色经济在内蒙古民族经济中的主导地位，推动内蒙古经济走出整体跃升的发展道路。这又为非物质文化遗产传承发展创造了良好的社会生态环境，促进其在开发利用中健康发展，形成文化生态互利共生的良性态势。

（五）聚力特定区域文化空间，打造民族文化产业集聚区

文化生态学将文化生态系统内部各个要素视为不可分割的组成部分，追求协调、配合发展，以建立完整的文化生态体系。这就明确了非物质文化遗产保护和开发应遵循整体性原则，必须在有序的文化生态场阈中进行，不能人为地割裂文化遗产本身与其生态环境之间的整体关系。文化生态是一个多层复杂的系统，也是一个多元文化的统一整体。这些文化蕴藏在历史文化传统和社会文化现状之中，既表现为可感知的物质文化，又以一种抽象的精神文化形式存在。它们形成和积累的过程与人类生产、生活实践密不可分，并因人类实践活动的社会性和聚集性而具有集群效应。这不仅使文化资源在某一空间形成高度集中，有利于其交流与合作，更能够使它们具有很强的地域性联系及相同或相近的社会文化背景和制度环境，容易形成互相支撑、互相依托、彼此促进的累积循环。文化生态学视野下的非物质文化遗产产业化应整合特定区域的优势文化资源，利用其集群特性发展产业聚集模式，形成以非物质文化遗产为核心的规模经营的集聚优势。①

文化生态保护区是指"根据同一性质的区域文化特点，选定传统文化保存得相对完整，在生产、生活方式和观念形态等方面具有一定代表性，在价值观、民间信仰和诸多具体的文化表现形式方面具有突出特点的人群聚居空间"②。目前，内蒙古已设立的自治区级文化生态保护区，都具有璀璨的历史文化与多样的自然景观，构成了草原文化的百花园。以2010年建立的鄂尔多斯文化生态保护区为例，这是全区唯一的以一个盟市级行政单位为保护范围的文化生态保护区。保护区内有着蒙古族鄂尔多斯部落特色的传统文化。如：成吉思汗园陵、阿尔寨石窟、王爱召、巴音陶勒盖敖包、乌审召等物质文化遗产，鄂尔多斯草原、响沙湾、库布其沙漠等自然遗产，还有大量颇具鄂尔多斯蒙古族特色的非物质文化遗产。其中，自

---

① 吕挺林：《文化资源的集群特征与文化产业化路径选择》，《中州学刊》2007年第6期。
② 刘魁立：《文化生态保护区问题刍议》，《浙江师范大学学报》2007年第3期。

治区级非物质文化遗产 87 项，国家级 6 项，包括鄂尔多斯短调民歌、漫瀚调、鄂尔多斯古如歌、成吉思汗祭典、鄂尔多斯婚礼、察干苏力德祭等。2008 年，乌审旗被内蒙古自治区文化厅命名为"蒙古族民间诗歌（口头诗）之乡""敖伦呼日胡之乡"。这些文化资源不仅仅是地理上的集聚，在政治、经济、社会、文化等各方面也有着很强的地域上的内在联系，集中体现了鄂尔多斯蒙古部的文化印记，彼此之间容易产生共生、协作关系。

文化生态保护区是对具有重要价值和鲜明特色的文化形态进行整体性、系统性保护的一种科学措施，也为非物质文化遗产产业化提供了持续发展的平台和基础。非物质文化遗产产业化的最终目的也是对文化遗产本身的保护和发展。将文化生态保护区内的自然景观、物质文化遗产和非物质文化遗产资源结合起来，可以形成一个巨大的产业链，不仅能够带动整个地区文化产业的全面进步和发展，也有利于非物质文化遗产的整体、多方位的保护。如今内蒙古各盟市不断推进自治区级文化生态保护区建设，2017 年鄂尔多斯市政府出台了《鄂尔多斯文化生态保护区建设规划纲要（2017—2020）》（鄂府发〔2017〕76 号），提出鄂尔多斯文化生态保护区建设内容，即在重点建设成吉思汗祭典等六个项目的同时，确立建设"二十个文化艺术之乡"，打造"六个蒙医传承基地"，建立"二十个民俗文化旅游园区"。内蒙古非物质文化遗产产业化应抓住时代机遇，以自治区级文化生态保护区为文化空间，利用区域内各种同一主题文化子资源的空间聚集，培育具有地域民族特色的文化产品，建设区域性民族文化产业园。这样，才能形成具有核心竞争力的集群竞争优势，在同一空间内产生规模经济和范围经济，实现文化生态系统健康的整体发展。

综上，文化生态学理性地解读文化生态系统内各文化因子之间整体协调、多样共生的关系，强调文化生态系统的动态开放、良性循环以及可持续发展。这提示我们：要以整体的文化生态学眼光关注内蒙古非物质文化遗产在不同历史时期的演绎与变迁，将其产业化纳入其所处的文化生态系统当中；以文化生态平衡为目标，在保持非物质文化遗产本身按内在规律自然衍变生长的前提下科学开发、利用，促进文化资源向文化资本的转化，实现非物质文化遗产的产业化经营。这是非物质文化遗产创新性发展的新路径，也是我国社会主义文化强国建设的重要内容。2020 年 11 月，《中共中央关于制定国民经济和社会发展第十四个五年规划和二〇三五年远景目标建议》明确提出："强化重要文化和自然遗产、非物质文化遗产系统性保护，加强各民族优秀传统手工艺保护和传承……健全现代文化产业体系。坚持把社会效益放在首位、社会效益和经济效益相统一，深化文化体制改革。"① 所以，文化生态视阈下的内蒙古非物质文化遗产产业化追求的是文化遗产与其生存环境的协调共生，自身良性发展、社会效益与区域经济增长的并行。它体现了文化生态保护的价值和系统保护的宗旨，也符合国家社会经济发展的战略目标。这不仅能从根本上保证内蒙古非物质文化遗产的传承和创新发展，促进生态文明建设和多样文化的共生发展，对内蒙古经济发展和建设也具有提质增效的作用。

---

① 新华社：《中共中央关于制定国民经济和社会发展第十四个五年规划和二〇三五年远景目标建议》2020 年 11 月 3 日，中国政府网，http：//www. gov. cn/zhengce/2020 – 11/03/content_5556991. htm，2021 年 3 月 12 日。

内蒙古非物质文化遗产问卷调查数据统计结果图表

（1052 个样本）

第一题：您的性别？

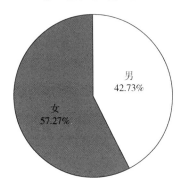

男
42.73%

女
57.27%

第二题：您的年龄？

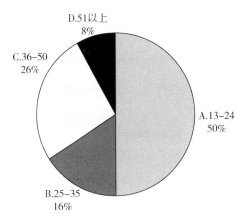

D.51以上
8%

C.36－50
26%

A.13－24
50%

B.25－35
16%

第三题：您的民族？

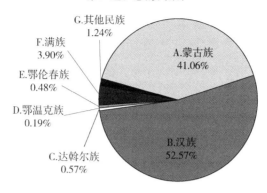

G.其他民族 1.24%
F.满族 3.90%
E.鄂伦春族 0.48%
D.鄂温克族 0.19%
C.达斡尔族 0.57%
A.蒙古族 41.06%
B.汉族 52.57%

第四题：您所在盟市？

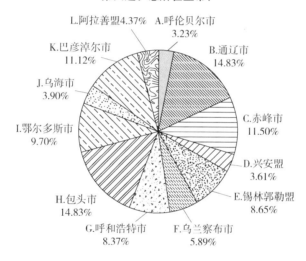

L.阿拉善盟4.37%
A.呼伦贝尔市 3.23%
K.巴彦淖尔市 11.12%
B.通辽市 14.83%
J.乌海市 3.90%
I.鄂尔多斯市 9.70%
C.赤峰市 11.50%
H.包头市 14.83%
D.兴安盟 3.61%
G.呼和浩特市 8.37%
E.锡林郭勒盟 8.65%
F.乌兰察布市 5.89%

第五题：您的职业？

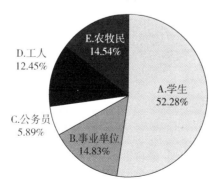

E.农牧民 14.54%
D.工人 12.45%
A.学生 52.28%
C.公务员 5.89%
B.事业单位 14.83%

第六题：您了解非物质文化遗产概念吗？

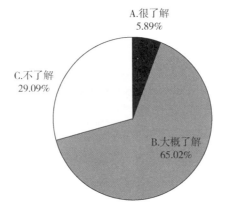

A.很了解 5.89%
C.不了解 29.09%
B.大概了解 65.02%

第七题：您知道"草原文化遗产日"是哪一天吗？

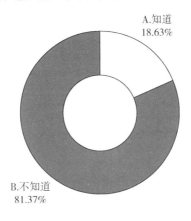

A.知道 18.63%
B.不知道 81.37%

第八题：您了解内蒙古非物质文化遗产的程度？

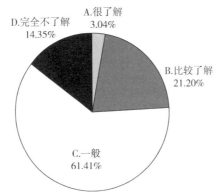

D.完全不了解 14.35%
A.很了解 3.04%
B.比较了解 21.20%
C.一般 61.41%

第九题：您知道以下哪些内蒙古国家级非物质文化遗产？

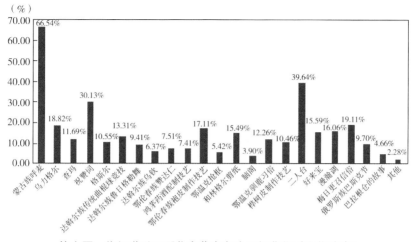

第十题：您知道以下哪些内蒙古自治区级非物质文化遗产？

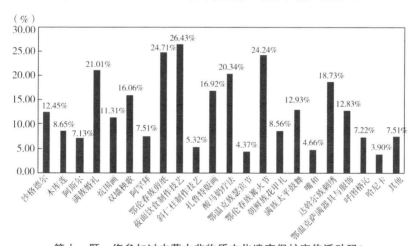

第十一题：您参加过内蒙古非物质文化遗产保护宣传活动吗？

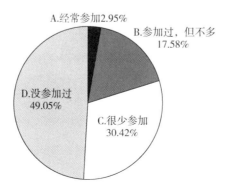

第十二题：您关注内蒙古非物质文化遗产吗？

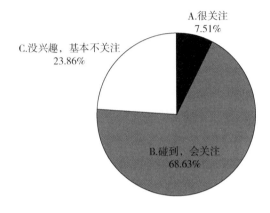

第十三题：您是通过何种途径知道内蒙古非物质文化遗产的？

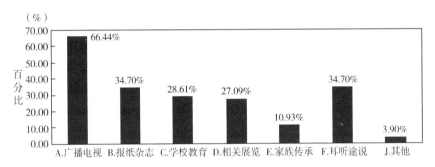

第十四题：您认为内蒙古非物质文化遗产有价值，重要吗？

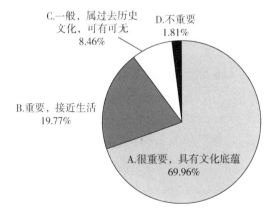

第十五题：您认为保护非物质文化遗产有意义吗？

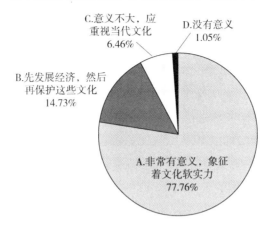

第十六题：您如何评价学校传承非物质文化遗产的必要性？

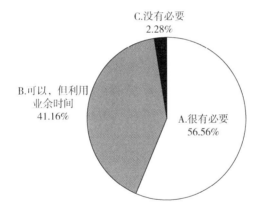

第十七题：您认为内蒙古非物质文化遗产保护效果如何？

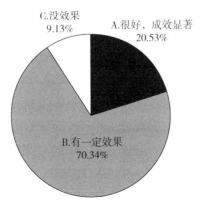

第十八题：您认为内蒙古非物质文化遗产保护工作还存在哪些不足？

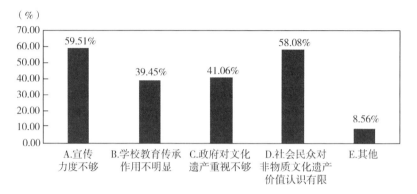

第十九题：您认为在内蒙古非物质文化遗产保护中应担任何种角色？

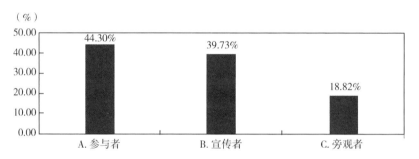

第二十题：您参加过哪些类型的内蒙古非物质文化遗产宣传活动？

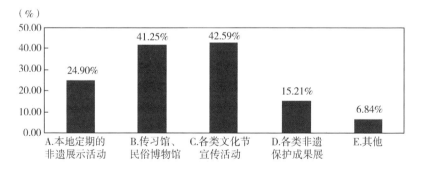

第二十一题：您对内蒙古非物质文化遗产生态保护了解吗？

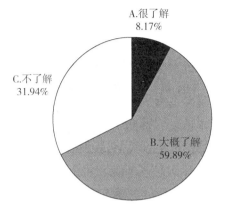

第二十二题：您认为保护内蒙古非物质文化遗产应采取哪些措施？

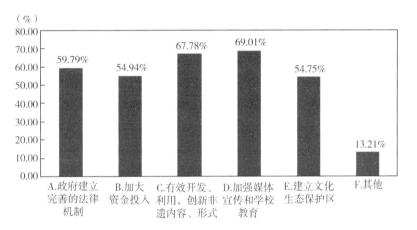

附　录

内蒙古第一批自治区级非物质文化遗产名录

（共计 140 项）

（内政发〔2007〕57 号）　　2007 年 6 月 15 日

序号	编号	项目名称	申报地区或单位
一　民间文学（11 项）			
1	NMI－1	祝赞词	阿鲁科尔沁旗、鄂尔多斯市
2	NMI－2	王昭君传说	呼和浩特市
3	NMI－3	嘎达梅林	科尔沁左翼中旗
4	NMI－4	格萨（斯）尔	内蒙古自治区文化厅、通辽市、内蒙古民族大学科尔沁文化研究所
5	NMI－5	巴拉根仓的故事	通辽市
6	NMI－6	科尔沁蒙古族传说故事	通辽市
7	NMI－7	阿拉善蒙古族传说故事	阿拉善右旗
8	NMI－8	鄂尔多斯蒙古族传说故事	鄂尔多斯市
9	NMI－9	乌审蒙古族口头诗	乌审旗
10	NMI－10	科尔沁潮尔史诗	内蒙古师范大学音乐学院、社会民俗学院
11	NMI－11	江格尔	内蒙古艺术研究所
二　民间音乐（22 项）			
12	NMⅡ－1	科尔沁叙事民歌	通辽市
13	NMⅡ－2	爬山调	武川县、乌拉特前旗、杭锦后旗

序号	编号	项目名称	申报地区或单位
14	NM II－3	火不思	镶黄旗
15	NM II－4	潮尔道—蒙古族合声演唱	内蒙古艺术研究所、锡林浩特市
16	NM II－5	坐腔	土默特右旗
17	NM II－6	鄂伦春赞达仁	鄂伦春自治旗
18	NM II－7	鄂温克叙事民歌	鄂温克族自治旗
19	NM II－8	达斡尔扎恩达勒	莫力达瓦达斡尔族自治旗
20	NM II－9	木库莲	莫力达瓦达斡尔族自治旗
21	NM II－10	鄂尔多斯短调民歌	鄂尔多斯市
22	NM II－11	鄂尔多斯古如歌	杭锦旗
23	NM II－12	漫瀚调	准格尔旗
24	NM II－13	口簧	内蒙古艺术研究所、内蒙古非物质文化遗产保护与发展协会
25	NM II－14	博乐	内蒙古艺术研究所
26	NM II－15	阿斯尔	内蒙古艺术研究所
27	NM II－16	二人台牌子曲	内蒙古艺术研究所
28	NM II－17	冒顿潮尔	内蒙古艺术研究所
29	NM II－18	广宗寺佛乐	阿拉善盟
30	NM II－19	蒙古族长调民歌	内蒙古自治区文化厅
31	NM II－20	蒙古族马头琴音乐	内蒙古自治区文化厅
32	NM II－21	蒙古族呼麦	内蒙古自治区文化厅
33	NM II－22	蒙古族四胡音乐	通辽市

三　民间舞蹈（12项）

序号	编号	项目名称	申报地区或单位
34	NM III－1	呼图格沁	敖汉旗
35	NM III－2	脑阁	土默特左旗
36	NM III－3	查玛	呼和浩特市、通辽市、阿拉善盟
37	NM III－4	双墙秧歌	托克托县
38	NM III－5	博舞	通辽市
39	NM III－6	俄罗斯族民间舞蹈	额尔古纳市
40	NM III－7	哲仁嘿	新巴尔虎左旗
41	NM III－8	筷子舞	鄂尔多斯市
42	NM III－9	顶碗舞	鄂尔多斯市

序号	编号	项目名称	申报地区或单位
43	NMⅢ–10	盅子舞	鄂尔多斯市
44	NMⅢ–11	达斡尔族鲁日格勒舞	莫力达瓦达斡尔族自治旗
45	NMⅢ–12	蒙古族安代舞	库伦旗
四 传统戏剧（5 项）			
46	NMⅣ–1	皮影戏	巴林左旗、开鲁县
47	NMⅣ–2	东路二人台	乌兰察布市
48	NMⅣ–3	东北二人转	通辽市科尔沁区
49	NMⅣ–4	古如查玛	鄂尔多斯市
50	NMⅣ–5	二人台	呼和浩特市
五 曲艺（5 项）			
51	NMⅤ–1	好来宝	科尔沁左翼后旗
52	NMⅤ–2	乌力格尔（雅布干乌力格尔）	扎鲁特旗、科尔沁右翼中旗、通辽市
53	NMⅤ–3	巴尔虎英雄史诗	新巴尔虎旗
54	NMⅤ–4	达斡尔乌春（乌钦）	莫力达瓦达斡尔族自治旗
55	NMⅤ–5	八角鼓	呼和浩特市新城区
六 杂技与竞技（16 项）			
56	NMⅥ–1	阿木尔巴伊斯呼朗（蒙古康乐牌）	阿鲁科尔沁旗
57	NMⅥ–2	冰上阿日嘎	阿鲁科尔沁旗
58	NMⅥ–3	蒙古族博克	内蒙古自治区体育局、西乌珠穆沁旗、鄂尔多斯市
59	NMⅥ–4	蒙古鹿棋	通辽市、阿拉善左旗、鄂尔多斯市
60	NMⅥ–5	鄂温克鹿棋	鄂温克族自治旗
61	NMⅥ–6	蒙古马耐力赛	新巴尔虎左旗
62	NMⅥ–7	达斡尔颈力赛	莫力达瓦达斡尔族自治旗
63	NMⅥ–8	达斡尔摔跤	莫力达瓦达斡尔族自治旗
64	NMⅥ–9	达斡尔扳棍赛	莫力达瓦达斡尔族自治旗
65	NMⅥ–10	蒙古族赛驼	阿拉善右旗
66	NMⅥ–11	沙力搏尔摔跤	阿拉善左旗
67	NMⅥ–12	鄂温克抢"枢"	鄂温克族自治旗
68	NMⅥ–13	蒙古象棋	阿拉善左旗

续表

序号	编号	项目名称	申报地区或单位
69	NMⅥ-14	吉日格	阿拉善左旗
70	NMⅥ-15	诺日布	阿拉善左旗
71	NMⅥ-16	达斡尔族传统曲棍球竞技	莫力达瓦达斡尔族自治旗

七　民间美术（7 项）

序号	编号	项目名称	申报地区或单位
72	NMⅦ-1	蒙古族服饰图案	阿鲁科尔沁旗
73	NMⅦ-2	科尔沁蒙古族民间剪纸	科尔沁右翼前旗
74	NMⅦ-3	哈尼卡	莫力达瓦达斡尔族自治旗、内蒙古民协
75	NMⅦ-4	阿拉善佛教岩刻	阿拉善盟
76	NMⅦ-5	剪纸（鄂尔多斯剪纸、和林格尔剪纸、开鲁县剪纸）	鄂尔多斯市、和林格尔县、开鲁县
77	NMⅦ-6	蒙古族图案	内蒙古自治区民族事务委员会
78	NMⅦ-7	蒙古族刺绣	内蒙古元代瓷器研究学会

八　传统手工技艺（12 项）

序号	编号	项目名称	申报地区或单位
79	NMⅧ-1	蒙古族勒勒车制作技艺	东乌珠穆沁旗、阿鲁科尔沁旗
80	NMⅧ-2	蒙古包	内蒙古文联、西乌珠穆沁旗、陈巴尔虎旗
81	NMⅧ-3	蒙古族拉弦乐器制作工艺	科尔沁右翼中旗
82	NMⅧ-4	莜面饮食制作技艺	固阳县
83	NMⅧ-5	蒙古族马具制作技艺	科尔沁左翼后旗
84	NMⅧ-6	鄂伦春兽皮制作技艺	鄂伦春自治旗
85	NMⅧ-7	桦树皮制作技艺	鄂伦春自治旗、根河市
86	NMⅧ-8	达斡尔车制作技艺	莫力达瓦达斡尔族自治旗
87	NMⅧ-9	达斡尔民居营造技艺	莫力达瓦达斡尔族自治旗
88	NMⅧ-10	蒙古族驼具制作工艺	额济纳旗
89	NMⅧ-11	阿拉善地毯制作技艺	阿拉善左旗
90	NMⅧ-12	马海制作技艺	鄂尔多斯市

九　传统医药（4 项）

序号	编号	项目名称	申报地区或单位
91	NMⅨ-1	蒙医色布苏疗术	乌拉特前旗
92	NMⅨ-2	蒙医乌拉灸术	通辽市
93	NMⅨ-3	科尔沁正骨术	科尔沁左翼后旗
94	NMⅨ-4	蒙医药	内蒙古自治区卫生厅、内蒙古医学院蒙医药学院、内蒙古自治区蒙医院

十　民俗（46 项）

续表

序号	编号	项目名称	申报地区或单位
95	NMⅩ-1	阿日奔苏木婚礼	阿鲁科尔沁旗
96	NMⅩ-2	满族婚俗	呼和浩特新城区
97	NMⅩ-3	乌珠穆沁婚礼	西乌珠穆沁旗
98	NMⅩ-4	科尔沁右翼前旗满族屯满族文化	科尔沁右翼前旗
99	NMⅩ-5	哈布图·哈撒儿祭祀	达尔罕茂明安联合旗、包头市九原区
100	NMⅩ-6	梅日更召蒙古语诵经	包头市九原区
101	NMⅩ-7	隆盛庄庙会	丰镇市
102	NMⅩ-8	科尔沁婚礼	通辽市
103	NMⅩ-9	祭敖包	锡林郭勒盟、陈巴尔虎旗、鄂尔多斯市
104	NMⅩ-10	巴尔虎博服饰与器具	陈巴尔虎旗
105	NMⅩ-11	甘珠尔庙会	新巴尔虎左旗
106	NMⅩ-12	敖鲁古雅鄂温克婚礼	根河市
107	NMⅩ-13	鄂温克驯鹿文化	根河市
108	NMⅩ-14	达斡尔雅都根服饰与器具	莫力达瓦达斡尔族自治旗
109	NMⅩ-15	土尔扈特婚礼	额济纳旗
110	NMⅩ-16	阿拉善全羊	阿拉善盟
111	NMⅩ-17	阿拉善额鲁特婚礼	阿拉善左旗
112	NMⅩ-18	蒙古族祭驼	阿拉善盟
113	NMⅩ-19	灯游会	准格尔旗
114	NMⅩ-20	六十棵榆树祭	鄂托克前旗
115	NMⅩ-21	鄂尔多斯"乃日"	鄂托克旗
116	NMⅩ-22	拖雷伊金祭奠	鄂托克旗
117	NMⅩ-23	萨岗彻辰祭祀	乌审旗
118	NMⅩ-24	十三阿塔天神祭祀	乌审旗
119	NMⅩ-25	敖瑞因布拉格祭	鄂托克旗
120	NMⅩ-26	鄂尔多斯蒙古族交往礼俗	鄂尔多斯市
121	NMⅩ-27	鄂尔多斯蒙古族年俗	鄂尔多斯市
122	NMⅩ-28	窝阔台祭奠	达拉特旗
123	NMⅩ-29	鄂尔多斯天马旗祭祀	鄂尔多斯市
124	NMⅩ-30	诈玛宴	内蒙古蒙餐研究所、成吉思汗陵旅游区管委会

续表

序号	编号	项目名称	申报地区或单位
125	NMⅩ－31	成吉思汗哈日苏勒德祭祀	成吉思汗陵旅游区管委会、伊金霍洛旗
126	NMⅩ－32	阿拉克苏勒德祭祀	鄂托克旗
127	NMⅩ－33	察干苏力德祭祀	乌审旗
128	NMⅩ－34	木华黎祭祀	乌审旗
129	NMⅩ－35	鄂温克萨满服饰与器具	根河市
130	NMⅩ－36	蒙古族服饰	内蒙古群众艺术馆
131	NMⅩ－37	巴尔虎服饰	新巴尔虎左旗、陈巴尔虎旗
132	NMⅩ－38	乌珠穆沁服饰	西乌珠穆沁旗
133	NMⅩ－39	科尔沁服饰	扎鲁特旗
134	NMⅩ－40	鄂尔多斯服饰	鄂尔多斯市
135	NMⅩ－41	图什业图王府服饰	科尔沁右翼中旗
136	NMⅩ－42	达拉根巴雅尔	鄂尔多斯市
137	NMⅩ－43	达斡尔摇篮	莫力达瓦达斡尔族自治旗
138	NMⅩ－44	成吉思汗祭典	鄂尔多斯市
139	NMⅩ－45	那达慕	锡林郭勒盟
140	NMⅩ－46	鄂尔多斯婚礼	鄂尔多斯市

内蒙古第二批自治区级非物质文化遗产名录
（共计 111 项）

（内政发〔2009〕47 号） 2009 年 6 月 3 日

序号	编号	项目名称	申报地区或单位
一　民间文学（6 项）			
1	NMI－13	敖鲁古雅鄂温克族神话	根河市
2	NMI－14	托克托传说故事	托克托县
3	NMI－17	突泉传说故事	突泉县
4	NMI－18	准格尔传说故事	准格尔旗
5	NMI－19	敖汉传说故事	敖汉旗
6	NMI－20	沙格德尔	巴林右旗
二　传统音乐（7 项）			
1	NMⅡ－23	敖鲁古雅鄂温克族民间音乐	根河市
2	NMⅡ－24	潮尔——蒙古族弓弦乐器	通辽市科尔沁潮尔协会、科尔沁左翼中旗
3	NMⅡ－25	乌拉特民歌	乌拉特前旗
4	NMⅡ－26	察哈尔民歌	正蓝旗
5	NMⅡ－30	达拉特希鲁格道	达拉特旗
6	NMⅡ－31	科尔沁叙事民歌	科尔沁右翼中旗
7	NMⅡ－32	甘苏庙庙乐	喀喇沁旗
三　传统舞蹈（5 项）			
1	NMⅢ－13	敖鲁古雅鄂温克族萨满舞	根河市
2	NMⅢ－14	呼和浩特满族太平鼓舞	呼和浩特市新城区
3	NMⅢ－15	隆盛庄四脚龙舞	丰镇市隆盛庄镇
4	NMⅢ－16	开鲁太平鼓舞	开鲁县
5	NMⅢ－17	藏传佛教密宗乐舞－娜若·卡吉德玛	赤峰市喀喇沁旗
四　传统戏剧（1 项）			
1	NMⅣ－6	中路梆子	呼和浩特市
五　曲艺（2 项）			
1	NMⅤ－6	岱日拉查	内蒙古民族曲艺团

续表

序号	编号	项目名称	申报地区或单位
2	NMⅤ-7	笑嗑	内蒙古民族曲艺团

六　传统体育、游艺与杂技（6项）

序号	编号	项目名称	申报地区或单位
1	NMⅥ-17	达斡尔鹿棋	莫力达瓦达斡尔族自治旗
2	NMⅥ-18	布鲁	库伦旗
3	NMⅥ-19	沙嘎游戏	阿拉善右旗、乌拉特中旗、苏尼特左旗
4	NMⅥ-20	走马驯养技艺	乌审旗
5	NMⅥ-21	乘马射箭	阿拉善左旗
6	NMⅥ-22	啪日吉游戏	巴林右旗

七　传统美术（9项）

序号	编号	项目名称	申报地区或单位
1	NMⅦ-8	达斡尔族刺绣	莫力达瓦达斡尔族自治旗
2	NMⅦ-9	炕围画	呼和浩特市、土默特右旗
3	NMⅦ-10	武家泥塑	和林格尔县
4	NMⅦ-11	扎鲁特版画	扎鲁特旗
5	NMⅦ-12	扎鲁特刺绣	扎鲁特旗
6	NMⅦ-13	宝石柱民间美术	奈曼旗
7	NMⅦ-14	图什业图王府刺绣	科尔沁右翼中旗
8	NMⅦ-15	乌珠穆沁民间骨雕	东乌珠穆沁旗
9	NMⅦ-16	面塑	包头市东河区、杭锦后旗

八　传统技艺（31项）

序号	编号	项目名称	申报地区或单位
1	NMⅧ-13	鄂伦春斜仁柱制作技艺	鄂伦春自治旗
2	NMⅧ-14	达斡尔猎刀制作技艺	莫力达瓦达斡尔族自治旗
3	NMⅧ-15	敖鲁古雅鄂温克族撮罗子	根河市
4	NMⅧ-16	通古斯鄂温克木制四轮车制作技艺	陈巴尔虎旗
5	NMⅧ-17	巴尔虎索海固图勒制作技艺	陈巴尔虎旗
6	NMⅧ-18	民间木嵌技艺	呼和浩特市
7	NMⅧ-19	蒙古族香牛皮靴制作技艺	呼和浩特市
8	NMⅧ-20	隆盛庄月饼制作技艺	丰镇市隆盛庄镇
9	NMⅧ-21	鸿茅药酒酿造工艺	内蒙古鸿茅药业有限责任公司
10	NMⅧ-22	蒙古族传统擀毡技艺	乌拉特中旗
11	NMⅧ-23	炒米加工技艺	伊金霍洛旗

续表

序号	编号	项目名称	申报地区或单位
12	NMⅧ-24	察干伊德	正蓝旗、克什克腾旗
13	NMⅧ-25	察哈尔服饰制作技艺	正蓝旗
14	NMⅧ-26	蒙古族柳条编制技艺	正蓝旗
15	NMⅧ-27	准格尔地毯植物染色技艺	准格尔旗
16	NMⅧ-28	乌珠穆沁马鞍具制作技艺	东乌珠穆沁旗
17	NMⅧ-29	乌珠穆沁熏皮袍制作技艺	东乌珠穆沁旗
18	NMⅧ-30	多伦马鞍具制作技艺	多伦县
19	NMⅧ-31	乌兰伊德	苏尼特左旗
20	NMⅧ-32	木刻楞制作技艺	兴安盟白狼林业局
21	NMⅧ-33	蒙古族摔跤服制作技艺	锡林郭勒盟
22	NMⅧ-34	蒙古族绳艺	苏尼特左旗
23	NMⅧ-35	多伦清真八大碗	多伦县
24	NMⅧ-36	骆驼奶食品制作工艺	阿拉善双峰驼产业服务中心
25	NMⅧ-37	蒙古族传统牛角弓制作技艺	内蒙古师范大学
26	NMⅧ-38	乌珠穆沁服饰传统手工技艺	内蒙古大学蒙古学学院
27	NMⅧ-39	蒙古象棋木雕技艺	内蒙古师范大学
28	NMⅧ-40	库伦荞面制作技艺	内蒙古大学蒙古学学院
29	NMⅧ-41	克什克腾蒙古族马鞍具制作技艺	克什克腾旗
30	NMⅧ-42	榆鼓制作工艺	喀喇沁旗
31	NMⅧ-43	麦香村烧麦制作技艺	呼和浩特市欧亚长江商贸有限责任公司

九 传统医药 (12项)

序号	编号	项目名称	申报地区或单位
1	NMⅨ-5	敖鲁古雅鄂温克狩猎民族传统医药	根河市
2	NMⅨ-6	"王一帖"膏药	呼和浩特市玉泉区
3	NMⅨ-7	羊下颌骨刮痧治疗颈椎"查干胡英"病	鄂尔多斯市
4	NMⅨ-8	蒙医五味阿尔汕疗术	乌审旗
5	NMⅨ-9	蒙医震脑疗法	鄂尔多斯市
6	NMⅨ-10	焖汤疗法	正镶白旗
7	NMⅨ-11	中兽医	多伦县

序号	编号	项目名称	申报地区或单位
8	NMⅨ-12	赤铜的炮制方法	鄂尔多斯市
9	NMⅨ-13	子宫复位法	鄂尔多斯市
10	NMⅨ-14	酸马奶疗法	锡林郭勒盟
11	NMⅨ-15	阿日苏拉乎疗法	鄂尔多斯市
12	NMⅨ-16	亚苏阿日善疗法	鄂尔多斯市
十　民俗（32 项）			
1	NMⅩ-47	鄂伦春族篝火节	鄂伦春自治旗
2	NMⅩ-48	通古斯鄂温克萨满服饰	陈巴尔虎旗
3	NMⅩ-49	巴尔虎婚礼	陈巴尔虎旗
4	NMⅩ-50	通古斯鄂温克民族服饰	陈巴尔虎旗
5	NMⅩ-51	俄罗斯族巴斯克节	额尔古纳市
6	NMⅩ-52	达斡尔族昆米勒采食习俗	莫力达瓦达斡尔族自治旗
7	NMⅩ-53	骒驮轿婚俗	清水河县、准格尔旗
8	NMⅩ-54	满族服饰	呼和浩特市新城区
9	NMⅩ-55	古路板龙灯节	呼和浩特市新城区
10	NMⅩ-56	准格尔召经会	准格尔旗
11	NMⅩ-57	鄂尔多斯秀斯	鄂托克旗、鄂托克前旗
12	NMⅩ-58	祭火	鄂托克前旗、乌审旗、巴林右旗
13	NMⅩ-59	察哈尔婚礼	正蓝旗、镶黄旗
14	NMⅩ-60	察哈尔服饰	镶黄旗
15	NMⅩ-61	苏尼特服饰	苏尼特左旗
16	NMⅩ-62	成吉思汗庙祭祀	乌兰浩特市
17	NMⅩ-63	蒙古族剪胎发习俗	乌拉特中旗
18	NMⅩ-64	乌拉特婚礼	乌拉特后旗
19	NMⅩ-65	蒙古族祝寿仪式	乌拉特中旗
20	NMⅩ-66	骆驼祭火	鄂托克旗
21	NMⅩ-67	祭泉	乌审旗
22	NMⅩ-68	油松王祭祀	准格尔旗
23	NMⅩ-69	博格达乌拉祭祀	扎赉特旗巴彦乌兰苏木
24	NMⅩ-70	乌拉特服饰	乌拉特前旗
25	NMⅩ-71	马印文化	苏尼特左旗满都拉图镇

续表

序号	编号	项目名称	申报地区或单位
26	NMX－72	达尔罕兴畜节	克什克腾旗
27	NMX－74	巴林婚礼	巴林右旗大板镇
28	NMX－75	阿曼乎朱祝福仪式	巴林右旗
29	NMX－76	翁根毛都祭祀	巴林右旗
30	NMX－77	青城寺祭星	敖汉旗
31	NMX－78	信仰伊斯兰教蒙古族服饰	阿拉善左旗
32	NMX－79	大盛魁行商文化	呼和浩特市

内蒙古自治区第一批自治区级非物质文化遗产扩展名录

（共计 27 项）

序号	编号	项目名称	申报地区或单位
一　民间文学（4 项）			
1	NMI－1	祝赞词（苏尼特祝赞词、乌珠穆沁祝赞词）	苏尼特右旗、西乌珠穆沁旗、东乌珠穆沁旗
4	NMI－4	格萨（斯）尔	巴林右旗
12	NMI－12	科尔沁叙事民歌	科尔沁左翼中旗
二　传统音乐（7 项）			
15	NMⅡ－3	潮尔道－蒙古族合声演唱	阿巴嘎旗
26	NMⅡ－14	阿斯尔	太仆寺旗
27	NMⅡ－15	二人台牌子曲	土默特右旗
30	NMⅡ－18	蒙古族长调民歌（苏尼特长调、扎赉特长调、乌珠穆沁长调）	苏尼特右旗、扎赉特旗、西乌珠穆沁旗、东乌珠穆沁旗
33	NMⅡ－22	蒙古族四胡音乐	科尔沁左翼中旗、科尔沁右翼中旗
三　传统舞蹈（1 项）			
36	NMⅢ－3	查玛	镶黄旗
四　传统戏剧（2 项）			
48	NMⅣ－3	东北二人转	突泉县
50	NMⅣ－5	二人台	土默特右旗
五　曲艺（1 项）			
51	NMⅤ－1	好来宝	科尔沁右翼中旗
六　传统体育、游艺与杂技（2 项）			
58	NMⅥ－3	蒙古族博克	东乌珠穆沁旗
68	NMⅥ－13	蒙古象棋	锡林郭勒盟
七　传统美术（2 项）			
76	NMⅦ－5	剪纸(突泉剪纸、包头剪纸)	突泉县、包头市
八　传统技艺（3 项）			
80	NMⅧ－2	蒙古包	伊金霍洛旗

续表

序号	编号	项目名称	申报地区或单位
81	NMⅧ-3	蒙古族拉弦乐器制作工艺	阿拉善右旗
82	NMⅧ-4	莜面饮食制作技艺	武川县、内蒙古燕麦产业协会
十　民俗（5 项）			
97	NMⅩ-3	乌珠穆沁婚礼	东乌珠穆沁旗
102	NMⅩ-8	科尔沁婚礼	科尔沁右翼中旗
103	NMⅩ-9	祭敖包	东乌珠穆沁旗、西乌珠穆沁旗、阿巴嘎旗、科尔沁右翼中旗、克什克腾旗
113	NMⅩ-19	灯游会	鄂尔多斯市东胜区
139	NMⅩ-45	那达慕	科尔沁右翼前旗

内蒙古第三批自治区级非物质文化遗产名录

（共计 48 项）

（内政发〔2011〕97 号）　2011 年 9 月 28 日

序号	编号	项目名称	申报地区或单位
一　民间文学（3 项）			
1	NMI－21	五哥放羊传说	土右旗
2	NMI－22	哈布图·哈萨尔传说	乌拉特前旗
3	NMI－23	蟒古斯的故事	科右中旗
二　传统音乐（8 项）			
1	NMⅡ－33	蒙古族雅托噶（蒙古筝）音乐	苏尼特右旗
2	NMⅡ－34	和硕特民歌	阿左旗
3	NMⅡ－35	民间吹打乐（土默特民间吹打乐）	土右旗
4	NMⅡ－36	赤峰雅乐	赤峰市红山区
5	NMⅡ－37	宁城十番乐	宁城县
6	NMⅡ－38	葛根庙叙事民歌	乌兰浩特市
7	NMⅡ－39	科尔沁民歌	科右前旗
8	NMⅡ－40	蒙古族林丹汗宫廷音乐	阿鲁科尔沁旗
三　传统舞蹈（3 项）			
1	NMⅢ－18	抬阁（宁城三座店抬阁背阁）	宁城县
2	NMⅢ－19	高跷（土默特慢板高跷）	呼和浩特市
3	NMⅢ－20	秧歌（清水河踢鼓子秧歌）	清水河县
四　传统戏剧（1 项）			
1	NMⅣ－7	双山道情	凉城县
六　传统体育、游艺与杂技（3 项）			
1	NMⅥ－23	蒙古族射箭（乌珠穆沁射箭）	西乌旗
2	NMⅥ－24	塔克拉牌游艺	阿右旗
3	NMⅥ－25	燕青拳	乌兰浩特市
七　传统美术（2 项）			

续表

序号	编号	项目名称	申报地区或单位
1	NMⅦ-17	计氏羊皮画	包头市
2	NMⅦ-18	拜灵制作技艺	苏尼特左旗

八　传统技艺（12 项）

序号	编号	项目名称	申报地区或单位
1	NMⅧ-44	清水河瓷艺	清水河县
2	NMⅧ-45	佛坛城制作技艺	阿左旗
3	NMⅧ-46	铜银器制作技艺（乌拉特铜银器制作技艺、多伦铜银器制作技艺）	乌拉特中旗、多伦县
4	NMⅧ-47	蒙古族奶酒酿造技艺（乌珠穆沁奶酒酿制技艺）	东乌旗
5	NMⅧ-48	毡绣技艺	苏尼特左旗
6	NMⅧ-49	多伦"喇嘛庙月饼"制作技艺	多伦县
7	NMⅧ-50	蒙医传统疗法器械制作工艺	阿鲁科尔沁旗
8	NMⅧ-51	青城德兴源烧麦	呼和浩特市玉泉区
9	NMⅧ-52	鄂温克族口弦琴制作技艺	根河市
10	NMⅧ-53	鄂温克族鹿哨制作技艺	根河市
11	NMⅧ-54	鄂温克族熟皮子技艺	根河市
12	NMⅧ-55	毛绣（察哈尔毛绣）	察哈尔右翼后旗

九　传统医药（3 项）

序号	编号	项目名称	申报地区或单位
1	NMⅨ-17	阿拉善蒙医红柳灸疗法	额济纳旗
2	NMⅨ-18	科尔沁蒙医药浴疗法	科右中旗
3	NMⅨ-19	鸿茅中医药酒文化	鸿茅医药酒文化研究会

十　民俗（13 项）

序号	编号	项目名称	申报地区或单位
1	NMⅩ-80	扎赉特服饰	扎赉特旗
2	NMⅩ-81	科尔沁赛马习俗	科右中旗
3	NMⅩ-82	祭神树	额济纳旗
4	NMⅩ-83	土尔扈特服饰	额济纳旗
5	NMⅩ-84	喀尔喀服饰	阿右旗
6	NMⅩ-85	和硕特服饰	阿左旗
7	NMⅩ-86	布里亚特服饰	鄂温克旗锡尼河镇

序号	编号	项目名称	申报地区或单位
8	NMⅩ－87	蒙古族酒令（阿拉善蒙古族酒令）	阿右旗
9	NMⅩ－88	达斡尔族萨满斡包祭	莫旗
10	NMⅩ－89	达里湖冬捕习俗	克什克腾旗
11	NMⅩ－90	信仰伊斯兰教蒙古族婚礼	阿左旗
12	NMⅩ－91	蒙古族年俗（阿拉善年俗）	阿拉善盟
13	NMⅩ－92	鄂温克巴彦呼硕敖包祭祀	鄂温克族自治旗

内蒙古第二批自治区级非物质文化遗产项目扩展名录

（共计 19 项）

序号	编号	项目名称	申报地区或单位
一　民间文学（2 项）			
1	NMⅠ-1	祝赞词（乌拉特祝赞词）	巴彦淖尔市
2	NMⅠ-5	巴拉根仓的故事	正蓝旗
二　传统音乐（2 项）			
1	NMⅡ-15	阿斯尔	镶黄旗
2	NMⅡ-19	蒙古族长调民歌（扎鲁特长调）	扎鲁特旗
三　传统舞蹈（1 项）			
1	NMⅢ-5	博舞	科左中旗
五　曲艺（1 项）			
1	NMⅤ-1	好来宝	扎鲁特旗
六　传统体育、杂技与竞技（3 项）			
1	NMⅥ-10	蒙古族赛驼	苏尼特右旗
2	NMⅥ-3	蒙古族搏克（布里亚特搏克）	鄂温克旗锡尼河镇
3	NMⅥ-22	啪日吉游戏	额济纳旗
七　传统美术（4 项）			
1	NMⅦ-5	剪纸（红山剪纸、科尔沁剪纸、达拉特纪事剪纸）	赤峰市红山区、通辽市、达拉特旗
2	NMⅦ-6	蒙古族图案	内蒙古非物质文化遗产保护中心
3	NMⅦ-7	蒙古族刺绣（鄂尔多斯刺绣、科尔沁刺绣、乌拉特刺绣、乌兰毛都刺绣、奥日雅玛拉刺绣）	鄂托克前旗、通辽市、乌拉特后旗、科右前旗、乌兰浩特市
4	NMⅦ-16	面塑（青城面塑）	呼和浩特市新城区
八　传统技艺（3 项）			
1	NMⅧ-2	蒙古包（蒙古包营造技艺）	正蓝旗、阿鲁科尔沁旗

序号	编号	项目名称	申报地区或单位
2	NMⅧ-5	蒙古族马具制作技艺（鄂尔多斯马具制作技艺）	鄂托克前旗
3	NMⅧ-23	炒米加工技艺（科尔沁炒米加工技艺）	科左中旗
十　民俗（3项)			
1	NMⅩ-9	祭敖包	内蒙古非物质文化遗产保护中心
2	NMⅩ-58	祭火（乌珠穆沁祭火、察哈尔祭火）	东乌旗、正镶白旗
3	NMⅩ-63	蒙古族剪胎发习俗	阿左旗

内蒙古第四批自治区级非物质文化遗产名录

（共计43项）

（内政字〔2013〕248号） 2013年11月13日

序号	编号	项目名称	申报地区或单位
一 民间文学（3项）			
1	NMI – 24	巴尔虎英雄史诗	新巴尔虎左旗文化馆
2	NMI – 25	哈伦阿尔山传说	阿尔山市非遗保护中心
3	NMI – 26	鄂温克族民间故事	鄂温克旗文化馆
二 传统音乐（1项）			
4	NMⅡ – 41	达斡尔族民歌	满洲里市群艺馆
三 传统舞蹈（4项）			
5	NMⅢ – 21	鄂伦春族舞蹈（黑熊搏斗舞）	鄂伦春自治旗文化馆
6	NMⅢ – 22	鄂温克族民间舞蹈（阿罕拜）	鄂温克旗文化馆
7	NMⅢ – 23	蒙古族萨吾尔登	额济纳旗非遗中心
8	NMⅢ – 24	敖鲁古雅伊堪	呼伦贝尔市群众艺术馆
四 传统戏剧（2项）			
9	NMⅣ – 8	晋剧	太仆寺旗文化馆
10	NMⅣ – 9	拉场戏	乌兰浩特市非遗保护中心
六 传统体育、游艺与杂技（3项）			
11	NMⅥ – 26	蒙古族驼球	乌拉特后旗文化馆
12	NMⅥ – 27	嘴和	内蒙古蒙元文化研究会
13	NMⅥ – 28	阴把缠枪	土默特右旗文化馆
七 传统美术（6项）			
14	NMⅦ – 19	蒙古文书法	内蒙古非物质文化遗产保护中心、呼和浩特民族学院
15	NMⅦ – 20	蒙古族根雕	锡盟正蓝旗文化馆
16	NMⅦ – 21	达斡尔族民间缝补艺术	呼伦贝尔市群众艺术馆
17	NMⅦ – 22	烫画	乌海市金奥烫画艺术馆
18	NMⅦ – 23	蒙古族竹板笔书法	乌拉特后旗文化馆

续表

序号	编号	项目名称	申报地区或单位
19	NMⅦ－24	鄂伦春族剪纸	鄂伦春自治旗古里乡文化服务中心

八　传统技艺（11项）

序号	编号	项目名称	申报地区或单位
20	NMⅧ－56	蒙古餜子制作技艺	锡盟苏尼特左旗民族民俗协会
21	NMⅧ－57	蒙古族策格（酸马奶）酿制技艺	锡盟阿巴嘎旗牧民民俗协会
22	NMⅧ－58	手工打结汉宫羊毛地毯技艺	牙克石非物质文化遗产保护协会
23	NMⅧ－59	鄂温克族欧扃柱（柳条包）营造技艺	鄂温克旗鄂温克族研究会
24	NMⅧ－60	茅草房营造技艺	扎赉特旗黑骏马蒙元文化创作中心
25	NMⅧ－61	瓜子张炒货技艺	赤峰市瓜子张食品有限责任公司
26	NMⅧ－62	卓子山熏鸡制作技艺	卓资县熏鸡协会
27	NMⅧ－63	挂毯织造技艺	内蒙古佰艺吉纳文化艺术有限公司
28	NMⅧ－64	唐卡装裱技艺	海勃湾区韵悟斋文房四宝装饰店
29	NMⅧ－65	高力板酒酿造技艺	内蒙古高力板酒有限责任公司
30	NMⅧ－66	蒙古族金银器制作技艺	内蒙古自治区非物质文化遗产保护协会、四子王旗民俗协会

九　传统医药（5项）

序号	编号	项目名称	申报地区或单位
31	NMⅨ－20	蒙医心身医学互动疗法	内蒙古国际蒙医医院
32	NMⅨ－21	呼毕勒干·乌呢森·额木自备方法	内蒙古国际蒙医医院
33	NMⅨ－22	蒙医道木胡疗法	锡盟正蓝旗民俗文化协会
34	NMⅨ－23	"蒙奥神"膏药制作技艺	内蒙古老科技工作者协会
35	NMⅨ－24	蒙医熏鼻疗法	乌拉特前旗中蒙医院

十　民俗（8项）

序号	编号	项目名称	申报地区或单位
36	NMⅩ－93	达拉拉嘎（五畜吉祥）	锡盟苏尼特左旗文化馆
37	NMⅩ－94	宝格德乌拉祭祀	新巴尔虎右旗非物质文化遗产保护中心
38	NMⅩ－95	朝鲜族花甲礼	阿荣旗文化馆
39	NMⅩ－96	鄂温克族服饰（敖鲁古雅鄂温克使鹿部落猎民服饰）	呼伦贝尔市群众艺术馆
40	NMⅩ－97	达斡尔族服饰	呼伦贝尔市群众艺术馆
41	NMⅩ－98	呼伦湖冬捕习俗	满洲里市群艺馆
42	NMⅩ－99	呼图克台彻辰洪台吉祭祀	乌审旗民间文艺家协会
43	NMⅩ－100	西水磨九曲灯	呼和浩特市玉泉区文化馆

内蒙古第三批自治区级非物质文化遗产名录扩展项目
（共计 25 项）

序号	编号	项目名称	申报地区或单位
二　民间音乐（7 项）			
1	NMⅡ–15	阿斯尔	锡盟正蓝旗民俗协会
2	NMⅡ–19	蒙古族长调民歌（巴尔虎长调民歌）	新巴尔虎左旗文化馆
3	NMⅡ–20	蒙古族马头琴音乐（马头琴泛音演奏法）	锡盟阿巴嘎旗文化馆
4	NMⅡ–21	蒙古族呼麦（浩林潮尔）	锡林郭勒盟群艺馆
5	NMⅡ–22	蒙古族四胡音乐	内蒙古自治区四胡协会
6	NMⅡ–25	乌拉特民歌	乌拉特中旗文化馆
7	NMⅡ–39	科尔沁民歌（库伦民歌）	库伦旗文化馆
四　传统戏剧（1 项）			
8	NMⅣ–5	二人台	内蒙古二人台艺术团、内蒙古西部民间艺术学校
五　曲艺（1 项）			
9	NMⅤ–1	乌力格尔（胡仁乌力格尔）	阿鲁科尔沁旗民族职业教育中心
六　传统体育、杂技与竞技（4 项）			
10	NMⅥ–1	阿木尔巴伊斯呼朗（蒙古康乐牌）	锡盟西乌珠穆沁旗文化馆
11	NMⅥ–3	蒙古族搏克（巴尔虎陶力亚特搏克）	新巴尔虎右旗非物质文化遗产保护中心、新巴尔虎左旗摔跤协会
12	NMⅥ–19	沙嘎游戏（巴尔虎嘎啦哈游戏）	新巴尔虎左旗文化馆
13	NMⅥ–22	蒙古族射箭（萨仁靶射箭）	巴林左旗文体局非遗保护中心
七　传统美术（共计 3 项）			
14	NMⅦ–5	剪纸（赛罕剪纸）	呼和浩特赛罕区文化馆
15	NMⅦ–6	蒙古族图案（和硕特图案）	兴安盟科尔沁右翼前旗文化馆、阿拉善盟右旗文化图书馆

续表

序号	编号	项目名称	申报地区或单位
16	NMⅦ-7	蒙古族刺绣（哈腾刺绣）	兴安盟科尔沁右翼中旗文化馆
八　传统技艺（6 项）			
17	NMⅧ-5	蒙古族马具制作技艺（察哈尔马鞍制作技艺）	锡盟正蓝旗民俗协会
18	NMⅧ-23	炒米加工技艺（什拉米制作技艺）	乌审旗民间文艺家协会
19	NMⅧ-24	察干伊德	兴安盟科尔沁右翼前旗阿润苏食品有限责任公司
20	NMⅧ-32	木刻楞制作技艺（俄罗斯族木刻楞营造技艺）	内蒙古俄罗斯民族研究会
21	NMⅧ-37	蒙古族传统牛角弓制作技艺	巴林左旗文体局非遗保护中心
22	NMⅧ-46	铜银器制作技艺（巴尔虎银器制作技艺、银碗制作技艺）	新巴尔虎右旗非物质文化遗产保护中心、乌审旗民间文艺家协会
十　民俗（3 项）			
23	NMⅩ-36	蒙古族服饰（翁牛特服饰）	翁牛特旗文化馆
24	NMⅩ-45	那达慕	内蒙古自治区非物质文化遗产保护中心
25	NMⅩ-63	乌拉特婚礼	乌拉特后旗文化馆

内蒙古第五批自治区级非物质文化遗产名录

（共计 57 项）

（内政字〔2015〕310 号） 2015 年 12 月 31 日

序号	编号	项目名称	申报地区或单位
一 民间文学（3 项）			
1	NMI－27	蒙古语口传叙事诗（成吉思汗的两匹骏马）	鄂托克旗文化馆
2	NMI－28	巴尔虎民间故事	陈巴尔虎旗文化馆
3	NMI－29	圣水灵泉传说	满洲里市扎赉诺尔区文化事业发展中心
二 传统音乐（4 项）			
1	NMⅡ－42	陶布秀尔	阿拉善左旗文化馆
2	NMⅡ－43	蒙古族民歌（土尔扈特民歌、布里亚特民歌、杭哈民歌、巴尔虎陶伊格歌、扎赉特民歌）	额济纳旗非物质文化遗产保护中心、鄂温克族自治旗锡尼河东苏木文化体育广播电视服务中心、鄂温克族自治旗锡尼河西苏木文化体育广播电视服务中心、乌拉特前旗文化馆、五原县文化馆、陈巴尔虎旗文化馆、扎赉特旗文化馆
3	NMⅡ－44	蒙古族佛教音乐——秀鲁格道	内蒙古师范大学佛教研究院
4	NMⅡ－45	锣鼓艺术（寿阳鼓）	托克托县人民文化馆
三 传统舞蹈（1 项）			
1	NMⅢ－25	野猪舞	扎兰屯市文化馆
四 传统戏剧（3 项）			
1	NMⅣ－10	科尔沁民歌剧	科尔沁右翼中旗文化馆
2	NMⅣ－11	评剧（宁城评剧）	宁城县群众文化艺术馆
3	NMⅣ－12	道情戏（达拉特道情戏）	达拉特道情艺术民间保护研究协会
五 曲艺（1 项）			
1	NMⅤ－8	评书	乌兰浩特市非物质文化遗产保护中心
六 传统体育、游艺与杂技（4 项）			
1	NMⅥ－29	回族撂跤	呼和浩特市回民区文化馆
2	NMⅥ－30	巴尔虎通克	新巴尔虎右旗非物质文化遗产保护中心

序号	编号	项目名称	申报地区或单位
3	NMⅥ-31	古仁格	伊金霍洛旗蒙古族中学
4	NMⅥ-32	三才翻子拳	乌海市群众艺术馆

七　传统美术（10项）

序号	编号	项目名称	申报地区或单位
1	NMⅦ-25	角雕制作技艺（呼伦贝尔牛角雕制作技艺）	呼伦贝尔市海拉尔区方联广告有限责任公司
2	NMⅦ-26	蒙古族唐卡（马鬃绕线堆绣唐卡、布斯吉如格）	阿拉善左旗文化馆、凉城县文化馆
3	NMⅦ-27	鄂温克族希温·乌娜吉	鄂温克旗太阳姑娘文化发展有限公司
4	NMⅦ-28	蒙古族木雕（巴尔虎木雕、蒙古族象棋雕刻、乌珠穆沁木雕、扎赉特根木雕刻）	新巴尔虎右旗非物质文化遗产保护中心、镶黄旗民俗文化协会、东乌珠穆沁旗文化馆、扎赉特旗文化馆
5	NMⅦ-29	蒙古族皮画（土默特皮画）	呼和浩特市苏鲁锭皮业有限责任公司、呼和浩特市非物质文化遗产保护中心
6	NMⅦ-30	泥塑（乌拉特泥塑、银家泥塑）	乌拉特后旗文化馆、呼和浩特市赛罕区文化馆
7	NMⅦ-31	蒙古族骨雕	镶黄旗民俗文化协会、正蓝旗文化馆
8	NMⅦ-32	布艺（清水河布艺）	清水河县文化馆
9	NMⅦ-33	草编（水泉步阳草编技艺）	突泉县文化馆
10	NMⅦ-34	毛雕画	通辽市科尔沁区文化馆

八　传统技艺（14项）

序号	编号	项目名称	申报地区或单位
1	NMⅧ-67	蒙古族格吉革音加萨勒技艺	内蒙古民族艺术剧院
2	NMⅧ-68	蒙古族乐器制作技艺（火不思制作技艺、四胡制作技艺、潮尔琴制作技艺）	镶黄旗民俗文化协会、鄂温克旗伊敏河民间艺术团、通辽市文学艺术研究所
3	NMⅧ-69	蒙古族熟皮制作技艺（苏尼特熟皮制作技艺、蒙古族皮条制作技艺）	苏尼特左旗文化馆、乌审旗非物质文化遗产保护中心、鄂托克旗文化馆、正镶白旗文化馆
4	NMⅧ-70	蒙古族毛纺织及擀制技艺（额日木格织造技艺、巴尔虎制毡及搓毛绳技艺、土尔扈特擀毡技艺、羊毛毡制作技艺、苏尼特制毡技艺）	阿拉善左旗文化馆、新巴尔虎左旗文化馆、额济纳旗非物质文化遗产保护中心、扎赉特旗文化馆、苏尼特左旗文化馆

续表

序号	编号	项目名称	申报地区或单位
5	NMⅧ-71	蒙古族风干肉制作技艺（乌审风干肉制作技艺、牛肉干制作技艺）	乌审旗民间文艺家协会、锡林郭勒盟呼德阿伦食品有限公司
6	NMⅧ-72	蒙古族传统面食制作技艺（章萨——徽子制作技艺）	鄂尔多斯市杭锦旗安达民间艺术团
7	NMⅧ-73	蒙古族必透汤制作技艺（蒙古族保元汤制作技艺、蒙古族干肉嚼克蒸汤制作技艺）	锡林郭勒盟蒙餐饮食与文化协会
8	NMⅧ-74	朝鲜族泡菜制作技艺	阿荣旗文化馆
9	NMⅧ-75	俄罗斯族列巴制作技艺	内蒙古俄罗斯民族研究会
10	NMⅧ-76	麻糖制作技艺（东河麻糖制作技艺、土右麻糖制作技艺）	包头市东河区文物管理所、土默特右旗文化馆
11	NMⅧ-77	陶瓷烧制技艺（准格尔粗瓷烧作技艺）	准格尔旗文化馆
12	NMⅧ-78	蒙古族烤全羊技艺（苏尼特式石头烤全羊技艺）	苏尼特左旗文化馆
13	NMⅧ-79	六合枕制作技艺	包头市东河区文物管理所
14	NMⅧ-80	俄罗斯族格瓦斯制作技艺	内蒙古俄罗斯民族研究会
九　传统医药（6项）			
1	NMⅨ-25	蒙医引病外泄法	内蒙古田氏蒙医理疗研究院
2	NMⅨ-26	蒙医沙疗	乌海市蒙中医院
3	NMⅨ-27	蒙医小儿巴日乎疗法	阿拉善左旗蒙医传统疗法研究所
4	NMⅨ-28	蒙药油剂制作技艺	阿拉善左旗蒙中医药保护传承协会
5	NMⅨ-29	中医正骨疗法（三空李氏正骨）	呼和浩特市三空李氏正骨医院
6	NMⅨ-30	赵氏传统膏药制作技艺	包头市青山区青福镇赵家营子村赵凤武卫生室
十　民俗（11项）			
1	NMⅩ-101	鄂温克族瑟宾节（敖鲁古雅鄂温克族瑟宾节）	内蒙古自治区鄂温克族研究会、根河市文化馆
2	NMⅩ-102	蒙古族全羊仪式（乌珠穆沁全羊仪式）	东乌珠穆沁旗民俗文化协会

序号	编号	项目名称	申报地区或单位
3	NMX－103	回族婚礼	呼和浩特市回民区文化馆
4	NMX－104	哈萨尔宝古德祭祀	乌拉特前旗文化馆
5	NMX－105	蒙古马驯养习俗（巴林走马驯养）	科尔沁右翼中旗文化馆、巴林右旗文化馆
6	NMX－106	翁滚锡里陵祭奠	乌审旗民间文艺家协会
7	NMX－107	成吉思汗阿拉腾嘎达苏（金马桩）祭祀	鄂托克前旗民族民间文化艺术遗产保护传承协会
8	NMX－108	杭锦神祇祭祀	二连浩特市文化馆
9	NMX－109	杭锦道格礼俗	鄂尔多斯市杭锦旗安达民间艺术团
10	NMX－110	巴音居日合乌拉祭	札萨克图巴音居日合乌拉祭祀文化协会
11	NMX－111	车辅渠二月二灯会	固阳县文化馆

内蒙古第四批自治区级非物质文化遗产扩展名录

（共计 29 项）

序号	编号	项目名称	申报地区或单位
一 民间文学（1 项）			
1	NMI－1	祝赞词（阿巴嘎祝赞词）	阿巴嘎旗文化馆
二 传统音乐（3 项）			
1	NMⅡ－3	火不思	内蒙古民族艺术剧院
2	NMⅡ－19	蒙古族长调民歌（科尔沁长调）	科尔沁右翼前旗文化馆
3	NMⅡ－22	蒙古族四胡音乐（鄂尔多斯四胡演奏法）	鄂尔多斯原生态民歌（民乐）研究学会
三 传统舞蹈（1 项）			
1	NMⅢ－20	秧歌（赛罕高跷秧歌、翁牛特蒙古族秧歌）	呼和浩特市赛罕区文化馆、翁牛特旗文化馆
四 传统戏剧（1 项）			
1	NMⅣ－5	二人台（西路二人台、东路二人台）	磴口县文化馆、太仆寺旗文化馆
五 曲艺（1 项）			
1	NMⅤ－2	乌力格尔	锡林浩特市文化馆
六 传统体育、游艺与杂技（1 项）			
1	NMⅥ－10	蒙古族赛驼	乌拉特后旗体育运动委员会
七 传统美术（6 项）			
1	NMⅦ－7	蒙古族刺绣（蒙古族毡绣、蒙古族毛毡刺绣、翁牛特蒙古族刺绣）	正蓝旗文化馆、锡林浩特市沃赍阁商贸有限责任公司、翁牛特旗文化馆
2	NMⅦ－8	达斡尔族刺绣（冲克木勒伊勒嘎）	鄂温克旗民族文化艺术发展研究中心
3	NMⅦ－19	蒙古文书法	新巴尔虎右旗非物质文化遗产保护中心、东乌珠穆沁旗文化馆、兴安盟艺术研究所

续表

序号	编号	项目名称	申报地区或单位
4	NMⅦ-6	蒙古族图案（蒙古族家具绘画）	阿鲁科尔沁旗文化馆
5	NMⅦ-5	剪纸（化德剪纸、扎兰屯剪纸、太仆寺剪纸）	化德县群众文化艺术馆、扎兰屯市文化馆、太仆寺旗文化馆
6	NMⅦ-16	面塑（托克托面塑）	托克托县人民文化馆
八　传统技艺（7项）			
1	NMⅧ-29	乌珠穆沁熏皮袍制作技艺	西乌珠穆沁旗民俗协会
2	NMⅧ-34	蒙古族绳艺	正蓝旗文化馆
3	NMⅧ-2	蒙古包营造技艺（土尔扈特蒙古包营造技艺）	额济纳旗非物质文化遗产保护中心
4	NMⅧ-5	蒙古族马具制作技艺（布里亚特马鞍制作技艺）	呼伦贝尔市海拉尔区文化馆
5	NMⅧ-66	蒙古族金银器制作技艺（蒙古族银具制作技艺、察哈尔银饰锻造技艺、蒙古族金银器錾刻技艺、蒙镶制作工艺）	阿拉善右旗文化图书馆、正蓝旗文化馆、锡林郭勒民族民俗文化协会、呼和浩特市非物质文化遗产保护中心、呼和浩特市玉泉区众合泰工艺品店
6	NMⅧ-24	察干伊德（巴尔虎陶干乌如莫）	新巴尔虎右旗非物质文化遗产保护中心
7	NMⅧ-31	乌兰伊德	科尔沁右翼前旗文化馆、阿巴嘎旗乌力穆吉民俗协会
九　传统医药（2项）			
1	NMⅨ-4	蒙医药（达尔罕王府针术、壮西普日乐塔拉疗法、宝如达日顺疗法）	内蒙古蒙一堂生物制药技术开发有限公司、新巴尔虎左旗嵯岗镇中心卫生院、包头市东河区西脑包办事处六社区卫生服务站
2	NMⅨ-1	蒙医色布苏疗术（巴尔虎斯波苏勒格疗法）	陈巴尔虎旗蒙医医院
十　民俗（6项）			
1	NMⅩ-36	蒙古族服饰（巴尔虎服饰、察哈尔服饰、阿巴嘎服饰、苏尼特服饰、乌拉特服饰、巴林服饰）	新巴尔虎右旗非物质文化遗产保护中心、察哈尔右翼后旗文化馆、阿巴嘎旗文化馆、苏尼特右旗文化馆、乌拉特中旗文化馆、巴林右旗文化馆

续表

序号	编号	项目名称	申报地区或单位
2	NMⅩ-58	祭火（乌珠穆沁祭火、陈巴尔虎祭火）	西乌珠穆沁旗民俗协会、陈巴尔虎旗文化馆
3	NMⅩ-9	祭敖包（巴彦查干敖包祭祀、土默特祭敖包、赛罕汗乌拉敖包祭祀、鄂托克十三敖包祭、祭儿童敖包）	锡林浩特市宝力根苏木巴音希图根文化协会、通辽市科尔沁区文化馆、土默特左旗文化馆、巴林右旗文化馆、鄂托克旗文化馆、克什克腾旗民族传统文化体育协会
4	NMⅩ-91	蒙古族年俗(小召子村年俗)	土默特右旗文化馆
5	NMⅩ-66	骆驼祭火（母驼圣火祭祀）	杭锦旗文化馆
6	NMⅩ-93	达拉拉嘎（骆驼达拉勒嘎仪式）	二连浩特市文化馆

内蒙古第六批自治区级非物质文化遗产名录

（共计 88 项）

（内政字〔2018〕29 号）　　2018 年 4 月 8 日

序号	编号	项目名称	项目保护单位
一　民间文学（4 项）			
1	NMI－30	察哈尔民间故事	镶黄旗文化馆
2	NMI－31	通古斯鄂温克族尼玛嘎堪	陈巴尔虎旗文化馆
3	NMI－32	呼伦贝尔传说	呼伦贝尔市非物质文化遗产保护中心
4	NMI－33	走西口歌谣	包头市艺术研究创评中心
二　传统音乐（5 项）			
1	NMⅡ－46	玛尼颂诗	乌审旗民间文艺家协会
2	NMⅡ－47	宁城铢铢镲锣鼓乐	宁城县群众文化艺术馆
3	NMⅡ－48	蒙古族三弦音乐	通辽市博尔金蒙古族民族乐器研究所、科尔沁左翼中旗文化研究室
4	NMⅡ－49	托县吹歌	托克托县人民文化馆
5	NMⅡ－50	达斡尔族萨满音乐（雅得根艾勒格）	歌恩—兰达斡尔族非物质文化遗产传承基地
六　传统体育、游艺与杂技（5 项）			
1	NMⅥ－33	十三太保武术内养功	乌海市海勃湾区宣传文化中心
2	NMⅥ－34	太极八卦拳	乌兰浩特市非物质文化遗产保护中心
3	NMⅥ－35	达斡尔族"夺宝"	鄂温克族自治旗巴彦塔拉达斡尔民族乡文化体育广播电视服务中心
4	NMⅥ－36	回族查拳	呼和浩特市回民区文化馆
5	NMⅥ－37	陈式太极拳	呼和浩特市太极拳协会
七　传统美术（19 项）			
1	NMⅦ－35	蒙古族玉雕（乌拉特玉雕）	内蒙古桑斯尔国际文化传媒有限公司
2	NMⅦ－36	汉字书法（太极书法）	乌海市韵悟斋文化传媒有限公司
3	NMⅦ－37	葵花画	五原县文化馆
4	NMⅦ－38	芦苇画	内蒙古连运芦苇画艺术文化发展有限公司
5	NMⅦ－39	树皮画（白狼林俗树皮画）	阿尔山市林俗文化产业发展有限公司

序号	编号	项目名称	项目保护单位
6	NMⅦ-40	玛瑙雕刻（多伦玛瑙雕刻）	多伦县文化馆
7	NMⅦ-41	石雕（巴林石雕）	赤峰市非物质文化遗产保护中心
8	NMⅦ-42	玉雕（玉石微雕）	赤峰市工艺美术协会
9	NMⅦ-43	契丹刺绣	宁城县群众文化艺术馆
10	NMⅦ-44	蒙古文篆刻艺术（巴林蒙古文篆刻艺术）	巴林右旗文化馆
11	NMⅦ-45	蒙古族纸艺（红山纸艺）	赤峰市红山区文化馆
12	NMⅦ-46	皮艺（集宁皮雕皮画）	乌兰察布市集宁区文化馆
13	NMⅦ-47	内画艺术（蒙派内画鼻烟壶艺术）	卓资辉腾锡勒蒙派内画院文化艺术有限公司
14	NMⅦ-48	版画（奈曼版画、扎鲁特版画）	奈曼旗美术馆、扎鲁特旗蒙古族第一中学
15	NMⅦ-49	布贴画	呼和浩特市回民区文化馆
16	NMⅦ-50	青城刻瓷	呼和浩特市新城区文化馆
17	NMⅦ-51	核 雕	包头市青山区文化馆
18	NMⅦ-52	哈啾嗨	通辽市哈啾海文化传播有限公司
19	NMⅦ-53	蒙古族珠绣	内蒙古睿贻菩缘文化传媒有限公司
八　传统技艺（25项）			
1	NMⅧ-81	传统榨油技艺（克什克腾锤打麻油技艺）	克什克腾旗呼德爱勒农牧业农民专业合作社、乌审旗天思旅游度假村有限责任公司
2	NMⅧ-82	蒙古族珐琅工艺	包头轻工职业技术学院
3	NMⅧ-83	蒙古族"毕图饮食"制作技艺	内蒙古杭克拉蒙餐有限责任公司
4	NMⅧ-84	蒙古族传统家具制作技艺	内蒙古农业大学
5	NMⅧ-85	蒙古族传统制墨工艺	鄂托克旗文化馆
6	NMⅧ-86	蒙古族沙米制作技艺（杭锦沙米制作技艺）	杭锦旗文化馆
7	NMⅧ-87	蒙古族鼻烟壶制作技艺	鄂尔多斯市奇严民族文化发展有限公司
8	NMⅧ-88	河套硬四盘制作技艺	五原县汇元方餐饮有限责任公司
9	NMⅧ-89	灯笼编织技艺	太仆寺旗文化馆
10	NMⅧ-90	多伦笼屉制作技艺	多伦县超越笼屉厂

序号	编号	项目名称	项目保护单位
11	NMⅧ-91	蒙古族白油、黄油保存技艺	苏尼特左旗文化馆
12	NMⅧ-92	传统面食制作技艺（赤峰对夹制作技艺、呼和浩特面点制作技艺）	赤峰市烹饪文化协会、呼和浩特市非物质文化遗产保护促进会
13	NMⅧ-93	喀喇沁白家燻鸡制作技艺	喀喇沁旗锦山镇白国华燻鸡加工厂
14	NMⅧ-94	蒙古族壁毯织造技艺	内蒙古力王工艺美术有限公司
15	NMⅧ-95	蒙古刀制作技艺	呼伦贝尔市非物质文化遗产保护中心
16	NMⅧ-96	鄂伦春狍角帽制作技艺	鄂伦春自治旗文化馆
17	NMⅧ-97	敖鲁古雅鄂温克族刀剑锻造技艺	根河市文化馆
18	NMⅧ-98	鄂温克族五畜绳制作技艺	鄂温克旗达刊手工艺品牧民专业合作社
19	NMⅧ-99	达斡尔族糕点"瓦特"传统制作技艺	呼伦贝尔市都蓝达斡尔美食文化有限公司
20	NⅧ-100	碳烤牛肉干制作技艺	内蒙古白音杭盖食品有限公司
21	NⅧ-101	蒙古耳枕制作技艺	通辽市科尔沁区文化馆
22	NⅧ-102	清水河石磨豆腐制作技艺	清水河县文化馆
23	NⅧ-103	托县辣椒酱制作技艺	内蒙古正隆谷物食品有限公司
24	NⅧ-104	包头地毯织造技艺	包头市艺术研究创评中心
25	NⅧ-105	清真茶汤制作技艺	包头市东河区老吴茶汤店

九 传统医药（18项）

序号	编号	项目名称	项目保护单位
1	NMⅨ-31	蒙医药浴疗法（鄂尔多斯珊瑚药方）	内蒙古易和医院
2	NMⅨ-32	蒙医药（"叩玛那拉嘎"疗法）	杭锦旗蒙医综合医院
3	NMⅨ-33	蒙医药（肝病疗法）	鄂托克旗蒙医综合医院
4	NMⅨ-34	蒙医体质辨识	鄂尔多斯市蒙医医院
5	NMⅨ-35	中医传统制剂方法（甄氏祖传秘方、白氏中医传统组方制剂方法）	乌拉特中旗甄生联中医诊所、包头市中医养生保健协会
6	NMⅨ-36	蒙医药（蒙医放血疗法）	乌拉特前旗乌拉山达楞太蒙医诊所、阿拉善右旗蒙医医院

序号	编号	项目名称	项目保护单位
7	NMⅨ－37	中医诊疗法（贾氏中医诊疗法、付氏传统推拿疗法、循经按摩术）	呼和浩特市第一医院、呼和浩特市新城区付老师推拿按摩中心、扎赉特旗赵慧西医内科诊所
8	NMⅨ－38	蒙医药（锡敏阿日善疗法）	扎赉特旗蒙医医院
9	NMⅨ－39	蒙医药（瑟必素和阿日苏拉胡疗法）	锡林郭勒盟蒙医医院
10	NMⅨ－40	蒙医药（蒙药烈火炮制技术）	阿鲁科尔沁旗蒙医医院
11	NMⅨ－41	中蒙医诊疗法	赤峰市望星楼中蒙医药研究所
12	NMⅨ－42	蒙兽医（骆驼针灸术）	阿拉善左旗蒙中医药保护传承协会
13	NMⅨ－43	蒙医药（传统子宫复位术）	阿拉善左旗巴彦浩特镇康来乐按摩中心
14	NMⅨ－44	蒙医药（交恩西传统炮制技术）	阿拉善盟蒙医药地方病研究所
15	NMⅨ－45	蒙医药（蒙医灸疗术）	库伦旗蒙医医院
16	NMⅨ－46	蒙医正骨疗法（白氏正骨穴位疗法）	呼和浩特市如意开发区白曙光中医诊所
17	NMⅨ－47	蒙医药（胡勒日鲁乐胡其内汤疗法）	固阳县中蒙医医院
18	NMⅨ－48	针灸（白氏传统针刺法）	包头市青山区白金龙中医诊所
十　民俗（12项）			
1	NMⅩ－112	蒙古族饮茶习俗	内蒙古茶马古道文化研究院
2	NMⅩ－113	道格黑木日	杭锦旗文化馆
3	NMⅩ－114	珠拉格乃日（马奶节）	杭锦旗马业协会
4	NMⅩ－115	蒙古族养驼习俗	乌拉特后旗文化馆
5	NMⅩ－116	札萨克图婚礼	科尔沁右翼前旗文化馆
6	NMⅩ－117	走敖特尔习俗	西乌珠穆沁旗民俗协会
7	NMⅩ－118	蒙古族伊德盘摆放习俗	苏尼特右旗文化馆
8	NMⅩ－119	元宵节撒灯	赤峰市松山区文化馆
9	NMⅩ－120	俄罗斯族婚礼	额尔古纳市文化馆
10	NMⅩ－121	天仓节（讨思浩天仓节）	呼和浩特市新城区文化馆
11	NMⅩ－122	青城转九曲	呼和浩特市非物质文化遗产保护中心
12	NMⅩ－123	黄木独庙会	达拉特旗黄木独三元民间文化协会

内蒙古第五批自治区级非物质文化遗产扩展名录

（共计 50 项）

序号	编号	项目名称	申报地区或单位
一　民间文学（2 项）			
1	NMI－1	祝赞词（鄂尔多斯祝赞词、伊茹勒、乌拉特祝赞词、科尔沁祝赞词）	鄂托克旗祝颂文化传承与发展协会、鄂托克前旗文化馆、锡林浩特市文化馆、乌拉特后旗文化馆、库伦旗非物质文化遗产保护中心
2	NMI－10	科尔沁潮尔史诗	科尔沁左翼后期文化馆
二　传统音乐（8 项）			
1	NMⅡ－13	口簧音乐	呼和浩特市回民区敕勒川口簧研究所
2	NMⅡ－15	阿斯尔	察哈尔右翼后旗文化馆
3	NMⅡ－16	二人台牌子曲	呼和浩特市旺旺职业艺术学校
4	NMⅡ－19	蒙古族长调民歌（鄂尔多斯长调民歌、昭乌达长调民歌）	鄂尔多斯市群众艺术馆、乌审旗长调艺术交流研究学会、赤峰市非物质文化遗产保护中心
5	NMⅡ－22	蒙古族四胡音乐	兴安盟四胡艺术协会
6	NMⅡ－24	潮尔－蒙古族弓弦乐	东乌珠穆沁旗文化馆、阿拉善盟马头琴协会
7	NMⅡ－42	陶布秀尔音乐	额济纳陶布秀尔协会、额济纳旗文化馆
8	NMⅡ－43	蒙古族民歌（准格尔民歌、察哈尔民歌、科尔沁民歌）	准格尔旗文化馆、镶黄旗文化馆、正镶白旗文化馆、霍林郭勒市文化馆
三　传统舞蹈（1 项）			
1	NMⅢ－12	蒙古族安代舞	内蒙古民族艺术剧院
四　传统戏剧（1 项）			
1	NMⅣ－5	二人台（西路二人台）	达拉特旗文化馆、乌拉特前旗文化馆、五原县文化馆
五　曲艺（2 项）			
1	NMⅤ－1	好来宝	奈曼旗文化馆
2	NMⅤ－2	乌力格尔	镶黄旗文化馆
六　传统体育、游艺与杂技（5 项）			
1	NMⅥ－3	蒙古族博克（察哈尔博克）	阿巴嘎旗群众文化馆、正蓝旗文化馆、苏尼特左旗文化馆

续表

序号	编号	项目名称	申报地区或单位
2	NMⅥ-13	蒙古象棋（喜塔尔）	锡林浩特市文化馆、东乌珠穆沁旗蒙古象棋协会、额济纳旗蒙古象棋协会、呼和浩特市非物质文化遗产保护中心
3	NMⅥ-18	布鲁	科尔沁左翼中旗文化研究室
4	NMⅥ-19	沙嘎游戏（巴尔虎沙嘎游戏）	新巴尔虎右旗非物质文化遗产保护中心
5	NMⅥ-23	蒙古族射箭（科尔沁哈日靶、乌珠穆沁射箭、翁牛特射箭、布里亚特射箭）	科尔沁右翼前旗扎萨克图科尔沁弓箭协会、东乌珠穆沁旗文化馆、翁牛特旗文化馆、鄂温克族自治旗锡尼河东苏木文化体育广播电视服务中心、鄂温克族自治旗锡尼河西苏木文化体育广播电视服务中心

七　传统美术（9项）

1	NMⅦ-5	剪纸（扎赉特剪纸、蒙古族剪纸、元宝山细纹刻纸、托县剪纸）	扎赉特旗文化馆、锡林郭勒民族民俗文化协会、赤峰市元宝山区文化馆、托克托县文化馆
2	NMⅦ-6	蒙古族图案（苏尼特传统图案花纹、土尔扈特家具图案）	镶黄旗文化馆、苏尼特右旗文化馆、额济纳旗文化馆、科尔沁艺术职业学院
3	NMⅦ-7	蒙古族刺绣（乌拉特刺绣、乌珠穆沁刺绣、蒙古族图文刺绣）	乌拉特中旗文化馆、西乌珠穆沁旗民俗协会、东乌珠穆沁旗文化馆、阿鲁科尔沁旗文化馆
4	NMⅦ-16	面塑（达拉特面塑、和林格尔捏面人）	达拉特旗文化馆、和林格尔县文化馆
5	NMⅦ-19	蒙古文书法	科尔沁右翼中旗文化馆、奈曼旗蒙古文书法家协会、通辽蒙古文书法家协会、科尔沁左翼后期蒙古文书法家协会
6	NMⅦ-22	烫画（白云鄂博烫画）	包头市白云鄂博矿区文化馆
7	NMⅦ-28	蒙古族木雕（翁牛特木雕、赛罕木雕、土默特木雕）	翁牛特旗文化馆、呼和浩特市赛罕区文化馆、内蒙古古木逢春文化艺术有限公司
8	NMⅦ-29	蒙古族皮画（皮雕画）	呼和浩特市非物质文化遗产保护中心、内蒙古格日勒皮艺文化产业发展有限公司
9	NMⅦ-33	草编（草原笤帚苗手编技艺）	内蒙古鑫洋手工制品有限公司

八　传统技艺（17项）

| 1 | NMⅧ-2 | 蒙古包营造技艺（巴林蒙古包营造技艺、巴尔虎蒙古包营造技艺） | 苏尼特右旗双利民族手工艺品制作有限公司、巴林左旗草原传统文化协会、新巴尔虎左旗乌布尔宝力格苏木乌兰诺尔嘎查呼伦贝尔羊扩繁场 |

序号	编号	项目名称	申报地区或单位
2	NMⅧ－4	莜面饮食制作技艺	多伦县文化馆
3	NMⅧ－5	蒙古族马具制作技艺（察哈尔马鞍制作技艺、套马杆制作技艺）	镶黄旗民俗文化协会、锡林郭勒盟乌拉盖管理区文化馆
4	NMⅧ－11	阿拉善地毯织造技艺	阿拉善右旗民族工艺地毯有限责任公司
5	NMⅧ－26	蒙古族柳条编制技艺	苏尼特左旗民族民俗协会
6	NMⅧ－33	蒙古族摔跤服制作技艺（博克服饰制作技艺）	正镶白旗文化馆
7	NMⅧ－34	蒙古族绳艺（巴尔虎牛皮绳索制作技艺）	新巴尔虎左旗文化馆
8	NMⅧ－37	蒙古族传统牛角弓制作技艺	东乌珠穆沁旗文化馆、土默特左旗文化馆
9	NMⅧ－46	铜银器制作技艺（苏尼特银饰制作技艺）	苏尼特右旗苏尼特民族工艺品牧民专业合作社
10	NMⅧ－57	蒙古族策格（酸马奶）酿制技艺	锡林浩特市文化馆
11	NMⅧ－66	蒙古族金银器制作技艺（蒙古族金银器錾刻技艺）	内蒙古斯庆巴特尔工艺品有限公司、锡林郭勒民族民俗文化协会、呼和浩特市玉泉区蒙錾银饰品加工店
12	NMⅧ－68	蒙古族乐器制作技艺（马头琴制作技艺、四胡制作技艺）	内蒙古呼鲁格民族乐器有限公司、呼伦贝尔市根与脉文化传媒有限公司、通辽市博尔金蒙古族民族乐器研究所
13	NMⅧ－69	蒙古族熟皮制作技艺（图什业图熟皮技艺）	科尔沁右翼中旗文化馆
14	NMⅧ－70	蒙古族毛纺织及擀毡技艺（蒙古族毛纺织技艺、苏尼特擀毡技艺、牛羊毛毡擀制技艺、阿拉善擀毡技艺）	鄂尔多斯市群众艺术馆、苏尼特右旗文化馆、察哈尔右翼后旗文化馆、阿拉善左旗文化馆
15	NMⅧ－71	蒙古族风干肉制作技艺（风干牛肉制作技艺）	通辽罕山肉食品加工有限公司
16	NMⅧ－72	蒙古族传统面食制作技艺（土默特蒙古馓子制作技艺）	土默特左旗文化馆
17	NMⅧ－77	陶瓷烧制技艺（河套古窑陶瓷烧制技艺）	巴彦淖尔市临河区文化馆

九　传统医药（1 项）

| 1 | NMⅨ－29 | 中医正骨疗法（王氏中医正骨术） | 巴林左旗骨伤医院 |

续表

序号	编号	项目名称	申报地区或单位
十 民俗（4 项）			
1	NMX-9	祭敖包	镶黄旗民俗文化协会、锡林郭勒盟民族民俗文化协会、锡林郭勒盟乌拉盖管理区文化馆、额济纳旗文化馆、奈曼旗文化馆、扎鲁特旗文化馆
2	NMX-36	蒙古族服饰（察哈尔服饰、厄鲁特服饰、乌珠穆沁服饰）	乌兰察布市群众艺术馆、鄂温克族自治旗伊敏苏木文化体育广播电视服务中心、东乌珠穆沁旗文化馆
3	NMX-58	祭火（察哈尔祭火、苏尼特祭火、科尔沁祭火、土默特祭火）	正蓝旗文化馆、苏尼特左旗文化馆、库伦旗文学艺术界联合会、内蒙古东方甘迪尔蒙古风情园有限责任公司
4	NMX-71	马印文化（乌拉特打马印习俗）	乌拉特中旗文化馆

参考文献

一 古籍史料

（西汉）司马迁：《史记》，中华书局 1982 年版。

（东汉）班固：《汉书》，中华书局 1987 年版。

（西晋）陈寿：《三国志》，中华书局 1982 年版。

（南朝宋）范晔：《后汉书》，中华书局 1987 年版。

（北齐）魏收：《魏书》，中华书局 1974 年版。

（唐）李百药：《北齐书》，中华书局 1972 年版。

（唐）魏征、令狐德棻：《隋书》，中华书局 1982 年版。

（后晋）刘昫等：《旧唐书》，中华书局 1987 年版。

（北宋）郭茂倩：《乐府诗集》，中华书局 1998 年版。

（北宋）欧阳修、宋祁等：《新唐书》，中华书局 1987 年版。

（元）脱脱等：《金史》，中华书局 1987 年版。

（元）脱脱等：《辽史》，中华书局 1987 年版。

（元）脱脱等：《宋史》，中华书局 1977 年版。

（元）忽思慧：《饮膳正要（译注）》，张秉伦、方晓阳译注，上海古籍出版社 2017 年版。

（明）宋濂等：《元史》，中华书局 1987 年版。

（明）叶子奇：《草木子》，中华书局 1983 年版。

（清）张廷玉：《明史》，中华书局 1974 年版。

（清）赵尔巽：《清史稿》，中华书局 1976 年版。

薄音湖、王雄编辑点校：《明代蒙古汉籍史料汇编》第 2 辑，内蒙古大学出版社 2006 年版。

《蒙古秘史》，策·达木丁苏隆编译，谢再善译，中华书局 1957 年版。

《蒙古秘史》，巴雅尔标音，内蒙古人民出版社 1980 年版。

《清实录》，中华书局 2012 年影印版。

［俄］阿·马·波兹德涅耶夫：《蒙古及蒙古人》第 2 卷，刘汉明等译，内蒙古人民出版社 1983 年版。

［意］柏朗嘉宾、［法］鲁布鲁克：《柏朗嘉宾蒙古行纪·鲁布鲁克东行纪》，耿昇、何高济译，中华书局 2002 年版。

［意］马可·波罗：《马可波罗游记》，陈开俊等译，福建科学技术出版社 1981 年版。

［英］道森编：《出使蒙古记》，吕浦译，周良霄注，中国社会科学出版社 1983 年版。

［瑞典］多桑：《多桑蒙古史》，冯承钧译，商务印书馆 2015 年版。

［波斯］拉施特主编：《史集》第 1 卷，余大钧、周建奇译，商务印书馆 1983 年版。

［法］雷纳·格鲁塞：《蒙古帝国史》，龚钺译，商务印书馆 2007 年版。

二 学术著作

《第欧根尼》中文精选版编辑委员会编：《文化认同性的变形》，商务印书馆 2008 年版。

敖其主编：《蒙古民俗》，内蒙古大学出版社 2010 年版。

包·达尔汗、乌云陶丽：《蒙古族长调民歌》，文化艺术出版社 2013 年版。

包·赛吉拉夫：《哈撒儿研究》，辽宁民族出版社 2008 年版。

包桂荣等：《民族自治地方少数民族非物质文化遗产的法律保护研究：以蒙古族为例》，民族出版社 2010 年版。

包斯钦、金海主编：《草原精神文化研究》，内蒙古教育出版社 2007 年版。

宝力格主编：《草原文化概论》，内蒙古教育出版社 2007 年版。

孛尔只斤·布仁赛音：《近现代蒙古人农耕村落社会的形成》，娜仁格日勒译，内蒙古大学出版社 2007 年版。

孛尔只斤·吉尔格勒：《游牧文明史论》，内蒙古人民出版社 2002 年版。

博特乐图、哈斯巴特尔：《蒙古族英雄史诗音乐研究》，中国社会科学出版社 2012 年版。

蔡靖泉：《文化遗产学》，华中师范大学出版社 2014 年版。

曹永年主编：《内蒙古通史》第 1 卷，内蒙古大学出版社 2007 年版。

陈永春：《科尔沁萨满神歌审美研究》，民族出版社 2010 年版。

丁永祥：《怀梆文化生态研究》，中国社会科学出版社 2011 年版。

《鄂温克族简史》编写组、《鄂温克族简史》修订本编写组：《鄂温克族简史》，民族出版社 2009 年版。

费孝通：《中华民族多元一体格局》，中央民族学院出版社 1989 年版。

冯天瑜、何晓明、周积明：《中华文化史》上册，上海人民出版社 2006 年版。

郭沫若：《郭沫若全集》（考古编），科学出版社 1982 年版。

郝建平等：《内蒙古历史文化遗产的保护与利用研究》，中国社会科学出版社 2013 年版。

呼日勒沙主编：《草原文化区域分布研究》，内蒙古教育出版社 2007 年版。

黄健英：《北方农牧交错带变迁对蒙古族经济文化类型的影响》，中央民族大学出版社 2009 年版。

黄正泉：《文化生态学》，中国社会科学出版社 2015 年版。

江帆：《生态民俗学》，黑龙江人民出版社 2003 年版。

卡丽娜：《驯鹿鄂温克文化研究》，辽宁人民出版社 2006 年版。

刘登翰、陈耕：《论文化生态保护——以厦门市闽南文化生态保护实验区为中心》，福建人民出版社 2014 年版。

鲁枢元：《生态文艺学》，陕西人民教育出版社 2000 年版。

罗布桑却丹：《蒙古风俗鉴》，赵景阳译，管文华校，辽宁民族出版社 1988 年版。

罗宗奎：《非物质文化遗产的知识产权保护——以内蒙古自治区》，生活·读书·新知三联书店 2015 年版。

麻国庆、朱伟：《文化人类学与非物质文化遗产》，生活·读书·新知三联书店 2018 年版。

马桂英：《蒙古文化中人与自然的关系研究》，辽宁民族出版社 2013 年版。

马戎、周星主编：《中华民族凝聚力形成与发展》，北京大学出版社 1999 年版。

满都夫：《蒙古族美学史》，辽宁民族出版社 2000 年版。

牟延林、谭宏、刘壮：《非物质文化遗产概论》，北京师范大学出版社 2011 年版。

那仁毕力格：《蒙古民族敖包祭祀文化认同研究》，辽宁民族出版社 2014

年版。

牛森主编：《草原文化研究资料选编》第 2 辑，内蒙古教育出版社 2005 年版。

潘懋元主编：《多学科观点的高等教育研究》，上海教育出版社 2001 年版。

朋·乌恩：《蒙古族文化研究》，内蒙古教育出版社 2007 年版。

普丽春：《少数民族非物质文化遗产教育传承研究——以云南省为例》，民族出版社 2010 年版。

祁庆富、史晖：《少数民族非物质文化遗产研究》，中央民族大学出版社 2015 年版。

钱穆：《中国文化史导论》，商务印书馆 1994 年版。

钱永平：《晋中国家级文化生态保护实验区非遗传承与保护实践》，中山大学出版社 2019 年版。

乔吉、马永真：《蒙古族服饰文化》，内蒙古人民出版社 2003 年版。

人民出版社编：《中国共产党第十六届中央委员会第六次全体会议文件汇编》，人民出版社 2006 年版。

赛音吉日嘎拉：《蒙古族祭祀》，赵文工译，内蒙古大学出版社 2008 年版。

上海交通大学世界遗产学研究交流中心主编：《世界文化与自然遗产手册》，上海科学技术文献出版社 2004 年版。

施正一：《施正一文集》，中国社会科学出版社 2001 年版。

宋俊华、王开桃：《非物质文化遗产保护研究》，中山大学出版社 2013 年版。

苏日娜：《成吉思汗祭祀历史文化研究——以查干苏鲁克大典为个案》，内蒙古文化出版社 2013 年版。

隋丽娜：《关中非物质文化遗产研究：文化生态学视角》，南开大学出版社 2014 年版。

孙金铸：《内蒙古地理文集》，内蒙古大学出版社 2003 年版。

塔亚：《"江格尔"说唱艺人研究》，内蒙古人民出版社 2015 年版。

谭东丽：《少数民族非物质文化遗产的法律保护研究》，吉林大学出版社 2018 年版。

谭其骧：《中国历史地图集》第 1 册，中国地图出版社 1996 年版。

唐家路：《民间艺术的文化生态论》，清华大学出版社 2006 年版。

陶玉坤：《北方游牧民族历史文化研究》，内蒙古教育出版社 2007 年版。

田广金、郭素新：《北方文化与匈奴文明》，凤凰出版社 2004 年版。

田艳：《少数民族非物质文化遗产传承人法律保护研究》，中央民族大学出版社 2017 年版。

王伟平主编：《中国体育非物质文化遗产·内蒙古卷》，甘肃教育出版社 2019 年版。

王维：《人·自然·可持续发展》，首都师范大学出版社 1999 年版。

王文兵：《文化自觉与社会秩序变革》，中央文献出版社 2007 年版。

王文章主编：《非物质文化遗产概论》，教育科学出版社 2013 年版。

乌丙安：《非物质文化遗产保护理论与方法》，文化艺术出版社 2016 年版。

乌兰杰：《蒙古族音乐史》，内蒙古人民出版社 1999 年版。

乌云格日勒：《信仰的薪火相传——成吉思汗祭奠的人类学研究》，北京大学出版社 2013 年版。

向云驹：《世界非物质文化遗产》，宁夏人民出版社 2006 年版。

晓克主编：《草原文化史论》，内蒙古教育出版社 2007 年版。

严耕望：《中国古代地方行政制度史·魏晋南北朝地方行政制度》，上海古籍出版社 2007 年版。

毅松、涂建军、白兰：《达斡尔族 鄂温克族 鄂伦春族文化研究》，内蒙古教育出版社 2007 年版。

苑利、顾军：《非物质文化遗产学》，高等教育出版社 2009 年版。

扎格尔：《草原物质文化研究》，内蒙古教育出版社 2007 年版。

赵世林：《云南少数民族文化传承论纲》，云南人民出版社 2011 年版。

周建明、刘畅：《文化生态保护区理论与实践》，中国建筑工业出版社 2016 年版。

周清澍：《内蒙古历史地理》，内蒙古大学出版社 1994 年版。

周耀林、戴旸、程齐凯等：《非物质文化遗产档案管理理论与实践》，武汉大学出版社 2013 年版。

邹逸麟：《中国历史地理概述》，上海教育出版社 2005 年版。

［法］阿尔贝特·史怀泽著，［德］汉斯·瓦尔特·贝尔编：《敬畏生命》，陈泽环译，上海社会科学院出版社 1995 年版。

［德］卡尔·马克思：《资本论》第 1 卷，人民出版社 2018 年版。

［俄］别林斯基：《别林斯基选集》第 1 卷，满涛译，上海译文出版社 1979 年版。

［英］罗素：《论历史》，何兆武、肖巍、张文杰译，生活·读书·新知三

联书店 1991 年版。

［美］托马斯·哈定等：《文化与进化》，韩建军、商戈令译，浙江人民出版社 1987 年版。

三 期刊论文

柏定国、陈鑫：《论文化产业的商业模式》，《福建论坛》2012 年第 10 期。

包晓岚：《内蒙古地理环境的结构及其地域分异规律》，《内蒙古民族师院学报》（自然科学版）1997 年第 1 期。

宝乐日：《阿拉善非物质文化遗产保护与蒙古族乡土知识传承探究》，《民族教育研究》2016 年第 3 期。

鲍展斌：《历史文化遗产之功能和价值探讨》，《绍兴文理学院学报》2002 年第 3 期。

博特乐图：《经验与启示——蒙古族长调民歌的保护与传承经验两例》，《内蒙古大学艺术学院学报》2009 年第 2 期。

博特乐图：《蒙古族长调的传承与保护》，《内蒙古大学艺术学院学报》2011 年第 2 期。

曹能秀、王凌：《试论以教育促进民族文化传承的方法》，《云南师范大学学报》2010 年第 2 期。

曹永年：《内蒙古历史溯源》，《内蒙古师范大学学报》1997 年第 3 期。

陈华文、陈淑君：《中国文化生态保护区的实践探索研究》，《浙江师范大学学报》2016 年第 2 期。

陈华文：《特色呈现：文化生态保护区实践的核心场域》，《浙江师范大学学报》2017 年第 5 期。

陈勤建：《非物质文化遗产的保护：生态场的恢复、整合和重建》，《湖南文理学院学报》2009 年第 2 期。

陈瑜：《科学价值探析》，《湖南商学院学报》2005 年第 3 期。

晨炜：《达斡尔传统乐器"木库连"的文化价值探析》，《中国音乐》2005 年第 1 期。

代钦：《传承民族地区手工艺实施非物质文化遗产教育》，《内蒙古师范大学学报》2019 年第 2 期。

戴圣鹏：《论文化的包容性》，《人文杂志》2015 年第 3 期。

丁永祥：《生态场：非物质文化遗产生态保护的关键》，《河南大学学报》

2012 年第 3 期。

丁元竹：《"十四五"时期非物质文化遗产系统性保护相关政策措施研究》，《管理世界》2020 年第 11 期。

董小健：《建设内蒙古文化生态保护区》，《实践》2019 年第 5 期。

方克立：《"和而不同"：作为一种文化观的意义和价值》，《中国社会科学院研究生院学报》2003 年第 1 期。

方李莉：《文化生态失衡问题的提出》，《北京大学学报》2001 年第 3 期。

方李莉：《论"非遗"传承与当代社会的多样性发展——以景德镇传统手工艺复兴为例》，《民族艺术》2015 年第 1 期。

飞翔：《中印文化之美》，《商业文化》2014 年第 22 期。

费孝通：《反思·对话·文化自觉》，《北京大学学报》1997 年第 3 期。

费孝通：《关于"文化自觉"的一些自白》，《学术研究》2003 年第 7 期。

冯晓青、罗宗奎：《我国少数民族非物质文化遗产保护的知识产权法因应——以内蒙古等少数民族地区为主要考察对象》，《邵阳学院学报》2015 年第 1 期。

葛根高娃：《工业化浪潮之下的蒙古民族及其草原游牧文化》，《中央民族大学学报》2008 年第 6 期。

哈正利：《草原文化生态保护区建设的构想》，《北京林业大学学报》2011 年第 2 期。

韩淑云：《鄂伦春非物质文化遗产现状及保护对策》，《理论研究》2009 年第 6 期。

贺学军：《非物质文化遗产"保护"的本质与原则》，《民间文化论坛》2015 年第 6 期。

胡慧林、王媛：《非物质文化遗产保护："从生产性保护"转向"生活性保护"》，《艺术百家》2013 年第 4 期。

胡锦涛：《切实做好构建社会主义和谐社会的各项工作 把中国特色社会主义伟大事业推向前进》，《求是》2007 年第 1 期。

扈中平：《教育规律与教育价值》，《教育评论》1996 年第 2 期。

黄金：《蒙古族传统音乐文化的传承保护现状——以国家级非物质文化遗产名录中入选的蒙古族音乐为例》，《内蒙古民族大学学报》2017 年第 2 期。

黄永林、谈国新：《中国非物质文化遗产数字化保护与开发研究》，《华中师范大学学报》2012 年第 2 期。

黄永林、王伟杰：《数字化传承视域下我国非物质文化遗产分类体系的重构》，《西南民族大学学报》2013 年第 8 期。

黄永林：《"文化生态"视野下的非物质文化遗产保护》，《文化遗产》2013年第 5 期。

黄云霞：《论文化生态的可持续发展》，《南京林业大学学报》2004 年第 3 期。

黄志强：《达斡尔族文化旅游开发的思考——基于文化生态保护视野》，《社会科学家》2020 年第 6 期。

贾乐芳：《从文化多样性到文化生产力》，《理论导刊》2009 年第 12 期。

金玉荣、天峰：《蒙古包的结构与空间文化内涵》，《西部蒙古论坛》2011年第 1 期。

江金波：《论文化生态学的理论发展与新构架》，《人文地理》2005 年第 4 期。

姜迎春：《叙事民歌〈嘎达梅林〉历史记忆研究》，《民族文学研究》2010年第 2 期。

卡丽娜：《论驯鹿鄂温克人的驯鹿文化》，《黑龙江民族丛刊》2007 年第 2 期。

孔令远、贾坤：《生态博物馆在保护西部少数民族传统文化方面的作用》，《学术探索》2009 年第 4 期。

李菲：《身体与传承：非物质文化遗产研究的范式转型》，《思想战线》2014年第 6 期。

李虎：《论传承人流动与少数民族非物质文化遗产保护》，《中南民族大学学报》2018 年第 5 期。

李晓松：《文化生态保护区建设的时间性和空间性研究》，《民俗研究》2020年第 3 期。

李艳梅：《论蒙古族国家级非物质文化遗产在戏剧类的缺失》，《黑龙江民族丛刊》2010 年第 3 期。

梁雪萍：《生态移民的文化困境研究——以敖鲁古雅使鹿鄂温克民族为例》，《黑龙江民族丛刊》2017 年第 2 期。

林庆：《民族文化的生态性与文化生态失衡——以西南地区民族文化为例》，《云南民族大学学报》2010 年第 2 期。

林秀琴：《整体性保护：价值、理念、实践及挑战——关于文化遗产保护创新的若干思考》，《福建论坛》2020 年第 12 期。

刘春子：《内蒙古非物质文化遗产的保护与利用》，《实践》2020 年第 4 期。

刘化军、郭佩惠：《保护文化多样性是文化自觉的重要主题》，《兰州学刊》2010 年第 5 期。

刘慧群：《文化生态学视野下非物质文化的自适应与发展》，《求索》2010 年第 3 期。

刘魁立：《非物质文化遗产及其保护的整体性原则》，《广西师范学院学报》2004 年第 4 期。

刘魁立：《文化生态保护区问题刍议》，《浙江师范大学学报》2007 年第 3 期。

刘立华、季一木：《文化自觉的发展意蕴研究》，《理论月刊》2014 年第 1 期。

刘瑞国、王美珍、郭淑晶、刘磊、李雪松：《内蒙古自治区草地资源的基况介绍》，《内蒙古草业》2012 年第 3 期。

刘守华：《论文化生态与非物质文化遗产的保护》，《华中师范大学学报》2006 年第 5 期。

刘松、胡卫东：《论创新教育价值取向》，《中国成人教育》2008 年第 20 期。

刘锡诚：《传承与传承人论》，《河南教育学院学报》2006 年第 5 期。

刘永明：《权利与发展：非物质文化遗产保护的原则（上）》，《西南民族大学学报》2006 年第 1 期。

刘永明：《权利与发展：非物质文化遗产保护的原则（下）》，《西南民族大学学报》2006 年第 2 期。

刘永明：《从建设生态文明角度审视非物质文化遗产保护》，《西南民族大学学报》2014 年第 2 期。

刘志成：《文化生态学：背景、构建与价值》，《求索》2016 年第 3 期。

刘卓、刘浩：《内蒙古武川县爬山调的现状调查与传承保护研究》，《内蒙古艺术学院学报》2020 年第 1 期。

路幸福：《文化生态保护研究尺度与进展》，《成都理工大学学报》（社会科学版）2012 年第 4 期。

罗栋、李飞：《鄂尔多斯非物质文化遗产的保护性旅游开发研究》，《广西师范学院学报》2016 年第 4 期。

罗康隆：《生态人类学的"文化"视野》，《中央民族大学学报》2008年第4期。

罗宗奎：《内蒙古"非遗"资源的商标保护例析》，《广西政法管理干部学院学报》2016年第6期。

吕华鲜、杜鹃：《生态文明视野下的旅游开发与非物质文化遗产保护——以蒙古族马头琴音乐文化为例》，《黑龙江民族丛刊》2009年第1期。

吕品田：《重振手工与非物质文化遗产生产性方式保护》，《中南民族大学学报》2009年第4期。

吕挺林：《文化资源的集群特征与文化产业化路径选择》，《中州学刊》2007年第6期。

马威、邱泽媛：《文化生态保护区的"空间生产"——以东乌珠穆沁旗"那达慕"节日为例》，《中南民族大学学报》2013年第4期。

马知遥、刘智英、刘垚瑶：《中国非物质文化遗产保护理念的几个关键性问题》，《民俗研究》2019年第6期。

孟和乌力吉：《草原旅游与环境保护——兼论包头市希拉穆仁草原旅游业》，《内蒙古民族大学学报》2012年第6期。

孟荣涛：《土尔扈特蒙古族文化生态保护区建设研究》，《内蒙古宣传思想文化工作》2013年第9期。

孟荣涛：《内蒙古文化生态保护区建设研究》，《实践》2016年第6期。

孟醒、王芳雷：《文化自觉语境下蒙古族非物质文化遗产与动画互动发展刍议》，《当代电影》2019年第9期。

苗金海：《内蒙古鄂温克族民间音乐文化保护与学校教育传承》，《中国音乐》2013年第2期。

南文渊：《少数民族自治区建立"民族特色文化生态保护区"研究》，《黑龙江民族学刊》2012年第1期。

内蒙古社会科学院草原文化研究课题组：《崇尚自然　践行开放　恪守信义——论草原文化的核心理念》，《内蒙古社会科学》2009年第4期。

牛文元：《生态环境脆弱带ECOTONE的基础判定》，《生态学报》1989年第2期。

潘照东、刘俊宝：《草原文化的区域分布及其特点》，《前沿》2005年第9期。

彭凯：《蒙古族音乐类非物质文化遗产的地方立法保护——以〈通辽市蒙

古族音乐类非物质文化遗产保护条例〉为切入点》，《内蒙古民族大学学报》2020 年第 5 期。

朴今海、朴贞花：《人口较少民族非物质文化遗产的保护与传承——基于东北地区的调查》，《中南民族大学学报》2020 年第 6 期。

乔玉光：《"呼麦"与"浩林·潮尔"同一艺术形式的不同称谓与表达——兼论呼麦（浩林·潮尔）在内蒙古的历史承传与演化》，《内蒙古艺术》2005 年第 2 期。

邱仁富、黄骏：《论多元文化视域下民族地区和谐社会的构建》，《学术论坛》2007 年第 9 期。

色音：《论蒙古族非物质文化遗产传承人群的历史贡献与当下使命——以鄂尔多斯地区达尔扈特群体为例》，《石河子大学学报》2016 年第 3 期。

沈叶：《少数民族非物质文化遗产与文化生态的共生——以苗族蜡染工艺为例》，《四川戏剧》2020 年第 4 期。

宋俊华、王明月：《我国非物质文化遗产数字化保护的现状与问题分析》，《文化遗产》2015 年第 6 期。

宋俊华：《关于国家文化生态保护区建设的几点思考》，《文化遗产》2011 年第 3 期。

宋俊华：《非遗保护的契约精神与可持续发展》，《文化遗产》2018 年第 3 期。

孙传明、刘梦杰：《生态位理论视角下非物质文化遗产可持续发展研究》，《文化遗产》2018 年第 4 期。

孙敬民：《中华文明多元一体构成的格局——从红山文化的积石遗存和玉器谈起》，《昭乌达蒙族师专学报》1990 年第 3 期。

孙正国：《论非物质文化遗产传承人的类型化保护》，《求索》2009 年第 10 期。

索南旺杰：《〈文化生态保护区建设中的地方范本〉——以热贡文化生态保护实验区为例》，《青海省社会科学》2012 年第 3 期。

唐小冬：《少数民族非物质文化遗产的立法保护——以内蒙古自治区为例》，《内蒙古大学学报》2008 年第 5 期。

唐孝辉：《科尔沁非物质文化遗产文化生态环境保护研究》，《内蒙古民族大学学报》2011 年第 6 期。

田艳、艾科热木·阿力普、百秋：《少数民族"非遗"法律保护机制的域外比较及启示研究》，《中央民族大学学报》2019 年第 2 期。

万信琼、王海：《生态化背景下少数民族地区文化产业的发展路径突围》，《贵州民族研究》2017 年第 8 期。

汪立珍：《论山林鄂温克族民歌的思想内涵》，《中央民族大学学报》2001 年第 2 期。

汪欣：《非物质文化遗产保护的文化生态论》，《民间文化论坛》2011 年第 1 期。

王金柱：《非物质文化遗产与文化生态建设》，《内蒙古师范大学学报》2007 年第 1 期。

王水维、许苏明：《非物质文化遗产价值生成机制研究》，《艺术百家》2014 年第 5 期。

王学勤、龚宇：《达斡尔、鄂伦春、鄂温克民族非物质文化遗产传承的新路径——传承人口述史》，《呼伦贝尔学院学报》2019 年第 6 期。

王雪、杨存栋：《内蒙古非物质文化遗产旅游开发探究》，《干旱区资源与环境》2011 年第 12 期。

乌丙安：《非物质文化遗产保护中文化圈理论的应用》，《江西社会科学》2005 年第 1 期。

乌兰杰：《北方草原民族音乐文化传承交流中的整合现象》，《音乐研究》2002 年第 1 期。

乌力更：《内蒙古民族文化生态保护区建设面临的问题及对策》，《理论研究》2012 年第 3 期。

乌日乌特：《太阳花——非物质文化遗产产业发展模式研究》，《阴山学刊》2021 年第 2 期。

巫宇军：《非物质文化遗产保护的瓶颈及对策》，《民族艺术研究》2016 年第 3 期。

吴恺：《论科学价值合理实现的观念基础》，《湖北大学学报》2015 年第 1 期。

吴圣刚：《文化的生态学阐释和保护》，《理论界》2005 年第 5 期。

吴团英：《关于草原文化研究几个问题的思考》，《内蒙古社会科学》2013 年第 1 期。

吴兴帜：《文化生态区与非物质文化遗产保护研究》，《广西民族研究》2011 年第 4 期。

肖远平、王伟杰：《中国少数民族非遗名录及传承人统计分析》，《西南民族大学学报》2016 年第 1 期。

肖志艳、熊少波：《我国节庆体育发展研究——以内蒙古那达慕为例》，《体育文化导刊》2016 年第 2 期。

晓东、徐安：《哈扎布——草原上的长调歌王》，《中华遗产》2005 年第 5 期。

徐青民：《试论人文环境的建设和完善》，《社会科学战线》1997 年第 4 期。

阎恒：《论特色经济》，《中州学刊》2001 年第 5 期。

杨程：《非物质文化遗产保护的生态学透视》，《西南民族大学学报》2012 年第 10 期。

杨东篱：《发展文化产业与构建良性文化生态》，《天府论坛》2011 年第 1 期。

杨洪林：《非物质文化遗产生产性保护研究的反思》，《贵州民族研究》2017 年第 9 期。

杨珊珊：《桂滇黔少数民族特色村寨体育非物质文化遗产活态传承模式——基于文化生态空间保护的视角》，《社会科学家》2019 年第 10 期。

杨志成、柏维春：《教育价值分类研究》，《教育研究》2013 年第 10 期。

张劲盛：《中蒙两国马头琴音乐文化交流史与现状调查分析》，《音乐传播》2014 年第 3 期。

张曙光：《蒙古族那达慕传承发展的动力机制研究》，《中央民族大学学报》2008 年第 3 期。

张曙光：《文化生态视域下那达慕的传承与保护》，《内蒙古大学艺术学院学报》2010 年第 3 期。

张松：《文化生态的区域性保护策略探讨——以徽州文化生态保护实验区为例》，《同济大学学报》2009 年第 3 期。

张天彤：《非物质文化遗产视角下的达斡尔族传统音乐舞蹈保护与传承》，《中国音乐》2013 年第 4 期。

赵哈林、赵学勇、张铜会、周瑞莲：《北方农牧交错带的地理界定及其生态问题》，《地球科学进展》2002 年第 5 期。

赵世瑜：《传说·历史·历史记忆——从 20 世纪的新史学到后现代史学》，《中国社会科学》2003 年第 2 期。

赵志红：《文化生态视野下科尔沁马鞍技艺的传承与保护》，《西南民族大学学报》2017 年第 8 期。

郑雪：《健康人格的理论探索》，《华南师范大学学报》2006 年第 5 期。

郑自立：《民众受益视域下的文化生态保护区建设研究》，《中共山西省委党校学报》2020 年第 4 期。

周耀林、王咏梅、戴旸：《论我国非物质文化遗产分类方法的重构》，《江汉大学学报》2012 年第 2 期。

［日］菅丰：《何谓非物质文化遗产的价值》，陈志勤译，《文化遗产》2009 年第 2 期。

［美］朱利安·H. 斯图尔特：《文化生态学》，潘艳、陈洪波译，陈淳校，《南方文物》2007 年第 2 期。

四　学位论文

白红梅：《文化传承与教育视野中的蒙古族那达慕》，博士学位论文，中央民族大学，2008 年。

包妮娜：《安代舞的传统形态及传承》，硕士学位论文，中央民族大学，2011 年。

贺志远：《内蒙古乌审旗蒙古族民俗文化旅游开发研究》，硕士学位论文，内蒙古师范大学，2020 年。

黄志杰：《蒙古族非物质文化遗产知识产权保护研究》，硕士学位论文，重庆大学，2012 年。

刘瑞俊：《内蒙古草原地带游牧生计方式起源探索》，博士学位论文，中央民族大学，2010 年。

孟根那布其：《游牧文化生态保护区建设研究——以东乌珠穆沁旗游牧文化保护区为例》，硕士学位论文，内蒙古农业大学，2018 年。

王隽：《我国政府非物质文化遗产保护与传承中的行为研究——基于系统论视角的分析》，博士学位论文，华中师范大学，2014 年。

夏宁博：《非物质文化遗产的传承途径探究》，硕士学位论文，云南艺术学院，2011 年。

赵元飞：《儿童家庭音乐教育中蒙古族长调传承的个案研究》，硕士学位论文，上海师范大学，2020 年。

周恬恬：《非物质文化遗产价值评估理论与方法初探》，硕士学位论文，浙江大学，2016 年。

五 报纸

阿勒得尔图:《内蒙古蒙古族非遗数据库一期工程通过验收》,《中国文化报》2017 年 9 月 7 日。

白丽梅:《民俗的符号学诠释》,《光明日报》2004 年 8 月 17 日。

陈岸瑛:《草原上吹来民族风——民族传统工艺的保护和当代活化》,《人民日报》2017 年 9 月 3 日。

李婧:《非遗创新到底应"新"在何处?》,《中国文化报》2015 年 8 月 8 日。

牛锐:《正确认识游牧文明科学治理草原》,《中国民族报》2006 年 3 月 17 日。

张文强:《自治区党委宣传部捐赠文化艺术长廊建设计划图书》,《内蒙古日报》2017 年 12 月 3 日。

张玉玲:《非遗传播:怎样凝聚关注的力量》,《光明日报》2018 年 7 月 10 日。

六 电子文献

CNNIC(中国互联网信息中心):《(第 42 次)中国互联网络发展状况统计报告》2018 年 8 月 20 日,中华人民共和国国家互联网信息办公室网,http://www.cac.gov.cn/2018 – 08/20/c_ 1123296882.htm。

CNNIC(中国互联网信息中心):《(第 46 次)中国互联网络发展状况统计报告》2020 年 9 月 29 日,中华人民共和国国家互联网信息办公室网,http://www.cac.gov.cn/2020 – 09/29/c_ 1602939918747816.htm。

包头市统计局:《包头市 2019 年国民经济和社会发展统计公报》2020 年 5 月 3 日,包头市政府网,http://www.baotou.gov.cn/info/1143/226479.htm。

边辑、玉堃、曹艺:《呼和浩特非遗传承人走进高校开展传习体验活动》2017 年 3 月 31 日,内蒙古师范大学新闻网,http://news.imnu.edu.cn/info/1011/2777.htm。

东乌珠穆沁旗人民政府:《2018 年锡盟东乌珠穆沁旗政府工作报告》2018 年 3 月 21 日,内蒙古自治区政府网,http://www.nmg.gov.cn/zwgk/zfggbg/ms/XilingolLeague/201808/t20180802_ 230916.html。

鄂尔多斯市人民政府:《鄂尔多斯市人民政府关于印发鄂尔多斯文化生态

保护区建设规划（2017—2020 年）的通知》2017 年 6 月 5 日，鄂
　　尔多斯市政府网，http：//www. ordos. gov. cn/ordosml/ordoszf/201912/
　　t20191220_ 2560923. html。

国家统计局：《中国第六次人口普查数据》2011 年 7 月 23 日，国家统计
　　局网，http：//www. stats. gov. cn/tjsj/pcsj/rkpc/6rp/indexch. htm。

国务院：《国务院关于公布第二批国家级非物质文化遗产名录和第一批国
　　家级非物质文化遗产扩展项目名录的通知》2008 年 6 月 16 日，中国
　　政府网，http：//www. gov. cn/zhengce/content/2008 - 06/16/content_
　　5835. htm。

国务院：《国务院关于公布第三批国家级非物质文化遗产代表性项目名录
　　的通知》2011 年 6 月 9 日，中国政府网，http：//www. gov. cn/zwgk/
　　2011 - 06/09/content_ 1880635. htm。

国务院：《国务院关于公布第四批国家级非物质文化遗产代表性项目名录
　　的通知》2014 年 12 月 3 日，中国政府网，http：//www. gov. cn/
　　zhengce/content/2014 - 12/03/content_ 9286. htm。

国务院：《国务院关于公布第一批国家级非物质文化遗产名录的通知》
　　2008 年 3 月 28 日，中国政府网，http：//www. gov. cn/zhengce/con-
　　tent/2008 - 03/28/content_ 5917. htm。

国务院：《国务院关于加强文化遗产保护的通知》2008 年 3 月 28 日，中国
　　政府网，http：//www. gov. cn/zhengce/content/2008 - 03/28/content_
　　5926. htm。

国务院办公厅：《国务院办公厅关于加强我国非物质文化遗产保护工作的
　　意见（国办发〔2005〕18 号）附件 1》2005 年 8 月 15 日，中国政府
　　网，http：//www. gov. cn/zwgk/2005 - 08/15/content_ 21681. htm。

联合国教科文组织：《保护非物质文化遗产公约》2003 年 12 月 8 日，中国
　　非物质文化遗产网，http：//www. ihchina. cn/zhengce_ details/11668。

联合国教科文组织：《宣布人类口头和非物质遗产代表作条例》2010 年 4
　　月 21 日，中国非物质文化遗产网，http：//www. ihchina. cn/zhengce_
　　details/15719。

莫力达瓦达斡尔族自治旗人民政府：《2020 年政府工作报告》2020 年 1 月
　　19 日，莫力达瓦达斡尔族自治旗政府网，http：//www. mldw. gov. cn/
　　openness/detail/content/5c6e1acdd9e5dc000d000000. html。

《我省非遗保护专项经费经年增加至 3000 万位居全国前列》2016 年 6 月 12 日，广东省政府网，http：//www. gd. gov. cn/gdywdt/bmdt/content/post_ 70614. html。

内蒙古大学社会科学处：《内蒙古大学 2006—2016 年承担国家社会科学基金项目一览表》2017 年 9 月 8 日，内蒙古大学官网，http：//skc. imu. edu. cn/info/1040/1491. htm。

内蒙古大学社会科学处：《内蒙古大学 2017 年新开国家级项目一览表》2019 年 10 月 30 日，内蒙古大学官网，https：//skc. imu. edu. cn/info/1040/1729. htm。

内蒙古民族大学科技处：《2015—2019 年科研项目一览表》2020 年 6 月 15 日，内蒙古民族大学官网，http：//kjc. imun. edu. cn/contents/4797/681. html。

内蒙古社会科学院：《“驯鹿文化生态保护区”的建立，是我国民族政策的一个创新》2013 年 9 月 23 日，内蒙古自治区社会科学院网，http：//www. nmgass. com. cn/zycg/zycg/2017－03－21/164456. html。

内蒙古自治区人民政府：《2016 年内蒙古自治区政府工作报告》2016 年 1 月 23 日，内蒙古自治区政府网，http：//www. nmg. gov. cn/zwgk/zfggbg/zzq/201807/t20180730_ 229819. html。

内蒙古自治区人民政府：《2017 年内蒙古自治区政府工作报告》2017 年 1 月 24 日，内蒙古自治区政府网，http：//www. nmg. gov. cn/zzqzf/zfgzbg/zzq/201709/t20170919_ 639439. html。

内蒙古自治区人民政府：《2018 年内蒙古自治区政府工作报告》2018 年 1 月 24 日，内蒙古自治区政府网，http：//www. nmg. gov. cn/art/2018/1/24/art_ 4213_ 210151. html。

内蒙古自治区人民政府：《2020 年内蒙古自治区政府工作报告》2020 年 1 月 20 日，内蒙古自治区政府网，http：//www. nmg. gov. cn/art/2020/1/20/art_ 4213_ 296344. html。

内蒙古自治区人民政府：《内蒙古自治区人民政府办公厅关于公布第一批自治区级文化生态保护区的通知》2009 年 12 月 31 日，内蒙古自治区政府网，http：//www. nmg. gov. cn/zwgk/zfxxgk/zfxxgkml/zzqzfjbgtwj/202012/t20201208_ 314633. html。

内蒙古自治区人民政府：《内蒙古自治区人民政府关于公布第二批自治区

级非物质文化遗产名录的通知》2009 年 6 月 3 日，内蒙古自治区政府网，http：//www. nmg. gov. cn/zwgk/zfxxgk/zfxxgkml/zzqzfjbgtwj/202012/t20201208_ 314584. html。

内蒙古自治区人民政府：《内蒙古自治区人民政府办公厅关于公布第二批自治区级文化生态保护区名单的通知》2011 年 1 月 17 日，内蒙古自治区政府网，http：//www. nmgzfgb. gov. cn/information/nmgzb20/msg6774102608. html。

内蒙古自治区人民政府：《内蒙古自治区人民政府办公厅关于公布第三批自治区级文化生态保护区名单的通知》2014 年 1 月 18 日，内蒙古自治区政府网，http：//www. nmg. gov. cn/zwgk/zfxxgk/zfxxgkml/zzqzfjb-gtwj/202012/t20201208_ 314798. html。

内蒙古自治区人民政府：《内蒙古自治区人民政府关于公布第三批自治区级非物质文化遗产名录和自治区级非物质文化遗产扩展名录的通知》2011 年 9 月 28 日，内蒙古自治区政府网，http：//www. nmg. gov. cn/zwgk/zfxxgk/zfxxgkml/zzqzfjbgtwj/202012/t20201208_ 314714. html。

内蒙古自治区人民政府：《公文摘登：内蒙古自治区人民政府关于公布第四批自治区级非物质文化遗产名录和自治区级非物质文化遗产扩展名录的通告》2018 年 6 月 22 日，内蒙古自治区政府网，http：//www. nmg. gov. cn/zwgk/zfgb/2013n_ 4872/201324/201806/t20180622_ 301140. html。

内蒙古自治区人民政府：《内蒙古自治区人民政府关于公布第五批自治区级非物质文化遗产代表性项目和自治区级非物质文化遗产代表性项目扩展名录的通知》2015 年 12 月 31 日，内蒙古自治区政府网，http：//www. nmg. gov. cn/zwgk/zfgb/2016n_ 4794/201605/201512/t20151231_ 308057. html。

内蒙古自治区人民政府：《内蒙古自治区人民政府关于公布第六批自治区级非物质文化遗产名录和自治区级非物质文化遗产扩展名录的通知》2018 年 4 月 8 日，内蒙古自治区政府网，http：//www. nmg. gov. cn/zwgk/zfgb/2018n_ 4742/201811/201807/t20180719_ 307982. html。

内蒙古自治区人民政府：《内蒙古自治区人民政府关于公布第一批自治区级非物质文化遗产名录的通知》2007 年 8 月 2 日，内蒙古自治区政府网，http：//www. nmg. gov. cn/zwgk/zfgb/2007n_ 5028/200708/200708/

t20070802_ 299649. html。

内蒙古自治区统计局：《内蒙古自治区 2014 年国民经济和社会发展统计公报》2015 年 6 月 16 日，内蒙古自治区政府网，http：//www. nmg. gov. cn/fabu/tjxx/tjbg/201506/t20150616_ 457855. html。

内蒙古自治区统计局：《内蒙古自治区 2016 年国民经济和社会发展统计公报》2017 年 3 月 22 日，内蒙古自治区政府网，http：//www. nmg. gov. cn/fabu/tjxx/tjbg/201703/t20170322_ 604110. html。

内蒙古自治区统计局：《内蒙古自治区 2018 年国民经济和社会发展统计公报》2019 年 4 月 19 日，内蒙古自治区政府网，http：//www. nmg. gov. cn/art/2019/4/19/art_ 5984_ 6407. html。

内蒙古自治区统计局：《内蒙古自治区 2019 年国民经济和社会发展统计公报》2020 年 3 月 23 日，内蒙古自治区政府网，http：//www. nmg. gov. cn/art/2020/3/23/art_ 1569_ 309622. html。

内蒙古自治区文化和旅游厅：《2020 年内蒙古自治区文化和旅游厅工作要点》2020 年 5 月 20 日，内蒙古自治区政府网，http：//www. nmg. gov. cn/zwgk/zdxxgk/ghjh/gzjh/202005/t20200520_ 293602. html。

内蒙古自治区文化和旅游厅：《关于对内蒙古自治区十二届一次会议第 0013 号提案的回复》2018 年 10 月 19 日，内蒙古自治区政府网，http：//www. nmg. gov. cn/zwgk/bmmsxxgk/zzqzfzcbm/whhlyt/fdzdgknr/202012/t20201208_ 332852. html。

内蒙古自治区文化和旅游厅：《关于对内蒙古自治区政协十二届一次会议第 0132 号提案的答复》2018 年 10 月 19 日，内蒙古自治区政府网，http：//www. nmg. gov. cn/zwgk/bmmsxxgk/zzqzfzcbm/whhlyt/fdzdgknr/202012/t20201208_ 332859. html。

内蒙古自治区文化和旅游厅：《关于对内蒙古自治区十二届二次会议第 0261 号提案的回复》2020 年 8 月 28 日，内蒙古自治区政府网，http：//www. nmg. gov. cn/zwgk/bmmsxxgk/zzqzfzcbm/whhlyt/fdzdgknr/202012/t20201208_ 333189. html。

内蒙古自治区文化和旅游厅：《关于内蒙古自治区政协第十二届二次会议第 0584 号提案的答复》2019 年 8 月 22 日，内蒙古自治区政府网，http：//www. nmg. gov. cn/zwgk/bmmsxxgk/zzqzfzcbm/whhlyt/fdzdgknr/202012/t20201208_ 333024. html。

内蒙古自治区文化和旅游厅：《内蒙古自治区文化和旅游厅关于公布第六批自治区级非物质文化遗产名录项目代表性传承人的通知》2019 年 1 月 8 日，内蒙古自治区非物质文化遗产保护中心网，http：//www. nmgfeiyi. cn/xwxxy. php？actg = xwdt&mid = 216&nid = 514。

内蒙古自治区文化和旅游厅：《内蒙古自治区文化和旅游厅公布第七批自治区级非物质文化遗产代表性项目代表性传承人的通知》2021 年 2 月 4 日，内蒙古自治区文化和旅游厅网，https：//wlt. nmg. gov. cn/zfx xgk/zfxxglzl/fdzdgknr/202102/t20210204_ 855689. html。

内蒙古自治区文化和旅游厅非物质文化遗产处：《内蒙古自治区 17 项非遗入选第五批国家级非物质文化遗产代表性项目名录》2021 年 6 月 11 日，内蒙古自治区文化和旅游厅网，http：//wlt. nmg. gov. cn/zwxx/gzdt/ 202106/t20210611_ 1610407. html。

内蒙古自治区文化厅：《2017 年度"千校计划"实施学校公示名单》2017 年 9 月 26 日，内蒙古自治区文化厅网，http：//wht. nmg. gov. cn/xx/ tz/201709/t20170926_ 208928. html。

内蒙古自治区文化厅：《关于全区〈非遗法〉贯彻落实情况社会公示的通知》2016 年 10 月 12 日，内蒙古自治区文化厅网，http：//www. nmgwh. gov. cn/xx/wj/201610/t20161012_ 155552. html。

内蒙古自治区文化厅：《内蒙古自治区开展非物质文化遗产法贯彻落实情况自查报告》2016 年 8 月 18 日，内蒙古自治区文化厅网，http：// www. nmgwh. gov. cn/xx/tz/201608/t20160818_ 152736. html。

内蒙古自治区文化厅：《内蒙古自治区文化厅 2017 年度文化发展统计公报》2018 年 7 月 30 日，内蒙古自治区文化厅网，http：//www. nmg-wh. gov. cn/xx/jh/201807/t20180730_ 226718. html。

内蒙古自治区文化厅：《内蒙古自治区文化厅关于公布 2018—2020 年度全区民间文化艺术之乡名单的通知》2018 年 7 月 6 日，内蒙古自治区文化厅网，http：//www. nmgwh. gov. cn/xx/tz/201807/t20180706_ 226029. html。

内蒙古自治区文化厅：《内蒙古自治区文化厅关于公布第二批自治区级非物质文化遗产名录项目代表性传承人的通知》2010 年 6 月 11 日，内蒙古自治区文化和旅游厅网，http：//www. nmg. gov. cn/zwgk/bmmsxxgk/ zzqzfzcbm/whhlyt/fdzdgknr/202012/t20201208_ 332099. html。

内蒙古自治区文化厅：《内蒙古自治区文化厅关于公布第三批自治区级非物质文化遗产名录项目代表性传承人的通知》2015 年 9 月 18 日，内蒙古自治区文化厅网，http：//wht. nmg. gov. cn/xx/tz/201509/t20150918_ 121504. html。

内蒙古自治区文化厅：《内蒙古自治区文化厅关于公布第五批自治区级非物质文化遗产名录项目代表性传承人的通知》2016 年 10 月 8 日，内蒙古自治区文化和旅游厅网，http：//www. nmg. gov. cn/zwgk/bmmsxxgk/zzqzfzcbm/whhlyt/fdzdgknr/202012/t20201208_ 332506. html。

内蒙古自治区政府办公厅：《内蒙古自治区"十三五"文化改革发展规划》2017 年 2 月 10 日，内蒙古自治区政府网，http：//www. nmg. gov. cn/zwgk/zdxxgk/ghjh/fzgh/201702/t20170210_ 292520. html。

新华社：《习近平在内蒙古考察并指导开展"不忘初心、牢记使命"主题教育时强调：牢记初心使命贯彻以人民为中心发展思想　把祖国北部边疆风景线打造得更加亮丽》2019 年 7 月 16 日，中国政府网，http：//www. gov. cn/xinwen/2019－07/16/content_ 5410342. htm。

新华社：《中共中央关于制定国民经济和社会发展第十四个五年规划和二○三五年远景目标建议》2020 年 11 月 3 日，中国政府网，http：//www. gov. cn/zhengce/2020－11/03/content_ 5556991. htm。

杨红、李晓飞：《省级非遗专题微信公众号调查报告》2018 年 10 月 23 日，中国非物质文化遗产保护中心网，http：//www. ihchina. cn/Article/Index/detail？id＝7309。

中国非物质文化遗产保护中心：《各地贯彻落实〈中华人民共和国非物质文化遗产法〉情况评估报告》2017 年 2 月 10 日，中华人民共和国文化和旅游部网，https：//www. mct. gov. cn/whzx/bnsj/fwzwhycs/201702/t20170210_ 765216. htm。

中国非物质文化遗产保护中心：《国家级非遗代表性项目代表性传承人数据统计》2018 年 5 月 30 日，中国民俗学网，https：//www. chinesefolklore. org. cn/web/index. php？NewsID＝17695。

中国非物质文化遗产保护中心：《国家级文化生态保护（实验）区（截至 2020 年 6 月）》，中国非物质文化遗产网，http：//www. ihchina. cn/shiyanshi. html#target1。

中国非物质文化遗产保护中心：《中国入选联合国教科文组织非物质文化

遗产名录（名册）项目》，中国非物质文化遗产网，http：//www. ih-china. cn/chinadirectory. html。

中国非物质文化遗产保护中心：《专访内蒙古非物质文化遗产保护中心主任贾凡》2017 年 7 月 20 日，中国非物质文化遗产网，http：//www. ihchina. cn/Article/Index/detail？id＝7577。

中华人民共和国财政部：《财政部关于提前下达非物质文化遗产保护专项资金 2019 年预算指标的通知（财文〔2018〕119 号）》2018 年 11 月 7 日，中华人民共和国财政部网，http：//jkw. mof. gov. cn/zxzyzf/fwzwhycbhzxzj/201907/t20190715_ 3300432. html。

中华人民共和国财政部：《财政部关于下达 2017 年非物质文化遗产保护专项资金的通知（财文〔2017〕57 号）》2017 年 7 月 4 日，中华人民共和国财政部网，http：//jkw. mof. gov. cn/zxzyzf/fwzwhycbhzxzj/201907/t20190715_ 3300427. html。

中华人民共和国财政部：《关于提前下达 2021 年非物质文化遗产保护资金预算的通知（财教〔2020〕199 号）》2020 年 12 月 18 日，中国政府网，http：//www. gov. cn/zhengce/zhengceku/2020 － 12/18/content_ 5570969. htm。

中华人民共和国教育部：《教育部关于公布 2020 年度普通高等学校本科专业备案和审批结果的通知》2021 年 2 月 10 日，中华人民共和国教育部网，http：//www. moe. gov. cn/srcsite/A08/moe_ 1034/s4930/202103/t20210301_ 516076. html。

中华人民共和国文化部：《文化部关于公布第二批国家级非物质文化遗产代表性项目传承人的通知》2008 年 2 月 19 日，中国政府网，http：//www. gov. cn/zwgk/2008 － 02/19/content_ 892973. htm。

中华人民共和国文化部：《文化部关于公布第三批国家级非物质文化遗产代表性项目传承人的通知》2009 年 6 月 12 日，中国政府网，http：//www. gov. cn/zwgk/2009 － 06/12/content_ 1338384. html。

中华人民共和国文化部：《文化部关于公布第四批国家级非物质文化遗产代表性项目传承人的通知》2012 年 12 月 21 日，中华人民共和国文化和旅游部网，http：//zwgk. mct. gov. cn/zfxxgkml/fwzwhyc/202012/t20201206_ 916825. html。

中华人民共和国文化和旅游部：《国家级文化生态保护区管理办法》，中国

政府网2018年12月10日，http：//www. gov. cn/gongbao/content/2020/
　　content_ 5467515. htm。

中华人民共和国文化和旅游部：《文化和旅游部关于公布第五批国家级非
　　物质文化遗产代表性项目代表性传承人的通知》2018 年 5 月 8 日，
　　中国非物质文化遗产网，http：//zwgk. mct. gov. cn/zfxxgkml/fwzwhyc/
　　202012/t20201206_ 916847. html。

《计量可视分析：检索结果》，中国知网，https：//kns. cnki. net/KNS8/
　　Visual/Center，2021 年 2 月 19 日。

《中华人民共和国非物质文化遗产法》（中华人民共和国主席令（第四十
　　二号）2011 年 2 月 25 日，中国政府网，http：//www. gov. cn/flfg/
　　2011 - 02/25/content_ 1857449. htm。

后　记

　　本书是国家社会科学基金项目"内蒙古非物质文化遗产的生态保护与传承研究"（14XMZ040）最终成果，于 2019 年 12 月以良好等级结项。由于本课题具有较强时效性，随着国家和自治区保护政策、措施不断推陈出新，该著作在结项后也适时进行了数据更新和内容补充，力求保证研究的现实价值。

　　今年是《中华人民共和国非物质文化遗产法》颁布十周年，也是国家和内蒙古自治区保护工作蓬勃发展的时期。内蒙古非物质文化遗产数量多、品位高、特色鲜明，发展了中华文明"多元一体"的深刻内涵，有利于体现文化多样性的文化生态学价值和中华文明的先进性，具有重要的研究价值和现实意义。如今，著作的完成也是一名高校教师对内蒙古非物质文化遗产保护做出的一份努力。

　　本书历时四年半完成，期间得到多方力量的帮助，铭记在心，谨致谢忱！

　　包头师范学院历史文化学院领导、同仁、学生热情参与问卷调查和资料收集，历史文化学院郝建平院长大力支持著作的出版，研究生沈礼昌对终稿进行了认真的核对，学校科技处领导始终关心课题研究工作。

　　内蒙古自治区文化和旅游厅（原自治区文化厅）、内蒙古自治区非物质文化遗产保护中心、各盟市相关部门，以及包头师范学院历史文化学院历史系 2000 级本科生李凤双、刘鹏飞、刘晓鹏等积极协助进行相关的数据追踪和实地调研。

　　国内、区内众多专家学者的学术成果为本书提供了扎实的研究基础，赵世瑜老师在区域史研究方向和田野调查方法的引领使我受益匪浅。

　　武汉大学同窗王一新、谢红星、黄长义、李肖，在百忙之中也给予本书无私的学术指导和友情帮助。

　　还有家人的亲情付出，尤其女儿王赫宁漂洋过海的技术支持，都是我学术前行的信心与动力。

　　最后特别感谢中国社会科学出版社和本书的责任编辑李金涛先生。对于本书的成稿，李金涛先生以严谨的工作态度给予专业指导，提出许多建设性的意见，并进行了认真的编辑与校对，体现了其精益求精的职业品质。

　　非物质文化遗产的生态保护研究是国家文化部门关注的新课题，也是学界任重而道远的责任。目前，内蒙古非物质文化遗产的生态保护实践还处在探索中，理论研究较为薄弱。本书是较早的一部从文化生态学视域下整体研究内蒙古非物质文化遗产的学术专著，难免有不足、疏漏之处，还敬请专家、学者们不吝赐教。

刘春玲

2021 年 6 月 26 日于包头